Kurzlehrbücher
für das juristische Studium

Vesting
Staatstheorie

# Staatstheorie

## Ein Studienbuch

von

**Dr. Dr. h.c. Thomas Vesting**
o. Professor an der Universität Frankfurt am Main

2018

C.H.BECK

**www.beck.de**

ISBN 978 3 406 72358 2


Wilhelmstraße 9, 80801 München
Druck und Bindung: Nomos Verlagsgesellschaft mbH & Co. KG/Druckhaus Nomos
In den Lissen 12, 76547 Sinzheim

Satz: Jung Crossmedia Publishing GmbH
Gewerbestraße 17, 35633 Lahnau

Umschlaggestaltung: Martina Busch, Grafikdesign, Homburg Saar

Gedruckt auf säurefreiem, alterungsbeständigem Papier
(hergestellt aus chlorfrei gebleichtem Zellstoff)

# Vorwort

Dieses Lehrbuch ist eine kulturwissenschaftliche Staatstheorie in der Tradition der Allgemeinen Staatslehre. Wenn man Kants Unterscheidung zwischen „Gedanken lernen" und „Denken lernen" aus einer Vorlesungsanzeige von 1765/66 zu Grunde legt, geht es in dieser Staatstheorie eher um den Vollzug eines Denkens als um die bloße Darstellung von Gedanken. Das vorliegende Lehrbuch ist mit anderen Worten eine Staatstheorie oder Staatslehre in dem Sinn, dass sie ein Bild des Staates entwirft und nicht nur über Bilder und Gedanken berichtet, die andere entworfen haben. Entsprechend soll der Leser zum Nachvollzug des hier vollzogenen Denkens und nicht nur zum bloßen Lernen angeregt werden. Am Ende mag der Leser dieses Denken teilen oder es in Teilen oder sogar in Gänze verwerfen: Dieser *Staatstheorie* geht es vor allem darum, das Denken des Lesers zu leiten, ja ein Modell, ein Sinnbild des Staates anzubieten, dass es ihm womöglich erlaubt, sein *eigenes* Denken an die Stelle des fremd Gedachten zu setzten. Mit diesem Format hoffe ich zugleich, zur notwendigen Revitalisierung der Grundlagenfächer in der Rechtswissenschaft beizutragen. Dazu ist die Staatslehre wie kaum eine andere Disziplin geeignet: Seit ihren antiken Anfängen verfügt sie über einen großartigen Schatz an Wissen und Einsichten, den zu bewahren und fortzuentwickeln jeder Generation neu aufgetragen ist.

Inhaltlich ist dieses Lehrbuch an der liberalen Demokratie als der heute paradigmatischen Form des westlichen Staates orientiert. Deren kultureller Rahmen, repräsentative Form und grundsätzliche Rechtsbindung sind Gegenstand des Textes, bevor – darauf aufbauend – die verschiedenen historischen Schichten behandelt werden, die zum heutigen „modernen" Staat geführt haben. Dabei wird ein besonderer Wert auf die Herausarbeitung der Bedeutung des Rechts gelegt, das die Zentralisierung öffentlicher Gewalt – die Souveränität – von Anfang an begleitet hat: Schon der frühmoderne Territorialstaat ist ein „Rechts-Staat". Daran hat sich bis heute nichts geändert. Der Verfassungsstaat, der aus den Revolutionen des späten 18. Jahrhunderts hervorgegangen ist, der Wohlfahrtsstaat, der sich seit dem frühen 20. Jahrhundert ausgebildet hat und schließlich der Netzwerkstaat, der erst in jüngster Zeit erkennbare Konturen annimmt, sind jeweils mit dem Auftritt neuer Rechtsformen und -institutionen verbunden, wie etwa der Verfassungsstaat mit der Erfindung individueller Freiheitsrechte. Das Lehrbuch konzentriert sich darauf, diese staatlich-rechtlichen Bewegungen in ihren Grundzügen zu veranschaulichen und ihre kulturellen wie sozialen Voraussetzungen aufzuzeigen. Dem wird – korrespondierend zu jedem Evolutionsschritt des modernen Staates – eine Darstellung der Entwicklung des staatstheoretischen Denkens an die Seite gestellt, die gelehrte literarische Diskussion über den frühmodernen Staat bei Machiavelli, Bodin und Hobbes, die sozialphilosophische Diskussion über den Verfassungsstaat bei Adam Smith, Sieyès und Kant oder die Diskussion über den Wohlfahrtsstaat in der deutschen Staats- und Verfassungslehre des 20. Jahrhunderts. Die Evolution des modernen Staates findet in einer Fragmentierung der Ordnungsbildung im gegenwärtigen Netzwerkstaat ihren vorläufigen Abschluss. Auch hier bietet das Buch eine Reihe von Überlegungen zur Veränderung der Wirklichkeit des modernen Staates an sowie zu den Versuchen einer theoretischen Verarbeitung dieses Entwicklungsschrittes in der staatswissenschaftlichen und staatstheoretischen Diskussion. Das Lehrbuch schließt mit einem Ausblick über die bleibende Bedeutung des Staates in der Globalisierung.

Dass dieses Lehrbuch stark kulturwissenschaftlich ausgerichtet ist, bedeutet genauer, Kultur in einem weiten weltaufschließenden (und nicht nur normativen) Sinn zu verstehen: Kultur ist die Art und Weise, in der die Menschen die Welt mittels der Symbole und Medien sehen, erkennen und ordnen, die im Prozess sozialen Handelns zur Verfügung stehen: der Wahrnehmung, Mimik und Gestik, Sprache und Schrift, des Bildes und vieler anderer Bedeutungsträger. Zum Feld der Kultur gehören nicht zuletzt die Weltbilder, die Ideen und Vorstellungen, die eine Lebensform ausmachen und dem menschlichen Leben Sinn und Orientierung geben – und deren Darstellung hier soweit von Belang ist, wie die Kultur die Entwicklung des modernen Staates beeinflusst hat und dieser schließlich selbst zu einem zentralen Bestandteil der westlichen Kultur geworden ist. Die Kultur besteht zwar aus sozial festgelegten Bedeutungen (wenn jemand die Hand reicht, ist es üblich dasselbe zu tun), sie darf aber nicht auf ein Abbild ökonomischer, technischer, politischer oder sonstiger Strukturen und Mächte reduziert werden. Das ist das idealistische Erbe der hier zugrundeliegenden Kulturtheorie, die sich an die amerikanische Kulturanthropologie anlehnt. Auch deshalb wird in diesem Lehrbuch ein besonderer Wert auf die Beziehung zwischen der Kultur als einer objektiven, gemeinsamen Sinn stiftenden Erscheinung und den in der Welt handelnden Subjekten gelegt: auf die Beziehung zwischen der Kultur des bürgerlichen Individualismus und dem Bourgeois, der Massenkultur und dem Organisationsmenschen, der Netzwerkkultur und einem neuartigen personalisierten Individualismus. Die Intaktheit dieser Beziehungsgefüge und die Erhaltung von Institutionen, die das Individuum an eine gemeinsame Welt binden, sind für den modernen Staat seit jeher von grundlegender Bedeutung gewesen. Mit ihrer Hilfe ist es dem Staat in der Vergangenheit immer wieder gelungen, sich veränderten Lagen anzupassen und einen Beitrag zur Stabilisierung von geordneten Beziehungen zwischen Menschen zu leisten. Ohne eine solche Ordnungsleistung und ohne die Erhaltung ihrer kulturellen Voraussetzungen wird es auch in Zukunft kein dauerhaft friedliches Zusammenleben zwischen Menschen geben.

Isa Weyhknecht-Diehl hat den gesamten Text in eine perfekte Form gebracht. Merlin Eichele, Sören Zimmermann, Lea Welsch und Tim Wolff haben mir auf vielfältige Weise geholfen: beim Korrekturlesen, bei den Übersetzungen, bei der Suche nach passenden Bildern und bei der Literaturbeschaffung. Dafür sei allen herzlich gedankt.

Frankfurt/München, im April 2018 *Thomas Vesting*

Schuppert, AöR 20, 188, Augsberg, DS 20, 101, Fischer, DS 20, 301

# Inhaltsverzeichnis

# Literaturverzeichnis


*Agamben, Giorgio,* Höchste Armut. Ordensregeln und Lebensform, Frankfurt am Main 2012.

*Albrecht, Wilhelm Eduard,* Rezension über Maurenbrechers Grundsätze des heutigen Staatsrechts. zuerst in: Göttingsche Gelehrte Anzeigen (1837), Nachdruck Darmstadt 1960.

*Anderson, Benedict,* Imagined Communities. Reflections on the Origin and Spread of Nationalism, rev. ed. London 2016.

*Anderson, Chris,* The End of Theory. The Data Deluge Makes the Scientific Method Obsolete, Wired Magazine. 23. June 2008. http://archive.wired.com/science/discoveries/magazine/16–07/pb_theory.

*Anter, Andreas,* Max Webers Staatssoziologie im zeitgenössischen Kontext, in: ders./S. Breuer (Hrsg.), Max Webers Staatssoziologie. Positionen und Perspektiven, Baden-Baden 2016, S. 13–38.

– Max Webers Theorie des modernen Staates, Berlin 1995.

*Anter, Andreas/Bleek, Wilhelm,* Staatskonzepte. Die Theorien der bundesdeutschen Politikwissenschaft, Frankfurt am Main/New York 2013.

*Appleby, Joyce Oldham,* The Relentless Revolution. A History of Capitalism, New York 2010.

*Arendt, Hannah,* Eichmann in Jerusalem. Ein Bericht von der Banalität des Bösen, 3. Aufl. München 2008.

– Über die Revolution. München 1974.

*Aristoteles,* Politik. Übersetzt und mit erklärenden Anmerkungen versehen von Eugen Rolfes, Hamburg 1981.

*Armstrong, Karen,* The Case for God. What Religion Really Means, New York 2010.

*Asad, Talal,* Ordnungen des Säkularen. Christentum, Islam, Moderne, Paderborn/Konstanz 2017.

*Aschmann, Birgit,* Das katalanische Problem, *FAZ Nr. 293,* 18.12.2017, S. 6.

*Assmann, Aleida,* Einführung in die Kulturwissenschaft. Grundbegriffe, Themen und Fragestellungen, Berlin 3. Aufl. 2011.

*Assmann, Jan,* Exodus. Die Revolution der Alten Welt, München 2015.

*Auerbach, Erich,* Mimesis: Dargestellte Wirklichkeit in der Abendländischen Literatur (1946), Bern 1982.

– Philologie der Weltliteratur. Sechs Versuche über Stil und Wirklichkeitswahrnehmung, Reprint, Frankfurt am Main 2015.

*Augsberg, Ino,* ‚Das moralische Gefühl in mir'. Zu Kants Konzeption menschlicher Freiheit und Würde als Auto-Heteronomie, JZ 11 (2013), S. 533–539.

– Carl Schmitt's Fear: Nomos – Norm – Network, Leiden Journal of International Law 23/04 (2010), S. 741–757.

– Die Entstehung des neutralen Staates als Vorgang der Säkularisation, Zeitschrift für evangelisches Kirchenrecht ZevKR 53 (2008), S. 445–455.

– Informationsverwaltungsrecht, Tübingen 2014.

Augsberg, Ino/Gostomzyk, Tobias/Viellechner, Lars (Hrsg.), Denken in Netzwerken, Tübingen 2009.

*Augsberg, Steffen,* Gesellschaftlicher Wandel und Demokratie: Die Leistungsfähigkeit der parlamentarischen Demokratie unter Bedingungen komplexer Gesellschaften, in: H.-M. Heinig/J. P. Terhechte (Hrsg.), Postnationale Demokratie, Postdemokratie, Neoetatismus, Tübingen 2013, S. 27–54.

– Konjunkturen in der öffentlich-rechtlichen Grundlagenforschung. Wissenschaftssoziologische Perspektiven, in: A. Funke/J. Krüper/J. Lüdemann (Hrsg.), Konjunkturen in der öffentlich-rechtlichen Grundlagenforschung, Tübingen 2015, S. 197–217.

*Baecker, Dirk,* Ist Niklas Luhmanns Die Gesellschaft der Gesellschaft 20 Jahre nach ihrem Erscheinen veraltet?, www.catjects.wordpress.com 2017.

– Studien zur nächsten Gesellschaft, Frankfurt am Main 2007.

*Bajohr, Hannes,* Nachwort. Judith N. Shklar, in: *J. N. Shklar,* Ganz normale Laster, Berlin 2014, S. 277–319.

*Baker, Keith-Michael,* Eintrag: Sieyès, in: F. Furet/M. Ozouf, Kritisches Wörterbuch der Französischen Revolution, Frankfurt am Main 1996, S. 528–545.

*Beck, Ulrich,* Die Erfindung des Politischen: zu einer Theorie reflexiver Modernisierung, Frankfurt am Main 1993.

*Bell, Daniel,* Die nachindustrielle Gesellschaft, Frankfurt am Main 1985.

*Bender, John B./Wellbery, David E.,* Die Entschränkung der Rhetorik, in: A. Assmann (Hrsg.), Texte und Lektüren. Perspektiven in der Literaturwissenschaft, Frankfurt am Main 1996, S. 79–104.

*Benjamin, Walter,* Theater und Rundfunk. Zur gegenseitigen Kontrolle ihrer Erziehungsarbeit (1932), in: Medienästhetische Schriften, Frankfurt am Main 2002, S. 396–399.

*Bentham, Jeremy,* An Introduction to the Principles of Morals and Legislation, London 1789/1823.

*Blanning, Tim C. W.,* Das Alte Europa 1660–1789. Kultur der Macht und Macht der Kultur, Darmstadt 2006.

– Frederick The Great. King of Prussia, London 2015.

– The Romantic Revolution, London 2011.

*Bleicken, Jochen,* Die athenische Demokratie, 3. Aufl., Paderborn 1991.

– Die Verfassung der Römischen Republik, 7. Aufl., Paderborn (1995), unv. Nachdruck 2008.

*Blickle, Peter,* Das Alte Europa. Vom Hochmittelalter bis zur Moderne, München 2008.

*Blomley, Nicholas,* From ‚What' to ‚So What'? Law and Geography in Retrospect, Law and Geography, Current Legal Issues 2002 Vol. 5, hrsg. von J. Holder und C. Harrison, Oxford 2003, S. 17–34.

*Blumenberg, Hans,* Arbeit am Mythos, Frankfurt am Main 1979.

– Der kopernikanische Umsturz und die Weltstellung des Menschen. Eine Studie zum Zusammenhang von Naturwissenschaft und Geistesgeschichte (1955), in: Schriften zur Technik, Berlin 2015, S. 60–85.

– Die Legitimität der Neuzeit, 2. Aufl., Frankfurt am Main 1988.

– Paradigmen zu einer Metaphorologie (1960), Bonn 2013.

– Schriften zur Technik (hrsg. von A. Schmitz und B. Stiegler), Berlin 2015.

– Theorie der Unbegrifflichkeit, Frankfurt am Main 2010.

– Wirklichkeiten in denen wir leben. Aufsätze und eine Rede (1981), Stuttgart 2012.

*Böckenförde, Ernst-Wolfgang,* Demokratie als Verfassungsprinzip, in: Staat, Verfassung, Demokratie. Studien zur Verfassungstheorie und zum Verfassungsrecht, Frankfurt am Main 1991, S. 289–378.

– Die Entstehung des Staates als Vorgang der Säkularisation, in: Staat, Gesellschaft, Freiheit, Frankfurt am Main 1976, S. 42–64.

– Entstehung und Wandel des Rechtsstaatsbegriffs, ebd., S. 65–92.

*Bodin, Jean,* Sechs Bücher über den Staat (1583). Buch I-III, München 1981.

*Bose, Günter Karl,* Das Ende einer Last – die Befreiung von den Büchern, Göttingen 2013.

*Botéro, Giovanni,* Della Ragion di Stato, Rom 2009.

*Braun, Johanna,* Leitbilder im Recht, Tübingen 2015.

*Breuer, Stefan,* Ästhetischer Fundamentalismus, Darmstadt 1995.

– Carl Schmitt im Kontext. Intellektuellenpolitik in der Weimarer Republik, Berlin 2012.

– Der charismatische Staat. Ursprünge und Frühformen staatlicher Herrschaft, Darmstadt 2014.

– Der Staat. Entstehung, Typen und Organisationsstadien, Reinbek 1998.

– Kritische Theorie. Schlüsselbegriffe, Kontroversen, Grenzen, Tübingen 2016.

– Max Webers tragische Soziologie. Aspekte und Perspektiven, Tübingen 2006.

*Brewer, James,* The Pleasures of the Imagination. English Culture in the Eighteenth Century, New York 1997.

*Cassirer, Ernst,* Was ist der Mensch, Stuttgart 1960.

*Castells, Manuel,* Communication Power, Oxford 2009.

– End of Millennium. The End of Information Age: Economy, Society, and Culture, Vol. 3, 2. Aufl., Oxford 2000.

*Colliot-Thélène, Catherine,* Das Monopol der legitimen Gewalt, in: A. Anter/S. Breuer (Hrsg.), Max Webers Staatssoziologie. Positionen und Perspektiven, 2. Aufl., Baden-Baden 2016, S. 39–56.

*Craveri, Benedetta,* Königinnen und Mätressen: die Macht der Frauen – von Katharina de' Medici bis Marie Antoinette – aus dem Ital. von A. Kopetzki, München 2008.

– The Age of Conversation, New York 2005.

*Damler, Daniel,* Der Staat der klassischen Moderne, Berlin 2012.

– Konzern und Moderne. Die verbundene juristische Person in der visuellen Kultur 1880–1980, Frankfurt am Main 2016.

– Rechtsästhetik. Sinnliche Analogien im juristischen Denken, Berlin 2016.

– Wildes Recht. Zur Pathogenese des Effektivitätsprinzips in der neuzeitlichen Eigentumslehre, Berlin 2008.

*Descombes, Vincent,* Die Rätsel der Identität, Berlin 2013.

*Di Fabio, Udo,* Der Verfassungsstaat in der Weltgesellschaft, Tübingen 2001.

– Die Staatsrechtslehre und der Staat, Paderborn 2003.

*Dreier, Horst,* Hans Kelsen und Niklas Luhmann: Positivität des Rechts aus rechtswissenschaftlicher und systemtheoretischer Perspektive, Rechtstheorie 14 (1983), S. 419–458.

– Hierarchische Verwaltung im demokratischen Staat. Genese, aktuelle Bedeutung und funktionelle Grenzen eines Bauprinzips der Exekutive, Tübingen 1991.

*Dumont, Louis,* Individualismus. Zur Ideologie der Moderne, Frankfurt/New York 1991.

*Duve, Thomas,* Internationalisierung und Transnationalisierung der Rechtswissenschaft – aus deutscher Perspektive, online-Publikation: LOEWE-Schwerpunkt „Außergerichtliche und gerichtliche Konfliktlösung" – Working Paper 6, 2013.

*Eastwood, Jonathan R.,* Introduction, in: *L. Greenfield,* Nationalism and the Mind. Essays on Modern Culture, Oxford 2006.

*Ehrenberg, Alain,* Das Unbehagen in der Gesellschaft, Berlin 2011.

*Elias, Norbert,* Studien über die Deutschen. Machtkämpfe und Habitusentwicklung im 19. und 20. Jahrhundert, Frankfurt am Main 1989.

*Eribon, Didier,* Rückkehr nach Reims, Berlin 2016.

*Erikson, Erik,* Eintrag: Identity (psychosocial), in: D. L. Sills (Hrsg.), International Encyclopedia of Social Science, New York N.Y. 1968, S. 61–65.

*Esposito, Elena,* Artificial Communication? The Production of Contingency by Algorithms, ZfS 46 (2017), S. 249–265.

*Esposito, Roberto,* Communitas. Ursprung und Wege der Gemeinschaft, Berlin 2004.

– Persons and Things. From the Body's Point of View, Cambridge 2015.

*Esser, Josef,* Wert und Bedeutung der Rechtsfiktionen (1940), 2. Aufl., Frankfurt am Main 1969.

*Ezrahi, Yaron,* Imagined Democracies. Necessary Political Fictions, Cambridge 2012.

*Fassbender, Bardo,* ‚We the Peoples of the United Nations'. Constituent Power and Constitutional Form in International Law, in: N. Walker/M. Loughlin (Hrsg.), The Paradox of Constitutionalism. Constituent Power and Constitutional Form, Oxford 2007, S. 269–290.

*Faur, José,* The Horizontal Society. Understanding the Covenant and Alphabetic Judaism, Vol. I., Boston 2008.

*Fauré, Christine,* Ce que déclarer des droits veut dire, Paris 2011.

*Feld, Lars P.,* Die Euro-Krise: Eine unendliche Geschichte, in: G. Kirchhof/H. Kube/R. Schmidt (Hrsg.), Vom Ursprung und Ziel der Europäischen Union, Tübingen 2017, S. 155–183.

*Fellmann, Ferdinand,* Phänomenologie zur Einführung, Hamburg 2006.

*Felsch, Philipp,* Der lange Sommer der Theorie: Geschichte einer Revolte. 1960 – 1990, München 2015.

*Forsthoff, Ernst,* Der Staat der Industriegesellschaft: Dargestellt am Beispiel der Bundesrepublik Deutschland (Nachdruck), Goldbach 1971.

*Foucault, Michel,* Archäologie des Wissens (1969), Frankfurt am Main 1981.

– Der Wille zum Wissen. Sexualität und Wahrheit I., Frankfurt am Main 1977.

– Die Geburt der Biopolitik. Geschichte der Gouvernementalität II. Vorlesungen am Collège de France 1978–1979, Berlin 2015.

*Franzius, Claudio,* Gewährleistung im Recht. Grundlagen eines europäischen Regelungsmodells öffentlicher Dienstleistungen, Tübingen 2009.

*Fukuyama, Francis,* The Origins of Political Order. From Prehuman Times to the French Revolution, New York (NY) 2012.

Funke, Andreas/Krüper, Julian/Lüdemann, Jörn (Hrsg.), Konjunkturen der öffentlich-rechtlichen Grundlagenforschung, Tübingen 2015.

*Furet, François,* 1789 – Vom Ereignis zum Gegenstand der Geschichtswissenschaft, Frankfurt am Main 1980.

– Das Ende der Illusion. Der Kommunismus im 20. Jahrhundert, München/Zürich 1995.

– Die Nacht des 4. August, in: ders./M. Ozouf (Hrsg.), Kritisches Wörterbuch der Französischen Revolution, Frankfurt am Main 1996, S. 146–157.

– Eintrag: Schreckensherrschaft, ebd., S. 193–214.

– Zur Historiographie der Französischen Revolution heute, München 1989.

*Gal, Michael,* Der Staat in historischer Sicht. Zum Problem der Staatlichkeit in der Frühen Neuzeit, Der Staat 54 (2015), S. 241–266.

*Gärditz, Klaus Ferdinand,* Der digitalisierte Raum des Netzes als emergente Ordnung und die repräsentativ-demokratische Herrschaftsform, Der Staat 54 (2015), S. 113–139.

– Säkularität und Verfassung, in: O. Depenheuer (Hrsg.), Verfassungstheorie, Tübingen 2010, S. 153–198.

– Staat und Strafrechtspflege. Schönburger Gespräche zu Recht und Staat, Paderborn 2015.

*Gauchet, Marcel,* Eintrag: Menschenrechte, in: F. Furet/M. Ozouf (Hrsg.), Kritisches Wörterbuch der Französischen Revolution, Frankfurt am Main 1996, S. 1180–1197.

– La religion dans la démocratie: parcours de la laïcité, Paris 2004.

– L'avènement de la démocratie, Bd. 1: La révolution moderne, Paris 2007.

– Le désenchantement du monde. Une histoire politique de la religion, Paris 2010.

*Geertz, Clifford,* Local Knowledge: Fact and Law in Comparative Perspective, in: Local Knowledge. Further essays in interpretive anthropology, New York 1983, S. 167–234.

– The Interpretation of Cultures. Selected Essays, New York 2000.

*Greenfeld, Liah,* Advanced Introduction to Nationalism, Cheltenham (U.K.) 2016.

– Mind, Modernity, Madness. The Impact of Culture on Human Experience, Cambridge 2013.

– Nationalism and the Mind. Essays on Modern Culture, Oxford 2006.

– Nationalism. Five Roads to Modernity, Cambridge (Mass.) 1992.

– The Spirit of Capitalism: Nationalism and Economic Growth, Cambridge (Mass.) 2001.

*Grimm, Dieter,* Der Wandel der Staatsaufgaben und die Krise des Rechtsstaats, in: Die Zukunft der Verfassung, Frankfurt am Main 1991, S. 159–175.

– Die Zukunft der Verfassung, Frankfurt am Main 1991.

– Europa ja – aber welches? Zur Verfassung der europäischen Demokratie, 2. Aufl., München 2016.

– Souveränität. Herkunft und Zukunft eines Schlüsselbegriffs, Berlin 2009.

– Ursprung und Wandel der Verfassung, in: Die Zukunft der Verfassung II, Berlin 2012, S. 11–64.

*Günter, Frieder,* Denken vom Staat her. Die bundesdeutsche Staatsrechtslehre zwischen Dezision und Integration 1949–1970, München 2004.

*Guttmann, Jacob,* Jean Bodin in seinen Beziehungen zum Judentum, Monatsschrift für Geschichte und Wissenschaft des Judentums 3 (1905), S. 315–348.

*Haidu, Peter,* The Subject Medieval/Modern. Text and Governance in the Middle Ages, Stanford Cal. 2004.

*Hammill, Graham,* The Mosaic Constitution. Political Theology and Imagination from Machiavelli to Milton, Chicago 2012.

*Han, Byung-Chul,* Im Schwarm. Ansichten des Digitalen, Berlin 2013.

*Hansen, Mogens Herman,* Die athenische Demokratie im Zeitalter des Demosthenes. Struktur, Prinzipien und Selbstverständnis, Berlin 1995.

– Polis. An Introduction to the Ancient Greek City-State, Oxford 2006.

*Hase, Friedhelm,* Sozialrecht und die Integration gesellschaftlichen Wissens, in: P. Masuch/W. Spellbrink/U. Becker/S. Leibfried (Hrsg.), Grundlagen und Herausforderungen des Sozialstaats – Denkschrift 60 Jahre Bundessozialgericht Bd. 1: Eigenheiten und Zukunft von Sozialpolitik und Sozialrecht, Berlin 2014, S. 423–436.

*Haverkamp, Anselm,* Das Skandalon der Metaphorologie. Prolegomena eines Kommentars, in: ders./D. Mende (Hrsg.), Metaphorologie. Zur Praxis einer Theorie, Frankfurt am Main 2009, S. 33–63.

*Heffter, August Wilhelm,* Das europäische Völkerrecht der Gegenwart auf den bisherigen Grundlagen, 7. Aufl., Berlin 1882.

*Heller, Hermann,* Die Souveränität (1927), in: Gesammelte Schriften, Bd. 2: Recht, Staat, Macht, Tübingen 1992, S. 31–202.

– Politische Demokratie und soziale Homogenität (1928), ebd., S. 421–433.

– Rechtsstaat oder Diktatur? (1930), ebd., S. 443–462.

– Sozialismus und Nation (1925), in: Gesammelte Schriften Bd. 1 – Orientierung und Entscheidung, Tübingen 1992, S. 437–526.

– Staatslehre (1934), in: Gesammelte Schriften Bd. 3 – Staatslehre als politische Wissenschaft, Tübingen 1992, S. 92–395.

*Hermes, Siegfried,* Staatsbildung durch Rechtsbildung – Überlegungen zu Max Webers soziologischer Verbandstheorie, in: A. Anter/S. Breuer (Hrsg.), Max Webers Staatssoziologie, Baden-Baden 2016, S. 81–102.

*Hesse, Konrad,* Grundzüge des Verfassungsrechts der Bundesrepublik Deutschland (1966), Heidelberg 1999.

*Hildebrandt, Mireille,* Law as Computation in the Era of Artificial Legal Intelligence. Speaking Law to the Power of Statistics, *ssrn.com.* 2017. https://ssrn.com/abstract=2983045.

– Smart Technologies and the End(s) of Law, Cheltenham U.K./Northampton (Mass.) 2016.

*Hinrichs, Ernst,* Ancien Régime und Revolution. Studien zur Verfassungsgeschichte Frankreichs zwischen 1589 u. 1789, Frankfurt am Main 1986.

*Hobbes, Thomas,* Leviathan (1651), Cambridge, 1997. [Deutsche Zitate im Text folgen der Übersetzung von Walter Eichner, Leviathan: oder Stoff, Form und Gewalt eines kirchlichen und bürgerlichen Staates, Frankfurt am Main 1984].

– Vom Bürger, in: Vom Menschen. Vom Bürger. Elemente der Philosophie II/III, (hrsg. v. Günther Gawlick), Hamburg 1994, S. 59–327.

*Hochschild, Arlie Russell,* Strangers in Their Own Land. Anger and Mourning on the American Right, New York 2016.

*Höffe, Otfried,* „Sed authoritas, non veritas, facit legem". Zum Artikel 26 des Leviathan, in: W. Kersting (Hrsg.), Thomas Hobbes: Leviathan, oder Stoff, Form und Gewalt eines bürgerlichen und kirchlichen Staates, Berlin 1996, S. 235–257.

*Hoffmann-Riem, Wolfgang,* Die Klugheit der Entscheidung ruht in ihrer Herstellung – selbst bei der Anwendung von Recht, in: Offene Rechtswissenschaft, Tübingen 2010, S. 95–110.

– Innovation und Recht – Recht und Innovation. Recht im Ensemble seiner Kontexte, Tübingen 2016.

– Öffentliches Recht und Privatrecht als wechselseitige Auffangordnungen, in: Offene Rechtswissenschaft, Tübingen 2010, S. 871–924.

*Hont, Istvan,* Jealousy of Trade. International Competition and the Nation-State in Historical Perspective, Cambridge (Mass.)/London 2005.

– The Permanent Crisis of a Divided Mankind. ‚Nation-State' and ‚Nationalism' in Historical Perspective, in: Jealousy of Trade. International Competition and the Nation-State in Historical Perspective, Cambridge (Mass.) 2010, S. 447–528.

*Hörl, Erich,* Die technologische Bedingung. Zur Einführung, in: Die technologische Bedingung. Beiträge zur Beschreibung der technischen Welt, Berlin 2011, S. 7–53.

*Hume, David,* A Treatise of Nature (1739), Book III, Virginia, Reprint ohne Jahr.

*Hunt, Lynn Avery.* Inventing Human Rights, New York 2008.

*Ingold, Albert,* Grundrechtsschutz sozialer Emergenz. Eine Neukonfiguration juristischer Personalität in Art. 19 Abs. 3 GG angesichts webbasierter Kollektivitätsformen, Der Staat 53 (2014), S. 193–226.

*Ipsen, H.-P.,* Über Supranationalität, in: H. Ehmke (Hrsg.), Festschrift für Ulrich Scheuner zum 70. Geburtstag, Berlin 1973, S. 211–226.

*Isensee, Josef,* § 15, in: ders./P. Kirchhof (Hrsg.), Handbuch des Staatsrechts Bd. 2, Heidelberg 1998.

*Jaume, Lucien,* Constituent Power in France. The Revolution and its Consequences, in: M. Loughlin/ N. Walker (Hrsg.), The Paradox of Constitutionalism. Constituent Power and Constitutional Form, Oxford 2007, S. 67–86.

*Jellinek, Georg,* Allgemeine Staatslehre, 3. Aufl., 5. Neudruck, Berlin/Heidelberg 1929, Reprint ohne Jahr.

– System der subjektiven öffentlichen Rechte (1892), Chestnut Hill (Mass.), Nachdruck 2006.

*Jestaedt, Matthias,* Einleitung, in: Hans Kelsen: Reine Rechtslehre. Einleitung in die rechtswissenschaftliche Problematik, Tübingen 2008.

*Joas, Hans,* Die Sakralität der Person. Eine neue Genealogie der Menschenrechte, Berlin 2011.

*Joerges, Christian,* Europas Wirtschaftsverfassung in der Krise, Der Staat 51 (2012), S. 375–385.

*Kadelbach, Stefan/Kleinlein, Thomas,* Überstaatliches Verfassungsrecht. Zur Konstitutionalisierung im Völkerrecht, Archiv des Völkerrechts 44 (2006), S. 235–266.

*Kahl, Wolfgang,* § 26, Grundrechte, in: O. Depenheuer/C. Grabenwarter (Hrsg.), Verfassungstheorie, Tübingen 2010, S. 807–836.

*Kahn, Victoria Ann,* The Future of Illusion. Political Theology and Early Modern Texts, Chicago 2014.

– Wayward Contracts: The Crisis of Political Obligation in England, 1640–1674, Princeton (N.J.) 2004.

*Kaiser, Anna-Bettina,* Die „Entdeckung" der Kooperation von Staat und Gesellschaft in der Wissenschaft des Öffentlichen Rechts seit den 1960er Jahren, Rg 17 (2010), S. 127–134.

*Kant, Immanuel,* Werke in 6 Bänden, Nachdruck der Ausgabe 1956 – hrsg. von Wilhelm Weischedel, Darmstadt 1983.

– Die Metaphysik der Sitten (1785/86), ebd., Bd. 4: Schriften zur Ethik und Religionsphilosophie.

– Grundlegung zur Metaphysik der Sitten (zuerst 1785/86), ebd.

– Kritik der praktischen Vernunft (1788), ebd.

– Kritik der Urteilskraft (1793), ebd., Bd. 5: Kritik der Urteilskraft und Schriften zur Naturphilosophie.

*Kantorowicz, Ernst H.,* Die zwei Körper des Königs. Eine Studie zur politischen Theologie des Mittelalters (1957), München 1994.

*Kaufmann, Erich,* Das Wesen des Völkerrechts und die clausula rebus sic stantibus, Tübingen 1911.

*Kaufmann, Jean-Claude,* Die Erfindung des Ich. Eine Theorie der Identität, Konstanz 2005.

– Wenn ICH ein anderer ist, Konstanz 2010.

*Kelsen, Hans,* Der soziologische und juristische Staatsbegriff (1928), 2. Neudruck der 2. Aufl., Aalen 1981.

– Reine Rechtslehre. Mit einem Anhang: Das Problem der Gerechtigkeit (1934), Nachdruck der 2. Aufl., Wien 1960.

– Vom Wesen und Wert der Demokratie (1929), 2. Neudruck der 2. Aufl., Aalen 1981.

*Kerber, Walter,* Eintrag: Pluralismus, in: J. Ritter/K. Gründer (Hrsg.), Historisches Wörterbuch der Philosophie, Basel 1989, Sp. 988–993.

*Kersten, Jens,* Georg Jellinek (1851–1911), in: P. Häberle/M. Kilian/H. A. Wolff (Hrsg.), Staatsrechtslehrer des 20. Jahrhunderts. Deutschland – Österreich – Schweiz, Berlin/Boston (Mass.) 2015, S. 59–70.

– Schwarmdemokratie. Der digitale Wandel des Verfassungsstaats, Tübingen 2017.

*Kersting, Wolfgang,* Niccolò Machiavelli, München 2006.

*Kittsteiner, Heinz Dieter,* Die Stabilisierungsmoderne. Deutschland und Europa 1618–1715, München 2010.

*Kluxen, Kurt,* Geschichte und Problematik des Parlamentarismus, Frankfurt am Main 1983.

*Knott, Sarah,* Sensibility and the American Revolution, Chapel Hill 2009.

*Kondylis, Panajotis,* Montesquieu und der Geist der Gesetze, Berlin 1996.

*Korioth, Stefan,* Rudolf Smend (1882–1975), in: S. Grundmann u. a. (Hrsg.), Festschrift 200 Jahre Juristische Fakultät der Humboldt-Universität zu Berlin. Geschichte, Gegenwart und Zukunft, Berlin/New York 2010, S. 583–604.

– Staatsrecht I. Staatsorganisationsrecht unter Berücksichtigung europäischer und internationaler Bezüge, Stuttgart 2016.

*Koschorke, Albrecht u. a.,* Der fiktive Staat. Konstruktionen des politischen Körpers in der Geschichte Europas, Frankfurt am Main 2007.

– Hegel und wir. Frankfurter Adorno-Vorlesungen 2013, Berlin 2015.

– Wahrheit und Erfindung. Grundzüge einer allgemeinen Erzähltheorie, Frankfurt am Main 2012.

*Koselleck, Reinhart,* Preußen zwischen Reform und Revolution. Allgemeines Landrecht, Verwaltung und soziale Bewegung von 1791–1848, München 1975.

*Krämer, Sybille,* Figuration, Anschauung, Erkenntnis. Grundlinien einer Diagrammatologie, Berlin 2016.

– Medium, Bote, Übertragung. Kleine Metaphysik der Medialität, Frankfurt am Main 2008.

– Symbolische Maschinen. Die Idee der Formalisierung in geschichtlichem Abriß, Darmstadt 1988.

*Kremer, Carsten,* Die Willensmacht des Staates. Die gemeindeutsche Staatsrechtslehre des C. F. von Gerber, Frankfurt am Main 2008.

*Kriele, Martin,* Einführung in die Staatslehre. Die geschichtlichen Legitimitätsgrundlagen des demokratischen Verfassungsstaates, 6. Aufl., Opladen 2003.

*Laband, Paul,* Das Staatsrecht des Deutschen Reiches Bd. 1 (Tübingen 1876), Neudruck der 5. Aufl., Aalen 1964.

*Ladeur, Karl-Heinz,* „Finding our text ...“: Der Aufstieg des Abwägungsdenkens als ein Phänomen der „sekundären Oralität“ und die Wiedergewinnung der Textualität des Rechts in der Postmoderne, in: I. Augsberg/C. Lenski (Hrsg.), Die Innenwelt der Außenwelt der Innenwelt des Rechts, Paderborn 2012, S. 173–204.

– Computerkultur und Evolution der Methodendiskussion in der Rechtswissenschaft. Zur Theorie rechtlichen Entscheidens in komplexen Handlungsfeldern, in: I. Augsberg/T. Vesting (Hrsg.), Das Recht der Netzwerkgesellschaft. Ausgewählte Aufsätze von Karl-Heinz Ladeur, Tübingen 2013, S. 113–139.

– Das System der Meinungen, Medienkorrespondenz 7 (2017), S. 3–7.

– Der Anfang des westlichen Rechts, Tübingen 2018.

– Der Islam und sein Recht. Die Vermeidung der Unterscheidungen, Archiv für Rechts- und Sozialphilosophie 103 (2017), S. 71–100.

– Der Staat der Gesellschaft der Netzwerke. Zur Fortentwicklung des Paradigmas des „Gewährleistungsstaats“, in: I. Augsberg/T. Vesting (Hrsg.), Das Recht der Netzwerkgesellschaft. Ausgewählte Aufsätze von Karl-Heinz Ladeur, Tübingen 2013, S. 353–383.

– Der Staat gegen die Gesellschaft. Zur Verteidigung der Rationalität der „Privatrechtsgesellschaft“, Tübingen 2006.

– Die Medienfreiheit im Netzwerk der Netzwerke, in: S. Knaller/D. Pichler (Hrsg.), Recht im medialen Feld, PhiIN Beiheft 12/2017, S. 4–25.

– Die Textualität des Rechts. Zur poststrukturalistischen Kritik des Rechts, Weilerswist 2016.

– Ein Recht der Netzwerke für die Weltgesellschaft oder Konstitutionalisierung der Völkergemeinschaft?, Archiv des Völkerecht 49/3 (2011), S. 246–275.

– Normqualität und Verbindlichkeit der Verfassungssätze, in: J. Isensee/P. Kirchhof (Hrsg.), Handbuch des Staatsrechts, Bd. XII, 3. Aufl., Heidelberg 2014, S. 237–268.

– Recht – Wissen – Kultur. Die fragmentierte Ordnung, Berlin 2016.

– Verfassungsrechtliche Fragen regierungsamtlicher Öffentlichkeitsarbeit und öffentlicher Wirtschaftstätigkeit im Internet, DÖV 2002, S. 1–11.

– Wissenserzeugung im Sozialrecht und Aufstieg von „Big Data", in: B. Buchner/ders. (Hrsg.), Wissensgenerierung und -verarbeitung im Gesundheits- und Sozialrecht, Tübingen 2016, S. 89–105.

*Lefort, Claude,* Fortdauer des Theologisch-Politischen, Wien 1999.

*Lehmann, Maren,* Das Altwerden der funktionalen Differenzierung, Soziale Systeme 20/2 (2015), S. 308–336.

*Lepore, Jill,* The Party Crashers. Is the new Populism about the Message or the Medium?, The New Yorker, 22. Februar 2016.

*Lepsius, Oliver,* § 1: Regulierungsrecht in den USA: Vorläufer und Modell, in: M. Fehling/M. Ruffert (Hrsg.), Regulierungsrecht, Tübingen 2010, S. 3–75.

– Rechtswissenschaft in der Demokratie, Der Staat 52 (2013), S. 157–186.

– Problemzugänge und Denktraditionen im öffentlichen Recht, in: E. Hilgendorf/H. Schulze-Fielitz (Hrsg.), Selbstreflexion der Rechtswissenschaft, Tübingen 2015, S. 53–92.

*Lepsius, Susanne,* Darf die Stadt Nocera wegen eines nicht aufgeklärten Totschlags bestraft werden?, in: M. Luminati (Hrsg.), Mit den Augen der Rechtsgeschichte – Rechtsfälle selbstkritisch kommentiert, Berlin 2008, S. 37–69.

– Bartolus von Sassoferrato und das europäische Ius commune, ZEuP 23 (2015), S. 313–334.

*Lilla, Mark,* Identitätspolitik ist keine Politik, NZZ-Online vom 16.11.2016.

*Locke, John,* Two Treatises on Government, Cambridge 1988.

*Loughlin, Martin,* The Idea of Public Law, Oxford 2003.

*Lübbe-Wolff, Gertrude,* Grundrechte als Eingriffsabwehrrechte. Struktur und Reichweite der Eingriffsdogmatik im Bereich staatlicher Leistungen, Baden-Baden 1988.

*Lüdemann, Susanne,* Körper, Organismus, in: R. Konersmann (Hrsg.), Wörterbuch der philosophischen Metaphern, Darmstadt 2015, S. 168–182.

– Metaphern der Gesellschaft. Studien zum soziologischen und politischen Imaginären, München 2004.

*Luhmann, Niklas,* Beobachtungen der Moderne, Wiesbaden 1992.

– Das Recht der Gesellschaft, Frankfurt am Main 1993.

– Die Gesellschaft der Gesellschaft, 2 Bde., Frankfurt am Main 1997.

– Die Politik der Gesellschaft, Frankfurt am Main 2000.

– Die Weltgesellschaft, ARSP 1971, S. 1–35.

– Funktionale Methode und juristische Entscheidung, in: Ausdifferenzierung des Rechts. Beiträge zur Rechtssoziologie und Rechtstheorie, Frankfurt am Main 1981, S. 273–307.

– Gesellschaftsstruktur und Semantik Bd. 3, Frankfurt am Main 1989.

– Soziale Systeme, Frankfurt am Main 1987.

*Machiavelli, Niccolò,* Der Fürst (1532), Stuttgart 1978.

*Maier, Hans,* Die ältere deutsche Staats- und Verwaltungslehre, München 1986.

*Maier, Pauline,* American Scripture. Making the Declaration of Independence, New York 1998.

– Ratification. The People Debate the Constitution 1787–1788. New York 2010.

*Mainzer, Klaus,* Computerphilosophie zur Einführung, Hamburg 2003.

*Manent, Pierre,* Democracy without Nations? The Fate of Self-Government in Europe, Wilmington 2013.

*Marx, Karl,* Zur Kritik der politischen Ökonomie. Marx-Engels-Werke Bd. 13, Berlin 1985.

*Matz, Wolfgang,* „Pfeift nicht!", Merkur 71 (2017), S. 20–32.

*Maus, Ingeborg,* Entwicklung und Funktionswandel der Theorie des bürgerlichen Rechtsstaats, in: M. Tohidipur (Hrsg.), Der bürgerliche Rechtsstaat, Bd. 1, Frankfurt am Main 1978, S. 13–81.

*Mayer, Otto,* Deutsches Verwaltungsrecht, Bd. 1, (3. Aufl. 1924), Berlin 1969.

*Mayer-Tasch, Peter Cornelius,* Einführung in Jean Bodins Leben und Werk, in: *Bodin, Jean,* Sechs Bücher über den Staat (1583). Buch I-III, München 1981, 11–51.

*Mayntz, Renate,* Governance Theorie als fortentwickelte Steuerungstheorie?, in: G. F. Schuppert, Governance-Forschung. Vergewisserung über Stand und Entwicklungslinien, Baden-Baden 2005, S. 11–20.

*McLuhan, Marshall,* Understanding Media. The Extensions of Man (1964), Reprint London 2006.

*Meder, Stephan,* Doppelte Körper im Recht. Traditionen des Pluralismus zwischen staatlicher Einheit und transnationaler Vielheit, Tübingen 2015.

*Megginson, William L./Netter, Jeffrey M.,* From State to Market: A Survey of Empirical Studies on Privatization, Journal of Economic Literature 39 (2001), S. 321–389.

*Meinel, Florian,* Der Jurist in der industriellen Gesellschaft. Ernst Forsthoff und seine Zeit, Berlin 2011.

*Meltzer, Mitchell,* Secular Revelations. The Constitution of the United States and Classic American Literature, Cambridge Mass. 2005.

*Menke, Christoph,* Kritik der Rechte, Berlin 2015.

*Merkel, Wolfgang,* Der Niedergang der Volksparteien, Frankfurter Allgemeine Zeitung (FAZ), 23. Oktober 2017, S. 6.

*Mokyr, Joel,* A Culture of Growth. The Origins of the Modern Economy, Princeton (N.J.) 2016.

– The Enlightened Economy: An Economic History of Britain 1700–1850, New Haven (Conn.) 2009.

*Möllers, Christoph,* Der vermisste Leviathan. Staatstheorie in der Bundesrepublik, Frankfurt am Main 2008.

– Krisenzurechnung und Legitimationsproblematik in der Europäischen Union, Leviathan 43 (2015), S. 339–364.

*Montesquieu, Charles Louis, Baron de,* Vom Geist der Gesetze (1748) – übersetzt und hrsg. von E. Forsthoff, Tübingen 1992.

*Moretti, Franco,* Atlas of the European Novel. 1800–1900, London 2011.

– The Bourgeois. Between History and Literature, London 2013.

– The Way of the World. The Bildungsroman in European Culture, London 2000.

*Morlok, Martin,* Politische Parteien, in: T. Vesting/S. Korioth (Hrsg.), Der Eigenwert des Verfassungsrechts. Was bleibt von der Verfassung nach der Globalisierung?, Tübingen 2011, S. 333–354.

*Neumann, Franz,* Behemoth. Struktur und Praxis des Nationalsozialismus: 1933–1944 (1942), Frankfurt am Main 1984.

– Über die Voraussetzungen und den Rechtsbegriff einer Wirtschaftsverfassung (1931), in: Wirtschaft, Staat, Demokratie, Frankfurt am Main 1978, S. 76–102.

*Nietzsche, Friedrich,* Zur Genealogie der Moral, in: Werke in drei Bänden, Bd. 2, hrsg. von Kurt Schlechta, München 1994, S. 761–900.

*Nora, Pierre,* Eintrag: Nation, in: F. Furet/M. Ozouf (Hrsg.), Kritisches Wörterbuch der französischen Revolution, Bd. 2, Frankfurt am Main 1996, S. 1221–1238.

*Obama, Barack,* Die amerikanische Demokratie ist größer als jede Einzelperson – Rede in Athen (Nov. 2017), FAZ.NET (http://www.faz.net/-hbi-8nfus 16.11.2017.

*Ober, Josiah,* The Rise and Fall of Classical Greece, Princeton (N.J.) 2015.

*Oertzen, Peter von,* Die soziale Funktion des staatsrechtlichen Positivismus. Eine wissenssoziologische Studie über die Entstehung des formalistischen Positivismus in der deutschen Staatsrechtswissenschaft, Frankfurt am Main 1974.

*Ofek, Hillel,* Why the Arabic World Turned Away from Science, The New Atlantis, Winter 2011, S. 3–23.

*Ogien, Albert/Laugier, Sandra,* Das Prinzip Demokratie. Über die neuen Formen des Politischen, Konstanz 2017.

*Ong, Walter J.,* Orality and Literacy. The Technologizing of the World (1982), Reprint New York 2003. [Deutsche Zitate im Text folgen der Übersetzung von Wolfgang Schömel, Oralität und Literalität. Die Technologie des Wortes, Opladen 1987.]

*Otto, Eckhart,* Das Deuteronomium. Politische Theologie und Rechtsreform in Juda und Assyrien, Berlin 1999.

*Paine, Thomas,* Die Rechte des Menschen, Frankfurt am Main 1973.

*Payandeh, Mehrdad,* Allgemeine Staatslehre, in: J. Krüper u. a. (Hrsg.), Grundlagen des Rechts, Baden-Baden 2011, S. 88–100.

*Peters, Anne,* Are we Moving towards Constitutionalization of World Community?, in: A. Cassese (Hrsg.), Realizing Utopia. The Future of International Law, Oxford 2012, S. 118–135.

*Pippin, Robert B.,* Hegel's Practical Philosophy. Rational Agency as Ethical Life, New York 2008.

*Platon,* Politeia – übersetzt von Friedrich Schleiermacher, in: Sämtliche Werke Bd. 3: Phaidon, Hamburg 1958.

*Pocock, John G. A.,* The Machiavellian Moment. Florentine Political Thought and the Atlantic Republican Tradition, Princeton 1975.

*Pornschlegel, Clemens,* Deutung als dogmatische Funktion. Überlegungen zur institutionellen Struktur exegetischer Rede, in S. Lüdemann/T. Vesting (Hrsg.), Was heisst Deutung? Verhandlungen zwischen Recht, Philologie und Psychoanalyse, Paderborn 2017, S. 39–55.

*Poscher, Ralf,* Grundrechte als Abwehrrechte. Reflexive Regelung rechtlich geordneter Freiheit, Tübingen 2003.

*Quaritsch, Helmut,* Souveränität. Entstehung und Entwicklung des Begriffs in Frankreich und Deutschland vom 13. Jahrhundert bis 1806, Berlin 1986.

*Raphael, David D.,* The Impartial Spectator. Adam Smith's Moral Philosophy, Oxford 2009.

*Raynaud, Philippe,* Eintrag: Amerikanische Revolution, in: F. Furet/M. Ozouf (Hrsg.), Kritisches Wörterbuch der Französischen Revolution, Bd. 1, Ereignisse/Akteure, Frankfurt am Main 1996, S. 961–978.

– Eintrag: Demokratie, ebd., Bd. 2, S. 1054–1069.

*Reckwitz, Andreas,* Das hybride Subjekt. Eine Theorie der Subjektkulturen von der bürgerlichen Moderne zur Postmoderne, Weilerswist 2010.

– Die Gesellschaft der Singularitäten. Zum Strukturwandel der Moderne, 2. Aufl. Berlin 2017.

*Rheinberger, Hans-Jörg,* Experimentalsysteme und epistemische Dinge. Eine Geschichte der Proteinsynthese im Reagenzglas, Frankfurt am Main 2006.

– Historische Epistemologie zur Einführung, Hamburg 2007.

*Richet, Dennis,* Eintrag Wohlfahrtsausschuss, in: F. Furet/M. Ozouf (Hrsg.), Kritisches Wörterbuch der Französischen Revolution, Bd. 2, Frankfurt am Main 1996, S. 936–942.

*Ricœur, Paul,* Das Selbst als ein Anderer, München 1996.

*Riesman, David,* The Lonely Crowd. A Study of the Changing American Character, New Haven (Conn.) 1950.

*Ritter, Ernst-Hasso,* Das Recht als Steuerungsmedium im kooperativen Staat, in: D. Grimm (Hrsg.), Wachsende Staatsaufgaben – sinkende Steuerungsfähigkeit des Recht, Baden-Baden 1990, S. 69–112.

*Ritter, Joachim,* Europäisierung als europäisches Problem (1956), in: Metaphysik und Politik. Studien zu Aristoteles und Hegel (1969), Frankfurt am Main 1977, S. 321– 340.

*Roper, Lyndal,* Der Mensch Martin Luther: die Biographie – aus dem Englischen übersetzt von H. Fock und S. Müller, Frankfurt am Main 2016.

*Rosanvallon, Pierre,* Demokratische Legitimität. Unparteilichkeit – Reflexivität – Nähe, Hamburg 2010.

*Rosen, Lawrence,* Law as Culture. An Invitation, New York 2006.

*Rosen, Stanley,* The Elusiveness of the Ordinary: Studies in the Possibility of Philosophy, New Haven 2002.

*Rousseau, Jean-Jacques,* Du Contract Social (1762), Paris 1966.

– Vom Gesellschaftsvertrag – übersetzt von L. Schmidts, Politische Schriften Bd. 1, Paderborn 1977.

*Schäfer, Armin,* Kultur statt Ökonomie, Frankfurter Allgemeine Zeitung (FAZ) Nr. 246, 23. Oktober 2017, S. 6.

*Schäfer, Hans-Berndl Wulf, Alexander,* Wie der Aufstieg des gelehrten Rechts im Mittelalter den wirtschaftlichen Aufstieg Europas beförderte, Bucerius Law Journal 1 (2014), S. 52–70.

*Schiavone, Aldo,* Ius. The Invention of Law in the West, Cambridge Mass. 2012.

*Schilling, Lothar,* Das Jahrhundert Ludwigs XIV. Frankreich im Grand Siècle 1598 – 1715, Darmstadt 2010.

*Schlink, Bernhard,* Freiheit durch Eingriffsabwehr. Rekonstruktion der klassischen Grundrechtsfunktion, EuGRZ 1984, S. 457–468.

*Schmidt, Reiner,* Zurück zum Recht oder: Die Rechtspflicht zum Austritt aus der Währungsunion, ZSE (Zeitschrift für Staats- und Europawissenschaften) 15 (2017), S. 32–49.

*Schmidt-Aßmann, Eberhard,* Das allgemeine Verwaltungsrecht als Ordnungsidee. Grundlagen und Aufgaben der verwaltungsrechtlichen Systembildung, Berlin 2004.

*Schmitt, Carl,* Der Begriff des Politischen (1932), Berlin 1963.

– Der Hüter der Verfassung (1931), Berlin 1969.

– Der Nomos der Erde im Völkerrecht des Jus Publicum Europaeum (1950), 2. Aufl., Berlin 1974.

– Der Staat als konkreter, an eine historische Epoche gebundener Begriff, in: Verfassungsrechtliche Aufsätze aus den Jahren 1924–1954 (1958), Berlin 1973, S. 375–385.

– Die Diktatur. Von den Anfängen des modernen Souveränitätsgedankens bis zum proletarischen Klassenkampf (1921), 2. Aufl. 1928, Berlin Nachdruck 1978.

– Die Formung des französischen Geistes durch die Legisten (1942), in: Staat, Großraum, Nomos, Berlin 1995, 184–217.

– Hamlet oder Hekuba. Der Einbruch der Zeit in das Spiel (1956), 5. Aufl., Stuttgart 2008.

– Politische Theologie II. Die Legende von der Erledigung jeder politischen Theologie, 3. Aufl., Berlin 1990.

– Politische Theologie. Vier Kapitel von der Souveränität (1922). Berlin 1985.

– Staat, Großraum, Nomos. Arbeiten aus den Jahren 1916–1969 – mit einem Vorw. und mit Anm. vers. von G. Maschke, Berlin 1995.

– Staatsethik und pluralistischer Staat (1930), in: Positionen und Begriffe im Kampf mit Weimar-Genf-Versailles 1923–1939 (1940), Berlin 1988, S. 133–145.

– Verfassungslehre (1928), 9. Aufl., Berlin 2003.

– Völkerrechtliche Großraumordnung: mit Interventionsverbot für raumfremde Mächte. Ein Beitrag zum Reichsbegriff im Völkerrecht (1941), Berlin 1991.

– Legalität und Legitimität, in: Verfassungsrechtliche Aufsätze aus den Jahren 1924–1954 (1958), Berlin 1973, S. 263–350.

*Schnur, Roman,* Die französischen Juristen im konfessionellen Bürgerkrieg des 16. Jahrhundert, in: H. Barion/ E. Forsthoff (Hrsg.), Festschrift für Carl Schmitt zum 70. Geburtstag, Berlin 1959, S. 179–220.

*Schöbener, Burkhard/Knauff, Matthias,* Allgemeine Staatslehre, 2. Aufl., München 2013.

*Schönberger, Christoph,* Der ‚Staat' der Allgemeinen Staatslehre: Anmerkungen zu einer eigenwilligen deutschen Disziplin im Vergleich mit Frankreich, in: O. Beaud/E. V. Heyen (Hrsg.), Eine deutsch-französische Rechtswissenschaft, Baden-Baden 1999, S. 111–137.

– Ein Liberaler zwischen Staatswille und Volkswille. Georg Jellinek und die Krise des staatsrechtlichen Positivismus um die Jahrhundertwende, in: S. L. Paulson/M. Schulte (Hrsg.), Georg Jellinek. Beiträge zu Leben und Werk, Tübingen 2000, S. 3–32.

– Kelsen-Renaissance? Ein Versuch über die Bedingungen ihrer Möglichkeit im deutschen öffentlichen Recht der Gegenwart, in: M. Jestaedt (Hrsg.), Hans Kelsen und die deutsche Staatsrechtslehre, Tübingen 2013, S. 207–222.

*Schorske, Carl E.,* Fin de Siècle Vienna, New York 1981.

*Schramm, Gottfried,* Fünf Wegscheiden der Weltgeschichte. Ein Vergleich, Göttingen 2004.

*Schulze, Hagen,* Staat und Nation in der europäischen Geschichte, München 1994.

*Schulze, Winfried,* Deutsche Geschichte im 16. Jahrhundert: 1500–1680, Frankfurt am Main 1987.

*Schulze-Fielitz, Helmuth,* § 12: Grundmodi der Aufgabenwahrnehmung, in: W. Hoffmann-Riem/E. Schmidt-Aßmann/A. Voßkuhle (Hrsg.), Grundlagen des Verwaltungsrechts, Bd. I, München 2012, S. 823–902.

*Schuppert, Gunnar Folke,* Governance und Rechtsetzung. Grundfragen einer modernen Regelungsgesellschaft, Baden-Baden 2011.

– Politische Kultur, Baden-Baden 2008.

– Staat als Prozess. Eine staatstheoretische Skizze in sieben Aufzügen, Frankfurt/New York 2010.

– Staatswissenschaft, Baden-Baden 2003.

– The World of Rules. Eine etwas andere Vermessung der Welt, Frankfurt am Main 2016.

– Verflochtene Staatlichkeit. Globalisierung als Governance-Geschichte, Frankfurt/New York 2014.

*Schuppert, Gunnar Folke/Bumke, Christian,* Die Konstitutionalisierung der Rechtsordnung. Überlegungen zum Verhältnis von verfassungsrechtlicher Ausstrahlungswirkung und Eigenständigkeit des ‚einfachen' Rechts, Baden-Baden 2000.

*Scott, James C.,* Seeing like a State. How Certain Schemes to Improve the Human Condition Have Failed, New Haven (Conn.) 1998.

*Seibel, Wolfgang,* Verwaltung verstehen: eine theoriegeschichtliche Einführung, 2. Aufl., Berlin 2017.

*Seinecke, Ralf,* Das Recht des Rechtspluralismus, Tübingen 2015.

*Sheehan, Jonathan/Wahrman, Dror,* Invisible Hands. Self-Organization in the Eighteenth Century, Chicago/London 2015.

*Shklar, Judith N.,* American Citizenship. The Quest for Inclusion, Cambridge (Mass.) 1991.

*Siedentop, Larry,* Inventing the Individual. The Origins of Western Liberalism, London 2014. [Deutsche Zitate im Text folgen der Übersetzung von Hainer Kober, Die Erfindung des Individuums: Der Liberalismus und die westliche Welt, Stuttgart 2015.]

*Siegert, Bernhard,* Passage des Digitalen. Zeichenpraktiken der neuzeitlichen Wissenschaften 1500–1900, Berlin 2003.

*Sieyès, Emmanuel Joseph,* Qu'est-ce que le tiers état?, Paris 2002.

– Was ist der Dritte Stand? (1789), in: E. Schmitt/R. Reichardt (Hrsg.), Emmanuel Joseph Sieyès. Politische Schriften 1788–1790, Darmstadt/Neuwied 1975, S. 117–195.

*Skinner, Quentin,* Freiheit und Pflicht. Thomas Hobbes' politische Theorie, Frankfurt am Main 2008.

– Die drei Körper des Staates, Göttingen 2012.

*Slaughter, Anne-Marie/Burke-White, William,* The Future of International Law is Domestic, Harvard International Law Journal 47 (2006), S. 327–352.

*Smend, Rudolf,* Verfassung und Verfassungsrecht (1928), in: *ders.,* Staatsrechtliche Abhandlungen, 2. Aufl., Berlin 1968, S. 119–276.

*Smith, Adam,* Lectures in Jurisprudence – edited by R. L. Meek u. a., Oxford 1978.

– Theory of Moral Sentiments 1790 – Reprint der 6. Aufl., New York N.Y. 2009. [Deutsche Zitate im Text folgen der Übersetzung von W. Eckstein, Theorie der ethischen Gefühle, Hamburg 2010.]

*Smith, Julia M. H.,* Europe after Rome: A New Cultural History 500–1000, Oxford 2011.

*Snyder, Timothy,* The Auschwitz-Paradox, in: Black Earth. The Holocaust as History and Warning, New York 2015.

*Stahl, Friedrich Julius,* Die Staatslehre und die Principien des Staatsrechts, in: Die Philosophie des Rechts – nach geschichtlicher Ansicht, Bd. 2: Rechts- und Staatslehre auf der Grundlage christlicher Weltanschauung, 3. Aufl., Darmstadt 1963, § 36, S. 131–140.

*Starck, Christian,* Grundrechtliche und demokratische Freiheitsidee, in: J. Isensee/P. Kirchhof (Hrsg.), Handbuch des Staatsrechts der Bundesrepublik Deutschland, Bd. 2: Demokratische Willensbildung – Die Staatsorgane des Bundes, Heidelberg 1987, S. 3–27.

*Stein, Peter,* Legal Evolution. The Story of an Idea, Cambridge 1980.

*Steinhauer, Fabian,* Das Grundrecht der Kunstfreiheit, in: T. Vesting/S. Korioth/I. Augsberg (Hrsg.), Grundrechte als Phänomene kollektiver Ordnung. Zur Wiedergewinnung des Gesellschaftlichen in der Grundrechtstheorie und Grundrechtsdogmatik, Tübingen 2014, S. 247–279.

– Vom Scheiden. Geschichte und Theorie einer juristischen Kulturtechnik, Berlin 2015.

*Stolleis, Michael,* Geschichte des öffentlichen Rechts in Deutschland, Bd. 2: Staatsrechtslehre und Verwaltungswissenschaft: 1800–1914, München 1992.

– Öffentliches Recht in Deutschland. Eine Einführung in seine Geschichte (16.–21. Jahrhundert), München 2014.

*Strauss, Leo,* Naturrecht und Geschichte (1953), Berlin 2016.

*Stroumsa, Guy G.,* Das Ende des Opferkults. Die religiösen Mutationen der Spätantike, Berlin 2011.

– The Making of the Abrahamic Religions in Late Antiquity, New York (N.Y.) 2015.

*Svendsen, Gunnar L.H./Svendsen, Gert T.,* Trust, Social Capital and the Scandinavian Welfare State. Explaining the Flight of the Bumblebee, Cheltenham U.K. 2016.

*Tabacco, Giovanni,* The Struggle for Power in Medieval Italy: Structures of Political Rule, Cambridge 1989.

*Teubner, Gunther,* Elektronische Agenten und große Menschenaffen. Zur Ausweitung des Akteursstatus in Recht und Politik, in: P. Becchi/C. B. Graber (Hrsg.), Interdisziplinäre Wege in der juristischen Grundlagenforschung, Zürich 2007, S. 1-30.

– Transnationale Wirtschaftsverfassung: Franz Böhm und Hugo Sinzheimer jenseits des Nationalstaates, ZaöRV 74 (2014), S. 733–761.

– Transnationales Recht: Legitimation durch horizontale Grundrechtswirkung, JZ 2015, S. 506–510.

– Verfassungsfragmente. Gesellschaftlicher Konstitutionalismus in der Globalisierung. Berlin 2012.

– Zum transsubjektiven Potential subjektiver Rechte. Gegenrechte in ihrer kommunikativen, kollektiven und institutionellen Dimension, in: H. Franzki/J. Horst/A. Fischer-Lescano (Hrsg.), Gegenrechte: Recht jenseits des Subjekts, Tübingen 2018 i. E.

*Thoma, Richard,* Der Begriff der modernen Demokratie in seinem Verhältnis zum Staatsbegriff (1923), in: M. Palyi (Hrsg.), Hauptprobleme der Soziologie. Erinnerungsgabe für Max Weber, Bd. II., Berlin 1923, S. 37–64.

*Thomas, Yan,* ‚Auctoritas legum non potest veritatem naturalem tollere'. Rechtsfiktion und Natur bei den Kommentatoren des Mittelalters, in: H. Mohnhaupt/F. Kervegan (Hrsg.), Recht zwischen Natur und Geschichte: deutsch-französisches Symposium vom 24.–26. November 1994 an der Universität Cergy-Pontoise, Frankfurt am Main 1997, S. 1–32.

*Tierney, Brian,* Religion and Rights. A Medieval Perspective, Journal of Law and Religion 1987, S. 163–175.

*Tocqueville, Alexis de,* Über die Demokratie in Amerika (1835), München 1976.

*Tomuschat, Christian,* Die Internationale Gemeinschaft, Archiv des Völkerrechts 33 (1995), S. 1–20.

*Touraine, Alain,* Die postindustrielle Gesellschaft, Frankfurt am Main 1972.

*Trachtman, Joel P.,* The Constitutions of the WTO, European Journal of International Law 17 (2006), S. 623–646.

*Treiber, Hubert,* Moderner Staat und moderne Bürokratie bei Max Weber, in: A. Anter/S. Breuer (Hrsg.), Max Webers Staatssoziologie: Positionen und Perspektiven, 2. Aufl., Baden-Baden 2016, S. 121–158.

*Trilling, Lionel,* Sincerity and Authenticity. The Charles Eliot Norton Lectures, 1969–1970, Reprint Cambridge, Mass./London 1971/1972.

– The Last Decade. Essays and Reviews (1965-75), New York/London 1979.

*Trute, Hans-Heinrich,* § 6 Die demokratische Legitimation der Verwaltung, in: W. Hoffmann-Riem/E. Schmidt-Aßmann/A. Voßkuhle (Hrsg.), Grundlagen des Verwaltungsrechts, Bd. 1, 2. Aufl. München 2012, S. 341–435.

*van Creveld, Martin L.,* Aufstieg und Untergang des Staates, München 1999.

*van Roermund, Bert,* Populismus und Demokratie: eine Kritik auf den Spuren Leforts, in: A. Wagner (Hrsg.), Am leeren Ort der Macht. Das Staats- und Politikverständnis Claude Leforts, Baden-Baden 2013 (2014), S. 143 –164.

*Vec, Milos,* Recht und Normierung in der industriellen Revolution. Neue Strukturen der Normsetzung in Völkerrecht, staatlicher Gesetzgebung und gesellschaftlicher Selbstnormierung, Frankfurt am Main 2006.

*Vesting, Thomas,* Die innere Seite des Gesetzes. Symbolische Ordnung, Rechtssubjektivität und Umgang mit Ungewissheit, in: I. Augsberg (Hrsg.), Ungewissheit als Chance. Perspektiven eines produktiven Umgangs mit Unsicherheit im Rechtssystem, Tübingen 2009, S. 39–59.

– Die Medien des Rechts Bd. 1: Sprache, Weilerswist 2011.

– Die Medien des Rechts Bd. 3,: Buchdruck, Weilerswist 2013.

– Die Medien des Rechts, Bd. 4: Computernetzwerke, Weilerswist 2015.

– Nachbarwissenschaftlich informierte und reflektierte Verwaltungsrechtswissenschaft. – „Verkehrsregeln" und „Verkehrsströme", in: W. Hoffmann-Riem/E. Schmidt-Aßmann (Hrsg.), Methoden der Verwaltungsrechtswissenschaft, Baden-Baden 2004, S. 253–292.

– Staatslehre als Wirklichkeitswissenschaft. Zu Hermann Hellers Idee einer politischen Organisation der Gesellschaft, Der Staat 31 (1992), S. 161–186.

– Wahlen als Medienereignis. Zum verfassungsrechtlichen Status der Demoskopie in der Demokratie, in: T. Faas/D. Molthagen/T. Mörschel (Hrsg.), Demokratie und Demoskopie. Machen Zahlen Politik?, Heidelberg 2017, S. 25–40.

*Vesting, Thomas/Augsberg, Ino,* „Das Recht der Netzwerkgesellschaft", in: dies. (Hrsg.), Das Recht der Netzwerkgesellschaft. Ausgewählte Aufsätze (von Karl-Heinz Ladeur), Tübingen 2013, 1–28.

Vesting, Thomas/Korioth, Stefan/Augsberg, Ino (Hrsg.), Grundrechte als Phänomene kollektiver Ordnung. Zur Wiedergewinnung des Gesellschaftlichen in der Grundrechtstheorie und Grundrechtsdogmatik, Tübingen 2014.

*Vico, Giambattista,* Die neue Wissenschaft über die gemeinschaftliche Natur der Völker (1744), übers. und eingel. von E. Auerbach, 2. Aufl., Berlin/New York 2000.

*Viellechner, Lars,* Transnationalisierung des Rechts, Weilerswist 2013.

*Vismann, Cornelia,* Akten. Medientechnik und Recht, Frankfurt am Main 2000.

*Vogel, Klaus,* Rechtfertigung der Steuern – eine vergessene Vorfrage; zugl. zur „heiml. Steuerrevolte" u. zum Dreieck Staat, Wirtschaft, Gesellschaft, Der Staat 25 (1986), S. 481–519.

*Vogl, Joseph,* Der Souveränitätseffekt, Zürich 2015.

*Volkmann, Uwe,* Grundzüge einer Verfassungslehre der Bundesrepublik Deutschland, Tübingen 2013.

– Verfassungsrecht zwischen normativem Anspruch und politischer Wirklichkeit, VVDStRL 67 (2008), S. 57–89.

– Vom Ursprung und Ziel der Europäischen Union. Die Perspektive der Rechtswissenschaft, in: G. Kirchhof/H. Kube/R. Schmidt (Hrsg.), Vom Ursprung und Ziel der Europäischen Union. Elf Perspektiven, Tübingen 2017, S. 57–74.

*Voßkuhle, Andreas,* Die Renaissance der „Allgemeinen Staatslehre" im Zeitalter der Europäisierung und Internationalisierung, JuS 2004, S. 2–7.

– Die Verfassung der Mitte, München 2015.

– Hugo Preuss als Vordenker einer Verfassungstheorie des Pluralismus, in: J. Kocka/G. Stock (Hrsg.), Hugo Preuss: Vordenker der Pluralismustheorie. Vorträge und Diskussion zum 150. Geburtstag des „Vaters der Weimarer Reichsverfassung", Berlin 2011, S. 23–42.

– Neue Verwaltungsrechtswissenschaft, in: W. Hoffmann-Riem/E. Schmidt-Aßmann/ders. (Hrsg.), Grundlagen des Verwaltungsrechts. Bd. 1, München 2012, § 1.

*Voßkuhle, Andreas/Bumke, Christian/Meinel, Florian,* Verabschiedung und Wiederentdeckung des Staates im Spannungsfeld der Disziplinen – Der Staat, Beiheft 21, Berlin 2013.

*Voßkuhle, Andreas/Wischmeyer, Thomas,* Der Jurist im Kontext. Peter Häberle zum 80. Geburtstag, Jahrbuch des öffentlichen Rechts der Gegenwart 63 (2015), S. 401–428.

*Wagner, Peter,* A Sociology of Modernity. Liberty and Discipline, London 1994.

*Wahl, Rainer,* Der Vorrang der Verfassung (1981), in: Verfassungsstaat, Europäisierung, Internationalisierung, Frankfurt am Main 2003, S. 121–160.

– Internationalisierung des Staates, ebd., S. 17–52.

*Wahrman, Dror,* The Making of the Modern Self. Identity and Culture in Eighteenth-Century England, New Haven (Conn.) 2006.

*Waldenfels, Bernhard,* Antwortregister, Frankfurt am Main 1994.
– Ordnung im Zwielicht, Frankfurt am Main 1987.
– Schattenrisse der Moral, Frankfurt am Main 2006.
– Sozialität und Alterität. Modi sozialer Erfahrung, Berlin 2015.
– Topographie des Fremden, Frankfurt am Main 1997.
– Verfremdung der Moderne, Göttingen (Essener kulturwissenschaftliche Vorträge 10): Wallstein, 2001.
*Weber, Max,* Die „Objektivität" sozialwissenschaftlicher und sozialpolitischer Erkenntnisse (1904), in: Gesammelte Aufsätze zur Wissenschaftslehre (1922) – hrsg. von Johannes Winkelmann, Tübingen 1985, 146–214.
– Die protestantische Ethik und der Geist des Kapitalismus, in: Gesammelte Aufsätze zur Religionssoziologie I (1920), Tübingen 1986 S. 17–236.
– Roscher und Knies und die logischen Probleme der historischen Nationalökonomie, ebd., S. 1–42.
– Vorbemerkung, in: Gesammelte Aufsätze zur Religionssoziologie I (1920), Tübingen 1986.
– Wirtschaft und Gesellschaft (1922). Grundriß der verstehenden Soziologie. 5. Aufl., Tübingen 1980.
– Wissenschaft als Beruf (1919), in: Gesammelte Aufsätze zur Wissenschaftslehre (1922) – hrsg. von Johannes Winckelmann, Tübingen 1985, S. 582– 613.
*Weber, Werner,* Spannungen und Kräfte im westdeutschen Verfassungssystem, Berlin 1970.
*Wehler, Hans-Ulrich,* Deutsche Gesellschaftsgeschichte 1700–1815 (Bd. 1 – 1987), München 2008.
– Deutsche Gesellschaftsgeschichte 1849–1914 (Bd. 3 – 1995), München 2008.
– Deutsche Gesellschaftsgeschichte 1914–1949 (Bd. 4 – 2003), München 2008.
*Weinacht, Paul-Ludwig,* Staat. Studien zur Bedeutungsgeschichte des Wortes von den Anfängen bis ins 19. Jahrhundert, Berlin 1968.
*Wellbery, David E.,* Seiltänzer des Paradoxalen. Aufsätze zur ästhetischen Wissenschaft, München 2006.
*Wetz, Franz Josef,* Hans Blumenberg zur Einführung, Hamburg 2014.
*Whyte, William H.,* The Organization Man, New York 1957.
*Widmer, Peter,* Der Eigenname und seine Buchstaben, Bielefeld 2010.
*Wieacker, Franz,* Privatrechtsgeschichte der Neuzeit (2. Aufl. 1967), Göttingen 1996.
*Wittgenstein, Ludwig von,* Philosophische Grammatik – Werkausgabe Bd. 4, Frankfurt am Main 1989.
*Wolfe, Martin,* Jean Bodin on Taxes. The Sovereignty-Taxes-Paradox, Political Science Quarterly, 1968, S. 268–284.
*Wolfrum, Rüdiger,* Entwicklung des Völkerrechts von einem Koordinations- zu einem Kooperationsrecht, in: P.-C. Müller-Graff/H. Roth (Hrsg.), Recht und Rechtswissenschaft. Signaturen und Herausforderungen zum Jahrtausendbeginn, Heidelberg 2000, S. 421–432.

*Zabel, Benno,* Rechtsgewährleistung. Zu Genese, Wandel und Bedeutung eines Paradigmas, Berlin 2012.
*Zacher, Hans F.,* § 28 Das soziale Staatsziel, in: J. Isensee/P. Kirchhof (Hrsg.), Handbuch des Staatsrechts für die Bundesrepublik Deutschland Bd. 2, Heidelberg 2004, S. 659– 784.
*Zweigert, Konrad/Kötz, Hein,* Einführung in die Rechtsvergleichung, Tübingen, 3. Aufl. 1996.

# Abbildungsverzeichnis

# § 1 Staat und Staatstheorie

## I. Annäherungen an den Staat

### 1. Eigennamen – und ihre Tücken

„Wie Personen haben Staaten den unschlagbaren Vorteil, Namen zu haben. In der Kommunikation kann man sich auf sie beziehen, ohne deutlicher sagen zu müssen, was mit dem Namen bezeichnet wird. Es gibt keine Staaten ohne Namen; und wenn ein neuer Staat (durch Teilung eines alten oder durch Zusammenschlüsse) gebildet wird, ist die Namensgebung der erste, kommunikativ existenznotwendige Akt."[1] Mit dieser Bemerkung spielt der Soziologe Niklas Luhmann auf das interessante Phänomen an, dass Staaten wie einzelne Menschen, wie Individuen, einen Eigennamen haben, und dass mit Eigennamen stets eine Identität adressiert wird. Präziser gesagt findet jedes Mal, wenn ein Eigenname in einem gesellschaftlichen Kommunikationszusammenhang verwendet wird, in einer Unterhaltung, in einem Brief oder einer E-Mail auch eine Anwendung des Identitätsbegriffs statt.[2] Diese Anwendung ist wiederum ganz unabhängig davon, ob es sich um die Identität eines einzelnen Menschen oder um die Identität eines Staates handelt. Ruft zum Beispiel ein Lehrer in einer Schulklasse Namen wie Michael oder Laura auf, werden beide schnell und einfach angesprochen, ohne dass diese Identitätszuschreibungen weiterer Erklärungen bedürften. In der gleichen Weise kann man mit Hilfe von Eigennamen wie Deutschland, Großbritannien oder Spanien auf ganz bestimmte Staaten referieren, ohne deutlicher sagen zu müssen, was mit den Namen eigentlich gemeint ist und bezeichnet wird, um noch einmal auf die gerade zitierte Bemerkung von Niklas Luhmann zurückzukommen. 1

Schaut man genauer hin, lassen sich jedoch beträchtliche Unterschiede zwischen beiden Fällen aufdecken. Der Gebrauch von Eigennamen kaschiert zwar auch bei einzelnen Menschen, dass ihre Identität keineswegs so stabil ist, wie es auf den ersten Blick den Anschein haben mag: Gleicht die Identität eines Menschen doch eher einer langen Geschichte, in der die Einheit der Person und ihre Erinnerungen umso mehr zerfließen und fragmentarisch werden, je mehr sich ein Individuum im Laufe seines Lebens verändert. Wie schon Georg Jellinek in seiner *Allgemeinen Staatslehre* treffend bemerkt hat, ist der Mensch in Wahrheit „in seinem Lebenslaufe vom Kinde bis zum Greise in unausgesetzter körperlicher und psychischer Wandlung begriffen."[3] Mit Paul Ricœur, einem französischen Philosophen und Phänomenologen, könnte man das sich unablässig wandelnde und verändernde Selbst auch eine „Fabelkomposition" nennen.[4] Mit diesem Terminus – Fabelkomposition – will Ricœur darauf hinweisen, dass der flüchtige Charakter der Ereignisse und Geschehnisse des wirklichen Lebens bei jedem Einzelnen mit der Hilfe von Geschichten und Fiktionen nachträglich zu einer „narrativen Identität" organisiert werden.[5] Aber weil Men- 2

---

[1] *N. Luhmann,* Die Politik der Gesellschaft, 2000, 190.
[2] *V. Descombes,* Die Rätsel der Identität, 2013, 68.
[3] Vgl. auch *G. Jellinek,* Allgemeine Staatslehre (1929), 171.
[4] *P. Ricœur,* Das Selbst als ein Anderer, 1996, 173ff., 199.
[5] *Ricœur,* ebd., 173ff., 199.

schen im Unterschied zu Staaten für andere Menschen unmittelbar körperlich und leiblich in ihrer Lebenswelt wahrnehmbar sind, wird der Gebrauch eines Eigennamens solange problemlos als Identitätszuschreibung funktionieren, wie eine bestimmte Person als Organismus, als signifikante Entität in der Umwelt lebt. Die zwanzigjährige Laura wird mit achtzig Jahren eine andere sein, der Name Laura wird aber noch im höchsten Alter die Identität von Laura bekunden und sie sowohl für ihre Mitwelt wie auch für sie selbst in der Gesamtheit der ihr zugesprochenen Eigenschaften immer ein und dieselbe Laura sein lassen.

3 An dieser körperlichen Wahrnehmbarkeit mangelt es Staaten, und das wirft im Alltag immer wieder beträchtliche Schwierigkeiten auf. So wurde beispielsweise im Spätsommer 2015 – in der Zeit der ersten Niederschrift dieses Kapitels – im Fernsehen häufig darüber berichtet, wie sehr sich in Deutschland eine „Willkommenskultur" gegenüber Flüchtlingen aus aller Welt durchgesetzt habe, wohingegen besonders Großbritannien den Flüchtlingen hart und herzlos begegne. Dabei wurden die Namen Deutschland und Großbritannien verwendet, ohne dass deutlicher gesagt wurde, was mit diesen Eigennamen eigentlich bezeichnet werden sollte. So gut wie jede Nachrichtensendung schnitt jedoch Bilder von Flüchtlingen, die auf kleinen überfüllten Schlauchbooten den elementaren Gewalten des Mittelmeers ausgesetzt waren, unmittelbar mit Bildern von Angela Merkel, der deutschen Bundeskanzlerin, und David Cameron, des damaligen Premierministers von Großbritannien zusammen. Die Flüchtlingskrise wurde im Nachrichtenfernsehen also so aufbereitet, als wäre bei den Flüchtlingen jedes Einzelschicksal von Angela Merkel oder David Cameron als physischer Person abhängig und nicht von der jeweiligen staatlichen Flüchtlingspolitik Deutschlands oder Großbritanniens.

*Abb. 1 Ein Selfie mit der Kanzlerin: Inszenierung einer Willkommenskultur*

Einmal mehr verwandelte die Bildersprache des Nachrichtenfernsehens ein komplexes Sachthema in ein personenbezogenes Thema. Und einmal mehr verwischte das Fernsehen dabei die Grenzen zwischen Staatskörper und leiblichem Körper, Amt und Person, Öffentlichkeit und Privatheit. Die Verwandlung von Sachthemen in personenbezogene Themen ist jedoch eine in gewisser Weise mysteriöse Praxis, zumal offensichtlich ist, dass Staaten wie Deutschland und Großbritanniens nicht mit Angela Merkel und David Cameron als physischen Personen identisch sind. Deutschland und Großbritannien sind auch nicht mit beiden Personen in ihrer jeweiligen Amtsfunktion als deutsche Kanzlerin oder britischer Premierminister eins. Die Schwierigkeit der Verwendung von Eigennamen zur Bezeichnung von Staaten besteht infolgedessen darin, dass Namen wie „Deutschland" oder „Großbritannien" im Unterschied zu Namen wie „Laura" oder „Michael" auf etwas Künstliches und Abstraktes verweisen, eine unsichtbare und nichtsdestotrotz reale Erscheinung, die in der Alltags- und Journalistensprache Deutschland oder Großbritannien genannt wird und die die Juristen in einer für den Alltagsverstand ungewöhnlichen Weise seit dem späten Mittelalter als Körper *(corpus),* Person *(persona)* oder Körperschaft *(universitas)* und seit dem 18. und 19. Jahrhundert auch als juristische Person oder Rechtssubjekt bezeichnen. Ja, aufgrund seiner Künstlichkeit und Abstraktheit hat der Staat möglicherweise überhaupt nur in einem übertragenen (metaphorischen) Sinn eine mit natürlichen Personen vergleichbare Identität, was nicht heißen soll, dass die Identität von Staaten im Alltag leichter bestritten werden könnte als diejenige von Menschen. Ist der Eigenname eines Menschen ein „Zeichen der Zugehörigkeit zum Menschsein, zur symbolischen Ordnung als Trägerin der nicht auf Natur rückführbaren Kultur",[6] sind die Eigennamen der Staaten Symbole der Zugehörigkeit einzelner Staaten zu einer Welt aus Staaten, von denen die Vereinten Nationen momentan mehr als 200 listen. 4

## 2. 10 Minuten Begriffsgeschichte

In seiner gegenwärtigen Verwendungsweise taucht der Staatsbegriff relativ spät auf. Es kann durch viele wortgeschichtliche Untersuchungen als gesichert gelten, dass das Wort „Staat" etymologisch auf die indogermanische sta-Familie zurückzuführen ist, auf Worte wie Stall, Stute, Ständer, stetig, Stuhl, Steuer, Anstand usw. Als lateinisch *status,* als Verbalsubstantiv von *sta-re,* wird der Staat bereits im antiken Rom zu einem politischen und rechtlichen Grundwort, aus dem sich später auch das italienische *stato* herleitet.[7] Eine Wortverbindung wie beispielsweise *status romanus* bezeichnet aber den Zustand, die Verhältnisse in der Stadt Rom. Damit ist die Stadt als politische Gemeinde im Sinne der Summe ihrer männlichen Vollbürger, der adeligen Oberschicht, gemeint; die Bürgergemeinde wird auch *civitas* oder *res publica* und später *imperium* genannt. Es fehlt im *status*-Begriff also an einer klaren Trennung zwischen der Stadt als staatlichem Körper einerseits und den natürlichen, aus Fleisch und Blut bestehenden Körpern der römischen Bürger andererseits.[8] Die römische Militärgeschichte liefert dafür ein schlagendes Beispiel: Der Eid, der bei einer Truppenaufstellung von jedem Bürger zu leisten war, wurde nicht auf den Stadtstaat oder die Republik 5

[6] *P. Widmer,* Der Eigenname und seine Buchstaben, 2010, 27.

[7] Vgl. *P.-L. Weinacht,* Staat, 1968, 31 ff.; *N. Luhmann,* Gesellschaftsstruktur und Semantik 3, 1989, 65 ff., 80 ff.; *Jellinek* (Allgemeine Staatslehre), 129 ff.

[8] Vgl. *J. Bleicken,* Die Verfassung der römischen Republik, 2008, 85 ff.

geschworen, sondern auf die Person des befehlshabenden Konsuls, den Magistraten. Und starb dieser während des Feldzugs, „mußte die Zeremonie für den Nachfolger wiederholt werden.“[9] Diese Tradition beherrschte schon zuvor die griechischen Stadtstaaten: Unter Stadtstaat *(polis)* verstehen die Athener die sich selbst regierende (nicht von außen regierte) Bürgergemeinde und die Mitgliedschaft in ihr.[10] Einen Körper mit eigener Rechtspersönlichkeit und Rechtssubjektivität, der von den Häusern einer Stadt und von den Bürgern, die diese Häuser bewohnen, abgelöst wäre, kannte die griechische Stadtkultur dagegen so wenig wie die römische.

6 Erst mit dem Aufstieg der italienischen Stadtrepubliken im 15. und 16. Jahrhundert – mit dem Bedeutungszuwachs solcher Städte wie Bologna, Siena, Parma oder Florenz – wird mit dem Wort Staat eine gebietsbezogene Ordnung markiert. Erst jetzt löst sich das Wort Staat allmählich von der schon in der römischen Stadtkultur bekannten Vorstellung, einen mehr oder weniger dauerhaften Zustand bestimmter Verhältnisse zu bezeichnen. Allerdings ist das Bedeutungsfeld von *stato* noch lange mehrdeutig. *Lo stato* heißt zunächst der Herrschende samt Anhang. Im 16. Jahrhundert kann sich *stato* auf ein Stadt*gebiet* und die dortigen Zustände beziehen, allgemein auf die *Regierung* einer Stadtrepublik oder spezieller auf die stets rechtlich verfasste Regierungs*gewalt* und die dieser zugeschriebenen Funktion der *Friedens*sicherung.[11] Niccolò Machiavelli, ein italienischer politischer Philosoph, benutzt den Namen Staat gleich im ersten Satz des *Principe* (1532) im Sinne von staatlicher Macht und Gewalt. „Alle Staaten *(stati)*, alle Reiche, die über Menschen Macht *(imperio)* hatten und haben, waren und sind Republiken oder Fürstenherrschaften.“[12] Der Wortgebrauch des *Principe* bleibt jedoch schwankend, zumal sich Machiavelli für die Person des *neuen* Fürsten und eben nicht für den Staat als solchen interessiert. *Stato* wird deswegen auch im Sinne von Statuserhalt gebraucht: *Mantenere lo stato* bezeichnet die kluge Politik des Fürsten, die dazu beiträgt, seinen Status oder Stand zu wahren.[13] Giovanni Botero, ebenfalls ein italienischer politischer Schriftsteller der frühen Neuzeit, benutzt *stato* – in *Della ragion di stato* (1589) – für die Herrschaft *(dominio)* über Untertanen *(sudditi)* und die Staatsräson *(ragione di Stato)* für das Wissen, das der Prinz benötigt, um eine Herrschaft begründen, aufrechterhalten und ausdehnen zu können.[14]

7 Obwohl sich das Wort Staat seit dem 16. Jahrhundert auch in der englischen Sprache und Kultur ausbreitet,[15] bleibt seine Relevanz eine begrenzte. Thomas Hobbes, der sein Meisterwerk, den *Leviathan* (1651), unmittelbar in Reaktion auf den englischen Bürgerkrieg und kurz nach der Hinrichtung Charles I. (1649) schreibt, bevorzugt den Ausdruck *Commonwealth.*[16] *Commonwealth* wird üblicherweise mit Gemeinwesen oder Staat übersetzt. Diese Übersetzung ist nicht falsch, sie lässt aber außer Acht, dass

[9] Vgl. *M. L. van Creveld,* Aufstieg und Untergang des Staates, 1991, 40, 41.

[10] Vgl. *J. Bleicken,* Die athenische Demokratie, 1991, 122 („Jede griechische Stadt war im politischen Sinn gleichbedeutend mit der Summe ihrer Bürger ...“); zur Bürgergemeindestruktur der Polis auch instruktiv *M. Hansen,* Polis, 2006, 56 ff., 106 ff.

[11] Vgl. *Luhmann* (Gesellschaftsstruktur), 80 ff.; aus der älteren Literatur *Jellinek* (Allgemeine Staatslehre), 129 ff.

[12] Vgl. *N. Machiavelli,* Der Fürst (1532), 2014, 9.

[13] Vgl. *Q. Skinner,* Die drei Körper des Staates, 2012, 15, 16.

[14] *G. Botéro,* Della Ragion di Stato (1589), Rom 2009, 7.

[15] Dazu *Skinner* (Die drei Körper des Staates), 14 ff.

[16] Vgl. *Skinner,* ebd., 57.

*Commonwealth* um 1650 einen freien Staat mit einer Volksregierung bezeichnet. Genauer war *Commonwealth of England* die Bezeichnung für das republikanische England unter dem Lordprotektorat Oliver Cromwells (1649–1660), wohingegen der *Leviathan* zeigen will, dass auch eine absolute Monarchie, wie Hobbes sie sich vorstellt, die Bezeichnung eines Commonwealth verdient.[17] In diesem Sinn verwendet die Einleitung des *Leviathan* Staat als Synonym für *Commonwealth.* „Denn durch Kunst wird jener große *Leviathan* geschaffen, genannt *Gemeinwesen* oder *Staat,* auf lateinisch *civitas,* der nichts anderes ist als ein künstlicher Mensch."[18] Häufiger aber als diesen Gebrauch des Staatsbegriffs findet man bei Hobbes jedoch Wortverbindungen wie *civil state* oder *civil estate.* Entgegen der üblichen deutschen Übersetzungen ist mit diesen beiden Wortverbindungen wiederum nicht der Staat als solcher, d. h. gerade nicht der Staat als von den Menschen losgelöster künstlicher Körper gemeint. Vielmehr referiert ‚Staat' hier erneut auf die ursprüngliche Bedeutung von *status* als Zustand, genauer den Zustand der Zivilisiertheit im Unterschied zum Naturzustand *(natural state),* der für Hobbes dem Krieg gleichkommt, und zwar nicht dem Krieg schlechthin, sondern dem Krieg aller gegen alle.[19]

Schon mit John Lockes *Two Treatises of Government* (1698) wird der Staatsbegriff in der englischsprachigen Welt durch den Begriff der „Regierung" abgelöst und in den Hintergrund gedrängt. Wo ein deutschsprachiger Autor wie Georg Jellinek im späten 19. Jahrhundert von Staat spricht, ist bei Locke durchgängig von *government* die Rede. Das Wort Staat wird bei Locke wiederum – wie bereits bei Hobbes – eher allgemein im Sinne von Zustand, als Ausdruck bestimmter Verhältnisse, etwa in Wortverbindungen wie Naturzustand *(state of nature)* oder Kriegszustand *(state of war)* gebraucht.[20] Diese Tradition hat sich im anglo-amerikanischen Kulturkreis bis in die Gegenwart erhalten. Kein Engländer würde vom Staat sprechen, wenn das *British government* gemeint ist, und auch in den Vereinigten Staaten von Amerika gibt nicht der Staat viel Geld für soziale Aufgaben aus, sondern das *government.* Dieser abweichende Sprachgebrauch dürfte auch einen Unterschied in der Sache machen. Wie Michel Foucault in seinen Vorlesungen zur Geschichte der Gouvernementalität (1978/79) bemerkt hat, haben das politische System Englands und die liberale Doktrin nie im Ausgang oder auf der Grundlage von einer Staatstheorie funktioniert, sondern stattdessen Prinzipien der Regierung aufgestellt.[21] Das ist für Foucault, den Theoretiker der Macht, eher ein Grund zur Kritik der englischen politischen Theorie. Wendet man diese Beobachtung jedoch liberal, kann man sagen, dass das englische Staatsverständnis von Anfang an die Abhängigkeit des modernen Staates vom Aufstieg einer 8

[17] Vgl. *Q. Skinner,* Freiheit und Pflicht, 2008, 119, 120.

[18] *T. Hobbes,* Leviathan (1651), Cambridge 1997, 9 („For by Art is created that great LEVIATHAN called a COMMON-WEALTH, or STATE, (in latine CIVITAS) which is but an Artificiall Man") – [deutsche Zitate im Text folgen der Übersetzung von W. Eichner, 1984].

[19] Vgl. *T. Hobbes,* Vom Bürger (1647), in: *ders.,* Vom Menschen. Vom Bürger. Elemente der Philosophie II/III, 1994, 59ff., 83; *ders.* (Leviathan), 88, 89.

[20] Vgl. *J. Locke,* Two Treaties of Government (1698), Cambridge 1988, II, 269ff., 278ff.

[21] *M. Foucault,* Die Geburt der Biopolitik, 2015, 134. Die spezifisch deutsche Tradition des Staatsbegriffs betont *O. Lepsius,* Rechtswissenschaft in der Demokratie, Der Staat 52 (2013), 157ff., 159; vgl. aber auch *Skinner* (Die drei Körper des Staates), 11, 73ff., 85, der die heute im anglo-amerikanischen Raum weit verbreitete Auffassung, unter Staat einen etablierten Regierungsapparat zu verstehen, interessanterweise als „reduktionische Staatsauffassung" bezeichnet; dem setzt Skinner einen an Hobbes' fiktionaler Theorie orientierten *Staats*begriff entgegen.

Kultur des bürgerlichen Individualismus, die enge Verknüpfung von Regierung und *civil society,* akzentuiert. Tatsächlich nimmt die Kultur des bürgerlichen Individualismus in Großbritannien, vor allem in Großstädten wie London, schon in der zweiten Hälfte des 18. Jahrhunderts scharfe Konturen an, und auf die Bedürfnisse dieses Individualismus ist die Vorstellung einer Regierung immer schon bezogen, etwa in dem Sinn, dass die Regierung für Sicherheit, Frieden und den Schutz des Privateigentums sorgt, damit die Bürger ungestört und unabhängig von politischen Launen ihren Geschäften und Lustbarkeiten nachgehen können.

9 In Frankreich ist seit dem 16. Jahrhundert, vor dem Hintergrund der Entstehung eines eigenständigen königlichen Herrschaftsapparates im Kontext der konfessionellen Bürgerkriege, ebenfalls viel von Staat die Rede. Jean Bodin, der Cheftheoretiker der Souveränität, nennt den staatlichen Körper, über den er ein großes Werk, *Les six livres de la République* (1576), schreibt, allerdings Republik *(république)* und nicht Staat *(état).* Staat gebraucht Bodin dagegen primär zur Bezeichnung von Staats*formen,* beispielsweise für die Staatsform der Aristokratie *(l'état aristocratique)* oder die Staatsform der Demokratie *(l'état populaire).*[22] Erst über den Souveränitätsbegriff, der seit Bodin als besonderes Merkmal fürstlicher Machtvollkommenheit gilt und der fürstlichen Macht das Gesetzgebungsrecht zuordnet, wird Staat zu einer bedeutsamen Vokabel der französischen Sprache und Kultur.[23] Daraus geht die Idee des souveränen Staates beziehungsweise der Souveränität hervor, und schon im 17. Jahrhundert kommt die französische Monarchie der Vorstellung einer höchsten unteilbaren Macht recht nahe. Noch schärfere Konturen nimmt das Bild der Souveränität dann in der zweiten Hälfte des 18. Jahrhunderts an, im Prozess der Umbesetzung der absoluten und unteilbaren souveränen Gewalt vom Monarchen auf das Volk. Davon zeugt etwa Jean-Jacques Rousseaus Schrift über den *Contract Social* (1762). Für Rousseau ist die Vorstellung der Souveränität des Allgemeinwillens, der *volonté générale,* zentral, allein dieser kann einen Staat errichten und Gesetze geben. Der Träger der Souveränität ist die Nation, das als homogen gedachte Volk, das nach Rousseau immer da und es selbst *(la même)* sei und deshalb auch nicht repräsentiert werden könne. „Jedes Gesetz, das das Volk nicht selbst bestätigt hat, ist null und nichtig: es ist kein Gesetz."[24] Ähnliches gilt für Abbé Sieyès und dessen politisches Pamphlet über den dritten Stand, *Qu'est-ce que le tiers état?* (1789). Hier wird die verfassungsgebende Macht, der *pouvoir constituant,* zum Ursprung der Souveränität der französischen Nation. Die verfassungsgebende Macht geht aller verfassten Macht *(pouvoir constitué)* voraus und ist nach Sieyès mit dem Dritten Stand, d. h. dem Bürgertum, deckungsgleich.

### 3. Staat und moderner Staat

10 In Europa beginnen Stadtrepubliken, Seerepubliken, Fürstentümer und königliche Domänen erst im 16. Jahrhundert sich als Staat, als *stato, état* oder *state* zu bezeichnen. Erst allmählich löst sich die gelehrte Redeweise vom traditionellen Sprachgebrauch, von *status* als Zustand ab, wobei die neue Diktion noch lange schwankend bleibt. „Man kann einerseits sagen, die Franzosen marschieren in den Staat von Mailand ein;

[22] Vgl. *J. Bodin,* Sechs Bücher über den Staat (1583), 1981, 375ff., 392ff.
[23] Nähere Hinweise dazu bei *D. Grimm,* Souveränität, 2009, 22ff.
[24] *J. J. Rousseau,* Du Contract Social (1762), Paris 1966, Livre III, Ch. XV („Toute loi que le peuple en personne n'a pas ratifié est nulle; c'est ne point une loi.").

und andererseits bezeichnet der Begriff des Staates auch den zu erreichenden Perfektionszustand als Aufgabe der Herrschaft."[25] Ähnliches gilt für Deutschland. Im 17. Jahrhunderts kann Staat sowohl einen Staatskörper in seiner Gesamtheit als Fürstenstaat oder auch nur Teile von ihm wie beispielsweise den Hof oder die Kammer des Fürsten bezeichnen. Jedenfalls wird es nicht vor der zweiten Hälfte des 18. Jahrhunderts üblich, Eigennamen wie Frankreich, Deutschland oder Spanien zur Bezeichnung von großen Territorialstaaten mit genau abgegrenztem Gebiet zu verwenden. Und es dauert nochmals einhundert Jahre und mehr, bis man unter Staat eine politische Gemeinschaft aus gleichberechtigten Mitgliedern versteht, die auf einem abgrenzten Territorium lebt, das heißt den Staat als Nationalstaat und liberale Demokratie denkt.

Aufgrund der Geschichte des Staatsbegriffs ist in Staatstheorie und Staatslehre seit 11
langem die Vorstellung dominant, dass der Staat eine typisch moderne Erscheinung sei. Zählte noch Georg Jellinek den altorientalischen, hellenischen, römischen und mittelalterlichen Staat ganz selbstverständlich zu den geschichtlichen Typen des Staates, stellt Hermann Heller nur drei Jahrzehnte später apodiktisch fest, „daß der Staat als Name und als Wirklichkeit etwas geschichtlich durchaus Einzigartiges ist und in dieser seiner neuzeitlichen Individualität nicht in frühere Zeiten hineingeschmuggelt werden darf".[26] Diese Auffassung wird im öffentlichen Recht der Bundesrepublik zu einer Art unumstößlicher Gewissheit. So schreibt zum Beispiel Ernst-Wolfgang Böckenförde: „Es gehört für unsere Generation zum gesicherten Bestand des wissenschaftlichen Bewußtseins, daß der Begriff Staat kein Allgemeinbegriff ist, sondern zur Bezeichnung und Beschreibung einer politischen Ordnungsform dient, die in Europa vom 13. bis zur Wende des 18., teils Anfang des 19. Jahrhunderts aus spezifischen Voraussetzungen und Antrieben der europäischen Geschichte entstanden ist und sich seither, gewissermaßen abgelöst von ihren konkreten Entstehungsbedingungen, über die gesamte zivilisierte Welt verbreitet."[27] Ähnlich sieht es die Soziologie und Systemtheorie Niklas Luhmanns: „Wir ziehen es daher vor, von der gesellschaftlichen Funktion politischen (kollektiv bindenden) Entscheidens auszugehen und von Staat nur zu sprechen, wenn dieser Begriff zur Selbstbezeichnung einer politischen Ordnung tatsächlich gebraucht wird. Das ist erst seit der frühen Neuzeit der Fall."[28]

Im Unterschied zu Heller, Böckenförde und Luhmann verbindet Carl Schmitt die Frage nach der histori- 12
schen Reichweite des Staatsbegriffs von Anfang an mit einer polemischen Attacke auf den Staat. Dass der Staat ein Produkt der frühen Neuzeit sei und kein für alle Epochen und Kulturen gültiger Allgemeinbegriff, betont Schmitt schon während des Dritten Reiches. In einem Aufsatz aus dem Jahr 1941 – *Der Staat als konkreter, an eine historische Epoche gebundener Begriff* – nimmt Schmitt eine explizite Eingrenzung des Staatsbegriffs auf die europäische Kultur vom 16. bis zum 20. Jahrhundert vor. Entgegen einer weit verbreiteten Legende reagiert Schmitt damit keineswegs nur auf die These des Historikers Otto Brunner, der die Übertragung des Staatsbegriffs auf die Verhältnisse des Mittelalters in seinem Buch *Land und Herrschaft* (1939) als unzulänglich herausgestellt und demgegenüber die geschichtliche Bedingtheit des Staatsbegriffs akzentuiert hatte.[29] Denn Schmitt zweifelt nicht nur an einer lang zurückreichenden Vergangenheit des

[25] *Luhmann* (Politik der Gesellschaft), 201.

[26] *H. Heller,* Staatslehre (1934), in: *ders.,* Staatslehre als politische Wissenschaft, 1992, 92ff., 125.

[27] *E.-W. Böckenförde,* Die Entstehung des Staates als Vorgang der Säkularisation, in: *ders.,* Staat, Gesellschaft, Freiheit, 1976, 42ff.; weitere Nachweise zu diesem Begriffsgebrauch bei *A. Anter,* Max Webers Theorie des modernen Staates, 1995, 165.

[28] *Luhmann* (Politik der Gesellschaft), 190.

[29] So aber beispielsweise *M. Gal,* Der Staat in historischer Sicht, Der Staat 54 (2015), 241ff., 265 Fn. 58.

Staates, sondern auch und vor allem an der Zukunft des Staates. „Diese Einebnung des Staatsbegriffes zum allgemeinen Normalbegriff der politischen Organisationsform aller Zeiten und Völker wird wahrscheinlich mit dem Zeitalter der Staatlichkeit selbst bald ein Ende nehmen."[30] Nach dem Ende des Zweiten Weltkrieges ist aus den Zweifeln Gewissheit geworden, wenn es im Vorwort zum *Begriff des Politischen* von 1963 heißt: „Die Epoche der Staatlichkeit geht jetzt zu Ende. Darüber ist kein Wort mehr zu verlieren. Mit ihr geht der ganze Überbau staatsbezogener Begriffe zu Ende, den eine europazentrische Staats- und Völkerrechtswissenschaft in vierhundertjähriger Gedankenarbeit errichtet hat. Der Staat als das Modell der politischen Einheit, der Staat als Träger des erstaunlichsten aller Monopole, nämlich des Monopols der politischen Entscheidung, dieses Glanzstück europäischer Form und occidentalen Rationalismus wird entthront."[31]

13 Wie man sieht, will Schmitt den Staatsbegriff (genauer: das, was er darunter versteht) schon während der nationalsozialistischen Diktatur beiseite räumen, um Platz für eine neue Macht jenseits des Staates zu schaffen. Dabei hatte es Schmitt um 1940 besonders auf die mit dem herkömmlichen Staatsbegriff verbundene Territorialitätsvorstellung abgesehen. An die Stelle eines in seinen Grenzen genau fixierten staatlichen Territoriums sollte eine neue bewegliche Raumvorstellung treten, die „Großraumordnung".[32] Darunter wollte Schmitt eine qualitative Steigerung des Raumbegriffs verstanden wissen, die die rein quantitative, mathematisch-physikalische Bestimmung des Raumes, des Raumes als reiner Flächen- und Tiefendimension, ablösen sollte; dies nicht zuletzt deshalb, weil der Raum als reine Flächen- und Tiefendimension für Schmitt etwas Leeres und typisch Jüdisches war, das Schmitt Zeit seines Lebens hasste und erbittert bekämpfte. Schmitts Großraumordnung hat also nichts mehr mit einem genau fixierten Territorium im tradierten Sinn der modernen Staatslehre gemein, sondern meint einen neuartigen „Leistungsraum" – wie er „zu einem geschichtserfüllten und geschichtsmäßigen Reich gehört, das seinen eigenen Raum, seine inneren Maße und Grenzen mit sich bringt und in sich trägt."[33] In dem Aufsatz *Die Formung des französischen Geistes durch den Legisten* (1942) wurde daraus der Gegensatz vom französischen souveränen Staat, der in der Vergangenheit auch den deutschen Geist bestimmt habe, und dem neuen Maß des Reiches mit neuen Inhalten und Proportionen. „Dieses Mal wird die Ordnung von Deutschland und vom Reich her gewonnen."[34]

14 Die Frage nach der historischen Reichweite des Staatsbegriffs zu stellen und den Staat erst in der frühen Neuzeit beginnen zu lassen, impliziert nicht notwendigerweise die Verkündung des Endes der Epoche der Staatlichkeit wie bei Carl Schmitt. Dennoch ist die heute in der deutschen Staatslehre weit verbreitete Historisierung des Staatsbegriffs und seine Einschränkung auf den neuzeitlichen modernen Staat alles andere als unproblematisch. Seit der nationalsozialistischen Hypertrophie des Nationalen gilt der Nationalstaat in Deutschland als eine Art Fehlentwicklung der Geschichte und damit als diskreditiert. Obwohl es sehr zweifelhaft ist, ob sich der Nationalsozialismus überhaupt als Nationalismus im Sinne einer kohärenten Weltanschauung begreifen lässt,[35] ist doch schon in der jungen Bundesrepublik in verschiedenen Wissenschaftsdisziplinen eine Suche nach Räumen jenseits des Nationalstaates weit verbreitet. So entwickelt beispielsweise die Germanistik der Nachkriegszeit eine „Philologie der Weltliteratur",[36] die Philosophie entdeckt ein euro-

[30] Vgl. *C. Schmitt,* Der Staat als konkreter, an eine historische Epoche gebundener Begriff, in: *ders.,* Verfassungsrechtliche Aufsätze aus den Jahren 1924–1954 (1958), 1973, 375ff., 376.

[31] *C. Schmitt,* Der Begriff des Politischen (1932), 1963, 10.

[32] Vgl. *C. Schmitt,* Völkerrechtliche Großraumordnung (1941), 1991.

[33] *Schmitt,* ebd., 76, 77. Damit dürfte Schmitt sich doch unmittelbar in die Nähe der Raumvorstellungen der Nationalsozialisten und ihrer expansiven Politik der Erweiterung des „Lebensraums" des „deutschen Volkes" begeben haben.

[34] *C. Schmitt,* Staat, Großraum, Nomos, 1995, 210.

[35] Skeptisch etwa *S. Breuer,* Der Staat, 1998, 261ff.

[36] Vgl. *E. Auerbach,* Philologie der Weltliteratur, 2015. Das hat dazu geführt, die Germanistik als Nationalphilologie durch ein Fach wie Allgemeine und Vergleichende Literaturwissenschaft zu ergänzen. Den Hinweis verdanke ich Susanne Lüdemann.

päisches Erbe der „Weltzivilisation"[37] und die soziologische Systemtheorie Niklas Luhmanns die „Weltgesellschaft"[38]. Mit diesen Vorstellungen ist aber eine für die Staatstheorie durchaus problematische Zukunftsprojektion oder Geschichtsphilosophie verbunden. Denn trotz der Globalisierung freier Märkte, trotz Wissenschaft und Technik, trotz Hollywood, Apple und Google und trotz wachsender Migrationsströme liegt die Unterscheidung der Welt in Nationen und Nationalstaaten doch nicht hinter uns. Sowohl auf globaler Ebene als auch in Europa spielt der Nationalstaat weiterhin eine Rolle für die kollektive Identität der Menschen, für die Wirtschaft und nicht zuletzt für die Rechtskultur. Was wäre Großbritannien ohne das Common Law? Man kann zumindest mit guten Gründen behaupten, dass es freiheitliche Lebensverhältnisse auch in absehbarer Zukunft nicht ohne Nationalstaat geben wird: Der Schutz der Selbstorganisation einer freien Kultur und Gesellschaft und ihrer Ordnungen und Sinnregionen, der Wirtschaft, der Wissenschaft, der Kunst, der Öffentlichkeit, der Religion usw., dürfte in absehbarer Zukunft an das Leitbild der liberalen Demokratie, an ein liberales Recht und auch an den Typus des westlichen Nationalstaates gebunden bleiben.[39]

Ein Staatsbegriff, der sich nicht auf den modernen Staat beschränkt, dürfte auch für historische Arbeiten 15
und Vergleiche produktiv sein.[40] Nur im Rahmen eines Allgemeinbegriffs können die Abweichungen und Eigenarten des modernen Staates gegenüber seinen Ursprüngen und Frühformen in Europa, aber auch gegenüber frühen außereuropäischen Staatsbildungsprozessen wie etwa in China während der östlichen Zhou Dynastie (770–256 v. Chr.) erfasst werden.[41] Das begriffsgeschichtliche Argument darf in diesem Zusammenhang nicht überstrapaziert werden. So ist es zum Beispiel in vielen Wissenschaftsdisziplinen verbreitet, von der Römischen Republik oder vom antiken Athen als „Staat" oder „Stadtstaat" *(city-state)* zu sprechen.[42] Zwar hat sich der römische Staat selbst als Republik *(res publica)* bezeichnet, während in der altgriechischen Sprache eine durch Mauern nach außen abgegrenzte Stadt, zu der ein urbanes Zentrum und ein aus Dörfern und Ländereien besiedelten Hinterland *(chora)* gehörte, als *polis* bezeichnet wurde – und nicht als Staat. Aber es geht doch schon in Griechenland um eine Form der politischen Einheit und um einen Anfang der Demokratie, der noch immer lehrreich ist und nicht einfach – qua Gleichsetzung von Staat und modernem Staat – als Thema aus der Staatstheorie und Staatslehre ausgeschlossen werden darf. Staat ist letztlich ein Begriff, der sich nicht auf einen bestimmten sozialen Realitätsausschnitt beschränken lässt, sondern eine Durchlässigkeit zwischen Allgemeinheit und Besonderheit, Innen und Außen, sozio-politischer Ordnung und Individuum voraussetzt, und es könnte sein, dass genau in dieser Durchlässigkeit ein spezifisch westliches Erbe steckt, das durch eine historische Eingrenzung des Staatsbegriffs nicht noch mehr ins Vergessen geraten darf als dies heute ohnehin schon der Fall ist.

37 Vgl. nur *J. Ritter,* Europäisierung als europäisches Problem (1956), 1977, 321 ff.

38 Vgl. nur *N. Luhmann,* Die Gesellschaft der Gesellschaft, 1997, 808.

39 Vgl. *P. Manent,* Democracy without Nations?, Wilmington 2013, 89 f.; *Descombes* (Die Rätsel der Identität), 198 ff., 201.

40 Vgl. nur *B. Schöbener/M. Knauff,* Allgemeine Staatslehre, 2013, 25; für die politische Soziologie *S. Breuer,* Der charismatische Staat, 2014, 10 ff.

41 Vgl. dazu *F. Fukuyama,* The Origins of Political Order, New York 2012, 110 ff.; *Breuer* (Der charismatische Staat), 189 ff.

42 So etwa *Bleicken* (Die Verfassung der Römischen Republik), insb. 141 ff.; *Breuer* (Der Staat), 87 ff.; *Hansen* (Polis), 7 ff.; *J. Ober,* The Rise and Fall of Classical Greece, 2015, 7.

## II. Die interdisziplinäre Tradition der Staatslehre

### 1. Das Erbe der Allgemeinen Staatslehre

16 Ihre interdisziplinäre Prägung hat die Staatslehre besonders durch die *Allgemeine Staatslehre* Georg Jellineks (1851–1911) erfahren.[43] Dabei handelt es sich um eine mehr als 800 Seiten starke Monographie, deren erste Auflage bereits im Jahr 1900 erschienen ist, die aber bis in die 1960er Jahre hinein mehrere Neuauflagen und Nachdrucke erfahren hat. Jellineks *Allgemeine Staatslehre* hat die deutsche staatstheoretische Diskussion noch in der jüngeren Vergangenheit stark beeinflusst.[44] Ihr methodischer Ausgangspunkt ist eine Zwei-Seiten-Lehre des Staates. Darin wird der Staats*rechts*lehre, die sich auf die *rechtliche* Wirklichkeit des Staates bezieht, eine allgemeine Soziallehre des Staates vorangestellt, die die *soziale* und *historische* Wirklichkeit des Staates zum Inhalt hat und Themen wie „Name des Staates“, „Wesen des Staates“, „Rechtfertigung des Staates“, „Zweck des Staates“ oder „geschichtliche Haupttypen des Staates“ behandelt.[45] Die Staatslehre bildet mit anderen Worten die Einheit einer disziplinären Unterscheidung, sie ist eine zugleich juristische wie sozialwissenschaftliche Disziplin, wobei die allgemeine Soziallehre des Staates bei Jellinek geographische, psychologische, anthropologische, historische, philosophische und theologische Reflexionen einschließt.[46] Vor diesem Hintergrund ist die Staatslehre seit dem späten 19. Jahrhundert auch an den deutschen juristischen Fakultäten als „übergreifender interdisziplinärer Reflexionsrahmen“ errichtet worden.[47]

[43] Vgl. *J. Kersten,* Georg Jellinek (1851–1911), in: Häberle/Kilian/Wolff (Hrsg.), Staatsrechtslehrer des 20. Jahrhunderts, 2015, 59ff.; und *C. Schönberger,* Ein Liberaler zwischen Staatswille und Volkswille, in: Paulson/Schulte (Hrsg.), Georg Jellinek, 2000, 3ff.

[44] Siehe nur *Schöbener/Knauff* (Allgemeine Staatslehre); *A. Voßkuhle,* Die Renaissance der „Allgemeinen Staatslehre” im Zeitalter der Europäisierung und Internationalisierung, JuS 2004, 2ff. Zu Jellineks Einfluss auf Max Weber *S. Breuer,* Max Webers tragische Soziologie, 2006, 294ff., 306ff. (dort auch weiterführende Literaturhinweise zu Jellineks Staatslehre).

[45] *Jellinek* (Allgemeine Staatslehre), 129ff.

[46] Vgl. *Jellinek,* ebd., 71ff.

[47] *Voßkuhle* (Die Renaissance der Allgemeinen Staatslehre), 2ff., 4.

ID# 2771570

Allgemeine Staatslehre.

Von

Dr. Georg Jellinek,

zuletzt ord. Professor der Rechte an der Universität Heidelberg.

Dritte Auflage,

unter Verwertung des handschriftlichen Nachlasses durchgesehen und ergänzt

von

Dr. Walter Jellinek,

außerord. Professor der Rechte an der Universität Kiel.

Berlin.

Verlag von O. Häring.

1914.

*Abb. 2 Titelblatt der dritten Auflage (1914) der Allgemeinen Staatslehre von Georg Jellinek*

Dass Staatstheorie und Staatslehre keine im engeren Sinn rein juristischen Disziplinen 17
sein können und auf den Kontakt und Austausch mit anderen (benachbarten) Disziplinen angewiesen sind, ergibt sich auch aus der Geschichte der Staatstheorie, bevor sie ein juristisches Fach wurde. Bei frühmodernen Autoren und Schriftstellern wie Niccolò Machiavelli, Giovanni Botero und Jean Bodin sind Staat, Staatsräson und Souveränität Gegenstand politischer, rechtlicher oder philosophischer Überlegungen, die man in ihrer Summe kaum einem heute existierenden Universitätsfach wie etwa der Politik- oder Rechtswissenschaft zuordnen kann. Aus diesen Anfängen geht beispielsweise im Frankreich des 18. Jahrhunderts eine politische Philosophie der Souveränität – ein *droit politique* – hervor, wohingegen in der englischen und schottischen politischen Philosophie seit Locke die Tendenz vorherrscht, Staatstheorie als Regierungslehre zu betreiben.[48] Regierungslehre gilt in Großbritannien zu dieser Zeit wiederum als Teildisziplin einer weit verstandenen Moralphilosophie, zu der auch die Jurisprudenz gezählt wird. So behandelt etwa Adam Smith, der in Edinburgh einen Lehrstuhl für Moralphilosophie innehat, die *Principles of Government* in seinen *Lectures on Jurisprudence* (1762–63). Im Deutschland des 18. Jahrhunderts sind Staatstheorie und Staatslehre wie in Schottland eine Disziplin der praktischen Philosophie, etwa

[48] Vgl. *Skinner* (Die drei Körper des Staates), insb. 73 ff.; und *Foucault* (Die Geburt der Biopolitik), 133, 134, 425.

in Kants *Metaphysik der Sitten* (1797). Auch Georg-Friedrich Wilhelm Hegel gibt dem Staat einen Platz im Herzen der praktischen Philosophie. Schon der Titel seiner Rechtsphilosophie – *Naturrecht und Staatswissenschaft im Grundrisse. Grundlinien der Philosophie des Rechts* (1821) – macht deutlich, dass Reflexionen über Staat und Recht für Hegel in den Zuständigkeitsbereich der Philosophie gehören – und nicht in den der Jurisprudenz. Karl Marx geht wiederum einen eher schottischen Weg und erörtert staatstheoretische Fragen im Kontext der politischen Ökonomie, in der er die Anatomie der bürgerlichen Gesellschaft finden zu können glaubt: Rechtsverhältnisse wie Staatsformen, so sein Credo, seien weder aus sich selbst heraus zu begreifen noch aus der sogenannten allgemeinen Entwicklung des menschlichen Geistes, sondern wurzelten vielmehr in den materiellen Lebensverhältnissen.[49]

18 Die Offenheit der Staatslehre gegenüber unterschiedlichen disziplinären Zuweisungen wurde in der deutschen Universitätslandschaft des 19. Jahrhunderts auch durch den besonderen Charakter des öffentlichen Rechts erleichtert. Das öffentliche Recht war nie eine rein juristische Fachdisziplin wie etwa das Privatrecht in der Tradition des römischen Zivilrechts. Als *ius publicum* entsteht das öffentliche Recht um die Mitte des 16. Jahrhunderts als Mischung aus Rechtslehre, aristotelischer Politologie und Naturrechtslehre.[50] Es bleibt lange Zeit Teil einer fächerübergreifenden Staatswissenschaft. Auch Staatslehre wird im 19. Jahrhundert als Einleitung in die gesamte Staatswissenschaft gelesen, bevor diese ihrerseits auf Nationalökonomie bzw. Wirtschaftswissenschaft eingeschränkt wird. Erst nachdem sich eine mit dem heutigen universitären Unterrichtsbetrieb vergleichbare Fächerorganisation entwickelt, in der Zivilrecht, Strafrecht und öffentliches Recht die drei Teildisziplinen der rechtswissenschaftlichen Fakultät bilden, ist die Staatslehre in den Kanon der juristischen Disziplinen aufgenommen worden, in Heidelberg ab Wintersemester 1875/76, in anderen juristischen Fakultäten wie München sogar erst nach dem Ende des Ersten Weltkrieges (1918).[51]

19 Wenn man die disziplinäre Entwicklungsgeschichte der Staatslehre in diese Perspektive rückt, entsteht sie als rechtswissenschaftliche Disziplin im Zuge der Ausdifferenzierung des öffentlichen Rechts als universitärer Fachdisziplin. Die Eigenständigkeit des öffentlichen Rechts gewinnt bereits im 18. Jahrhundert an Gewicht: Zum einen gelingt es dem *ius publicum* jetzt, seine sich seit dem 17. Jahrhundert ohnehin auflösenden Bindungen zur Naturrechtslehre weiter zu lockern. Auf der anderen Seite muss sich die Staatslehre im 19. Jahrhundert innerdisziplinär vom „gemeinen deutschen Staatsrecht" absetzen. In diesem wird das über die einzelnen Landesstaatsrechte hinausgehende Bundesstaatsrecht systematisiert.[52] So wird aus dem „Allgemeinen Staatsrecht" die allgemeine Staatslehre, die sich weiterhin auf die Grundlagen, Grundzüge und Grundsätze des Staats*rechts* bezieht, das Wort Recht aber aus ihrem Namen streicht, um eben nicht mit jenem „gemeinen deutschen Staatsrecht", dem Bundesstaatsrecht, verwechselt zu werden. Der Sache nach bleibt die Staatslehre aber primär an rechtlichen Fragestellungen interessiert, sie nimmt nur insofern eine Sonderrolle innerhalb der Rechtswissenschaft ein, als sie sich der fortschreitenden Ausdifferenzie-

[49] *K. Marx,* Zur Kritik der politischen Ökonomie, Vorwort, 1985, 8.
[50] Vgl. *M. Stolleis,* Öffentliches Recht in Deutschland, 2014, 28, 29.
[51] Vgl. *M. Stolleis,* Geschichte des Öffentlichen Rechts in Deutschland, Bd. II, 1992, 122.
[52] Vgl. *Stolleis,* ebd., 122, 123; *C. Kremer,* Die Willensmacht des Staates, 2008, 76ff.

rung der Fachkulturen von Anfang an widersetzte – und dies bis heute tut. Staatstheorie und Staatslehre interessieren sich zwar in besonderem Maße für die Beziehung von Staat und Recht, sie wollen sich aber zugleich die Freiheit bewahren, den modernen Staat auch als Kulturphänomen, rhetorische Strategie, politisches Machtinstrument oder Gegenstand ökonomischer Zusammenhänge thematisieren zu können.

## 2. Der politische Hintergrund der Monarchie

Der *take-off* der modernen Gesellschaft, der als erstes England und danach große 20
Teile Kontinentaleuropas und Nordamerika in Bewegung gesetzt und eine bis zum heutigen Tag anhaltende umfassende Transformation von Kultur und Gesellschaft ausgelöst hat, vollzog sich in Deutschland unter anderen politischen Rahmenbedingungen als beispielsweise in England, Frankreich oder Nordamerika. In England kommt es bereits im 16. Jahrhundert, während der Reformation, zur Beteiligung der herrschenden adeligen Schichten an staatlichen Entscheidungsprozessen. Seit der Glorreichen Revolution von 1688/89 führt dies zur untrennbaren Verbindung von königlicher und parlamentarischer Gewalt beim *King in Parliament,* aus der im 19. Jahrhundert der englische Parlamentarismus auf der Grundlage einer repräsentativen Demokratie hervorgeht. Frankreich erlebt 1789 eine Revolution, die das Ancien Régime in wenigen Jahren hinwegfegt und der Monarchie der Bourbonen für immer die Grundlagen entzieht. Und die Vereinigten Staaten von Amerika gründen sich von Anfang an – mit der Lösung vom englischen Mutterland im Jahr 1776 – als liberaler Verfassungsstaat, der seitdem über einen expliziten Katalog von Freiheitsrechten und demokratische politische Verkehrsformen verfügt. Demgegenüber vollzieht sich die kulturelle und soziale Modernisierung in Deutschland im politischen Rahmen eines in eine Vielzahl von Fürstentümern zersplitterten Reiches. Der Aufstieg der modernen Gesellschaft ereignet sich also zunächst in den landesstaatlichen Territorien und Königreichen wie Bayern, Preußen, Sachsen oder Baden sowie in dem auf dem Wiener Kongress von 1815 gegründeten Deutschen Bund, einem Bündnis der souveränen Fürsten und freien Städte Deutschlands, bevor es 1871 zur Gründung des Deutschen Reiches als Kaiserreich und damit zur politischen Einheit Deutschlands als Nationalstaat kommt.

Ohne diesen politischen Hintergrund, ohne die kulturell prägende Rolle des monar- 21
chischen Staates bis in das 20. Jahrhundert hinein, kann die Staatslehre als Disziplin nicht verstanden werden. Jurisprudenz wurde schon im antiken Rom gelehrt, juristische Lehren bildeten darüber hinaus einen integralen Bestandteil des Christentums und seiner naturrechtlichen Rechtsvorstellungen. Seit dem späten Mittelalter war Rechtswissenschaft in Westeuropa neben Theologie, Medizin und den *artes,* den sieben freien Künsten, eine der vier klassischen Universitätsdisziplinen. Rechtswissenschaft, wie sie heute üblich ist, entsteht jedoch nicht vor 1800 und wird im Deutschland des 19. Jahrhunderts an landesstaatlichen Universitäten wie Berlin, Heidelberg oder Tübingen von zumeist bildungsbürgerlichen Professoren im Umfeld einer monarchischen Kultur betrieben. Auch wenn es in den Einzelstaaten des Deutschen Bundes zur Verabschiedung und Inkraftsetzung landständischer Verfassungen kommt und auch wenn die liberale Demokratie nach 1871 merklich an Bedeutung gewinnt, führen die politischen Rahmenbedingungen in Deutschland doch zunächst zu einer Staatslehre, die von der Strategie einer schrittweisen Verrechtlichung, ja einer Juridifi-

zierung des monarchischen Staates und seinen realen politischen Kräften geprägt ist – und nicht von der Proklamation einer liberalen Demokratie gegen die herrschenden Verhältnisse.[53] Die Staatslehre verwandelt den politischen Streit um den richtigen Staat, den Streit über Monarchie oder Demokratie, in einen *Rechts*streit, ja die Juristen machten den *juristischen* Diskurs über den Staat zum „wichtigsten Umschlagplatz des Staatsdenkens" überhaupt.[54] Sie verlassen den Boden des allzu Konkreten, reichern die Welt der sinnlichen Gewissheit durch Abstraktionen an und etablieren den Staat als analytischen und *konstruktiven* Begriff.[55] Mittels Vorstellungskraft und Imagination löst die (bildungsbürgerliche) Staatslehre den Staat von der leiblichen Person des Königs und beginnt, dessen Handeln an die Form des (öffentlichen) Rechts zu binden. Der Staat wird, noch einmal etwas anders formuliert, einem Set von begrifflichen Abstraktionen unterworfen und das innerstaatliche monarchische Handeln rechtlich verfasst. So kann nun beispielsweise genauer zwischen der Person und dem Amt des Königs, zwischen Staatsbesitz und königlichem Privatbesitz oder zwischen Staatseinnahmen und Privateinnahmen unterschieden werden.

22 Die Absonderung des Staates von der Person des Herrschers ist auch der ursprüngliche Zweck der noch heute gültigen Lehre vom Staat als juristischer Person. Deren Erfindung wird gemeinhin Wilhelm Eduard Albrecht zugeschrieben. Albrecht entwickelt in einer Rezension über D. Romeo Maurenbrechers *Grundsätze des heutigen Staatsrechts* (1837) die folgenreiche These, dass die im Staatsgebiet herrschende, handelnde, über Rechte verfügende Persönlichkeit, dem Staate selbst zuzuschreiben sei, dieser daher als juristische Person gedacht werden müsse.[56] Damit war der Staat zu einem scheinbar *rein juristischen* Begriff geworden. Aber weil im Zentrum der Lehre vom Staat als juristischer Persönlichkeit die Idee steht, den Staat *wie* eine Person zu konstruieren, hatte diese juristische Konstruktion einen zugleich *bildhaften* und *rhetorischen* Effekt, von dem sie nicht getrennt werden kann: Je mehr sich die artifizielle Konstruktion des Staates als juristischer Person in Form von geschriebenen und gedruckten Texten in der gelehrten und öffentlichen Kommunikation verankert, umso mehr wird der Staat selbst zum Subjekt der Souveränität und der Monarch zum Organ des souveränen Staatssubjekts, als dessen Funktionär er von jetzt an auftritt.[57] Der Monarch wird als handelndes Subjekt Teil ihn übergreifender öffentlich-rechtlicher Verhältnisse, die es auch ermöglichten, den Staat in ein *Rechts*verhältnis zu den königlichen Untertanen zu setzen. Die Beziehungen zwischen Staat und Untertanen können nun als von der patrimonialen Tradition gelöste *Rechts*beziehungen ausgearbeitet werden. Damit hört das Verhältnis zwischen Monarch und Untertan auf, ein reines Machtverhältnis oder ein rein patrimoniales (zivilrechtliches) Verhältnis nach dem Vorbild der Beziehung zwischen Vater und Sohn zu sein.

---

53 Vgl. dazu nur *K.-H. Ladeur,* Normqualität und Verbindlichkeit der Verfassungssätze, in: Isensee/Kirchhof (Hrsg.), Handbuch des Staatsrechts, Bd. XII, 2014, 237ff., 241, 242; *Lepsius* (Rechtswissenschaft in der Demokratie), 157ff., 159; *C. Möllers,* Der vermisste Leviathan, 2008, 14ff.

54 *A. Koschorke u. a.,* Der fiktive Staat, 2007, 320.

55 Vgl. *U. Di Fabio,* Die Staatsrechtslehre und der Staat, 2003, 10.

56 Vgl. *W. E. Albrecht,* Rezension über Maurenbrechers Grundsätze des heutigen Staatsrechts, Göttingsche Gelehrte Anzeigen (1837), 1960, 1489ff., 1492.

57 Vgl. *Stolleis* (Öffentliches Recht in Deutschland), 59, 60.

Die Wurzeln der Lehre vom Staat als juristischer Person lassen sich mühelos bis in die Historische Rechtsschule und deren intellektuellen Kopf, Friedrich Carl von Savigny (1779–1861), zurückverfolgen. Das öffentliche Körperschaftsrecht hat darüber hinaus eine bis ins Mittelalter und die Antike zurückreichende Vorgeschichte. Schon Platon vergleicht den Stadtstaat Athen mit einem menschlichen Körper *(soma),* dessen Einheit aus Leib und Seele ihm als Vorbild für die am besten verwaltete Polis dient.[58] Über die Fabel des Menenius Agrippa wird diese Körpermetaphorik auch in Rom tradiert, um im *corpus*-Begriff der spätrömischen Jurisprudenz – in Begriffen wie *collegia, societas* und *universitas* – eine erste Anwendung auf rechtlich organisierte Gruppen, auf Personenverbände wie Vereine, Städte und Provinzen zu erfahren.[59] Eine vergleichbare Figur lässt sich in einem religiösen Kontext in den Briefen des Apostel Paulus nachweisen. Bei Paulus wird die Metapher des Körpers benutzt, um das Wesen der christlichen Gemeinde zu erfassen.[60] Wie Ernst H. Kantorowicz, ein Historiker und Mediävist, in *Die zwei Körper des Königs* (1957) gezeigt hat, entwickelt sich aus diesen philosophischen, juristischen und christologischen Anfängen des Körperschaftsrechts im späten Mittelalter die Lehre vom doppelten Körper des Königs.[61] Von hier aus lässt sich dann beispielsweise eine Linie zu den englischen Juristen der frühen Neuzeit ziehen, die den *body politic,* den man nicht sehen oder anfassen kann, vom *body natural* des Königs, der anfällig und sterblich ist, unterscheiden.[62] Damit wird ein vom natürlichen Körper des Königs sich lösender Staatskörper vorstellbar, wie er in Hobbes Leviathan auch als Beziehung zwischen dem Staat als artifiziellem Staatskörper und dem ihn repräsentierenden sterblichen Souverän konstruiert wird. 23

Mit der Lehre vom Staat als juristischer Person kann die bildungsbürgerliche Rechtswissenschaft des 19. Jahrhunderts mehrere Fliegen mit einer Klappe schlagen. Politisch und historisch gesehen bietet diese Doktrin nach dem Ende der Napoleonischen Vorherrschaft über Europa und während der restaurativen Metternich-Zeit eine praktisch haltbare Alternative zum ausschließenden Gegensatz von Fürsten- *oder* Volkssouveränität. Sie macht politische Kompromisse in rechtlichen Formen möglich, und der Rechtspositivismus, der sich in der zweiten Hälfte des 19. Jahrhunderts ausbildet und im Staatsrecht mit Namen wie Carl Friedrich von Gerber und Paul Laband verbunden ist, setzt diese Bemühungen fort. Gerber beispielsweise gründet alles Recht auf einen „Diskurs des Willens",[63] den er von Rousseau und Sieyès übernimmt, auf die „Nachweisung und Abgrenzung von Willensverhältnissen", mithin auf ein abstraktes menschliches „Willensvermögen", das auch die Personalität des Staates konstituiert.[64] So wird der Staat in ein von einem Willensvermögen getragenes Rechtssubjekt transformiert, innerhalb dessen der König etwa bei Beamtenernennungen agieren muss, und das ihn als natürliches Subjekt überdauert. Indem der staatsrechtliche Positivismus die Einheit des Staates, seiner Organe und seines wachsenden Verwaltungsapparates mit Hilfe dieser und ähnlichen artifiziellen (juristischen) Konstruktionen sichert, passt der Rechtspositivismus den monarchischen Staat an die liberale Kultur und Ge- 24

[58] Vgl. *Platon,* Politeia, 462b ff.; *S. Lüdemann,* Körper, Organismus, in: Konersmann (Hrsg.), Wörterbuch der philosophischen Metaphern, 2015, 168ff.

[59] Dazu aus neuerer Zeit *S. Meder,* Doppelte Körper im Recht, 2015, 33ff. Meder ist allerdings der Auffassung, dass schon die klassische römische Jurisprudenz zwischen der Einheit eines Personenverbandes und der Summe seiner Mitglieder eine scharfe Trennung gezogen habe – und nicht erst die mittelalterlichen Kanonisten und Legisten, wie Ernst Kantorowicz meine.

[60] Vgl. *Meder,* ebd., 28ff.; *Esposito,* Persons and Things, Cambridge 2015, 33ff.; *Lüdemann* (Körper, Organismus), 168ff., 173ff.

[61] *E. H. Kantorowicz,* Die zwei Körper des Königs (1957), 1994, 106ff.

[62] *Kantorowicz,* ebd., 31.

[63] Vgl. *K. M. Baker,* Sieyès, in: Furet/Ozouf (Hrsg.), Kritisches Wörterbuch der französischen Revolution, 1996, 528ff., 531.

[64] *P. v. Oertzen,* Die soziale Funktion des staatsrechtlichen Positivismus, 1974, 177; vgl. auch *Stolleis* (Öffentliches Recht in Deutschland), 71.

sellschaft an, und zwar lange bevor sich in Deutschland die liberale Demokratie mit Freiheitsrechten, Wahlen, Parlamenten, Parteien und Verbänden durchsetzen kann.

### 3. Zwei-Seiten-Lehre des Staates

25 Jellinek gibt seinem Methodenverständnis bereits im *System der subjektiven öffentlichen Rechte* (1892) eine erkenntnistheoretische Fundierung und Begründung. Er stellt seine methodische Ausrichtung explizit in die Tradition der Philosophie Immanuel Kants (1724–1804),[65] die ihrerseits der modernen Erkenntnistheorie folgt, wie sie maßgeblich durch den französischen Philosophen René Descartes (1596–1650) begründet worden ist. Wie Kant ist Jellinek der Meinung, dass wir die Realität, in der wir leben, nicht als Einheit, Ganzes oder Totalität wahrnehmen, sondern als disparates Kontinuum. Jellinek teilt daher Max Webers methodische Einsicht in die „prinzipielle(n) Unmöglichkeit der *erschöpfenden* Wiedergabe irgendeines noch so begrenzten Teils der Wirklichkeit in seiner (stets mindestens intensiv) unendlichen Differenziertheit gegen alle übrigen".[66] Die Welt gilt Jellinek als in unterschiedliche Bereiche segmentiert, und diese Segmente werden durch die Erkenntnis- oder Betrachtungsweise hervorgebracht, die auf die Realität angewandt wird. Die Wirklichkeit wird mit anderen Worten von der Erkenntnisweise und ihren begrifflichen Instrumentarien abhängig. Das bedeutet für die Staatslehre: Die *juristische* Erkenntnis des Staates ist *eine* mögliche Betrachtungsweise des Staates, die ihre Realität zwingenderweise selektiv wahrnehmen und erzeugen muss. Umgekehrt kann der Staat aber durchaus zu einer Fülle anderer Erkenntnisarten Anlass geben, etwa einer soziologischen Erkenntnis und darin den Staat als soziale Realität zum Gegenstand der Staatslehre machen. Die juristische und die soziologische Erkenntnis des Staates können in Jellineks Selbstverständnis also nebeneinander existieren.

26 Jellinek wählt die ästhetische Sphäre, das Feld der Kunst beziehungsweise die Symphonie der klassischen Musik als Beispiel und Analogie, um seinen Standpunkt zu verdeutlichen. Er argumentiert ungefähr folgendermaßen: In einer naturwissenschaftlichen und psychologischen Perspektive existiere die Symphonie als ein hochkomplexer akustischer Prozess, als eine durch Luftschwingungen erzeugte Tonempfindung, als ein Geräusch, das vom menschlichen Ohr wahrgenommen werde. Die ästhetische Realität der Symphonie sei aber eine ganz andere, nämlich die eines Kunstwerks, das den Einzelnen ergreife und erfasse, darin für Jellinek einem Bild Raphaels oder Tizians, der Dichtung Shakespeares oder Goethes vergleichbar. „Die C-Moll-Symphonie Beethovens ist für die musikalische Empfindung und Betrachtung ein Objekt der tiefsten, wahrsten, gewaltigsten Realität und alle Naturwissenschaft und Psychologie sind nicht im Stande, an dem Bewußtsein dieser Realität auch nur im Geringsten zu rütteln."[67] Die naturwissenschaftliche Sichtweise bringt also ein anderes Erkenntnisobjekt als die ästhetische Erkenntnis hervor. Deshalb gibt es für Jellinek kein der wissenschaftlichen Beobachtung vorausgehendes stabiles, mit sich selbst identisches Objekt, vielmehr erzeugten verschiedene Betrachtungsweisen unterschiedliche Objekte, im Fall der Symphonie eine natürliche Tonempfindung einerseits und eine für die individuelle Seele ästhetische Realität andererseits.

[65] Vgl. *G. Jellinek,* System der subjektiven öffentlichen Rechte (1892), 2006, 20ff.; zu diesem Kontext *Breuer* (Max Webers tragische Soziologie), 306ff.

[66] *M. Weber,* Roscher und Knies und die logischen Probleme der historischen Nationalökonomie, in: *ders.,* Gesammelte Aufsätze zur Wissenschaftslehre (1922), 1985, 1ff., 5; *S. Breuer,* Kritische Theorie, 2016, 193, 194.

[67] *Jellinek* (System der subjektiven öffentlichen Rechte), 21.

Das methodologische Paradigma, das das Erkenntnisobjekt von der gewählten Beobachterperspektive abhängig macht, nutzt Jellinek auch für die Erkenntnis des Staates. 27
Einerseits will seine Zwei-Seiten-Lehre die Analyse des monarchischen Staates nicht einfach anderen Disziplinen wie den gerade erst entstehenden Disziplinen der Soziologie oder Psychologie überlassen. Ganz besonders will Jellinek keinesfalls eine Soziologie oder Psychologie akzeptieren, die Staat und Gesellschaft als Ganzes, als objektive Realität, konzipiert, etwa als organischen Volksstaat wie Gerber oder als sozialen Organismus wie der englische Soziologe Herbert Spencer. Für Jellinek ist die moderne Gesellschaft keine Einheit, kein Subjekt, das irgendwelche Zwecke verfolgen könnte, noch gilt sie ihm als Objekt, über das als Ganzes Aussagen möglich wären. Für Jellineks Soziallehre sind die monarchische Gesellschaft seiner Zeit wie der deutsche Nationalstaat ein unvermeidbarer Fluchtpunkt, die jedoch aus nicht mehr als aus „Beziehungen" zwischen Individuen bestehen. Gesellschaft ist für Jellinek anders gesagt (und darin ist seine Soziallehre des Staates vielleicht der formalen Soziologie Georg Simmels vergleichbar) ein Relationsbegriff und beschreibt die sozialen Beziehungen zwischen Menschen, die sich wiederum zu Gruppen und Verbänden aller Art zusammenschließen, zu Familien, Vereinen, Gemeinden, Kirchen, wirtschaftlichen Klassen usw. und die als Kollektivsubjekte beständig um die Herrschaft im Staat kämpfen.[68] Das soziale Substrat des Staates bildet für Jellinek also nicht *die* Gesellschaft (als eine wie auch immer vorgestellte Totalität), sondern eine Summe heterogener Ordnungen und Sinnregionen, die es in der soziologischen Perspektive auch erforderlich machen, die Einheit des Staates jenseits einer substantiell vorgegebenen, durch den Monarchen repräsentierten Einheit zu denken.[69]

Auf dieser Grundlage eines eher formalen und relationalen Gesellschaftsbegriffs 28
knüpft Jellineks Staatsrechtslehre an die Körperschaftslehre der historischen Rechtsschule und des staatsrechtlichen Positivismus an. Juristisch gesehen ist der Staat auch für Jellinek – nicht anders als für Albrecht, Gerber oder Laband – eine „juristische Persönlichkeit", ein „Rechtssubjekt" bzw. „eine mit ursprünglicher Herrschermacht ausgestattete Gebietskörperschaft".[70] Auch wenn Jellinek die Möglichkeit der Erfassung der gesellschaftlichen Totalität kategorisch ablehnt, bleibt seine Staatslehre auf der Ebene der juristischen Erkenntnis der Einheit des Staates und der Idee seiner „Gesamterkenntnis" verpflichtet.[71] Der zentralen Rolle des monarchischen Staates in der deutschen Kultur des späten 19. Jahrhunderts entspricht bei Jellinek eine Rechtsform, die als juristische Persönlichkeit eine zentrale Position im Gesellschaftsleben besetzt und als Gebiets*körperschaft* wie ein menschlicher Leib über klare Innen- und Außengrenzen verfügt. Darüber hinaus besitzt Jellineks Staatsperson wie der Mensch Haupt und Glieder, zumal Jellinek der juristischen Körpermetaphorik eine kephale Ausprägung gibt: Er nutzt die Körpermetapher für eine zentralistische und hierarchische Sichtweise, in der der Staat – zumindest der Tendenz nach – zum Zentrum und zur Spitze aller im Staatskörper ansässigen Rechtsbeziehungen wird. So ist beispielsweise

[68] Vgl. *Jellinek* (System der subjektiven öffentlichen Rechte), 92, 95, 97; dazu *Breuer* (Max Webers tragische Soziologie), 306ff.

[69] Vgl. *C. Schönberger*, Der Staat der Allgemeinen Staatslehre, in: Beaud/Heyen (Hrsg.), Eine deutsch-französische Rechtswissenschaft, 1999, 111ff., 116ff.; *Breuer* (Max Webers tragische Soziologie), 294ff., 306ff.

[70] *Jellinek* (Allgemeine Staatslehre), 183.

[71] Vgl. nur *Jellinek*, ebd., 22 (Geschichte), 92, 93 (Gesellschaft), 111 (Zitat).

das Individuum bei Jellinek nicht schon von Natur aus Träger von subjektiven Rechten, sondern wird dies erst dadurch, dass die staatliche Rechtsordnung das Individuum als Person anerkennt und dieser Status dem Individuum öffentlich-rechtliche Ansprüche, subjektive Rechtsmacht, verleiht.[72]

**29** Der Soziologe und Ideenhistoriker Stefan Breuer hat im Rahmen einer vergleichenden Studie über Max Weber und Georg Jellinek darauf aufmerksam gemacht, dass Jellinek die relationale und fragmentarische Ordnung der modernen Gesellschaft zwar klar erkenne, es aber nicht vermocht habe, diese Einsicht in ein „überzeugendes Programm für eine Soziallehre des Staates zu übersetzen."[73] Das ist eine sicherlich zutreffende Beobachtung. Jellineks allgemeine Soziallehre des Staates bietet über weite Strecken kaum mehr als ein Sammelsurium von Lesefrüchten, eine Darstellung aller möglichen Einsichten und „Theorien", und sie kann kaum als eigenständiger Beitrag zur Erforschung der Lebensbedingungen der modernen Gesellschaft und ihrer Kulturerscheinungen gelten, als Beitrag, der auch nur annähernd etwa mit der Soziologie Émile Durkheims, Max Webers oder Georg Simmels konkurrieren könnte. Für eine kulturwissenschaftliche Staatstheorie, die sich primär für das Recht des modernen Staates interessiert, hat Jellinek jedoch eine bis heute gültige Möglichkeit aufgezeigt, wie man juristische und nicht-juristische Überlegungen produktiv zusammenführen kann. Der Staat wird von der Staatsrechtslehre her gedacht, doch zugleich unternimmt Jellinek den Versuch, die kulturellen und sozialen Bedingungen staatlichen Handelns durch Rekurse auf Beiträge der Sozialwissenschaft, der Philosophie, der Geschichte, der Sozialpsychologie usw. zu rekonstruieren. Man könnte hier mit Gunnar Folke Schuppert auch von einer Mehrebenenarchitektur sprechen, einer „institutionalisierten Metakommunikation",[74] an die die Staatstheorie auch heute noch anknüpfen kann und muss.

**30** Die Produktivität dieses interdisziplinären Unternehmens zeigt sich nicht zuletzt in Jellineks Drei-Elementen-Lehre des Staates. Diese erschöpft sich keineswegs darin, Staatsgebiet, Staatsvolk und Staatsgewalt als die drei Elemente des Staates zu bestimmen. Vielmehr werden diese Elemente gerade als durch das Recht konstituierte oder doch zumindest als durch das Recht mitbedingte Elemente thematisiert: Das „Staatsgebiet" ist der Raum rechtlich gebundener Herrschergewalt und nicht einfach das Land, das ein Monarch sein eigen nennt. Das „Staatsvolk" manifestiert sich als Subjekt der Staatsgewalt und nicht einfach als eine Menge von Menschen. Und die „Staatsgewalt" selbst erscheint schließlich als rechtlich gehegte Herrschergewalt und nicht einfach als arbiträre Macht.[75] Allerdings bleibt die Rolle der Staatsgewalt bei Jellinek ambivalent: Auf der einen Seite wird sie mit „Ursprünglichkeit" und „Unwiderstehlichkeit" assoziiert, mit einer Macht, der der moderne Mensch sich prinzipiell nicht entziehen könne, es sei denn, dass er in eine Wüste oder in die Nähe der Pole flüchte.[76]

---

[72] Vgl. *Jellinek* (Allgemeine Staatslehre), 418.

[73] *Breuer* (Max Webers tragische Soziologie), 312.

[74] *G. F. Schuppert,* Staatswissenschaft, 2003, 47; *Voßkuhle* (Die Renaissance der Allgemeinen Staatslehre), 2ff., 6.

[75] *Jellinek* (Allgemeine Staatslehre), 394ff.

[76] *Jellinek,* ebd., 429. Die Abhängigkeit des Menschen von der staatlichen Souveränität wird in Form des Status von Flüchtlingen, von Staatenlosen und Rechtlosen, später zu einem zentralen Motiv der politischen Philosophie Hannah Arendts. Heute spielen diese „Aporien der Menschenrechte" eine tragende Rolle in Giorgio Agambens Theorie des *homo sacer.*

Auf der anderen Seite geht es Jellinek aber durchaus darum, die seiner Überzeugung nach um 1900 historisch zu beobachtende wachsende Abhängigkeit aller staatlichen Willensäußerungen von rechtlichen und juristischen Strukturen und Bindungen zu akzentuieren. Die „normative Selbstbindung der Staatsgewalt" steht im Zentrum seiner Staatslehre,[77] nicht aber die Apotheose einer ursprünglichen Gewalt und Souveränität des Wilhelminischen Kaiserreiches.

Zum Projekt einer kulturwissenschaftlichen Staatstheorie gehört auch, die begrenzte Bedeutung von vorwegnehmenden Definitionen zu akzeptieren. Georg Jellineks Drei-Elementen-Lehre des Staates mag noch immer eine erste Orientierung bieten: Jellinek definiert den Staat soziologisch als die mit „ursprünglicher Herrschermacht ausgerüstete Verbandseinheit seßhafter Menschen",[78] während er ihn juristisch als „Rechtssubjekt", „Körperschaft" oder „juristische Persönlichkeit" zu bestimmen versucht.[79] Diese Differenz wird dann staatsrechtlich über die drei Elemente „Staatsgebiet", „Staatsvolk" und „Staatsgewalt" synthetisiert und ausgearbeitet.[80] Man kann dieses Begriffsnetz in einer herrschaftssoziologischen Perspektive weiter anreichern und den Staat mit Max Weber als politischen Verband oder „Anstaltsbetrieb" definieren, dessen „Verwaltungsstab" für „die Durchführung seiner Ordnungen" erfolgreich „das Monopol legitimen physischen Zwanges" in Anspruch nimmt.[81] Aber man muss, um nur das Element der Staatsgewalt herauszugreifen, lediglich an private Sicherheitsdienste in Asylantenheimen, an Paris und seine *banlieue* wie Clichy-sous-Bois oder an die neuen asymmetrischen Kriege denken, um zu erkennen, dass selbst mit Webers Definitionskünsten heute ebenso viele Gewissheiten wie Fragen verbunden sind; ganz davon abgesehen, dass die Konzentration auf die Staatsgewalt, auf Militär und Polizei, dem modernen Staat, der auch Schulen, Universitäten, Fernsehanstalten, umfassende soziale Sicherungssysteme und seit neuerem auch die gesunde Ernährung seiner Bevölkerung und vieles mehr verantwortet, kaum gerecht werden dürfte. Definitionen, klare eindeutige Begriffe, können nicht mehr als eine erste Annäherung an den Gegenstand der Staatstheorie leisten. 31

## III. Staatstheorie als experimentelles Forschungsfeld

### 1. Staatslehre oder Staatsrechtslehre?

Jellineks methodologisches Programm, demzufolge unterschiedliche Betrachtungsweisen zu einer pluralen Verfasstheit des Wissens über den Staat führen, ist schon in der Weimarer Zeit nicht ohne Widerspruch geblieben. Besonders Hans Kelsen (1881–1973) hat sowohl in seiner *Allgemeinen Staatslehre* (1925) als auch in *Der soziologische und der juristische Staatsbegriff* (1927) behauptet, dass verschiedene Erkenntnismethoden nicht ein und dasselbe Erkenntnisobjekt hervorbringen könnten: Eine prinzipiell andere Betrachtungsweise bringe ein anderes Objekt hervor, sodass, richtig und konsequent zu Ende gedacht, der Staat als soziale Wirklichkeit für die Staatslehre gar kein Bezugsobjekt sein könne. „Da der Staat als soziales Gebilde ein Produkt der soziologischen, unjuristischen Erkenntnis ist, existiert der Staat für die juristische Erkenntnis ebensowenig wie die Symphonie für die Physiologie."[82] Als wissenschaftliches Er- 32

[77] Vgl. *Kersten* (Georg Jellinek), 59ff., 60.

[78] *Jellinek* (Allgemeine Staatslehre), 180, 181.

[79] *Jellinek,* ebd., 169, 183.

[80] *Jellinek,* ebd., 394ff.

[81] *M. Weber,* Wirtschaft und Gesellschaft (1922), 1980, 29 („*Staat* soll ein politischer *Anstaltsbetrieb* heißen, wenn und soweit sein Verwaltungsstab erfolgreich das *Monopol legitimen* physischen Zwanges für die Durchführung der Ordnungen in Anspruch nimmt."); erläuternd *Breuer* (Der charismatische Staat), 12, 13; und *A. Anter,* Max Webers Staatssoziologie im zeitgenössischen Kontext, in: ders./Breuer (Hrsg.), Max Webers Staatssoziologie, 2016, 13ff.

[82] *H. Kelsen,* Der soziologische und juristische Staatsbegriff (1928), 1981, 116.

kenntnisobjekt, so Kelsens methodische Botschaft, werde der Staat vollständig von der rechtswissenschaftlichen Erkenntnis konsumiert: Der Staat müsse aus rechtswissenschaftlicher Sicht auf Rechtsrelationen reduziert und könne daher nur als Rechtsphänomen beschrieben werden. Staat und Recht fallen daher für Kelsen beide unter dieselbe Kategorie der normativen Ordnung, ja Staat und Recht sind identisch.[83] Dementsprechend ist Staatslehre für Kelsen nur als Staats*rechts*lehre möglich.

33 Kelsens Forschungsprogramm, das den Staat auf eine Gesamtrechtsordnung reduziert und diese ihrerseits auf (geschriebene) Rechtsnormen, läuft letztlich auf eine von der Staatstheorie und Staatslehre abgelöste normative Theorie oder rein normative Rechtstheorie hinaus. Darin mag man eine Frühform von Niklas Luhmanns Theorie des autonomen Rechtssystems erkennen wollen.[84] Dann wäre allerdings auch zu beachten, dass Luhmann dem staatlichen Gewaltmonopol und der staatlichen Gerichtsbarkeit durchaus wichtige Rollen im Prozess der Reproduktion eines autonomen Rechtssystems einräumt. Diese Abhängigkeiten werden im *Recht der Gesellschaft* (1993) und auch in anderen Publikationen Luhmanns unter dem gemeinsamen Dach einer allgemeinen Systemtheorie als Voraussetzungen eines autonomen Rechtssystems analysiert und beschrieben.[85] Dagegen geht es Kelsen gerade darum, die Isolierung juristischer Erkenntnisse gegenüber allen nichtjuristischen Erkenntnissen voranzutreiben und die kulturellen und sozialen Voraussetzungen des Rechts dem Zuständigkeitsbereich anderer Fachdisziplinen zuzuordnen, sie jedenfalls nicht in einem rechtswissenschaftlichen Rahmen zuzulassen. Diese methodische Entscheidung läuft letztlich darauf hinaus, sich in eine selbstgenügsame normative Staatsrechtslehre zurückzuziehen, die ihre eigenen Bedingungen nicht reflektieren kann und für die es methodologisch unzulässig ist, interdisziplinär und/oder transdisziplinär zu arbeiten.

34 Kelsens Angriffe auf die Zwei-Seiten-Lehre Jellineks haben sicherlich dazu beigetragen, die staatstheoretische Diskussion unter Juristen auf ein höheres Niveau zu heben. Sie haben nicht zuletzt zahlreiche kulturwissenschaftliche Gegenentwürfe (mit-)provoziert, wie die Staatslehre Hermann Hellers (1891–1933), eines Juristen und Staatslehrers der Weimarer Republik. Kelsens Plädoyer für eine Staatsrechtslehre hat aber weder die an rechtswissenschaftlichen Fakultäten gepflegte Staatslehre noch andere Fachdisziplinen wie etwa die Soziologie, die Ökonomie, die Politologie oder die Literaturwissenschaft davon abhalten können, sich auf je ihre Weise mit dem Staat zu beschäftigen. Es ist nicht nachvollziehbar, warum Staatstheorie und Staatslehre auf das breite Wissen, das in solchen und anderen Disziplinen über den Staat bereitgestellt wird, von vornherein verzichten sollten, zumal die von Kelsen vorgeschlagene Reduktion der Staatslehre auf eine Staatsrechtslehre weder der wissenschaftlichen Tradition der Staatslehre noch derjenigen des öffentlichen Rechts entspricht, das sich nie auf eine genuin ‚juristische Methode' beschränkt hat. Das gilt selbst für das 19. Jahrhundert: Das 19. Jahrhundert hat den staatsrechtlichen Positivismus im Stile Gerbers und Labands hervorgebracht, aber auch die historische Rechtsschule und Otto von Gierkes Genossenschaftslehre.

---

[83] Vgl. *Kelsen,* ebd., 87.

[84] Vgl. *M. Jestaedt,* Einleitung, in: Hans Kelsen: Reine Rechtslehre, 2008, XXIX; vgl. auch allg. *H. Dreier,* Hans Kelsen und Niklas Luhmann, Rechtstheorie 14 (1983), 419ff.

[85] Vgl. nur *N. Luhmann,* Das Recht der Gesellschaft, 1993, 281ff., 297ff., 329; *ders.* (Politik der Gesellschaft), 388ff.

Ein Forschungsunternehmen wie dasjenige Kelsens, demzufolge es nur *einen* Weg zur Erkenntnis des Staates gibt, den Weg einer normwissenschaftlichen Staats*rechts*lehre, birgt die Gefahr in sich, zu einer unproduktiven Selbstabschottung der an juristischen Fakultäten betriebenen Staatslehre zu führen. Kelsens Rechtstheorie ist von ihrer Anlage her ein spätes Produkt der Wiener Hochkultur des späten 19. Jahrhunderts.[86] Für sie ging es um die Begründung der Eigenständigkeit der Rechtswissenschaft im Zuge der Ausdifferenzierung von Fachkulturen an den sich im Aufbau befindlichen Universitäten. Kelsens Staatsrechtslehre entstammt dem Versuch eines Juristen, gegenüber den sich erst ausbildenden marxistischen, psychologischen, psychoanalytischen und sonstigen Staatslehren zu beweisen, dass der Staat ein genuin normatives Phänomen sei und angemessen nur als Rechtsphänomen thematisiert werden könne. Staatstheorie und Staatslehre auf Normentheorie zu reduzieren und sich jeder weiteren Reflexion zu verweigern, ist jedoch schon deshalb unfruchtbar, weil die Rechtswissenschaft sich heute mit einer Lage konfrontiert sieht, in der es darum gegen muss, Verknüpfungen und Kontakte zwischen den Disziplinen wiederherzustellen, nicht zuletzt um die Rechtswissenschaft vor der Dynamik einer Selbstblockierung durch eine immer höher getriebene Eigenspezialisierung zu schützen. Christoph Schönberger drückt das so aus: „Kelsen ist ein Autor der klassischen Moderne. Er verkörpert gewissermaßen den Bauhaus-Stil der Rechtswissenschaft. Gegen viele bereits zeitgenössische Anfechtungen – insbesondere aus der Rechtssoziologie, aber auch aus den damit eng verwandten Bereichen der Rechtsgeschichte oder Rechtsvergleichung – hat sich sein Werk immunisiert."[87] 35

Ein stärker interdisziplinäres und experimentelles Forschungsdesign ist für die Staatstheorie heute auch deshalb unverzichtbar, weil diese mit einer Fülle von Problemen und Fragen konfrontiert ist, die Kelsen noch gar nicht vor Augen haben konnte. Dazu gehören zum Beispiel Fragen der Klassifikation neuartiger normativer Phänomene auf globaler Ebene, „Erfahrungen der Pluralisierung von Rechtssystemen, des Polyzentrismus, der heterarchischen Verknüpfungen und Vernetzungen", die sich in Kelsens „hierarchischem Einheitsdenken" nicht abbilden lassen.[88] Dazu gehört aber auch die Einsicht, dass sich eine an Kelsen anknüpfende Staatsrechtslehre an eine erkenntnistheoretische Methode klammern würde, die schon zu Kelsens Zeiten höchst umstritten und beispielsweise nicht mit Max Schelers Auffassung von der sozialen Natur allen Wissens in Einklang zu bringen war.[89] Diesem Manko der Methodologie Kelsens kommt in der Gegenwart ein noch größeres Gewicht zu. Kelsens Ausgangspunkt, dass der Staat schon aus erkenntnistheoretischen Gründen auf Rechtsrelationen reduziert werden müsse und daher nur als normatives Phänomen beschrieben werden könne, kann auf der Grundlage der Methode Kelsens erst gar nicht hinterfragt werden. Das ist jedoch umso weniger akzeptabel, als die Wissenschaftstheorie heute selbst die Möglichkeit anbietet, den erkenntnistheoretischen Ausgangspunkt der reinen Rechts- 36

[86] Dazu *C. Schorske,* Fin de Siècle Vienna, New York 1981.

[87] *C. Schönberger,* Kelsen-Renaissance?, in: Jestaedt (Hrsg.), Hans Kelsen und die deutsche Staatsrechtslehre, 2013, 207ff., 215; vgl. auch *D. Damler,* Der Staat der klassischen Moderne, 2012, 72ff. (Damler spricht von progressiver Sachlichkeit im Werk Kelsens).

[88] *Schönberger* (Kelsen-Renaissance), 207ff., 219.

[89] Vgl. dazu *S. Augsberg,* Konjunkturen in der öffentlich-rechtlichen Grundlagenforschung, in: Funke/Krüper/Lüdemann (Hrsg.), Konjunkturen in der öffentlich-rechtlichen Grundlagenforschung, 2015, 197ff., 199.

lehre aufzugeben und durch die Frage nach den kulturellen und sozialen Bedingungen des Prozesses der Produktion von Erkenntnissen zu ersetzen.[90]

### 2. Experimentalkultur

37 Den Begriff „Experimentalkultur" verwendet der Wissenschaftstheoretiker und Wissenschaftshistoriker Hans-Jörg Rheinberger in einem engen Zusammenhang mit dem Begriff des „Experimentalsystems".[91] Als Experimentalsystem bezeichnet Rheinberger ein lokales Feld von Forschungsaktivitäten, in denen „Wissensobjekte und die technischen Bedingungen ihrer Hervorbringung unlösbar miteinander verknüpft" sind.[92] Rheinberger selbst geht es um eine Wissenschaftstheorie, die ihre Aufmerksamkeit auf die materiellen Arrangements von Laborwissenschaften richtet. Sein Referenzmilieu sind insbesondere die komplexen Arbeitsbedingungen der amerikanischen Molekularbiologie seit den 1950er Jahren im Zuge der Erforschung der Mechanismen der Proteinsynthese. Die außergewöhnliche Fruchtbarkeit der amerikanischen Molekularbiologie führt Rheinberger auf die „Zusammenarbeit einer ganzen Gruppe von Forschern über Disziplingrenzen hinweg" zurück.[93] Am Beispiel dieses Unternehmens entwirft Rheinberger eine Epistemologie des modernen Experimentierens, die unter anderem dadurch charakterisiert sei, dass sie die „Perspektive von den Gedanken und Absichten der Handelnden" auf die „Dynamik der Forschung als einen Prozeß der Herausbildung epistemischer Dinge" verschiebe.[94] Unter „epistemischen Dingen" versteht Rheinberger „Dinge, in denen sich Begriffe verkörpern".[95] Damit soll die Materialität epistemischer Objekte im Unterschied zu entkörperten Ideen akzentuiert werden, ähnlich wie der französische Philosoph und Historiker Michel Foucault einige Jahrzehnte zuvor, in der *Archäologie des Wissens* (1973), von der „systematische(n) Beschreibung eines Diskurses als Objekt" gesprochen hat.[96]

38 Überträgt man diese Anweisung auf Staatstheorie und Staatslehre, hätten sich diese in erster Linie für die Beschreibungen, Diskurse, Traktate, Abhandlungen und Bücher zu interessieren, die über den Staat verfasst worden sind und noch verfasst werden. Die Staatstheorie würde über die Aussagen von Texten auf ihr Objekt zugreifen, wohingegen die Rekonstruktion der Intentionen von Autoren, etwa die (politischen) Absichten Jellineks, als er die Zwei-Seiten-Lehre des Staates erfunden hat, weitaus weniger interessant für sie wäre. Entscheidend wäre insbesondere Rheinbergers Einsicht, dass ein Experimentalsystem in den Laborwissenschaften immer auch als „Generator für Überraschungen" fungiert, als „Vorrichtung zur Produktion wissenschaftlicher Neuerungen, die unser je gegenwärtiges Wissen übersteigen".[97] Staatstheorie müsste sich dann als ein Unternehmen verstehen, das wissenschaftliche Neuerungen aus überraschenden Verknüpfungen von normalerweise als getrennt angesehenen Disziplinen gewinnt. „Experimentalkulturen sind bewegliche Forschungsfelder, die ständig dazu ten-

[90] Zur Notwendigkeit dieser Umstellung vgl. allg. *H.-J. Rheinberger,* Historische Epistemologie zur Einführung, 2007; vgl. auch *I. Augsberg,* Informationsverwaltungsrecht, 2014, 285 ff.

[91] Vgl. *H.-J. Rheinberger,* Experimentalsysteme und epistemische Dinge, 2006, 171 ff.

[92] *Rheinberger,* ebd., 8, 9.

[93] *Rheinberger,* ebd., 14.

[94] *Rheinberger,* ebd., 7.

[95] *Rheinberger,* ebd., 16.

[96] *M. Foucault,* Archäologie des Wissens (1969), 1981, 199, 200.

[97] *Rheinberger* (Experimentalsysteme), 9.

dieren, die Konturen und Grenzen etablierter Fächer mit ihren Ausbildungsnormen, Lehrplänen und institutionell verankerten und verfestigten Kommunikationsstrukturen zu verschieben, sie zu verwischen, aufzulösen und umzuschreiben. Experimentalkulturen, nicht Disziplinen, legen fest, wie weit zu einem bestimmten Zeitpunkt die materiell vermittelte wissenschaftliche Kooperation, die wissenschaftliche Konkurrenz und der Spielraum epistemischer Verhandlungen reichen."[98]

Die Verteidigung und Aufrechterhaltung der eigenen interdisziplinären Tradition 39 dürften Staatstheorie und Staatslehre heute am ehesten als Experimentalkultur, als bewegliches Forschungsfeld im Sinne Rheinbergers, gelingen. Staatstheorie sollte nicht so sehr als konturenscharfe Subdisziplin angelegt werden, sie muss eher netzwerkartig institutionalisiert werden, als Unternehmen mit ausgefransten Rändern. Statt von einem „übergreifenden interdisziplinären Reflexionsrahmen" könnte man auch von einer Disziplinen übergreifenden Kontaktzone sprechen,[99] in der sich juristische, soziologische, ökonomische, historische, politik- oder kulturwissenschaftliche Betrachtungsweisen des Staates treffen können und an deren Herstellung sich auch Juristen mit eigenen Entwürfen beteiligen. Es geht – wie schon bei Jellinek, aber nochmals in einer anderen Terminologie – um ein „Aufeinanderbeziehen verschiedener disziplinärer Ansätze",[100] um die Schaffung einer „Metaebene der Kommunikation" innerhalb eines wissenschaftlichen „Mehrebenensystems".[101] Auf diesem Weg lassen sich die vielfach eingeforderte Grundlagenforschung in der Rechtswissenschaft und im öffentlichen Recht,[102] die Aufforderung auch zu einer größeren Distanz gegenüber der Praxis der Gerichte,[103] wohl am besten realisieren. Dazu würde beispielsweise auch die Öffnung von Staatstheorie und Staatslehre für jene interdisziplinären und transdisziplinären Theoriemärkte gehören, die sich seit den 1960er Jahren auch außerhalb der juristischen Fachverlage auf der Grundlage erschwinglicher Taschenbücher herausgebildet haben,[104] nicht nur in Deutschland, sondern etwa auch in Amerika mit seinen so vielfältigen Universitätsverlagen.

Die Staatslehre sollte den globalen Theoriemarkt immer wieder nach interessanten Büchern absuchen. 40 Man könnte dies ein globales „Shopping for Ideas" nennen.[105] Dank zahlreicher universitärer Datenbanken in Europa und Nordamerika, dank Google, Amazon und PDF ist eine solche Suche nach neuen wissenschaftlichen Publikationen heute so einfach wie nie zuvor. Je offener und empfänglicher Staatstheorie und Staatslehre sich dabei gegenüber einer globalen Wissenschaftskultur zeigen, umso stärker müssen sie selbstverständlich auswählen, welche Forschungen und Publikationen für sie relevant sind und welche nicht. Das mag angesichts der Geschwindigkeit und Menge des global produzierten Wissens über den Staat mit einer gewissen Unübersichtlichkeit verbunden sein und jede Verknüpfung dieser Wissensbestände etwas Zusammengebasteltes und Flickwerkartiges an sich haben. Es bleibt dennoch möglich, Relevanzen nach intellektuellem Gewicht auszuwählen, nicht aber an subjektiven Vorlieben zu orientieren

[98] *Rheinberger,* ebd., 173.
[99] *Voßkuhle* (Die Renaissance der Allgemeine Staatslehre), 2ff., 4.
[100] *Schuppert* (Staatswissenschaft), 25.
[101] *Schuppert,* ebd., 47.
[102] Vgl. dazu die Beiträge in A. Funke/J. Krüper/J. Lüdemann (Hrsg.), Konjunkturen in der öffentlichrechtlichen Grundlagenforschung, 2015.
[103] Vgl. *O. Lepsius,* Problemzugänge und Denktraditionen im öffentlichen Recht, in: Hilgendorf/Schulze-Fielitz (Hrsg.), Selbstreflexion der Rechtswissenschaft, 2015, 53ff., 89.
[104] Vgl. *P. Felsch,* Der lange Sommer der Theorie, 2015, 56, 57.
[105] Diese Formel verwendet *N. Blomley,* From ‚What' to ‚So What?', in: Holder/Harrison (Hrsg.), Law and Geography. Current Legal Issues 2002 Vol. 5, Oxford 2003, 17ff. Diesen Hinweis verdanke ich einer LL.M-Arbeit von Raphael Schwegmann.

oder an der Absicht der Erzielung von Netzwerkeeffekten innerhalb der eigenen Peer-Group. Die Institutionalisierung einer derartigen Experimentalkultur ist besonders einem Stil vorzuziehen, der die staatstheoretische Diskussion auf die „sicheren Bestände" einer wie auch immer imaginierten Disziplingeschichte reduziert. Keine Staatstheorie oder Staatslehre kann die juristische Fachgeschichte ignorieren; aber sich heute auf diese zu beschränken, wäre der sichere Weg der Staatstheorie und Staatslehre in die Bedeutungslosigkeit. Deshalb dürfen Staatstheorie und Staatslehre Interdisziplinarität nicht nur beschreiben, sondern müssen sie auch betreiben.[106]

### 3. Staatstheorie als Kulturwissenschaft

41 Als experimentelles Forschungsfeld muss sich die Staatstheorie inmitten jenes grundlegenden Transformationsprozesses positionieren, dem die moderne Kultur und Gesellschaft heute unterworfen sind. Die Ausweitung des Gebrauchs von Computernetzwerken und digitalen Medien aller Art, von Smartphones, Notebooks oder Tablets, in sämtliche Ordnungen und Sinnregionen der modernen Kultur und Gesellschaft, von der Wissenschaft und Wirtschaft bis in den Alltag hinein, hat einen weiteren Umbruch in der Geschichte der Evolution der westlichen Kultur ausgelöst, eine umfassende „sinnkulturelle Erschütterung",[107] die eine grundlegende Veränderung der Wahrnehmung von faktischen wie normativen Bedeutungszusammenhängen zur Konsequenz hat: Kultur und Gesellschaft werden heute in ihrer Identität und in ihrem Selbstverständnis durch ein weltumspannendes und weltraumdurchkreuzendes Gewebe offener technischer Objekte verändert. Aus den unablässig fließenden Daten- und Kommunikationsströmen der globalen Computernetzwerke, die spontan und dezentral erzeugt und beständig umgeschrieben werden und alle bisher bekannten Medien – Sprache, Schrift, Buchdruck, Photographie, Radio, Film, Fernsehen etc. – miteinander konvergieren lassen, geht eine neuartige „Netzwerkkultur" hervor,[108] und an *dieser* neuartigen Netzwerk*kultur* muss die Staatstheorie ihr Denken und Schreiben heute ausrichten. Staatstheorie und Staatslehre müssten sich also in eine Kulturwissenschaft verwandeln, wie sie in Hermann Hellers *Staatslehre* (1934) bereits in Ansätzen vorliegt.[109] Als Kulturwissenschaft muss sie der neuen Netzwerkkultur jene Aufmerksamkeit schenken, die sie früher beispielsweise der geographischen Lage und Größe eines staatlichen Territoriums, der Fruchtbarkeit seiner Böden, den Wasserstraßen, dem Klima oder den besonderen physischen Merkmalen seiner Bewohner, den „Seevölkern", „Bergvölkern" oder anderen ethnischen Unterschieden geschenkt hat.

42 Dass Staatstheorie und Staatslehre im Kontext der neuen Netzwerkkultur neu konfiguriert werden müssen, heißt auch, dass ihre erkenntnistheoretische Verankerung, wie sie bei Jellinek noch eine entscheidende Rolle spielt, der Verankerung in einer „sozialen Epistemologie" weichen muss.[110] Die Erkenntnistheorie konnte die Beschreibung des Staates noch an *ein* Erkenntnis*subjekt* binden und durch unterschiedliche Erkenntnis-

[106] In Anlehnung an *S. Augsberg* (Konjunkturen in der Grundlagenforschung), 211.

[107] Vgl. *E. Hörl,* Die technologische Bedingung, 2011, 7ff., 13 Fn. 20.

[108] Ausführlicher *T. Vesting,* Die Medien des Rechts, Bd. 4: Computernetzwerke, 2015, 49ff., 56ff.

[109] Vgl. insb. *Heller* (Staatslehre), 124ff., 236ff. Der Terminus selbst stammt von H. Rickert, in dessen *Kulturwissenschaft und Naturwissenschaft* (1899) der Begriff der „Kulturwissenschaft" den der „Geisteswissenschaft" ablöst. In den späten 1970er Jahren ist eine kulturwissenschaftliche Sprache für die Verfassungslehre bei Peter Häberle näher ausformuliert worden. Dazu *A. Voßkuhle/T. Wischmeyer,* Der Jurist im Kontext, Jahrbuch des öffentlichen Rechts der Gegenwart 63 (2015), 401ff.; vgl. auch *U. Volkmann,* Grundzüge einer Verfassungslehre der Bundesrepublik Deutschland, 2013, 26, 309.

[110] Vgl. *S. Krämer,* Medium, Bote, Übertragung, 2008, 253ff., 256f.

verfahren eine Segmentierung ihres Objekts in eine soziologische und juristische Wirklichkeit begründen; ja sie konnte Staat und Recht sogar transzendental-logischen Voraussetzungen unterwerfen, wie es Kelsen als guter Kantianer in Form einer Grundnorm als Bedingung der Möglichkeit der Geltung einer einzelstaatlichen Rechtsordnung ausbuchstabiert hat.[111] An die Stelle eines einsamen Erkenntnissubjekts tritt in der sozialen Epistemologie jedoch die Annahme, dass alles Wissen in einer gemeinsamen Erfahrungswelt gründet, in der immer schon Wissen zwischen Individuen zirkuliert, ausgetauscht, weitergegeben und mit Autorität und Vertrauen ausgestattet wird. Ohne diese Übernahme von Informationen und Wissen, vom Erlernen der Muttersprache über die Erziehung in Familie und Schule bis hin zu den vielen Informationen, die im Alltag durch Zeitungen, Straßenschilder, Stadtpläne, Landkarten, das Fernsehen oder soziale Medien verbreitet werden, gibt es keine Wissenspraktiken und auch keine Staatstheorie. Damit kommt zugleich ein historisches Moment in das Verfahren der wissenschaftlichen Erkenntnisgewinnung: Der Begriff der sozialen Epistemologie steht zugleich für eine „historische Epistemologie",[112] die die historischen Bedingungen reflektiert, unter denen der Staat zu einem Objekt des Wissens gemacht und der Prozess der wissenschaftlichen Wissensproduktion in Gang gehalten wird. Staatstheorie und Staatslehre müssten sich also auf den Wandel des modernen Staates und einen Wandel in den Beschreibungen seiner Erscheinungsformen konzentrieren.

Eine Erneuerung von Staatstheorie und Staatslehre hat auch Gunnar Folke Schuppert in seiner *Staatswissenschaft* (2003) und weiteren, daran anschließenden Publikationen eingefordert.[113] Da die von Georg Jellinek in der *Allgemeinen Staatslehre* noch angestrebte Gesamterkenntnis des Staates heute nicht mehr möglich und ein Wiederaufbau der „pompösen Ruine" der klassischen Staatswissenschaft des 19. Jahrhunderts infolgedessen aussichtslos sei, sucht Schuppert nach einem neuen Anfang der Staatswissenschaft. Diesen lokalisiert er maßgeblich in der Vorstellung einer Metamorphose von Staat und Staatlichkeit, vor allem in der Veränderung des klassischen Nationalstaates im Prozess der Globalisierung. Schupperts Ausgangspunkt ist die ständige Veränderung des modernen Staates, der Wandel von Staatlichkeit, der „Staat als Prozess",[114] nicht der Entwurf einer umfassenden Theorie *des* Staates: Staatstheorie und Staatslehre sollen kein statisches Staatsbild entwerfen und sich auf einen einzigen historischen Staatstypus wie etwa den frühmodernen Territorialstaat fixieren, sondern den Staat in seiner laufenden Transformation beobachten und diese *varieties of statehood* im Sinne der Flexibilisierung eines allzu starren Staatsverständnisses in Anschlag bringen.[115] Dadurch wird eine Erweiterung denkbarer Perspektiven auf den Staat möglich, wie man sie auch bei Karl-Heinz Ladeur findet. Ladeur konstatiert ebenfalls einen Wandel der Staatlichkeit und sucht – ähnlich wie Schuppert – einen interdisziplinären und internationalen Zugang zum Phänomen des Staates.[116] Bei Schuppert wie bei Ladeur geht dies mit einer Öffnung für Fragen der Kultur einher, bei Schuppert etwa in der Würdigung der institutionenbildenden Kraft von Metaphern für die Herausbildung und Versinnbildlichung von Einheitsvorstellungen,[117] bei Ladeur besonders prägnant in Formeln von der „Computerkultur" und vom „Staat der ‚Gesellschaft der Netzwerke'".[118] 43

[111] Vgl. nur *H. Kelsen,* Reine Rechtslehre, 2. Aufl., 1960, 78. Die Grundnorm wird hier als „Hypothese" bezeichnet, später spricht Kelsen auch von einer Fiktion im Sinne eines „Als-ob", also einer Erzählung, die unterstellt, dass die Fiktionalität eines Textes keine Entsprechung in der Wirklichkeit hat.

[112] *Rheinberger* (Historische Epistemologie), 11.

[113] Vgl. *G. F. Schuppert* (Staatswissenschaft), 17ff.; dazu die Beiträge in A. Voßkuhle/C. Bumke/F. Meinel (Hrsg.), Verabschiedung und Wiederentdeckung des Staates im Spannungsfeld der Disziplinen, 2013.

[114] Vgl. insb. *G. F. Schuppert,* Staat als Prozess, 2010, 11.

[115] Vgl. *G. F. Schuppert,* Verflochtene Staatlichkeit, 2014, 15ff.

[116] Vgl. nur *K.-H. Ladeur,* Der Staat gegen die Gesellschaft, 2006, Vorwort.

[117] Vgl. nur *Schuppert* (Staat als Prozess), 48ff.; vgl. auch *ders.,* Politische Kultur, 2008.

[118] *K.-H. Ladeur,* Computerkultur und Evolution der Methodendiskussion in der Rechtswissenschaft, 2013, 115ff.; *ders.,* Der Staat der Gesellschaft der „Netzwerke", in: Vesting/Augsberg (Hrsg.), Karl-Heinz Ladeur: Das Recht der Netzwerkgesellschaft, 2013, 333, 353ff.

# § 2 Das Leitbild der liberalen Demokratie

## I. Der kulturelle Rahmen

### 1. Individualismus und Nationalismus

44 „Demokratie" kommt von altgriechisch *demos* und *kratein* und bedeutet in der antiken aristotelischen Staatsformenlehre „Herrschaft des Volkes" im Unterschied zur Monarchie, der Herrschaft einer Person, und im Unterschied zur Aristokratie, der Herrschaft einer kleinen Gruppe von Personen. Das ist allerdings ungenau formuliert. Die Demokratie ist bei Aristoteles keineswegs positiv besetzt: Sie gilt nicht als gute Staatsform wie die Aristokratie oder Monarchie, sondern als Entartung der *politeia,* der Herrschaft der wohlhabenden Bürger, der Aristoteles die Demokratie als Herrschaft der Armen entgegensetzt.[1] Die antike Demokratie ist also keineswegs mit der heutigen Vorstellung einer *liberalen* Demokratie identisch. Das hängt vor allem mit der fehlenden Ausbildung einer allgemeinen Form der Individualität in der antiken griechischen Kultur zusammen.[2] Die antike Kultur war durch einen Vorrang des Stadtstaates *(polis)* und des Haushalts *(oikos)* vor den Einzelnen bestimmt. Der antike Stadtstaat war keine Assoziation von Individuen, sondern von Familien und Sippen, die als Institutionen auf einer rituell-religiösen Grundlage ruhten.[3] Dieser Einschluss der Individuen in sie übergreifende Institutionen widerspricht dem heutigen Freiheitsverständnis.[4] Die *liberale* Demokratie hat denn auch erst seit dem 17. und 18. Jahrhundert Gestalt angenommen, zunächst in England, Nordamerika und Frankreich, später auch in anderen westlichen Ländern wie Italien oder Deutschland. Von hier aus hat sich die liberale Demokratie dann im 20. Jahrhundert auf außereuropäische Kontinente und Länder wie beispielsweise Japan ausgedehnt oder in Brasilien seit 1985 eine Militärdiktatur abgelöst.

| Zahl der Herrschenden | Gemeinwohl<br>Zum Nutzen Aller | Partikularwohl<br>Zum Nutzen der Herrschenden |
|---|---|---|
| Einer | Monarchie | Tyrannis |
| Einige | Aristokratie | Oligarchie |
| Alle | Politie | Demokratie |

*Abb. 3 Das aristotelische Staatsformschema*

[1] *Aristoteles,* Politik 1279 a-b10; ausführlich *M. Hansen,* Die Athenische Demokratie im Zeitalter des Demosthenes, 1995, 66ff.

[2] Vgl. *L. Siedentop,* Inventing the Individual, London 2014, 21 („The ancient city was not an association of individuals); 351 („The city was an association of families and tribes, each defined by a shared worship of ancestors") – [Deutsche Zitate im Text folgen der Übersetzung von *Hainer Kober,* 2015].

[3] *Siedentop,* ebd., 7ff.; detailliert *Ober* (The Rise and Fall of Classical Greece), 157ff.

[4] *Siedentop* (Inventing the Individual), 354 (spricht von „moral enclosure").

Nach einer prägnanten Formulierung des Philosophen Ernst Cassirer lebt der Mensch in „einem symbolischen und nicht mehr in einem bloß natürlichen Universum".[5] Symbolisches Universum meint ein Universum aus zeichenhaften, bildhaften oder sprachlichen Formen, deren Sinn historisch und sozial festgelegt ist und die es den Menschen ermöglichen, ihr Wissen vom Leben und ihre Einstellungen zum Leben mitteilen, erhalten und weiterentwickeln zu können.[6] Dieses symbolische Universum nennt Clifford Geertz Kultur, und meint damit wie Cassirer jene Bedeutungsgewebe, die der Mensch selbst gesponnen hat.[7] Die Idee des Nationalismus ist ein solches symbolisches Universum oder Bedeutungsgewebe, das der liberalen Demokratie, die eine Erscheinungsform des Nationalstaates ist, bis heute seinen Stempel aufprägt, auch wenn der Nationalstaat inzwischen nicht mehr überall in Europa als ultimative Form der politischen Gemeinschaft gilt. Eine kritische Distanz zur Nation und ihren Symbolen lässt sich beispielsweise in Spanien seit der Franco-Diktatur beobachten,[8] besonders in Deutschland aber gilt der Nationalstaat nach den Menschheitsverbrechen des Nationalsozialismus eher als Auslaufmodell einer kosmopolitischen Zukunft mit einem vereinten Europa in der Mitte. Legt man jedoch einen „individualistischen Nationsbegriff" zugrunde,[9] demzufolge unter Nationalismus eine allgemeine Form der Subjektivität und des Bewusstseins zu verstehen ist, die auf einer Gemeinschaft gleichberechtigter Individuen sowie auf dem Prinzip der Volkssouveränität beruht, wird rasch klar, dass in Ländern wie Nordamerika, Großbritannien, Frankreich, Italien und auch Deutschland ein individualistischer Nationsbegriff bis heute den kulturellen Rahmen der gesellschaftlichen und politischen Ordnung bildet. Das zeigt das deutsche Grundgesetz in aller Klarheit: Es gewährleistet – in Abschnitt I – einen umfangreichen Katalog von individuellen Freiheits- und Gleichheitsrechten, an die die Ausübung staatlicher Gewalt unmittelbar gebunden wird (Art. 1 Abs. 3), und legt anschließend – in Abschnitt II – in Artikel 20 Absatz 2 fest, dass alle Staatsgewalt vom Volke, das heißt, den (wahlberechtigten) Staatsbürgern ausgeht. 45

Mit dem individualistischen Nationsbegriff greifen wir ein Konzept der amerikanischen Soziologin, Politologin und Anthropologin Liah Greenfeld auf. Greenfeld hat dieses Konzept zunächst in einer großen komparativen Studie zum Nationsverständnis in England, Frankreich, Russland, Deutschland und Amerika – mit dem Untertitel *Five Roads to Modernity* – entwickelt und später in anderen Publikationen weiter ausgearbeitet.[10] Ihr Ausgangspunkt ist ein Verständnis von Nationalismus als einer bestimmten Art und Weise der Ordnung der sozialen Wirklichkeit: Der Nationalismus bringt ein säkulares (modernes) Weltbild hervor, welches das religiöse Weltbild des Mittelalters ablöst. An die Stelle des Glaubens an eine natürliche (gottgewollte) Verschiedenartig- 46

[5] *E. Cassirer,* Was ist der Mensch?, 1960, 39.

[6] Vgl. *C. Geertz,* The Interpretation of Cultures, New York 2000, 89 (culture „denotes an historically transmitted pattern of meanings embodied in symbols, a system of inherited conceptions expressed in symbolic forms by means of which men communicate, perpetuate, and develop their knowledge about and attitudes toward life").

[7] Vgl. *Geertz,* ebd., 9 („Believing, with Max Weber, that man is an animal suspended in webs of significance he himself has spun, I take culture to be those webs.").

[8] Vgl. *Birgit Aschmann,* Das katalanische Problem, FAZ Nr. 293, 18.12.2017, S. 6.

[9] *L. Greenfeld,* Nationalism, Cambridge (Mass.) 1992, 11 („individualistic-libertarian"); daran anknüpfend *Breuer* (Der Staat), 191.

[10] *Greenfeld* (Nationalism); *dies.* The Spirit of Capitalism, Cambridge (Mass.), 2001; *dies.,* Nationalism and the Mind, Oxford 2006, 69ff., 140, 194; *dies.,* Advanced Introduction to Nationalism, Cheltenham (U.K.) 2016.

keit der Menschen tritt der Glauben an die Prinzipien der Gleichheit der Mitglieder einer Gemeinschaft und der Volkssouveränität. Nach Greenfeld ist der Nationalismus wörtlich eine „Form des Bewusstseins, eine wesentlich säkulare Sicht einer Realität, deren soziopolitische Komponenten auf den Prinzipien der fundamentalen Gleichheit der Mitgliedschaft in einer Gemeinschaft und der Volkssouveränität beruhen."[11] Diese begrifflichen Festlegungen machen die Nation zu einer Kulturerscheinung, zu einem kulturellen Artefakt besonderer Art; das betont auch Benedict Anderson in seiner klassischen Studie über *Imagined Communities* (1983), sind doch „Nation-Sein und gleichermaßen Nationalismus" auch für ihn „kulturelle Produkte einer besonderen Art."[12] Weil der Nationalismus eine zunächst westliche Kulturerscheinung ist, und weil Kultur grundsätzlich einen Doppelstatus besitzt (sie ist ein emergentes Phänomen der sozialen Realität und formt zugleich das Bewusstsein der Mitglieder einer Gesellschaft), muss auch der Nationalismus auf einer zugleich objektiven wie subjektiven Ebene der Kultur verankert sein: Er ist einerseits ein Phänomen gesellschaftlicher Sinnfestlegungen, aber andererseits muss sich die Nation in die Köpfe und Herzen eines jeden Bürgers eintragen. Ohne Nationalbewusstsein kann die Nation weder eine historisch wirksame Größe werden noch kann ein Nationalstaat entstehen.

LIAH GREENFELD

NATIONALISM

Five Roads to Modernity

HARVARD UNIVERSITY PRESS
Cambridge, Massachusetts
London, England

*Abb. 4 Titelblatt der 1992 erstmals erschienen Studie „Nationalism" von Liah Greenfeld*

[11] Vgl. *L. Greenfeld,* Mind, Modernity, Madness, Cambridge 2013, 2 („form of consciousness, an essential secular view of reality, whose social-political component rests on the principles of fundamental equality of membership in a community and popular sovereignty"). Einen vergleichbaren Ansatz verfolgt *I. Hont,* The Permanent Crisis of a Divided Mankind, in: *ders.,* Jealousy of Trade, Cambridge (Mass.) 2010, 447ff.; den Zusammenhang zwischen einem normativen Individualismus und Nationalismus bzw. Nationalstaat betont auch *Descombes* (Die Rätsel der Identität), 193ff., 197f.

[12] *B. Anderson,* Imagined Communities (1983), London 2016, 4 („Nation-ness, as well as nationalism, are cultural artefacts of a particular kind.").

Die liberale Demokratie und der Aufstieg des Nationalismus sind anders gesagt zwei Seiten derselben Medaille. Der Nationalismus setzt ein neuartiges Weltverhältnis der Menschen frei, eine kognitive Infrastruktur, in der sich die Menschen als gleichberechtigte Individuen sehen, und auf dieser individualistischen Kultur, der Kultur der „gleichen Freiheit", ruhen ihre Institutionen. Nationalismus lässt sich also keinesfalls auf eine kollektivistische oder gar ethnische Ideologie reduzieren, wie gegenwärtig oft behauptet oder einfach unterstellt wird. Die Nation kann nicht vom Nationalbewusstsein jedes Einzelnen abgelöst und daher weder aus Blut und Boden, noch aus Rassemerkmalen oder ethnischen Eigenschaften abgeleitet werden (auch wenn es solche Nationalismusvorstellungen in der Geschichte gab und immer noch geben mag). Die Idee des Nationalismus hat ursprünglich auch nichts mit der Vorstellung einer staatlichen Schicksals- und Kampfesgemeinschaft gemein, wie sie seit dem späten 19. Jahrhundert besonders in Deutschland verbreitet war.[13] So rücken beispielsweise in Max Webers Zwischenbetrachtung der *Gesammelten Aufsätze zur Religionssoziologie* (1920) militärische Grenzerfahrungen, der „Krieg als realisierte Gewaltandrohung", die „Hingabe und bedingungslose Opfergemeinschaft der Kämpfenden" als letztverbliebene Möglichkeit eines sinnhaften Todes ins Zentrum des Nationsbegriffs.[14] Der Nationalismus ist auch ein Träger identitätsstiftenden Wissens, Ausdruck gemeinsamer Sitten, Gebräuche und Meinungen, die in Sätzen vom Typ „Ich bin Deutscher, kein Brite" zum Ausdruck kommt. Und der Nationalstaat trägt etwa durch eine gemeinsame Amtssprache, durch seine Bildungseinrichtungen (Schule und Universitäten), Nationalfeiertage, eine Fußballnationalmannschaft oder durch die Unterhaltung öffentlich-rechtlicher Fernsehanstalten dazu bei, eine Nationalkultur zu schaffen und zu erhalten, die das Zusammengehörigkeitsbewusstsein sowohl der Staatsbürger untereinander stärkt als auch ihre gemeinsame Bindung an den Staat. Dem westlichen Typus des Nationalstaates wird man jedoch nicht gerecht, wenn man diesen in einer typisch deutschen Sichtweise zu einer durch Pathos und Hingabe getragenen Opfergemeinschaft der Kämpfenden stilisiert, um davon die Vision einer kosmopolitischen oder europäischen Identität als einzig möglichen Ausdruck politischer Vernunft abzusetzen. 47

Zu den identitätssichernden Mitteln des Nationalismus zählt bis in das 20. Jahrhundert die allgemeine Wehrpflicht, da diese das Opfer des Lebens, den Tod für das Vaterland, einschließt. Selbst der große Soziologe Max Weber, der sich Zeit seines Lebens so sehr für den spezifisch gearteten *Rationalismus* der westlichen Kultur interessiert (also für ihre Vernünftigkeit), rückt, wie im letzten Absatz schon angedeutet, gemeinsame Kämpfe auf Leben und Tod und darauf basierende Erinnerungsgemeinschaften ins Zentrum des Prozesses der Nationsbildung. Der Nationalstaat zählt für Weber sogar zu jenen Formen der Vergemeinschaftung, bei denen die Gefährdung und Vernichtung von Leben und Bewegungsfreiheit sowohl Außenstehender wie der Beteiligten selbst dazugehört. „Es ist der Ernst des Todes, den eventuell für die Gemeinschaftsinteressen zu bestehen, dem Einzelnen hier zugemutet wird."[15] Dass die Nation damit primär zu einer Kampfes- und Schicksalsgemeinschaft stilisiert wurde, zu einer Gemeinschaft bis zum Tode, was sie gar nicht sein muss, um Nation zu sein, mag auch historische Gründe gehabt und mit Webers überschwänglicher Begeisterung für den Ersten Weltkrieg zusammengehangen haben. Webers Nationsidee wird aber auch systematisch durch den begrifflichen Gegensatz von Vergemeinschaftung und Vergesellschaftung nahegelegt, den Weber im Anschluss an Ferdinand Tönnies' Unterscheidung von *Gemeinschaft und Gesellschaft* (1887) benutzt.[16] 48

[13] Zum historischen Hintergrund vgl. *Breuer* (Der Staat), 250ff.; *U. Wehler,* Deutsche Gesellschaftsgeschichte 1849–1914, Bd. 3, 2008, 946ff. (vom „Liberalnationalismus" zum „Reichsnationalismus").

[14] *Max Weber,* Gesammelte Aufsätze zur Religionssoziologie I (1920), 1986, 548.

[15] *Weber* (Wirtschaft und Gesellschaft), 515.

[16] Dazu *Breuer* (Max Webers tragische Soziologie), 267ff., 286ff.

49 Von einer individualistischen auf eine kollektivistische Ebene hatte bereits der französische Religionswissenschaftler Ernest Renan den Nationsbegriff verschoben. Unter dem Eindruck des deutsch-französischen Krieges von 1870/71 nennt er die Nation eine vom Gefühl der erbrachten Opfer getragene große Solidargemeinschaft.[17] Auch Renans berühmte Formel, dass die Nation ein tägliches Plebiszit sei, *„un plébiscite de tous le jours"*,[18] ist aus diesem Kontext hervorgegangen. Ein kollektivistisches Nationsverständnis lässt sich später, in der Weimarer Republik, auch in Carl Schmitts Demokratie- und Politikverständnis nachweisen.

50 Während danach „jede Demokratie auf der Voraussetzung des unteilbar gleichartigen, ganzen, einheitlichen Volkes beruht",[19] ist das Politische durch die Unterscheidung von Freund und Feind, den Ernstfall, determiniert.[20] Feind ist bei Schmitt immer der kollektive Feind, also ist der Ernstfall die sich zum Krieg steigernde Feindschaft zwischen Nationen beziehungsweise Nationalstaaten. Die schottische Aufklärung – Autoren wie David Hume und Adam Smith – haben dieser Logik der Eskalation und politischen Verschärfung bereits im 18. Jahrhundert die Forderung entgegengesetzt, dass die Nationalstaaten sich zu einem zivilisierten Konsortium von Nationen zusammenschließen müssen. Für beide Autoren, für Hume wie Smith, schließt ein solches Konsortium ein, jede Form einer *jealousy of trade* zu vermeiden, womit gesagt werden soll, dass der freie Handel zwischen Nationalstaaten dank der Leistung von Spezialisierungen ein Gewinn für alle sei, während der Krieg immer Gewinner und Verlierer produziere.[21] Nicht erst die beiden großen Weltkriege des 20. Jahrhundert haben gezeigt, wie recht Hume und Smith damit hatten und wie wichtig wirtschaftliche, kulturelle und völkerrechtliche Beziehungen zwischen Nationalstaaten auch heute noch sind.

## 2. Nationale und monarchische Souveränität

51 Das Syntagma Volkssouveränität trägt ebenso wie die anglophone *popular sovereignty* oder die französische *souveraineté nationale* den Wortbestandteil Souveränität in sich. Der Begriff der Volkssouveränität verweist damit unmittelbar auf die Vorstellung einer höchsten Gewalt oder *summa potestas*, einer „puissance absolue & perpétuelle",[22] die der Jurist und Cheftheoretiker der Souveränität, Jean Bodin, bereits im 16. Jahrhundert als solche bezeichnet.[23] Max Weber spricht im 20. Jahrhundert statt von *summa potestas* auch vom Gewaltmonopol des Staates und definiert den Staat als „Anstaltsbetrieb", dessen „Verwaltungsstab" für „die Durchführung seiner Ordnungen" erfolgreich „das Monopol legitimen physischen Zwanges" in Anspruch nehme.[24] Der Begriff der Volkssouveränität rückt damit sowohl eng an das Konzept der Souveränität wie an das des staatlichen Gewaltmonopols heran. Das mutet – zumindest auf den ersten Blick – überraschend oder merkwürdig an, zumal der Souveränitätsbegriff ursprünglich ganz und gar auf die Staatsform der Monarchie zugeschnitten war. Dennoch nutzten schon die amerikanischen und französischen Revolutionäre die Stoß-

17 Vgl. *H. Schulze*, Staat und Nation in der europäischen Geschichte, 1994, 110; vgl. auch *Anderson* (Imagined Communities), 7 („nation is always conceived as a deep, horizontal comradship").

18 Zu dieser Formel und zu den historischen Umständen ihrer Formulierung *Manent* (Democracy without Nations?), 88ff.; *Schulze* (Staat und Nation), 109f.

19 Vgl. *C. Schmitt*, Legalität und Legitimität (1958), in: *ders.*, Verfassungsrechtliche Aufsätze aus den Jahren 1924–1954, 1973, 263ff., 284.

20 *Schmitt* (Der Begriff des Politischen).

21 Dazu mehr bei *I. Hont*, Jealousy of Trade, Cambridge (Mass.) 2010, 5ff.; vgl. auch *J. Mokyr*, The Enlightened Economy, New Haven (Conn.) 2009, 75.

22 *Bodin* (Sechs Bücher über den Staat), 205, F 122.

23 Vgl. *H. Quaritsch*, Souveränität, 1986, 39.

24 *Weber* (Wirtschaft und Gesellschaft), 29 („*Staat* soll ein politischer *Anstaltsbetrieb* heißen, wenn und soweit sein Verwaltungsstab erfolgreich das *Monopol legitimen* physischen Zwanges für die Durchführung der Ordnungen in Anspruch nimmt."); dazu ausführlich *C. Colliot-Thélène*, Das Monopol der legitimen Gewalt, in: Anter/Breuer (Hrsg.), Max Webers Staatssoziologie: Positionen und Perspektiven, 2016, 39ff.

kraft dieses Begriffs, vor allem die Französische Revolution setzte die nationale Souveränität abrupt und übergangslos an die Stelle der monarchischen.[25] Ja, noch heute nehmen beide Begriffe eine zentrale Rolle im Selbstverständnis der liberalen Demokratie ein, etwa wenn von der inneren und äußeren Souveränität des Staates – dem umfassenden staatlichen Selbstbestimmungsrecht – die Rede ist.

Historisch gesehen ist die Vereinheitlichung und Zentralisierung legitimer Gewalt im Staat eng mit den konfessionellen Bürgerkriegen in Europa seit der Reformation verbunden. Diese äußerst blutigen und über mehr als ein Jahrhundert andauernden Kämpfe hinterließen in vielen europäischen Ländern einen geschärften Sinn für die Unentbehrlichkeit moderner Staatlichkeit als Garant für den inneren und äußeren Frieden.[26] Auch wenn an diese blutige Geschichte heute kaum noch erinnert wird, ist der Schutz des Friedens sowohl im Inneren des Staates als auch im Verhältnis zu anderen Staaten noch heute eine zentrale Staatsaufgabe. Man könnte an dieser Stelle mit der älteren Staatszwecklehre auch vom Staatszweck der Gewährleistung von Frieden und Sicherheit sprechen, im Unterschied etwa zum Staatszweck der Gestaltung der Wirtschafts- und Sozialordnung.[27] Allerdings liegen beide Staatszwecke nicht auf derselben Ebene: Wo es keinen Frieden in den sozialen Beziehungen gibt, wo dauernder Krieg oder Bürgerkrieg herrscht, kann es auch keine florierende Wirtschaft, keinen Handel und keine stabile Sozialordnung geben. Ein so verwüstetes Land wie Syrien zeigt das gegenwärtig zur Genüge. Insofern bildet das staatliche Gewaltmonopol, die jederzeitige Möglichkeit des Staates, in legitimer Weise mit dem Einsatz physischer Gewalt drohen und jeden innerstaatlichen Konflikt potentiell zugunsten der staatlichen Ordnung entscheiden zu können, bis heute das „Funktionszentrum des modernen Staates".[28] Auch im demokratischen Alltag kommt den staatlichen Zwangsbefugnissen eine große praktische Bedeutung zu, beispielsweise für die Bekämpfung der Kriminalität, die Verwaltungsvollstreckung, die zivilrechtliche Zwangsvollstreckung, den Schutz der staatlichen Außengrenzen oder die Strafrechtspflege.[29] 52

Wenn von staatlicher Souveränität oder vom Gewaltmonopol des Staates die Rede ist, muss man jedoch sogleich hinzufügen (und für eine kulturwissenschaftliche Staatstheorie ist dieser Punkt sogar entscheidend), dass schon für Bodin, den Erfinder des modernen Souveränitätsbegriffs, die wichtigste Kompetenz der monarchischen Souveränität im Gesetzgebungsrecht liegt.[30] Daran haben später die englische Parlamentssouveränität und die französische Volkssouveränität angeknüpft, denen zufolge sich der Wille der Nation im Medium des *Gesetzes* artikuliert. Der moderne Staat führt also nicht irgendeine Ordnung durch und nimmt dafür erfolgreich den Titel der Souveränität beziehungsweise das Monopol legitimen physischen Zwanges in Anspruch, vielmehr setzt der moderne Staat eine abstrakte, unpersönliche Ordnung ins Werk,[31] 53

[25] Vgl. nur *P. Nora,* Nation, in: Furet/Ozouf (Hrsg.), Kritisches Wörterbuch der französischen Revolution, 1996, 1221ff., 1226, 1235.

[26] Vgl. *di Fabio* (Die Staatsrechtslehre und der Staat), 23; *Quaritsch* (Souveränität), 48, 49.

[27] Vgl. nur *M. Payandeh,* Allgemeine Staatslehre, in: Krüper u. a. (Hrsg.), Grundlagen des Rechts, 2011, 88ff., 99.

[28] Für die Bundesrepublik Deutschland vgl. nur *J. Isensee,* § 15, in: ders./Kirchhof (Hrsg.), Handbuch des Staatsrechts Bd. 2, 1998, Rn. 86.

[29] Zum Letzteren vgl. nur *K. F. Gärditz,* Staat und Strafrechtspflege, 2015.

[30] Vgl. *Quaritsch* (Souveränität), 46 *(le point principal de la majesté souveraine).*

[31] *Greenfeld* (Nationalism and the Mind), 64ff., 78 („The abstract, impersonal character is indeed what distinguishes the modern form of government – the state – from the various premodern forms.").

in der das Gesetz und damit eine *Form des Rechts* eine zentrale Rolle spielt. Auch Max Weber hat keineswegs das Gewaltmonopol in das Zentrum seines Verständnisses des modernen Staates gestellt, sondern die *Versachlichung* politischer Herrschaft, ihre Rationalisierung durch eine Bürokratie, die auf Gesetzen, Fachbeamtentum, Zuständigkeiten, Amtshierarchie, Fachwissen und Aktenmäßigkeit beruht.[32] Die Bedeutung des Gesetzes für den europäischen Souveränitätsbegriff zeigt sich auch im welthistorischen Vergleich. Bewegungen hin zu einer letztentscheidenden Staatsgewalt, der Konzentration aller Machtmittel in einem zentralen Militär- und Verwaltungsapparat, findet man beispielsweise auch im alten China oder in Japan.[33] Diese Weltregionen und Kulturen kannten aber keinen Souveränitätsbegriff und kein Gesetz, die sich zwischen der persönlichen Macht der Herrscher und ihren Untertanen eingenistet und die persönliche Macht der Regierenden am Ende in ein Gewebe von Metaphern, Fiktionen und Begriffen verstrickt hätten, von der sie sich nicht mehr hätten lösen können.

54 Bleiben Körper und Amt in der Monarchie eine Einheit, erfasst die Versachlichung der staatlichen Herrschaft in der Demokratie auch die Regierenden.[34] Die Regierenden sind hier keine natürlich-leiblichen Autoritätsgestalten wie ein lebender König, sondern Diener des Staates, Amtsträger auf Zeit, und gerade die liberale Demokratie ist mit dem Gedanken verbunden, dass diese größer ist als jede Einzelperson. Daran hat der frühere US-Präsident, Barack Obama, jüngst noch einmal zu Recht erinnert.[35] Der amerikanische Soziologe Jonathan R. Eastwood bringt diesen Unterschied am Beispiel der Geschichte Frankreichs ebenfalls in einfachen Worten auf den Punkt, wenn er schreibt: „Ludwig XIV. war in der vollen Bedeutung des Wortes *der* Souverän. Bis 1789 war Ludwig XIV. dem Namen nach der Souverän, aber von wichtigen Teilen der Bevölkerung nicht länger wirklich als solcher angesehen. Stattdessen wurde diese Bevölkerung jetzt selbst als Inhaber der Souveränität vorgestellt, als die wahre Quelle aller politischen Legitimität. Berücksichtigt man die Unmöglichkeit der Lösung aller politischen Fragen durch Plebiszit, implizierte dies *Repräsentation.* Doch Louis XIV. „repräsentierte“ das französische Volk nicht, er *beherrschte* es. Nationale Regierungen hingegen herrschen nicht, sie regieren, aber sie können dies nur in legitimer Weise, wenn sie sich selbst als Repräsentanten des nationalen Willens darstellen können. Selbst die imposantesten und charismatischsten Persönlichkeiten der nationalen Geschichte (man denke beispielsweise an die Führer der großen Weltmächte im Zweiten Weltkrieg: Stalin, Hitler sowie Franklin D. Roosevelt, de Gaulle und Churchill) sind deshalb lediglich *Amtsträger.* Das kennzeichnet den Staat.“[36]

---

[32] Vgl. nur *Weber* (Wirtschaft und Gesellschaft), 124ff. (hier im Kontext der Herrschaftssoziologie und der drei reinen Typen legitimer Herrschaft); zur Bürokratie bei Weber vgl. nur *W. Seibel,* Verwaltung verstehen, 2017, 50, 51; und *H. Treiber,* Moderner Staat und moderne Bürokratie bei Max Weber, in: Anter/Breuer (Hrsg.), Max Webers Staatssoziologie, 2016, 121ff.

[33] Vgl. nur *Fukuyama* (The Origins of Political Order), 110ff. (China); *Breuer* (Der charismatische Staat), 163ff. (China); *Greenfeld* (The Spirit of Capitalism), 227ff., 231 (Japan). Für Francis Fukuyama – vgl. a. a. O., 150 – war China die erste Zivilisation, die einen modernen Staat geschaffen hat.

[34] *Treiber* (Moderner Staat und moderne Demokratie), 130f.

[35] Vgl. die Rede von *B. Obama* in Athen: Die amerikanische Demokratie ist größer als jede Einzelperson, FAZ.NET vom 16.11.2017 (Permalink: http://www.faz.net/-hbi-8nfus).

[36] *J. R. Eastwood,* Introduction, in: *Greenfeld* (Nationalism and the Mind), xvi („Louis XIV was, in every sense of the word, the sovereign. By 1789, Louis XVI was nominally the sovereign, but no longer truly regarded as such by important segments of the population. Instead, that population itself was imagined to be the bearer of sovereignty, the true source of all political legitimacy. Given the impossibility of resolving every matter of governance by plebiscite, this implies representation. Louis XIV did not „repre-

Die liberale Demokratie beruht mit anderen Worten auf der Herrschaft des Gesetzes: 55
*Rule of law and not of men* ist die Formel, die englische Juristen und Gelehrte wie Edward Coke dafür im 17. Jahrhunderts finden. Man könnte mit Georg Jellinek auch formulieren, dass „im Begriffe der Staatsgewalt" der „der rechtlichen Ordnung" schon enthalten ist.[37] Staats*gewalt* ist per definitionem gesetzlich autorisierte Gewalt *(potestas),* und auch die Anwendung physischen Zwangs *(vis)* durch staatliche Organe muss durch das Gesetz autorisiert sein, wie beispielsweise das moderne Polizeirecht zeigt, welches die Anwendung von polizeilichen Zwangsbefugnissen vom Vorliegen einer Gefahr für die öffentliche Sicherheit und Ordnung abhängig macht, nicht aber die Gewaltanwendung in das Belieben eines einzelnen Amtsträgers – eines Polizisten oder Kriminalbeamten – stellt. Die Bindung an das Gesetz ist schon für den frühmodernen Territorialstaat charakteristisch, auch wenn sich die meisten Elemente, die nach deutschem Sprachgebrauch als Prinzipien des Rechtsstaats gelten – die umfassende Bindung des Staates an Recht und Gesetz, Gewaltenteilung und individuelle Freiheitsrechte – erst im liberalen Verfassungsstaat voll ausbilden. Jedenfalls hat es eine absolute Staatsgewalt, die von allen rechtlichen Bindungen befreit gewesen wäre, selbst zu Zeiten Ludwig XVI., des absoluten Monarchen par excellence, nicht gegeben. „Souveräne Macht ist eine in erster Linie begrenzte Macht inmitten ihrer Unbedingtheit, da sie im Wesentlichen eine Macht über und durch die Gesetze ist."[38]

Das Gegenteil behauptet beispielsweise Ernst Forsthoff. In seinem Buch *Der Staat der Industriegesellschaft. Dargestellt am Beispiel der Bundesrepublik Deutschland* (1971) wird Souveränität als höchste und fortdauernde Gewalt bestimmt, die ihrem Träger die alleinige Befugnis der Definition von Recht und Unrecht gebe.[39] Diese Beschreibung passt vielleicht auf bestimmte Praktiken des NS-Regimes, insbesondere auf Hitler und den Holocaust; dieser setzte jedoch gerade die Zerschlagung staatlicher Strukturen (im Ausland) und einen Doppelstaat (im Inland) voraus.[40] 56

### 3. Das theologisch-politische Erbe

Die liberale Demokratie beruht auf einem „freiheitlichen Säkularismus".[41] Säkularis- 57
mus meint die Herauslösung der weltlichen Macht aus der Einheit von weltlicher und kirchlicher Gewalt, die Trennung von Staat und Kirche, die sich in Westeuropa schon im Spätmittelalter – im so genannten Investiturstreit – ankündigte. Während der konfessionellen Bürgerkriege im frühmodernen Europa, mit dem Zerbrechen der Einheit des christlichen Glaubens, erhält diese Trennungsbewegung weiteren Auftrieb. Damit wird der religiöse Pluralismus zwar schon im 16. Jahrhundert auf die politische Tagesordnung gesetzt, bis in das späte 19. Jahrhundert hinein gilt konfessionelle Ein-

sent" the French people: he ruled them. National governments do not rule, they govern, and they can only be regarded as doing so legitimately if they can present themselves as representing the national will. Even the most impressive and charismatic personalities of national history (think, for example, of just the leaders of the major powers during the Second World War: Stalin, Hitler, as well as FDR, de Gaulle, and Churchill) are, therefore, mere office-holders. Such is the state.").

[37] *Jellinek* (Allgemeine Staatslehre), 433.

[38] *M. Gauchet,* L'avènement de la démocratie, Bd. I, Paris 2007, 59ff., 68: „Le pouvoir souverain est un pouvoir principiellement limité, au milieu de son absoluité, en ce qu'il est essentiellement un pouvoir *sur* et *par* les lois."

[39] *E. Forsthoff,* Der Staat der Industriegesellschaft, 1971, 12.

[40] Vgl. *T. Snyder,* The Auschwitz-Paradox, in: *ders.,* Black Earth, New York 2015, 207ff.

[41] *Siedentop* (Inventing the Individual), 3, 349.

heitlichkeit jedoch als effektive Rückversicherung für den Zusammenhalt des Staates. Nur langsam, etwa unter Friedrich II. in Preußen oder in Frankreich ab 1791, entwickelt sich in Europa eine Sensibilität für die Notwendigkeit religiöser Toleranz im Staat. Anders ist die Lage seit Beginn in den nordamerikanischen Kolonien. Weil es hier anders als in Europa keine Staatskirche gab, kann die Trennung der Glaubensgemeinschaften vom Staat bereits im 17. Jahrhundert in der Form der individuellen Religionsfreiheit in verschiedenen Chartas festgeschrieben und eine Kultur des religiösen Pluralismus in der Gesellschaft verankert werden.

58 Weil die Trennung von Staat und Kirche mehrere Jahrhunderte benötigt, wird statt von Säkularismus auch vom Prozess der Säkularisierung gesprochen, manchmal auch – im Anschluss an Max Weber – von der „Entzauberung der Welt". „Die zunehmende Intellektualisierung und Rationalisierung", schreibt Max Weber 1919, „bedeutet also nicht eine zunehmende allgemeine Kenntnis der Lebensbedingungen, unter denen man steht. Sondern sie bedeutet etwas anderes: das Wissen davon oder den Glauben daran: daß man, wenn man nur wollte, es jederzeit erfahren könnte, daß es also prinzipiell keine geheimnisvollen unberechenbaren Mächte gebe, die da hineinspielen, daß man vielmehr alle Dinge – im Prinzip – durch Berechnen beherrschen könne. Das aber bedeutet: die Entzauberung der Welt. Nicht mehr, wie der Wilde, für den es solche Mächte gab, muss man zu magischen Mitteln greifen, um die Geister zu beherrschen oder zu erbitten. Sondern technische Mittel und Berechnung leisten das. Dies vor allem bedeutet die Intellektualisierung als solche."[42] Ganz gleich, welche Terminologie man bevorzugt, für Staatstheorie und Staatslehre ist in diesem Zusammenhang entscheidend, dass sich der Säkularisierungsprozess zunächst ausschließlich in der westlichen, christlich geprägten Welt erfüllt. Es ist also gerade die christliche Religion, die den freiheitlichen Säkularismus der liberalen Demokratie ermöglicht hat. Dafür hat der französische Philosoph und Historiker Marcel Gauchet die prägnante Formel gefunden, dass das Christentum die Religion des Ausgangs aus der Religion sei – „la religion de la sortie de la religion".[43]

59 Bis weit in das 19. Jahrhundert hinein herrschte in Europa ein theologisch-politisches Regime der Souveränität. Dazu gehörte, dass der Souverän einer göttlichen Einsetzung oder *Investitur* (Einkleidung) bedurfte. So propagierte zum Beispiel das englische Königtum unter der Herrschaft der Stuarts – seit James I. (1602–1625) – die Lehre vom *divine right*, vom göttlichen Recht der Könige: Danach war der Monarch der Leutnant und Statthalter Gottes auf Erden und von Gott mit der absoluten Autorität über seine Stände *(states)* ausgestattet.[44] Die unmittelbare Bindung der souveränen Macht an die göttliche Legitimität manifestierte sich außerdem in einer engen Verzahnung von Monarchie und Kirche, insbesondere seit Heinrich VIII. (1509–1547) war die englische Kirche quasi Staatskirche (Heinrich war höchstes Oberhaupt der Kirche von England auf Erden) und der Protestantismus englische Staatsreligion. In Deutschland galt nach dem Augsburger Religionsfrieden (1555) die Formel *cuius regio, eius religio,* die die Fürsten in ihren Territorien berechtigte, die Religion für die Bewohner vorzugeben. In Frankreich festigte das Edikt von Fontainebleau (1685) den Grundsatz *un foi, un loi, un roi,* ein Glaube, ein Gesetz, ein König. Dadurch wurde die theologisch-politische Klammer noch fester geschlossen: Die französischen Könige gaben nicht nur die katholische Religion vor, sie prätendierten sogar, selbst über göttliche Eigenschaften zu

[42] Vgl. *M. Weber,* Wissenschaft als Beruf (1919), in: *ders.,* Gesammelte Aufsätze zur Wissenschaftslehre, 1985, 582ff., 594.

[43] Vgl. *M. Gauchet,* Le désenchantement du monde (1985), Paris 2010, 197.

[44] Vgl. *Skinner* (Die drei Körper des Staates), 20; zum französischen Ursprung dieser Doktrin vgl. auch *Greenfeld* (Nationalism), 113ff. Das ist auch ein Thema der Theaterstücke Shakespeares, nicht zuletzt des Hamlet; vgl. *C. Schmitt,* Hamlet oder Hekuba (1956), 2008, 30.

verfügen. Diese religiös-mystische Überhöhung der französischen Monarchie zeigte sich nicht zuletzt in der Krönungszeremonie in Reims. In deren Mittelpunkt stand die Salbung des Königs *(sacre)*, die mit dem sogenannten *toucher* endete, einem Ritual, in der der wundertätige König drei Personen mit den Worten „Der König berührt Dich, Gott heilt Dich" von Skrofeln, einer tuberkulös-allergischen Erkrankung, zu erlösen vorgab.[45] Selbst im deutschen Kaiserreich von 1871 war das Gottesgnadentum noch präsent. Zumindest stützte es mittelbar das Erbkaisertum des Hauses Hohenzollern ab, die Herrschaft der preußischen Königsdynastie über das Reich, die so genannte „Reichssouveränität" des Kaisers.

Warum ist die christliche Vergangenheit noch heute von so großer Bedeutung für die liberale Demokratie? Weil die Vorstellung einer von Gott unabhängigen Freiheit des Menschen *in* der Welt im Unterschied zu einer Freiheit im Bewusstsein *vor* Gott erst durch die Säkularisierung möglich geworden ist: Erst wenn man sich ein autonomes Subjekt vorstellen kann, das heißt ein Subjekt, das weder von Gott eingesetzt wird noch seinen Bestimmungen unterliegt, kann die moderne Idee individueller Freiheit formuliert und damit die zweite Voraussetzung des Säkularismus, seine Freiheitlichkeit, instituiert werden. Erst dann lässt sich auch die Vorstellung entwickeln, dass die Staatsgewalt nicht länger unter dem Gesetz des göttlich Anderen steht, sondern vom Volk, von der Nation als einem freien Subjekt ausgehen soll.[46] Diese Vorstellung realisiert sich historisch gesehen erst um 1800. Zwar war die Auflösung des theologisch-politischen Regimes der Monarchie im England des 17. Jahrhunderts schon relativ weit zugunsten eines *mixed government* fortgeschritten, in der die königlichen Prärogativrechte von der Zustimmung des Parlaments abhängig wurden. Der eigentliche Durchbruch der liberalen Demokratie erfolgt jedoch zum ersten Mal in den Vereinigten Staaten von Amerika. Er beginnt mit der Lösung der Kolonien vom Mutterland und der Proklamation des Rechts der amerikanischen Siedler auf kollektive Selbstbestimmung in der *Declaration of Independence* von 1776. Nur gut ein Jahrzehnt später verdichtet er sich in der Verfassung von 1787 und dem darin artikulierten Anspruch, die Konstituierung der neuen demokratischen Ordnung einzig und allein auf die Volkssouveränität zu gründen. „We the People of the United States … do ordain and establish this Constitution for the United States of America." (Präambel). 60

[45] Vgl. *L. Schilling*, Das Jahrhundert Ludwigs XIV., 2010, 57. Die Salbung, die bereits im Mittelalter eine große Rolle spielte und auch in England geübt wurde, wurde in Frankreich als ein selbständiges Sakrament der Kirche betrachtet. Ursprünglich handelt es sich dabei um einen jüdischen Ritus (mit altorientalischer Vorgeschichte). In Hebräisch bedeutet *Messias* „der Gesalbte".

[46] Vgl. *Gauchet* (L'avènement de la démocratie), 59 ff.

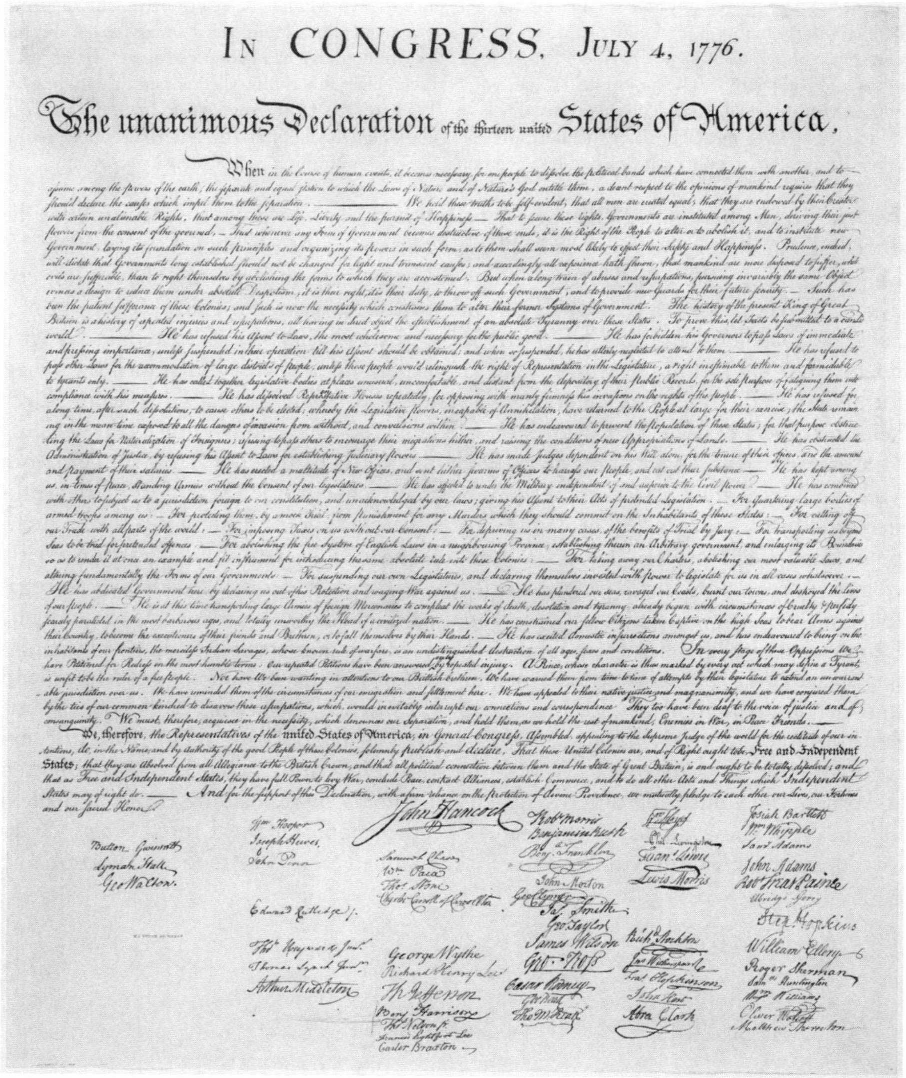
IN CONGRESS, JULY 4, 1776.

The unanimous Declaration of the thirteen united States of America,

When in the Course of human events, it becomes necessary for one people to dissolve the political bands which have connected them with another, and to assume among the powers of the earth, the separate and equal station to which the Laws of Nature and of Nature's God entitle them, a decent respect to the opinions of mankind requires that they should declare the causes which impel them to the separation. — We hold these truths to be self-evident, that all men are created equal, that they are endowed by their Creator with certain unalienable Rights, that among these are Life, Liberty and the pursuit of Happiness. — That to secure these rights, Governments are instituted among Men, deriving their just powers from the consent of the governed, — That whenever any Form of Government becomes destructive of these ends, it is the Right of the People to alter or to abolish it, and to institute new Government, laying its foundation on such principles and organizing its powers in such form, as to them shall seem most likely to effect their Safety and Happiness. Prudence, indeed, will dictate that Governments long established should not be changed for light and transient causes; and accordingly all experience hath shewn, that mankind are more disposed to suffer, while evils are sufferable, than to right themselves by abolishing the forms to which they are accustomed. But when a long train of abuses and usurpations, pursuing invariably the same Object evinces a design to reduce them under absolute Despotism, it is their right, it is their duty, to throw off such Government, and to provide new Guards for their future security. — Such has been the patient sufferance of these Colonies; and such is now the necessity which constrains them to alter their former Systems of Government. The history of the present King of Great Britain is a history of repeated injuries and usurpations, all having in direct object the establishment of an absolute Tyranny over these States. To prove this, let Facts be submitted to a candid world.

Abb. 5 Faksimilie der US-Unabhängigkeitserklärung (in der Version von William Stone aus dem Jahre 1823)

61 Der enge Zusammenhang zwischen dem Ende des theologisch-politischen Regimes der Monarchie auf der einen Seite sowie der Entstehung der liberalen Demokratie auf der anderen, lässt sich gerade in der Formel „We the People of the United States" nachweisen. Diese Formel ist in doppelter Weise revolutionär: „We the People" statt „We the Government" und „We the People" statt „We the States".[47] Zugleich wird jedoch in diesem Wir eine Spaltung sichtbar, die der Philosoph Bernhard Waldenfels mit scharfem Verstand herausgearbeitet hat: „‚We the People of the United States ... do

[47] *Grimm* (Souveränität), 41 (wörtliche Übernahme).

ordain and establish this Constitution for the United States of America.' Oder als Echo: ,We, the Japanese ... do proclaim that sovereign power resides with the people and do firmly establish this Constitution', oder: ,Wir sind das Volk, wir sind ein Volk' – das ,Wir', das sich in solchen Erklärungen konstituiert und sich eine Verfassung gibt, entgleitet sich selbst. Linguistisch gesprochen bedeutet dies: Das ,Wir' des Aussagesatzes fällt nicht zusammen mit dem ,Wir' des Aussagevorgangs, der über das Wir spricht, bzw. mit dem ,Ich', das für das Wir spricht. Weil Völker weder nach Art einer natürlichen Spezies vorkommen noch einem Akt der Urzeugung entstammen, bleibt die Wahrnehmung des Selbstbestimmungsrechts der Völker umstritten."[48] Waldenfels erinnert also daran, dass in der sozialen und historischen Wirklichkeit immer nur Einzelne oder Gruppen stellvertretend für das Volk oder die Nation sprechen können, nicht aber das Volk oder die Nation selbst. Daher ist die gleiche Teilhabe alle Staatsbürger an der öffentlichen Gewalt, die Volksherrschaft, nur mittels einer Spaltung der Volkssouveränität in ein empirisches und ein imaginäres Register denkbar: Nur wenn das als Einheit empirisch nicht handlungsfähige Volk sich als *imagined community* in der sozialen Realität festigen kann, nur dann kann die Souveränität – wie es in der Französischen Verfassung von 1791 heißt – der Nation gehören (Titel III, Art. 1).

Der Übergang von der monarchischen Souveränität zur Volkssouveränität vernichtet 62
deshalb nicht die Grundlagen der christlichen Religion. Im Gegenteil! In dem Moment, in dem die Revolutionen in Amerika und Frankreich die Volkssouveränität proklamieren, spaltet die liberale Demokratie einen symbolischen Überschuss – ein dem christlichen Gott analoges Einheitssymbol – von sich selbst ab, das für sie unverzichtbar ist und durch keine Empirie und Technologie ersetzt werden kann. Mit Hilfe des Alten und Bekannten wird das Neue und Unbekannte erschlossen: Gott, Ursprungsmythos und Stifter der Einheit des theologisch-politischen Regimes der monarchischen Souveränität, wird auf einen neuen Ursprungsmythos und Einheitsgaranten, das Volk als Inhaber und Träger der Volkssouveränität, umgebucht. Das ist das religiöse und theologische Erbe der Monarchie, welches die liberale Demokratie in sich trägt: So wie man eine Stadt als solche nicht sehen kann, solange man sich ausschließlich in ihr bewegt, so liegt die Quelle der Macht, die die liberale Demokratie konstituiert, nicht in ihr selbst. Die liberale Demokratie kann nur von einem sie selbst transzendierenden Punkt ausgehend gedacht werden. Sie bleibt, in den Worten von Claude Lefort, von einer „Exteriorität der Gesellschaft zu sich selber" abhängig.[49]

Vor diesem Hintergrund muss die Staatstheorie heute das Bewusstsein dafür schärfen, 63
dass der Ort der Macht in der Demokratie leer bleiben muss.[50] Nicht leer im Sinne eines staatstheoretischen Nihilismus, sondern leer im Sinne eines unwiderruflichen Endes der Stiftung politischer Einheit durch eine heteronome theologisch-politische Macht. Dass der Ort der Macht in der Demokratie leer bleiben muss, heißt also, Leere im Sinne eines Mangels zu verstehen, der Abwesenheit einer ursprünglichen Gewalt, die *a priori* das Recht auf die Stelle der Souveränität geltend machen könnte. An die Vorstellung einer von Gott fest eingerichteten Stelle tritt in der Demokratie die Vorstellung einer (nur noch) symbolischen Ordnung, und damit einer Ordnung, die

[48] *B. Waldenfels,* Topographie des Fremden, 1997, 149; vgl. auch *Descombes* (Die Rätsel der Identität), 198 ff., 205 ff. (der davon ausgeht, dass das „Wir" zunächst ausschließend sein muss, bevor es einschließend sein kann).

[49] C. *Lefort,* Fortdauer des Theologisch-Politischen?, Wien 1999, 49.

[50] *Lefort,* ebd., 49 f., 60.

auch eine andere sein könnte. In dieser Ordnung gibt es Macht immer nur vorübergehend: Sie wird durch periodische Wahlen, durch Mehrheitsprinzip, Repräsentation und in Form einer Gewaltenteilung ausgeübt und so dauernd in Bewegung gehalten. Aber bei aller Künstlichkeit und Kontingenz bewegt sich noch die säkulare Macht im Schatten des göttlich Anderen. Sie setzt das Erbe des Christentums voraus, und das ist der Grund, warum Claude Lefort von der Permanenz, der Fortdauer und Unausweichlichkeit einer politischen Theologie spricht,[51] was nicht mit der Rede von der Wiederkehr der Religion verwechselt werden darf.

64 Claude Lefort unterscheidet in seiner Schrift *Fortdauer des Theologisch-Politischen? das* Politische *(le politique)* und *die* Politik *(la politique).*[52] Mit *der* Politik ist bei Lefort die Ebene der konstituierten politischen Ordnung gemeint, staatliche Institutionen wie Regierung, Parlament und Wahlen. Dagegen versteht Lefort unter *dem* Politischen die instituierte Kultur, einen „Sockel von Grundvoraussetzungen, die in den politischen Betrieb eingehen, aber nicht ihrerseits politisch zur Disposition stehen."[53] Zu diesem Sockel von Grundvoraussetzungen gehört zum einen die Trennung von weltlicher und göttlicher Macht. Dazu gehört aber zugleich eine symbolische Dimension des Religiösen, die auch nach der Säkularisierung erhalten bleibt und sich nicht „in die Grenzen der privaten Meinung einschließen" kann.[54] Die liberale Demokratie und ihre Institutionen ruhen auf einer individualistischen Kultur, der Kultur der „gleichen Freiheit", aber diese ist das Geschenk des Christentums an die Welt.[55] Deshalb sprechen wir hier auch – mit Larry Siedentop – von *freiheitlichem* Säkularismus. Diese Vorgeschichte macht es für Staatstheorie und Staatslehre zugleich unmöglich, sich auf die Darstellung der Institutionen und Verfahren zu beschränken, die die politische Entscheidungsfähigkeit im engeren Sinn organisieren, auf *die* Politik *(la politique)* im Sinne Leforts oder das politische System Luhmanns, auf Einrichtungen wie Wahlen, Parlament, Regierung und Verwaltung.

## II. Die repräsentative Form der Demokratie

### 1. Die Notwendigkeit der Repräsentation

65 Die europäischen Monarchien beruhten auf einer Ordnung der Ungleichheit, die besonders den Adel mit zahlreichen Geburtsrechten und Privilegien ausstattete. Demgegenüber entstand bereits im Tudor-England des 16. Jahrhunderts – im Zuge der Verdrängung des Klerus aus den Schlüsselpositionen der königlichen Verwaltung – eine neuartige homogene Führungselite, die ihre Mitglieder nach reinem Verdienst auswählte und prinzipiell für jeden noblen und gebildeten Mann zugänglich war. Das ist zugleich die Geburtsstunde des modernen Begriffs der Nation als Form einer Vereinigung aus Individuen,[56] wie er sich 1789 auch in Frankreich artikuliert und den wir weiter oben als eine allgemeine Form der Subjektivität und des Bewusstseins definiert haben, die auf einer Gemeinschaft gleichberechtigter Individuen sowie auf dem Prinzip der Volkssouveränität beruht. Bereits im 17. Jahrhundert erweitert sich die Nation in England zum höchsten Objekt der Loyalität sowie zum Träger der Souveränität,[57] und nach der Abspaltung der Vereinigten Staaten vom englischen Mutterland wird

[51] Vgl. *Bert van Roermund,* Populismus und Demokratie, in: Wagner (Hrsg.), Am leeren Ort der Macht, 2014, 143ff., 148ff.
[52] Vgl. *Lefort* (Fortdauer des Theologisch-Politischen?), 35, 53.
[53] *B. Waldenfels,* Verfremdung der Moderne, 2001, 135.
[54] *Lefort* (Fortdauer des Theologisch-Politischen?), 45.
[55] *Siedentop* (Inventing the Individual), 360.
[56] Vgl. *Greenfeld* (Nationalism and the Mind), 69ff.
[57] Vgl. *Greenfeld,* ebd., 73; vgl. auch *Skinner* (Die drei Körper des Staates), 24ff.

die Idee der Selbstbestimmung der Nation, die Idee der Volkssouveränität, weiter radikalisiert: Die Verfassung von 1787 erklärt die *popular sovereignty* zu dem Prinzip, aus dem die gesamte politische und soziale Ordnung hervorgehen soll: „We the People of the United States ... do ordain and establish this Constitution for the United States of America." (Präambel).

Im Unterschied zum englischen König ist das Volk als Ganzes aber nicht handlungsfähig. Das gilt bereits für die jungen Vereinigten Staaten. So verfügen die nordamerikanischen Kolonien schon während der Unabhängigkeitsbewegung über ein Territorium und eine Bevölkerung, deren Größe eine Beratung der öffentlichen Angelegenheiten durch das ganze Volk ausschließen. Auch das Medium der historischen Zeit macht dem einen Strich durch die Rechnung: Wie jede Nation ist schon die junge amerikanische Nation durch ein ständiges Kommen und Gehen bestimmt, durch den Wechsel ihres Personenbestandes aufgrund des natürlichen Kreislaufs von Tod und Geburt. Hinzu kommen anhaltend wachsende Einwanderungsströme, die im 19. Jahrhundert nochmals erheblich ansteigen. Tatsächlich wird die amerikanische Bundesverfassung denn auch nicht vom Volk geschrieben, vielmehr geht sie aus den Diskussionen der 55 Delegierten des Verfassungskonvents in Philadelphia im September 1787 hervor. Die dort verabschiedete Verfassung ist jedoch zunächst nichts weiter als ein Vorschlag, der erst nach einer langen und überaus strittig geführten Debatte in den Einzelstaaten von eigens dafür gebildeten Ratifikationskonventen angenommen wird.[58] Und erst nach und nach hat sich die geschriebene Verfassung der Vereinigten Staaten zu einer gelebten Verfassung entwickelt, wozu auch die amerikanische Literatur beigetragen hat, die die Unabhängigkeitserklärung in eine Verkündung der Unabhängigkeit der amerikanischen Literatur umgeschrieben und dabei die Unabhängigkeit des Individuums in den Mittelpunkt gerückt hat.[59] 66

Die Einheit und Handlungsfähigkeit der Nation, die Volkssouveränität, ist keine empirische Realität, sondern ein Bild, eine Imagination, an der sich die liberale Demokratie und ihre Institutionen in der Praxis orientieren und orientieren müssen. Selbst ein im Verhältnis zu den Vereinigten Staaten vergleichsweise viel kleineres Land wie die Bundesrepublik Deutschland verfügt immerhin über eine Fläche von circa 350.000 Quadratkilometer, auf der mehr als 82 Millionen Menschen leben. Deren Selbstbestimmungsrechte müssen koordiniert werden, wenn sie über spontane Selbstorganisationsprozesse auf lokaler Ebene hinaus Wirkung entfalten sollen. Die Nation kann anders gesagt nur durch Delegierte oder Vertreter handeln, die in ihrem Namen sprechen, und diese Einsicht setzt wiederum eine staatliche Rechtsordnung voraus, in der zwischen dem Volk als Träger der Souveränität und der Ausübung öffentlicher Gewalt durch Repräsentanten des Volkes unterschieden wird. Das Volk kann also nur dann als Souverän und Urheber der staatlichen Ordnung imaginiert werden, wenn zwischen beiden Seiten der Unterscheidung – zwischen Trägerschaft und Ausübung der Souveränität – ein System von Vermittlungen eingerichtet wird, welches die Volkssouveränität auf einen handlungsfähigen Staatskörper und seine Repräsentativorgane überträgt. In diesem Sinn heißt es in der Französischen Verfassung von 1791: „Die Nation, von der allein alle Gewalten ihren Ursprung haben, kann sie nur durch Übertragung ausüben. Die französische Verfassung ist eine Repräsentativverfassung. Ihre 67

[58] Vgl. detailliert *P. Maier,* Ratification, New York 2010.

[59] Vgl. *M. Meltzer,* Secular Revelations, Cambridge 2005.

Repräsentanten sind die gesetzgebende Körperschaft und der König." (Titel III, Art. 2). Noch heute steht die Repräsentativverfassung im organisatorischen Zentrum der liberalen Demokratie, auch wenn die Anzahl und die Gestalt der Organe, die die Souveränität des Volkes repräsentieren, heute selbstverständlich eine andere ist als in der französischen konstitutionellen Monarchie des Jahres 1791.

68 „Repräsentation" kommt von lat. *representatio* und kann sowohl Vertretung wie auch Darstellung oder Vorstellung bedeuten. *Repraesentare* heißt ursprünglich eine Sache bildhaft zu vergegenwärtigen. Der Repräsentationsbegriff hat eine historisch weit zurückreichende Vorgeschichte und ist während des späten Mittelalters eng mit verschieden juristischen Korporationstheorien verbunden. So gebrauchen Legisten wie Bartolus von Sassoferrato (1313–1357), der an der Universität Perugia Zivilrecht lehrte,[60] den Repräsentationsbegriff, um die Körperschaft in ihrer Eigenständigkeit als Rechtsperson zu stärken, sodass sie selbst und nicht nur ihre Mitglieder handeln können. „Und so ist die Körperschaft *(universitas)* nach der Fiktion des Rechts etwas anderes als die Personen, die die Körperschaft bilden, denn sie ist eine vorgestellte Person *(persona representata)*."[61] Ob damit bei Bartolus eine generelle Stärkung der Eigenständigkeit von Körperschaften einhergeht oder ob er je nach Situation auf die Folgen dieser Rechtskonstruktion abstellt und sie gegebenenfalls auch wieder durchbricht, ist nicht eindeutig.[62] Aber Bartolus vertritt unter anderem die zu seiner Zeit politisch heikle Ansicht, dass sich die Bürgerschaft *(populus)* einer Stadt selbst eine Rechtsordnung geben könne und auch ohne Genehmigung eines Oberen (Kaiser, Fürst etc.) handlungsfähig sei.[63] Dieses Verständnis von Repräsentation wird im 15. Jahrhundert auch unter Begriffen wie Repräsentation als Abbild *(representatio similitudinis)* oder Identitätsrepräsentation *(representatio idemptitatis)* behandelt.[64]

69 Etwas allgemeiner formuliert setzt die Übertragung der Volkssouveränität auf eine Repräsentativverfassung ein vielschichtiges Gefüge von Organen, Verfahren und Institutionen voraus. Zu diesem Gefüge gehören etwa die Organe und Institutionen, die die politische Handlungsfähigkeit des Volkes in einem engeren Sinn sicherstellen, allen voran ein Parlament, das sich aus gewählten Vertretern und Mandatsträgern (Abgeordneten) zusammensetzt und dem die Gesetzgebung obliegt. Zur Handlungsfähigkeit des Volkes gehört ferner ein Premierminister oder Regierungschef und weitere Minister, die bestimmte Ressorts bewirtschaften, wie etwa die Innenpolitik, aber auch politische Parteien, eine handlungsfähige Verwaltung und nicht zuletzt periodisch wiederkehrende Wahlen. Darüber hinaus verlangt ein repräsentatives Regierungssystem eine Kontrolle des Gesetzesvollzugs durch eine unabhängige Rechtsprechung (Gewaltenteilung) sowie eine vom Staat unabhängige Öffentlichkeit. Die liberale Demokratie setzt also eine Kultur der freien Artikulation und des Austauschs von Meinungen in öffentlichen Foren aller Art, in urbanen Räumen, auf Marktplätzen, auf der Straße, in der Nachbarschaft, in Cafés und Wirtshäusern, in den Massenmedien, in sozialen Netzwerken usw. voraus. Soweit es sich dabei um politische Kommunikation handelt und soweit es dabei um das Feld der politischen Parteien und sozialen Verbände geht, bezeichnet man diesen Raum auch als den freien Bereich der „Vorformung des politischen Willens".[65] Vorformung meint hier, dass die politischen Entscheidungen nicht in der Öffentlichkeit fallen, sondern im Parlament, die Ansichten und Zielsetzungen der organisierten Gruppeninteressen mit Hilfe von Massenmedien wie Zeitungen und Fernsehanstalten aber zunächst

[60] Vgl. *S. Lepsius,* Bartolus von Sassoferrato und das europäische Ius commune, ZEuP 23 (2015), 313.
[61] Hier zitiert nach *Koschorke u. a.* (Der fiktive Staat), 85.
[62] Vgl. die Darstellung von *S. Lepsius,* Darf die Stadt Nocera wegen eines nicht aufgeklärten Totschlags bestraft werden?, in: Luminati (Hrsg.), Mit den Augen der Rechtsgeschichte, 2008, 37.
[63] Vgl. *Lepsius* (Bartolus von Sassoferrato), 332; *Koschorke u. a.* (Der fiktive Staat), 85.
[64] Vgl. *Koschorke u. a.,* ebd., 86f.
[65] Vgl. *K. Hesse,* Grundzüge des Verfassungsrechts der Bundesrepublik Deutschland, 1999, Rn. 151 (im Original kursiv).

öffentlich formuliert, diskutiert und vorbereitet werden. Dieses vielschichtige Gefüge von Organen, Verfahren und Institutionen ist in den meisten liberalen Demokratien seit dem 18. Jahrhundert in einem Verfassungstext festgeschrieben.

Das Grundgesetz verankert die repräsentative (gewaltenteilende) Demokratie in Art. 20 Abs. 1 und 2: Die Bundesrepublik Deutschland ist ein demokratischer und sozialer Bundesstaat, in dem alle Staatsgewalt vom Volke ausgeht und vom Volke in Wahlen und Abstimmungen und durch besondere Organe der Gesetzgebung, der vollziehenden Gewalt und der Rechtsprechung ausgeübt wird. Das Grundgesetz enthält außerdem, und zwar erstmals in der deutschen Verfassungsgeschichte, Regelungen zur Beteiligung der Parteien an der demokratischen Willensbildung (Art. 21 Abs. 1). Dazu gehört auch die Garantie des allgemeinen Wahlrechts (Art. 38 Abs. 1), durch das der Bundestag und seine Abgeordneten in den Mittelpunkt der Repräsentativverfassung des Grundgesetzes gerückt werden. Demgegenüber ist die liberale Öffentlichkeit mittelbar durch die kollektive Dimension der Freiheitsrechte geschützt, durch die so genannten Kommunikationsfreiheiten, die Meinungs- und Medienfreiheiten (Art. 5 Abs. 1) sowie die Versammlungs- und Vereinigungsfreiheit (Art. 8 und 9). 70

In der gegenwärtigen Staats- und Verfassungslehre steht weniger der Repräsentationsbegriff als solcher und eher die juristische Bindung der Staatsgewalt an den Volkswillen im Zentrum. Damit wird das Moment der Vertretung, nicht der Darstellung akzentuiert und der Begriff der Repräsentation des Volkes durch die Vorstellung einer sich dynamisch vollziehenden politischen Einheitsbildung des Volkes ersetzt, an der auch Gruppen und Organisationen wie etwa politische Parteien und nicht nur Individuen beteiligt sind. Das bedeutet vor allem, dass die Unterschiedlichkeit und Gegensätzlichkeit der Meinungen und Interessen sowie die Existenz von Konflikten innerhalb des Volkes betont wird. „Von hier aus fingiert der Satz, daß alle Staatsgewalt vom Volke ausgeht, nicht eine Willenseinheit des Volkes, sondern er setzt jene Vielfalt und Gegensätzlichkeit voraus, die stets erneut die Herstellung politischer Einheit als Bedingung der Entstehung und des Wirkens staatlicher Gewalt notwendig macht."[66] Anders hat es noch Carl Schmitt in den 1920er Jahren gesehen. Für ihn ist die Vertretung etwas rein Technisches und als solche von einer echten Repräsentation zu unterscheiden. Von Repräsentation könne erst dann gesprochen werden, wenn ein unsichtbares Sein durch ein öffentlich anwesendes Sein sichtbar gemacht und vergegenwärtigt werde. Der Repräsentationsbegriff ist deshalb für Schmitt nur auf ein Volk anwendbar, das als politische Einheit existiert. Nur ein geeintes Volk verfüge über eine höhere und gesteigerte intensivere Art Sein und damit über jenes existenzielle Moment, das die Repräsentation ausmache.[67] 71

## 2. Die Idee der Republik

Die repräsentative Demokratie ist eng mit der Idee der Republik verwoben. Das Wort „Republik" – von lateinisch *res publica* – ist römischen Ursprungs und wird vom römischen Geschichtsschreiber Livius verwendet, um den freien Staat zu beschreiben, den die Römer errichten konnten, nachdem es ihnen gelungen war, ihre Könige loszuwerden. In der gleichen Weise benutzt der Florentiner Gelehrte und Schriftsteller Niccolò Machiavelli den Republikbegriff im 15. Jahrhundert: Eine Republik ist ein freier Staat, in dem die Bürger ihr aktives Einverständnis zu den Gesetzen geben, durch die sie gebunden sind, im Unterschied zur Monarchie, in der sich die freien Bürger einem Herrscher unterwerfen müssen. Republik steht bei Machiavelli also für die Überlegenheit der Regierungsform der Selbstverwaltung in den italienischen Renaissancestädten wie Florenz, Lucca, Siena und Venedig. Diese freiheitliche Tradition der italienischen Stadtrepubliken hat einen großen Einfluss auf die Entstehung der englischen und amerikanischen Demokratie ausgeübt.[68] So spielt beispielsweise in der Schottischen Aufklärung ein von Goro 72

66 *Hesse,* ebd., Rn. 133.

67 *C. Schmitt,* Verfassungslehre (1928), 2003, 209, 210; zum dahinterstehenden Nationsbegriff genauer *S. Breuer,* Carl Schmitt im Kontext, 2012, 65, 66.

68 Vgl. nur *Skinner* (Die drei Körper des Staates), 24ff; und *J. G. Pocock,* The Machiavellian Moment, Princeton 1975, 272ff. (zum großen Vorbild Venedig).

Dati – einem Autor des 14. Jahrhunderts – vorgetragenes Argument eine wichtige Rolle: Danach waren die Florentiner am besten auf eine aktive Bürgerrolle in einer freien Stadt vorbereitet, weil sie Kaufleute waren, die reisten, studierten und verglichen und deshalb mehr Erfahrungen und mehr Wissen sammeln konnten als durch die simple Beobachtung und Übernahme von rein lokalen Traditionen möglich gewesen wäre.[69] Daraus zieht David Hume knapp vierhundert Jahre später die Konsequenz, dass die Bildung einer tugendhaften bürgerlichen Freiheit auf der Grundlage von mobilem Eigentum und Freihandel denkbar ist: Die bürgerliche Freiheit mag einem Sprung ins Ungewisse gleichkommen, aber sie geht mit einer Ausweitung des Wissens der Staatsbürger in einer sich dynamisch entwickelnden *civil society* einher und ist damit genauso, wenn nicht noch mehr als die Freiheit bei Hofe, die auf geerbtem Landbesitz und aristokratischen Privilegien beruht, als tugendhafte Freiheit vorstellbar.[70]

73 Im Begriff der Republik sind Staat und Gesellschaft also nicht strikt voneinander getrennt. Diese Ausweitung des republikanischen Gedankens in den Raum der Gesellschaft hinein muss immer mitgedacht werden, wenn von liberaler oder repräsentativer Demokratie die Rede ist. Im Unterschied zu Großbritannien, Amerika und auch Frankreich wird die republikanische Idee in Deutschland zwar erst Anfang des 20. Jahrhunderts in der Weimarer Republik realisiert. Art. 1 der Weimarer Reichsverfassung vom 14. August 1919 lautete: „Das Deutsche Reich ist eine Republik". Diese Formel diente einerseits der polemischen Absetzung von der monarchischen Vergangenheit des Deutschen Reiches (die Alternative Monarchie oder Republik war noch im Winter 1918 politisch stark umstritten), sie machte aber auch den Weimarer Staat das erste Mal zu einem Staat der bürgerlichen Kultur und Freiheit. Unter dem Grundgesetz wird die Staatsform der Republik bereits im Namen Bundes*republik* Deutschland vorausgesetzt und in Art. 20 Abs. 1 für die Ordnung des Bundes als verbindlich erklärt. Art. 28 Abs. 1 GG erstreckt den republikanischen Freiheitsgedanken darüber hinaus auch auf die Ordnung der Länder, wenn es dort heißt, dass die verfassungsmäßige Ordnung in den Ländern den Grundsätzen des *republikanischen,* demokratischen und sozialen Rechtsstaates im Sinne dieses Grundgesetzes entsprechen müsse.

### 3. Parlamentarische und präsidiale Demokratie

74 Wird die Volkssouveränität auf eine gesetzgebende Körperschaft übertragen und ist die Konstituierung der Regierung wiederum von dieser Körperschaft abhängig, kann man von „Parlamentarismus" oder von „parlamentarischer Demokratie" sprechen. Historisch gesehen ist der Parlamentarismus eine englische Erfindung: Ein Parlament gibt es in England seit dem 13. Jahrhundert; die erste amtliche Bezeichnung datiert auf das Jahr 1236.[71] Schon unter Heinrich VIII. beginnt der Prozess der Parlamentarisierung, an dessen Ende das Parlament die Stelle der Souveränität besetzt: Der *King in parliament* tritt an die Stelle des *King's Parliament of England.* Gleichzeitig entsteht die Vorstellung eines vom König abgelösten *Commonwealth,* in dem das Parlament als *mixed government* zur „allerhöchsten und absoluten Macht des englischen Reiches" aufsteigt, so der englische Jurist und Staatssekretär von Elisabeth I., Sir Thomas Smith, in dem maßgebenden staatsrechtlichen Traktat seiner Zeit, *De Republica Anglorum*

[69] *Pocock,* ebd., 495.
[70] *Pocock,* ebd.
[71] Vgl. *K. Kluxen,* Geschichte und Problematik des Parlamentarismus, 1983, 19.

(1583).[72] Aber erst hundert Jahre später – nach der *Glorious Revolution* (1688) und der *Bill of Rights* (1689) – setzt sich die Parlamentssouveränität endgültig gegen die konkurrierenden Machtansprüche der Krone durch: Gesetze können jetzt nur noch gemeinsam von König, Lords (Oberhaus) und Commons (Unterhaus) erlassen und zurückgenommen werden.[73] Daraus geht seit dem 18. Jahrhundert das Modell der parlamentarischen Demokratie mit einem Premierminister an der Regierungsspitze hervor. Dem folgen heute Staaten wie die Niederlande, Dänemark, Italien oder Deutschland. In der Bundesrepublik Deutschland wählt das Volk als Volksvertretung den Bundestag (Art. 38 Abs. 1 GG). Der Bundestag entscheidet dann seinerseits über die Person des Regierungschefs, den das Grundgesetz – in Anknüpfung an den Reichskanzler der Verfassung des Deutschen Reiches von 1871 – Bundeskanzler nennt (Art. 63 Abs. 1 GG).

75

Wie viele europäische Parlamente des alten Europa war das englische Parlament zunächst nichts anderes als eine außerordentliche Veranstaltung des königlichen Hofes, die normalerweise nur sporadisch – zwei oder dreimal im Jahr – tagte und bis zum Ende des 17. Jahrhunderts allein und ausschließlich vom König einberufen werden konnte. Das englische Parlament war außerdem nicht schon immer ein Gesetzgebungsorgan, sondern hatte ursprünglich die Funktion eines höchsten Gerichtshofes *(court)*. Ihm stand aber ein Recht auf Beschwerden und Petitionen zu, aus dem sich rasch eine Art parlamentarische Beteiligung an Finanz- und Steuerbewilligungen entwickelte. Das schloss Vereinbarungen mit der Krone ein.[74] Daraus ging seit dem 15. Jahrhundert eine Demokratisierung und Verrechtlichung hervor, die das Recht der Commons – der freien Landbesitzer oder *landed gentlemen* – stärkte und ihnen neben König und Lords eine dauerhafte Beteiligung an der Gesetzgebung verschaffte.

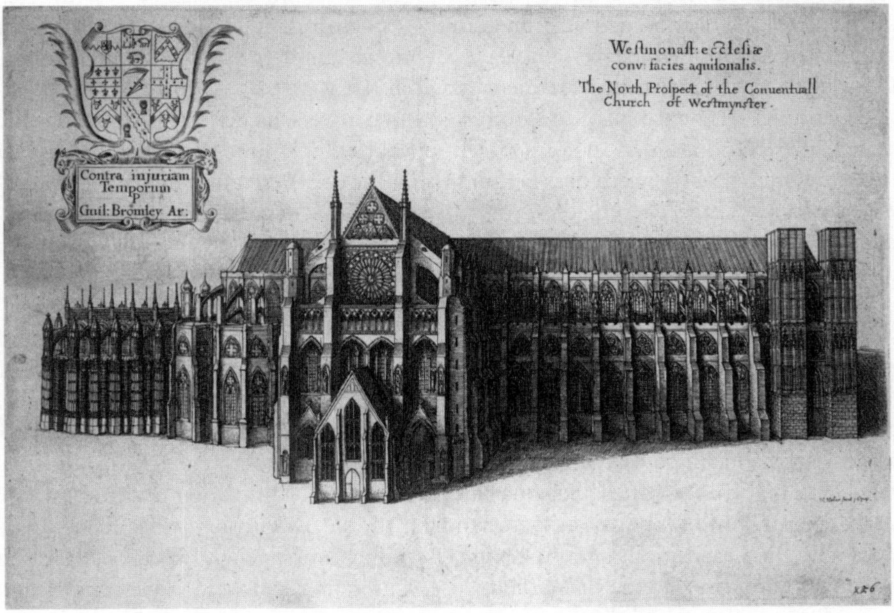


*Abb. 6 Kupferstich der Westminster Abbey in London vom böhmischen Künstler Wenzel Hollar (1607–1677)*

[72] Hier zitiert nach *Kluxen*, ebd., 47; vgl. auch *Greenfeld* (Nationalism and the Mind), 47.

[73] *Kluxen* (Geschichte und Problematik des Parlamentarismus), 79; vgl. auch *Grimm* (Souveränität), 29.

[74] *Kluxen* (Geschichte und Problematik des Parlamentarismus), 30 ff.

76 Von der parlamentarischen Demokratie ist die Präsidialdemokratie zu unterscheiden. Dort existiert neben dem Parlament als gesetzgebender Körperschaft und unabhängig davon ein weiteres höchstes Staatsorgan, ein Präsident. Der Präsident der Präsidialdemokratie erfüllt allerdings nicht nur wie der deutsche Bundespräsident eine im wesentlichen repräsentative – staatsnotarielle – Funktion, sondern hat in der Regel die wichtigsten Exekutivbefugnisse wie etwa den Oberbefehl über die Streitkräfte inne. Diesem Modell folgen zum Beispiel die Vereinigten Staaten von Amerika und die französische Fünfte Republik seit 1962. Während der französische Präsident in einer Direktwahl in zwei Wahlgängen vom Volk gewählt wird, beruht die US-amerikanische Präsidialdemokratie auf einer indirekten Wahl mittels eines Wahlmännersystems: Gewählt wird in den einzelnen Bundesstaaten, und derjenige Kandidat, der in einem Bundesstaat die Mehrheit der Wahlmänner auf sich vereinigt, bekommt alle Stimmen dieses Staates *(the winner takes it all).* Der US-Präsident benötigt also nur eine relative Mehrheit von Wahlmännerstimmen, nicht aber eine absolute Mehrheit aller von den Wahlberechtigten abgegebenen Stimmen. Auch die Präsidialdemokratie gehört zum Typus der repräsentativen Demokratie: Der Präsident repräsentiert das Volk, das ihn (mehrheitlich) gewählt hat, aber das Gesetzgebungsrecht verbleibt in der Kompetenz des Parlaments, in Frankreich bei der Nationalversammlung *(Assemblée nationale)* und in Amerika im Kongress und hier vor allem im Repräsentantenhaus *(House of Representatives).*

77 Die parlamentarische Demokratie gründet wie die Präsidialdemokratie auf der Unterstellung, dass Menschen in einer vielschichtigen Welt unterschiedliche Erfahrungen machen. Die Nation besteht aus freien und gleichen Individuen, die aber trotz ihrer kulturellen Verbundenheit verschiedene Meinungen und Interessen haben können. Diese Differenzen sollen im Parlament repräsentiert werden, um dort über sie beratschlagen und gegebenenfalls Kompromisse zwischen verschiedenen Strömungen und Teilen einer Nation finden zu können. Mit Hans Kelsen könnte man auch sagen: Der freie und offene Wettbewerb der Meinungen macht das Wesen und den Wert der Demokratie aus.[75] Zur Sicherung dieser diskursiven Praxis – des *government by discussion* – dient auch das freie (ungebundene) Mandat: Die Volksvertreter sind an Weisungen nicht gebunden, aber sie sollen sehr wohl die Anliegen und Interessen der Regionen und Bezirke wahrnehmen, in denen sie gewählt werden. Davon geht auch das Grundgesetz aus. Es schützt die Unabhängigkeit der Volksvertreter in Art. 38 Abs. 1 und erkennt die plurale Komponente jeder Repräsentativverfassung unter anderem in Art. 21 Abs. 1 an, wenn es dort den Parteien das verfassungsförmige Recht zur Mitwirkung an der politischen Willensbildung einräumt. Damit wird nicht nur der Wettbewerb zwischen verschiedenen politischen Strömungen anerkannt, sondern auch das für die liberale Demokratie so essentielle Schema von Mehrheit und Minderheit beziehungsweise von Regierung und Opposition, die Grundlage für die Möglichkeit eines Regierungswechsels. Die Opposition wird im Grundgesetz auch mit eigenen (Kontroll-)Rechten gegenüber der (Regierungs-)Mehrheit ausgestattet, beispielsweise mit dem Recht, einen Untersuchungsausschuss einrichten zu können (Art. 44). Gleichwohl ist das Grundgesetz an diesem Punkt nicht ohne innere Spannungen: Neben der Anerkennung eines Pluralismus der Meinungen, schreibt es sich zugleich in die (von Anfang

[75] *H. Kelsen,* Vom Wesen und Wert der Demokratie (1929), 1981, 101.

an problematische) französische Tradition der Volkssouveränität ein, wenn es feststellt, dass die Abgeordneten Vertreter des *ganzen* Volkes seien (Art. 38 Abs. 1 GG).

Spielt der Pluralismus in der amerikanischen Demokratie von Anfang an eine größere Rolle als in Kontinentaleuropa (wie etwa die direkte Vertretung der Wahlbezirke im Repräsentantenhaus zeigt), stieß die Anerkennung von Differenzen in Kontinentaleuropa immer wieder auf Hindernisse: Schon die konstitutionelle Phase der Französischen Revolution (1789–1792) betonte weniger die unterschiedlichen Meinungen und Interessen in einer Nation als die Einheit und Unteilbarkeit der Souveränität. Das hatte eine fatale institutionelle Konsequenz: Hatte Rousseau die Artikulation der *volonté générale* nur dem Volk als Ganzem zugesprochen, wurde das Merkmal des Allgemeinwillens jetzt auf den höchsten Repräsentativkörper, das gesetzgebende Organ der Verfassung von 1791, die Nationalversammlung, übertragen. Das machte die Nationalversammlung letztlich zu einem Agenten der Realisation einer abstrakten Einheits- und Gleichheitsvorstellung jenseits der Nation als einer Vereinigung von Individuen. Entsprechend wurden die Volksvertreter als Repräsentanten des Allgemeinwillens gesehen, während abweichende Minderheiten einen überaus schweren Stand hatten. Sie galten als „Splittergruppen" und „Faktionen", die sich zwischen die Individuen und den Allgemeinwillen drängen.[76] Das war nicht nur einer der tragischsten Züge der Französischen Revolution, diese Konstruktion hat darüber hinaus in ganz Kontinentaleuropa eine Einheits- und Einstimmigkeitskultur genährt, die bis weit in das 20. Jahrhundert hinein nachwirkt und in der nicht zuletzt die politischen Parteien als Fremdkörper der Demokratie wahrgenommen werden. 78

Die Spannung zwischen der Nation als allgemeiner Form der Individualität und der Nation als kollektiver Einheit wurde ab 1792 von Jakobinern wie Robespierre, Danton oder Marat, der radikalsten Strömung unter den französischen Revolutionären, ganz in die Richtung der Einheit der Nation forciert. Dazu wurde der Volkswille von seinem realen Substrat, den Individuen, abgelöst und mehr und mehr in eine rein abstrakte Größe verwandelt. Nur kurz nachdem der Nationalkonvent 1793 eine neue demokratische Verfassung geschaffen hatte, wurden die demokratischen Verfahren ausgesetzt und durch eine revolutionäre Diktatur auf der Grundlage von General- und Blankovollmachten ersetzt.[77] Ihr Legitimationszentrum hatte diese neue uneingeschränkte Exekutivgewalt in einem willkürlichen Rekurs auf das öffentliche Wohl, *le salut public.*[78] Der Wohlfahrtsausschuss, das *Comité du salut public,* und das Revolutionstribunal waren ihre obersten Organe. Marat rechtfertigte ihren Sinn folgendermaßen: „Mit Gewalt muß die Freiheit durchgesetzt werden, und der Augenblick ist gekommen, vorübergehend die Despotie der Freiheit zu errichten, um die Despotie der Könige zu zerschlagen."[79] Das, was Marat die Despotie der Freiheit nannte, bedeutete im Klartext Terror und Schreckensherrschaft, die faktische Aussetzung der Menschen- und Bürgerrechte durch den jederzeit feststellbaren Verdacht, ein Feind der Freiheit zu sein. Vom 21. Juni bis 21. Juli 1794 wurden allein in Paris fast 800 „Verdächtige" guillotiniert. In ganz Frankreich gab es allein im Dezember 1793 und im Januar 1794 jeweils mehr als 3500 Hinrichtungen.[80] Hinzu kam ein umfassender staatlicher Dirigismus, in der Wirtschaft, in der Religion und auch im Alltag. Die Revolutionäre 79

[76] So *P. Raynaud,* Demokratie, in: Furet/Ozouf (Hrsg.), Kritisches Wörterbuch der französischen Revolution, 1996, 1054ff., 1058; vgl. auch *F. Furet,* Schreckensherrschaft, ebd., 193ff., 213 („Die Revolution hat seit 1789 von der Idee einer neuen absoluten und unteilbaren Souveränität gelebt, die den Pluralismus der Repräsentation ausschloß, da sie die Einheit des Volkes voraussetzt.").

[77] Nach *C. Schmitt,* Die Diktatur (1921), 1978, 148, handelt es sich hier um eine „souveräne Diktatur".

[78] *D. Richet,* Wohlfahrtsausschuß, in: Furet/Ozouf (Hrsg.), Kritisches Wörterbuch der französischen Revolution, 1996, 936ff.

[79] *Richet,* ebd. 939.

[80] Zahlen bei *Furet* (Schreckensherrschaft), 202, 203; vgl. auch *M. Kriele,* Einführung in die Staatslehre, 2003, 142ff.

schafften nicht nur das Christentum ab, sondern führten sogar eine neue Zeitrechnung ein, um die Erziehung des Volkes zur Tugendhaftigkeit, ja die Bildung eines neuen Menschen voranzutreiben.

80 Die Radikalisierung der Demokratie zu einer permanenten Revolution während der jakobinischen Schreckensherrschaft übte im 19. Jahrhundert einen großen Einfluss auf die sozialistische Idee einer direkten Demokratie aus. Gerade die russische Intelligenzija war von dem Experiment in Paris fasziniert und blieb dem Aufstand-Schema der Französischen Revolution verhaftet. Die Ablehnung der liberalen Demokratie durch den revolutionären Sozialismus war dabei umso schroffer und grundsätzlicher, als die Faszination für die Jakobiner in Russland um eine grundsätzliche Ablehnung jeglicher Form der Staatlichkeit erweitert wurde. Einflussreiche Anarchisten wie Michail Bakunin und Pjotr Kropotkin etwa setzten der liberalen Demokratie das kollektivistische Gegenmodell einer gewaltlosen Selbstorganisation entgegen.[81] Dieses Modell kam nicht nur ohne Staat aus, sondern auch ohne Gesetz. „Alles ist gut für uns, was nicht Gesetzlichkeit ist."[82] Dieser Anti-Etatismus und Anti-Legalismus erleichterte nicht zuletzt den Siegeszug der Lehren Lenins während der russischen Revolution von 1917/18, besonders seine mit Marx brechende Lehre einer Diktatur des Proletariats.[83] Diese lief anfänglich auf die Diktatur einer aus Berufsrevolutionären bestehenden avantgardistischen Kaderpartei hinaus und später auf die Diktatur einer sozialistischen Funktionärskultur, wie sie noch die Deutsche Demokratische Republik bis zu ihrem Untergang bestimmt hat. Die schlimmen Erfahrungen, die die Völker der ehemaligen Sowjetunion und des Ostblocks mit dem sozialistischen Totalitarismus gemacht haben, legen es nahe, zumindest diese Variante der „unmittelbaren" Volksherrschaft für immer ad acta zu legen. Das gilt umso mehr, als aus der Diktatur kommunistischer Parteien in vielen Fällen Terrorregime hervorgegangen sind, die viele Millionen Menschen das Leben gekostet haben, man denke nur an die Sowjetunion unter Stalin, an China unter Mao oder an Kambodscha unter den Roten Khmer.

### 4. Wahlen und Öffentlichkeit

81 Die Funktion periodisch wiederkehrender Wahlen besteht darin, die Beteiligung des Volkes an der staatlichen Willensbildung im Rahmen einer repräsentativen Ausgestaltung der Demokratie zu verwirklichen. Zur repräsentativen Ausgestaltung der Demokratie gehört eine dauerhafte Rückkopplung an das Volk und im Gegensatz zur Monarchie, die in Europa als Erbmonarchie mit männlicher Primogenitur ausgestaltet war (der Erstgeborene Sohn wurde Kronprinz), beruhen Wahlen nicht auf biologischer Abstammung und Geburtsrechten, sondern auf der Vorstellung der wiederholten Artikulation eines prinzipiell freien Willens. Daher sind Wahlen für die liberale Demokratie typisch, was Richard Thoma schon während der Weimarer Republik dazu veranlasst hat, die Demokratie als eine Staatsform zu bestimmen, die auf dem (allgemeinen) Wahlrecht beruhe.[84] Jedenfalls sind Wahlen das Verfahren, durch das die Repräsentanten des Volkes für eine bestimmte Periode, die Wahlperiode, ausgesucht und bestimmt werden: Das amerikanische Repräsentantenhaus wird auf fünf Jahre gewählt, ebenso die italienische Abgeordnetenkammer oder das britische Unterhaus. Der Bundestag wird dagegen – wie der Schweizer Nationalrat – auf vier Jahre gewählt (Art. 39 Abs. 1 GG). Neuere Reformbestrebungen gehen allerdings dahin, die Wahlperiode des Bundestages ebenfalls auf fünf Jahre zu verlängern.

82 Wahlen sind auch darin typisch demokratisch, dass sie den Kriterien der Allgemeinheit und Gleichheit standhalten und entsprechen. Sie sind allgemein in dem Sinne, dass der Kreis der Wahlberechtigten alle (erwachsenen) Staatsbürger umfasst, jedem Staats-

---

[81] Vgl. *G. Schramm,* Fünf Wegscheiden der Weltgeschichte, 2004, 354; vgl. auch *F. Furet,* Das Ende der Illusion, 1995, 87 ff.

[82] Pjotr Kropotkin, zitiert nach *Schramm* (Fünf Wegscheiden der Weltgeschichte), 357.

[83] Vgl. dazu *Gauchet* (L'avènement de la démocratie), 167 ff.

[84] Vgl. *R. Thoma,* Der Begriff der modernen Demokratie in seinem Verhältnis zum Staatsbegriff, in: Palyi (Hrsg.), Hauptprobleme der Soziologie II, 1923, 39 ff.

bürger dasselbe politische Urteilsvermögen zugebilligt wird und der Ausschluss einzelner oder bestimmter Bevölkerungsgruppen von der Wahl, aufgrund welcher Kriterien auch immer, ausgeschlossen ist. Außerdem sind demokratische Wahlen gleich in dem Sinne, dass sie eine Gewichtung der Stimmen nach dem Grundsatz „eine Person, eine Stimme", „one man, one vote" verlangen. Beide Grundsätze – Allgemeinheit und Gleichheit der Wahl – sind auch im Grundgesetz normiert: Nach Art. 38 Abs. 1 werden die Abgeordneten des Deutschen Bundestages in *allgemeiner,* unmittelbarer, freier, *gleicher* und geheimer Wahl gewählt, und nach heute allgemein geteilter Ansicht stellen Wahlen den entscheidenden Akt für die politische Willensbildung im demokratischen Staat dar.[85]

Die Prinzipien der Allgemeinheit und Gleichheit der Wahl werden erst vor dem Hin- 83
tergrund einer politischen und sozialen Ordnung verständlich, die Menschen nach Status und Stand und damit ungleich behandelt. Das war nicht nur in der antiken oder mittelalterlichen Welt der Fall, sondern auch in den Monarchien des frühmodernen Staates, der mit einer rigiden sozialen Ständeordnung verbunden war. Zurückgehend auf die antike griechische Demokratietradition, blieben politische Teilhaberechte in Europa deshalb lange Zeit auf freie wohlhabende Männer beschränkt, die ihrerseits als Familien- und Haushaltsvorstände an den öffentlichen Angelegenheiten partizipierten. Damit wurden nicht nur Sklaven und Kinder, sondern auch Frauen ganz selbstverständlich von politischen Partizipationsrechten ausgeschlossen. Jean Bodin, der französische Jurist und Cheftheoretiker der Souveränität bildet keine Ausnahme, wenn er die Frauen in seinen *Les Six Livres de la République* von 1586 an den Rand des politischen Lebens verbannt. Frauen, so erklärt Bodin, „müssten ferngehalten werden von allen öffentlichen Ämtern, aller Befehlsgewalt und Rechtsprechung sowie von öffentlichen Zusammenkünften und Ratsversammlungen, damit sie sich einzig ihren fraulichen und häuslichen Angelegenheiten widmen."[86] Spuren dieser Vergangenheit finden sich noch in den frühen Wahlrechtssystemen der liberalen Demokratie. So bleibt das Wahlrecht in Frankreich selbst nach der Erklärung der Menschen- und Bürgerrechte von 1789 und des Inkrafttretens der Verfassung von 1791 auf eine relativ schmale Gruppe von männlichen Aktivbürgern beschränkt, die über 25 Jahre alt sein und über ein bestimmtes Steueraufkommen verfügen müssen (Teil III, Kapitel I, Abschnitt II, Art. 2). In Preußen gilt für die Wahl des Abgeordnetenhauses bis 1918 ebenfalls ein am Steueraufkommen orientiertes Zensuswahlrecht, das Dreiklassenwahlrecht. Erst in der Weimarer Republik setzt sich ein allgemeines Wahlrecht, das auch Frauen umfasst, durch (Art. 22 WRV).

Im Unterschied zu den kontinentaleuropäischen Parlamenten weicht der englische Parlamentarismus 84
schon relativ früh von der ständischen Repräsentationslogik ab. Die Abgeordneten des Unterhauses *(Commons)* setzten sich, soweit diese nicht Stadtbürger waren, nach einem Gesetz von 1429 aus einem von freien Männern gewählten Landadel zusammen, wobei der Landbesitz einen jährlichen Ertragswert von mindestens 40 Schillingen erwirtschaften musste *(forty-shillings-freeholders).*[87] Alle Abgeordneten mussten in jedem Fall gewählt werden. Obwohl dies einen deutlichen Unterschied zum Kontinent machte, wird ein allgemeines Männerwahlrecht auch in Großbritannien nicht vor 1848 eingeführt, Frauen dürfen sogar erst

[85] Vgl. nur *C. Starck,* Grundrechtliche und demokratische Freiheitsidee, in: Isensee/Kirchhof (Hrsg.), Handbuch des Staatsrechts der Bundesrepublik Deutschland, Bd. 2, 1987, 3ff., 18.
[86] Hier zitiert nach *B. Craveri,* Königinnen und Mätressen, 2008, 9.
[87] *Kluxen* (Geschichte und Problematik des Parlamentarismus), 40; *Schramm* (Fünf Wegscheiden der Weltgeschichte), 231, 232.

ab 1928 uneingeschränkt wählen. Über die demokratische Tradition Großbritanniens ist nur die Amerikanische Revolution hinweggegangen. Hier wird zuerst ein allgemeines Wahlrecht durchgesetzt. Weil die Anerkennung gleicher politischer Rechte für alle Bürger aber dennoch ein gewaltiger Schritt auf unbekanntem Gelände ist, können auch in den Vereinigten Staaten zunächst nur besitzende weiße Bürger, nur *freeman,* die aufgrund ihres Wohlstands eine entsprechende Muße und Bildung mitbringen, Mitglieder der politischen Gemeinschaft sein.[88] Damit sind vor allem Sklaven, Schwarze, Indianer und wiederum Frauen vom Wahlrecht ausgeschlossen. Erst 1865, nach dem Ende des Bürgerkrieges, wird in den Vereinigten Staaten ein allgemeines Männerwahlrecht eingeführt, das ab 1870 auch Schwarze umfasst (15. Amendment). Deren anhaltende indirekte Diskriminierung wird letztlich aber erst 1964 abgeschafft (24. Amendment). Auch Frauen dürfen auf Bundesebene erst seit 1920 wählen (19. Amendment).[89]

85 Wenngleich das allgemeine und gleiche Wahlrecht ein typisches Bürgerrecht ist, so hat die Teilhabe an Wahlen doch mehr einen kollektiven Charakter, als dass sie der Handhabung eines individuellen Freiheitsrechts entspräche.[90] Kein einzelner Wähler geht davon aus, dass gerade seine Stimme den Ausschlag bei einer Wahl gibt. Bei Wahlen steht ersichtlich die Affirmation der Zugehörigkeit zu einer politischen Gemeinschaft im Vordergrund. „Natürlich weiß ich, wie illusorisch der Glaube wäre, dass meine Stimme im Ergebnis irgendetwas entscheiden würde; aber nichtsdestotrotz habe ich, wenn ich zur Wahl gehe, das befriedigende Gefühl, dass wir alle ein gemeinsames Projekt verfolgen.“[91] Durch die Wahl als Ereignis soll eine neue Regierung ins Amt berufen werden, und mit diesem Verfahren ist – wie in der Vergangenheit mit der Inthronisation eines Königs – ein überschießender kollektiver Sinn verbunden, der weitaus mehr umfasst als die rein empirische Seite des Wahlakts, die gegebenenfalls nur wenige Sekunden dauernde Stimmabgabe des Einzelnen in einer Wahlkabine. Wahlen müssen den (unsichtbaren) Volkswillen zum Ausdruck bringen. Mit der Wahl muss mit anderen Worten eine demokratische Kausalität verbunden werden, in der die (Mehrheits-)Entscheidung des Volkes als Ursache für die Errichtung einer neuen Regierung erscheint. Dieser (ebenfalls unsichtbare) Zusammenhang muss etwa durch die Bestimmung eines Wahltages in Szene gesetzt werden, und das geht nur in einer Mischung aus Fakten und Fiktionen, einschließlich der Fiktion, dass die Wahl ein simpler, sichtbarer Prozess wäre.[92]

86 In diesen Zusammenhang gehört auch das Mehrheitsprinzip. Der Satz „Mehrheit entscheidet“ ist keineswegs Ausdruck eines rein arithmetischen Quorums, der ebenso gut durch den Satz „Mehrheit entscheidet nicht“ ersetzt werden könnte.[93] Vielmehr beruht das Mehrheitsprinzip auf guten praktischen Erfahrungen. Dazu gehört vor allem die Erfahrung, dass Mehrheitsentscheidungen für Minderheiten grundsätzlich tolerabel sind, solange Mehrheitsverhältnisse sich verändern können und die Minderheit die Chance hat, eines Tages selbst Mehrheit zu werden.[94] Es muss daher vorausgesetzt werden, dass die Mehrheit ihre Macht nicht dazu missbraucht, die offene Tür, durch die sie eingetreten ist, hinter sich zuzuschlagen.[95]

---

[88] Zum historischen Hintergrund vgl. *L. A. Hunt,* Inventing Human Rights, New York 2008, 68f.; *Schramm* (Fünf Wegscheiden der Weltgeschichte), 240.

[89] Vgl. *J. Shklar,* American Citizenship, Cambridge (Mass.), 1991, 47ff. (Sklaven), 57ff. (Frauen).

[90] Vgl. *Shklar,* ebd., 26.

[91] So ein US-amerikanischer Richter, zitiert bei *Shklar,* ebd., 25 („Of course I know how illusory would be the belief that my vote determined anything; but nevertheless when I go to the polls I have the satisfaction in the sense that we are all engaged in a common venture.“).

[92] Vgl. *Y. Ezrahi,* Imagined Democracies, Cambridge (Mass.) 2012, 159ff., 168.

[93] So *Schmitt* (Verfassungslehre), 281. Schmitt macht das Mehrheitsprinzip noch in der Weimarer Republik von unteilbarer nationaler Gleichartigkeit abhängig und schreibt sich damit in die französische Tradition einer absoluten und unteilbaren Souveränität ein, die den Pluralismus der Repräsentation ausschließt.

[94] Vgl. *Hesse* (Grundzüge des Verfassungsrechts), Rn. 140ff., 143.

[95] *E.-W. Böckenförde,* Demokratie als Verfassungsprinzip, in: *ders.,* Staat, Verfassung, Demokratie, 1991, § 22, 887ff., 923.

Die Offenheit des politischen Prozesses, der für demokratische Wahlen essentiell ist, 87
ist bis in die jüngste Vergangenheit durch ein gruppenpluralistisches Öffentlichkeitsmodell abgesichert worden. Dieses Modell, das in Deutschland auch verfassungsrechtlich verankert ist, hat sich erst im Wohlfahrtsstaat durchgesetzt: Danach wird der öffentliche Raum primär durch Themen und Beiträge gesellschaftlicher Gruppierungen, durch politische Parteien und soziale Verbände sowie (private) Presseorgane und (öffentlich-rechtliche) Fernsehstationen gefüllt, nicht aber primär durch Themen und Beiträge einzelner Individuen. Die Gruppen und Organisationen sorgen ihrerseits für eine Vorstrukturierung der öffentlichen Meinungsbildung, in dem sie bestimmte Themen auf die Agenda setzen. Genauer betrachtet, eröffnen sich drei Ebenen oder „konzentrische Kreise“:[96] (1) Beiträge in einer Vielzahl von in der Gesellschaft zerstreuten und nicht miteinander koordinierten Öffentlichkeiten, in der Nachbarschaft, der Schule, am Arbeitsplatz, in Cafés oder in Blogs. (2) Die politisch relevante Kommunikation in Massenmedien, die landesweit wirken und im Umfeld der Parteien- und Verbandskommunikation angesiedelt sind. (3) Die konzentrierte, hochverdichtete politische Willensbildung innerhalb der staatlichen Organe wie Parlament und Regierung. Innerhalb dieser Kreise vollzieht sich die politische Meinungsbildung „vom Volk zu den staatlichen Institutionen ... (und nicht umgekehrt); die Meinungen werden durch die Medien ausgewählt und nach Relevanzgesichtspunkten gebündelt, dann werden sie durch die Parteien auf entscheidungsfähige Alternativen hin vorstrukturiert und schließlich im inneren Kreis des Staates (Parlament und Regierung) zu bindenden Entscheidungen verarbeitet“.[97]

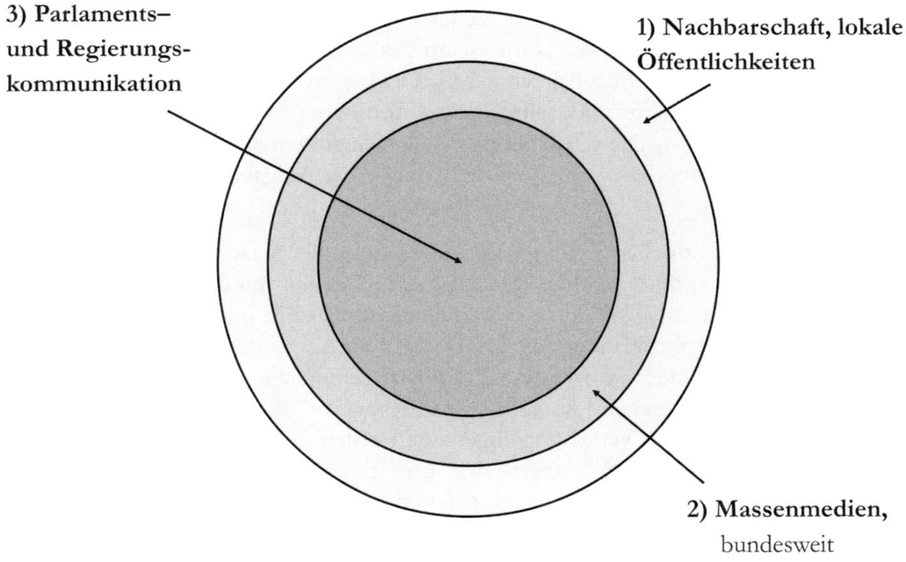


*Abb. 7 Darstellung der drei konzentrischen Kreise im gruppenpluralistischen Öffentlichkeitsmodell*

[96] Vgl. *K.-H. Ladeur,* Verfassungsrechtliche Fragen regierungsamtlicher Öffentlichkeitsarbeit und öffentlicher Wirtschaftstätigkeit im Internet, DöV 2002, 1 ff., 3.

[97] *Ladeur,* ebd., 3; ähnlich *Hesse* (Grundzüge des Verfassungsrechts), Rn. 151.

88 Während das gruppenpluralistische Öffentlichkeitsmodell unterstellt und davon ausgeht, allen relevanten gesellschaftlichen Gruppen in den Medien Gehör zu verschaffen, wird die liberale Demokratie in jüngerer Zeit durch neuartige Tendenzen der Schwarmbildung, der schnell wechselnden Stimmungen in sozialen Netzwerken herausgefordert.[98] Sie führt zum Rückzug eines Teils der Öffentlichkeit in fragmentierte Foren aus Gleichgesinnten, zu *echo chambers,* und damit zu einer bedenklichen thematischen Selbstbeschränkung, die eine wechselseitige Wahrnehmung zwischen verschiedenen gesellschaftlichen Gruppen stark erschwert und ausschließt.

## III. Die Demokratie als Rechts- und Verfassungsstaat

### 1. Bindung an Recht und Gesetz

89 Auch die Bindung der Staatsgewalt an Recht und Gesetz gehört zum Leitbild der liberalen Demokratie. In der älteren Terminologie der Staatsformenlehre könnte man formulieren, dass die Staatsform in der liberalen Demokratie zugleich eine Rechtsform ist. Den Typus der liberalen Demokratie gibt es daher nur in Gestalt des Rechts- und Verfassungsstaates. Beide Begriffe – Rechtsstaat und Verfassungsstaat – werden heute mehr oder weniger synonym verwendet, gleichwohl werden damit zwei unterschiedliche Traditionsstränge angesprochen. Einerseits der ältere Grundsatz der Gesetzesbindung, der sich in Deutschland unter dem Leitbild des Rechtsstaates im 19. Jahrhundert durchsetzt: Staat und Verwaltung müssen sich an die Gesetze und Verwaltungsgrundsätze halten, die sie selbst erlassen haben, und sind in ihrem Handeln auch aufgrund der Subjektqualität der gewaltunterworfenen Staatsbürger an die Form des Rechts gebunden. Andererseits der jüngere Grundsatz der Verfassungsbindung, der sich unter dem Leitbild der Verfassungsstaatlichkeit erst nach 1945 entwickelt. Mit dem Leitbild der Verfassungsstaatlichkeit ist vor allem der Gedanke einer freiheitlichen, sich selbst organisierenden Gesellschaft verbunden, die die Verfassung durch gesellschaftliche Freiheitsrechte schützt und dabei zugleich verbindlich regelt, welche Staatsorgane welche Zuständigkeiten haben und welche Rechtsformen und sonstigen Instrumente dem Staat zur Erledigung seiner Aufgaben legitimer Weise zur Verfügung stehen.

90 In der angloamerikanischen Tradition ist die Bindung der Staatsgewalt an Recht und Gesetz in der *rule of law* verankert. Diese ist seit jeher eng mit einer Verfassungsbindung verknüpft. Das mag auf den ersten Blick nicht plausibel oder sogar widersprüchlich erscheinen, da Großbritannien bis heute über keine geschriebene Verfassung verfügt. Großbritannien wird deshalb nicht selten als beispielhaft für eine Verfassungskultur angesehen, die auf ungeschriebenen Praktiken und Konventionen beruht, aber dennoch als Verfassung angesehen werden muss.[99] An dieser Auffassung ist sicher richtig, dass man mit Albert Dicey und seiner *Introduction to the Study of the Law of the Constitution* (1885) davon ausgehen muss, dass die politische Ordnung und das Common Law Großbritanniens schon lange eine konstitutionelle Qualität besitzen, obwohl es keine geschriebene Verfassung gibt. Diese konstitutionelle Qualität zeigt sich seit dem 17. Jahrhundert nicht nur in der besonderen Natur der Parlaments-

[98] Vgl. allg. *B.-C. Han,* Im Schwarm, 2013: abwägend *J. Kersten,* Schwarmdemokratie, 2017, 127ff.

[99] Vgl. nur *M. Loughlin,* The Idea of Public Law, Oxford 2003, 44ff. Loughlin unterscheidet *constitutions* und *constitutional legalism.* Verfassungen sind für ihn allgemein ein „set of institutions and practices that give identity to a political regime", moderne Verfassungen sind hingegen positiviert und präsentieren sich als „fundamental law".

souveränität (die Souveränität ruht in der Krone im Parlament = *king in parliament*), sondern auch in der Anerkennung von gesellschaftlichen Freiheitsrechten wie dem Schutz der persönlichen Freiheit oder der Meinungs- und Versammlungsfreiheit. Man darf daneben aber nicht vergessen, dass normative Texte und Schriftdokumente in England bereits in den politischen Konflikten und Bürgerkriegen des 16. und 17. Jahrhunderts eine große Rolle spielten. Das zeigt sich beispielsweise in der im 17. Jahrhundert beginnenden Kodifizierung des englischen Common Law durch eine Serie von *Reports* unter Edward Coke.[100] Einflussreich für die Verfassungsdiskussion im engeren Sinn war jedoch das Vorbild der mosaischen Verfassung, die Zehn Gebote, die Gott für Moses auf dem Berg Sinai aufgeschrieben hatte. Aus diesem Diskurs ist etwa der gescheiterte Versuch der Leveller hervorgegangen, während der Herrschaft Cromwells eine geschriebene Verfassung – das *Agreement of the People* (1647) – in der politischen und sozialen Ordnung Englands zu verankern.

*Abb. 8 Moses erhält die zehn Gebote auf dem Berg Sinai, illustriert von Gustave Doré (1832–1883)*

[100] Vgl. *V. Kahn,* Wayward Contracts, Princeton (N.Y.) 2004, 41 ff.

91 Anders als in Großbritannien schließt die *rule of law* in den Vereinigten Staaten von Amerika von Anfang an die Bindung an eine geschriebene und gedruckte Verfassung ein. In England konnte das nationale Bürgertum der Machtprärogative der englischen Krone zwar seit dem 16. Jahrhundert immer stärkere Einschränkungen abtrotzen und die eigenen Freiheiten ausdehnen. Aber diese Fortschritte waren unauflöslich mit der Geschichte Englands und den verstreuten Stücken des britischen Common Law verwoben; Bedingungen, von denen man sie nicht lösen und die erworbenen Freiheiten als abstrakte Prinzipien in einem einzigen Verfassungsdokument als universale Angelegenheit proklamieren konnte. Genau das aber geschah in Nordamerika. Thomas Paine verkündete bereits im Januar 1776, am Vorabend der Unabhängigkeitserklärung, in seinem Pamphlet über *Common Sense* stolz, dass die Sache Amerikas in hohem Maße die Sache der gesamten Menschheit sei, der es mittlerweile als Asyl der Freiheit diene.[101] Mit der Proklamation einer Bundesverfassung gelingt es den Amerikanern schließlich 1787 als erste westliche Nation grundlegende Prinzipien wie die Menschen- und Bürgerrechte und die Volkssouveränität in einem einzigen Verfassungsdokument zusammenzufassen und zu systematisieren. Dadurch wird die Verfassung als Schriftdokument und Druckwerk zur höchsten Rechtsquelle. Das Verständnis der *rule of law* als Bindung an Gesetz *und* Verfassung schlägt sich in der amerikanischen Rechtskultur dann rasch auch darin nieder, dass der Oberste Gerichtshof der Vereinigten Staaten, der *Supreme Court,* seit *Marbury vs. Madison* (1803) für sich das Recht reklamiert, Bundesgesetze im Rahmen eines richterlichen Prüfungsrechts auf ihre Verfassungsmäßigkeit zu überprüfen *(judicial review)* und gegebenenfalls für nichtig zu erklären.

92 In Kontinentaleuropa wird die anglo-amerikanische Idee einer gedruckten Verfassung zuerst im revolutionären Frankreich, in der feierlichen Proklamation der Menschen- und Bürgerrechte von 1789 übernommen. Die Erklärung erhält zugleich eine Reihe von zentralen Aussagen zur Gesetzesbindung. Sie normiert namentlich die Schadensgrenze als Grenze aller Freiheitsausübung: „Das Gesetz darf nur solche Handlungen verbieten, die der Gesellschaft schaden" (Art. 5), wobei diese Grenze ausschließlich in Form des Gesetzes gezogen werden darf, das seinerseits als Ausdruck des allgemeinen Willens angesehen (Art. 6) und auf die Volkssouveränität zurückgeführt wird (Art. 3). Dazu heißt es in Art. 4: „Die Freiheit besteht darin, alles tun zu dürfen, was einem anderen nicht schadet: Die Ausübung der natürlichen Rechte eines jeden Menschen hat also nur die Grenzen, die den anderen Mitgliedern der Gesellschaft den Genuss eben dieser Rechte sichern. Diese Grenzen können nur durch das Gesetz bestimmt werden." Der Gesetzesbindung kommt hier höchste Priorität in dem Sinne zu, dass alles staatliche Handeln an die von der Nationalversammlung *(l'Assemblée nationale)* als gesetzgebender Körperschaft erlassenen Gesetze gebunden ist. „Die gesetzgebende Gewalt ist einer Nationalversammlung übertragen, die aus Abgeordneten besteht, die durch das Volk frei und auf Zeit gewählt werden, um sie mit Billigung des Königs auf die Art auszuüben, die nachstehend bestimmt wird." (Titel III, Kap 1, Art. 3). Gesetzesbindung und Volkssouveränität, Rechtsstaat und Demokratie, sind in der französischen Verfassungstradition deshalb unauflöslich miteinander verbunden: Das Gesetzgebungsrecht – und damit: die Ausfüllung der Gesetzesbindung – steht allein der Nationalversammlung zu, die den Volkswillen im förmlichen Gesetz artikuliert.

[101] Hier wiedergegeben nach *Schramm* (Fünf Wegscheiden der Weltgeschichte), 270.

In Deutschland entwickelt sich die Bindung der Staatsgewalt an das Gesetz seit dem späten 18. Jahrhundert unter dem Begriff des Rechtsstaates. Implizit wird der Rechtsstaat bereits in Kants Formel vom Staat als „Vereinigung einer Menge von Menschen unter Rechtsgesetzen" angesprochen,[102] explizit verwendet erstmalig Carl Theodor Welcker (1790–1869) in seiner Schrift über *Die letzten Gründe von Recht, Staat und Strafe* (1813) den Begriff des Rechtsstaates.[103] Für eine stärkere Rechts- und Gesetzesorientierung bietet sich die Rechtsstaatsformel in Deutschland aus mehreren Gründen an. Mit ihr kann zunächst die Unabhängigkeit der Justiz als Hüter des gesetzeskonformen Handelns in Stellung gebracht werden. Zugleich ermöglicht die Rechtsstaatsformel eine umfassende Verrechtlichung des Handelns der Landesverwaltungen, indem dieses an gemeinsame – die einzelnen Länder übersteigende – Rechtsgrundsätze und dogmatische Grundfiguren gebunden wird, wie etwa an den Verwaltungsakt als Form für den einseitig hoheitlichen Eingriff in Rechte des Bürgers.[104] All dies ist im Rahmen des Rechtsstaatsbegriffs möglich, ohne die Bindung staatlichen Handelns an Recht und Gesetz im gleichen Zug mit der Proklamation individueller Freiheitsrechte und der Volkssouveränität in einer förmlichen Verfassungsurkunde in Verbindung bringen zu müssen. Denn genau das war in Deutschland – im Unterschied zu Amerika und Frankreich – unmöglich, zumal die politisch im 19. Jahrhundert durchaus umkämpfte Entscheidung zwischen Fürsten- oder Volkssouveränität auch nach der Gründung des deutschen Nationalstaates im Jahre 1871 offen und die liberale Demokratie auf halbem Wege stehen blieb.[105] Die Intensivierung der Gesetzesbindung vollzieht sich deshalb über andere Institutionen wie etwa durch das durch Universitätsprofessoren (mit-)geprägte Polizeirecht. So fordert beispielsweise Robert v. Mohls *Die Polizei-Wissenschaft nach den Grundsätzen des Rechtstaats* (1832) eine gesetzliche Grundlage für Eingriffe in Freiheit und Eigentum, ein Verbot rückwirkender Belastungen und eine Entschädigung bei Enteignungen.[106] 93

In der Diskussion über die Rechtsstaatsentwicklung in Deutschland wird meist zwischen einem materiellen und einem formellen Rechtsstaatsbegriff unterschieden. Dabei gehen viele Autoren davon aus, dass der deutsche Rechtsstaat zunächst der anglo-amerikanischen *rule of law* und der französischen Doktrin des Gemeinwillens entsprochen habe, also mit der Anerkennung bürgerlicher Freiheitsrechte und der Volkssouveränität verknüpft gewesen sei. Für Ernst-Wolfgang Böckenförde ist der Rechtsstaat ursprünglich ein „Vernunftrechtsstaat", in dem einem einheitlichen Gesetzesbegriff zentrale Bedeutung zukomme: Der rechtsstaatliche Gesetzesbegriff verbinde ein sachlich-inhaltliches und ein formell verfahrensmäßiges Merkmal zu einer untrennbaren Einheit. „Gesetz ist eine allgemeine Regel (generelle Norm), die unter Zustimmung der Volksrepräsentation in einem durch Diskussion und Öffentlichkeit gekennzeichneten Verfahren zustande kommt."[107] Nach dem Scheitern der Revolution von 1848 sei der Rechtsstaatsgedanke jedoch auf einen formellen Rechtsstaatsbegriff reduziert worden, auf ein „unpolitisches Formelement" der Herrschaftsausübung, ohne die Konstitution der Herrschaft noch länger in den Begriff einzubeziehen. 94

Für die Entwicklung vom materiellen zum formellen Rechtsstaat gilt Friedrich Julius Stahls Definition des Rechtsstaates als paradigmatisch. Bei Stahl heißt es: „Der Staat soll Rechtsstaat sein, das ist die Losung und ist auch in Wahrheit der Entwicklungstrieb der neueren Zeit. Er soll die Bahnen und Grenzen seiner Wirk- 95

---

102 Vgl. *I. Kant,* Die Metaphysik der Sitten (1785/86), in: Werke in sechs Bänden, Bd. 4, 1983, B 195.

103 Vgl. *E.-W. Böckenförde,* Entstehung und Wandel des Rechtsstaatsbegriffs, in: *ders.,* Staat, Gesellschaft, Freiheit, 1976, 65 ff., 66.

104 Vgl. *Stolleis* (Öffentliches Recht in Deutschland), 61, 77 f.

105 Vgl. dazu *Stolleis,* ebd., 74 f.; vgl. auch *Böckenförde* (Entstehung und Wandel), 65 ff.

106 *Stolleis* (Öffentliches Recht in Deutschland), 63.

107 *Böckenförde* (Entstehung und Wandel), 66, 69.

samkeit wie die freie Sphäre seiner Bürger in der Weise des Rechts genau bestimmen und unverbrüchlich sichern und soll die sittlichen Ideen von Staats wegen, also direkt, nicht weiter verwirklichen (erzwingen), als es der Rechtssphäre angehört, d. i. nur bis zur notwendigen Umzäunung. Dies ist der Begriff des Rechtsstaates, nicht etwa daß der Staat bloß die Rechtsordnung handhabe ohne administrative Zwecke, oder vollends bloß die Rechte der Einzelnen schütze".[108] In der Sicht Böckenfördes wird die ursprüngliche Verknüpfung von Rechtsstaat und repräsentativer Demokratie damit aufgegeben, da der Rechtsstaat hier nur noch Schranke oder notwendige Umzäunung der Freiheit sei. Demgegenüber meint Ingeborg Maus, dass sich die deutsche Rechtsstaatstheorie zunächst als Demokratietheorie konstituiert habe, aber schon bei Stahl – unter dem Deckmantel von Formbegrifflichkeiten – material aufgeladen worden sei, um die „absolute Souveränität des demokratischen Gesetzgebers" durch Berufung auf höherwertiges Recht unter Kuratel stellen zu können.[109] In ihrer Sicht wird besonders die Kontrolle des parlamentarischen Gesetzgebers durch das Bundesverfassungsgericht als „undemokratisch" kritisiert.

**96** Die Diskussion über die Entwicklung des Rechtsstaates in Deutschland ist heute im Kern nur noch von historischem Interesse. Zwar wird die Unterscheidung von formellem und materiellem Rechtsstaat im Staatsrecht teilweise weiter aufrechterhalten. Diese Unterscheidung ist aber allein vor dem besonderen Hintergrund der deutschen Geschichte – der langen Dominanz der Monarchie – verständlich. Die monarchische Tradition wird aber schon in der Weimar Republik ein erstes Mal unterbrochen und ist mit dem Zusammenbruch des nationalsozialistischen Staates nach dem Ende des Zweiten Weltkrieges endgültig untergegangen. Das Grundgesetz von 1949 schließt denn auch nicht mehr an die spezifisch deutsche Rechtsstaatstradition an, sondern unmittelbar an die angloamerikanische Verfassungstradition: Die Gesetzesbindung wird hier aufgrund eines umfassenden Vorrangs der Verfassung von vornherein als Verfassungsbindung ausgeformt.[110] Sowohl Art. 1 Abs. 3 („Die nachfolgenden Grundrechte binden Gesetzgebung, vollziehende Gewalt und Rechtsprechung als unmittelbar geltendes Recht") als auch Art. 20 Abs. 3 („Die Gesetzgebung ist an die verfassungsmäßige Ordnung gebunden") legen die Verfassungsbindung unmissverständlich fest. Wenn im deutschen Verfassungsrecht vom „Recht als Ordnungsfaktor" und vom „Primat des Rechts" gesprochen wird,[111] dann ist damit immer das Recht im Sinne der Verfassung – zumindest der Verfassungskonformität – gemeint. Und ebenso ist stets das verfassungsgemäße Gesetz angesprochen, wenn im Staatsrecht vom Gesetzesvorbehalt (kein Handeln ohne Gesetz) und Gesetzesvorrang (kein Handeln gegen das Gesetz) die Rede ist.[112] Diese umfassende Konstitutionalisierung des Rechtsstaates ist nicht zuletzt darauf zurückzuführen, dass das Grundgesetz durch eine besondere Verfassungsgerichtsbarkeit, das Bundesverfassungsgericht, geschützt wird, das mit umfangreichen Kompetenzen ausgestattet ist und auch Parlamentsgesetze auf ihre formelle und materielle Verfassungsmäßigkeit prüft.[113]

---

[108] Vgl. *F. J. Stahl,* Die Staatslehre und die Principien des Staatsrechts, § 36, in: *ders.,* Die Philosophie des Rechts – nach geschichtlicher Ansicht, II/2, 1963, 137f.

[109] *I. Maus,* Entwicklung und Funktionswandel der Theorie des bürgerlichen Rechtsstaats, in: Tohidipur (Hrsg.), Der bürgerliche Rechtsstaat, Bd. 1, 1978, 13ff., 30ff., 15 (Zitat).

[110] Vgl. *R. Wahl,* Der Vorrang der Verfassung, 2003, 121ff.; *Hesse* (Grundzüge des Verfassungsrechts), Rn. 198 („Der Primat des Rechts findet Gestalt im Vorrang der Verfassung und im Vorrang des Gesetzes.").

[111] Vgl. nur *Hesse,* ebd., Rn. 193ff.

[112] Vgl. nur *S. Korioth,* Staatsrecht I, 2016, Rn. 181ff.

[113] Vgl. *G. F. Schuppert/C. Bumke,* Die Konstitutionalisierung der Rechtsordnung, 2000.

## 2. Die Bedeutung der Gewaltenteilung

Eine besondere Ausprägung erfährt die Rechts- und Verfassungsstaatlichkeit im 97
Grundsatz der Gewaltenteilung. Darunter versteht man allgemein ein sich selbst ausbalancierendes System von verschiedenen Staatsfunktionen, namentlich Gesetzgebung (Legislative), vollziehende Gewalt (Exekutive) und Rechtsprechung (Judikative). Die Gewaltenteilung richtet eine Art Arbeitsteilung innerhalb des Staates ein: Einerseits wird die Zuweisung von Staatsfunktionen mit dem Verbot verbunden, gleichzeitig andere Funktionen wahrzunehmen (Gewaltentrennung), andererseits wird eine wechselseitige Kontrolle und Hemmung der Staatsorgane, ein System von *checks and balances* eingerichtet. Schon die französische Erklärung der Menschen- und Bürgerrechte von 1789 verkündet in Art. 16, dass eine Gesellschaft, in der die Gewährleistung der Rechte nicht gesichert und die Gewaltenteilung nicht festgelegt sei, keine Verfassung habe. Auch das Grundgesetz normiert den Gewaltenteilungsgrundsatz, wenn es die Ausübung der Staatgewalt in die Hände besonderer Organe legt, in die der Gesetzgebung, der vollziehenden Gewalt und der Rechtsprechung (Art. 20 Abs. 2 Satz 2 Halbsatz 2).

Im deutschen Staatsrecht wird auch zwischen funktionaler, organisatorischer und personeller Gewaltentei- 98
lung unterschieden. Danach ist die Staatsgewalt nicht nur geteilt oder funktional getrennt, sondern auch verschiedenen Organen wie etwa bestimmten Ministerien, Gerichten und Verwaltungsbehörden zugewiesen, deren Aufgaben jeweils durch unterschiedliche Amtsträger wahrgenommen werden. Auf diese Weise soll verhindert werden, dass die funktionale und organisatorische Gewaltenteilung durch die Identität der Amtsinhaber wieder unterlaufen werden kann.[114] Diese Inkompatibilitäten sind unter dem Grundgesetz vor allem mit Blick auf die Rechtsprechung streng ausgebildet. So dürfen zum Beispiel die Richter des Bundesverfassungsgerichts weder dem Bundestag, dem Bundesrat, der Bundesregierung noch entsprechenden Organen eines Landes angehören (Art. 94 Abs. 1 Satz 3 GG).

Während der Sinn der Gewaltenteilung herkömmlicherweise in der Begrenzung staat- 99
licher Machtausübung gesehen wird, hat Rudolf Smend schon in der Weimarer Republik die integrierende Seite der Gewaltenteilung betont. Für ihn gehört die Gewaltenteilung zu einem System „funktioneller Integration".[115] Dieses System gehe aus der engen Verschränkung von Staat und Recht, von staatlicher Wirklichkeit einerseits und konkretem Rechtsleben andererseits hervor, soweit diese Verschränkung wie in einem Verfassungsstaat durch eine geschriebene Verfassung angeregt und zugelassen werde.[116] Das führt bei Smend nicht zuletzt zu einer genaueren Unterscheidung zwischen Justiz- und Verwaltungsfunktionen: Die Justiz wird von der Staatsleitung, auch von der Gesetzgebung, unabhängig gestellt und muss ihre Autonomie im Zweifel auch gegen die staatliche Integrationsfunktion verteidigen; sie muss also, wie es auch das Grundgesetz verlangt (Art. 97), unabhängig sein. Diese Überlegungen sind von Konrad Hesse dahingehend weiterentwickelt worden, dass die Gewaltenteilung selbst ein Verfassungsprinzip und unauflöslich mit der geschichtlich-konkreten Ordnung der durch das Grundgesetz konstituierten Staatlichkeit der Bundesrepublik Deutschland verwoben sei. Der Gewaltenteilungsgrundsatz dürfe nicht negativ im Sinne einer nachträglichen Einschränkung verstanden werden. Die Gewaltenteilung sei kein Mit-

[114] Vgl. nur *Korioth* (Staatsrecht I), Rn. 165.

[115] *R. Smend,* Verfassung und Verfassungsrecht (1928), in: ders., Staatsrechtliche Abhandlungen, 1968, 119 ff., 148 ff., 205.

[116] *Smend,* ebd., 207.

tel zur Mäßigung einer ursprünglich vorhandenen einheitlichen Staatsgewalt, die anschließend durch Aufteilung und Trennung zugunsten der Freiheit des Einzelnen beschränkt werde. Vielmehr sei das Gewaltenteilungsprinzip von vorherein positiv als eine sich ständig erneuernde Ordnungsbewegung des politischen und sozialen Zusammenlebens zu begreifen, die die einzelnen Staatsgewalten überhaupt erst konstituiere, ihre Kompetenzen bestimme und begrenze.[117] Damit ist das Bild einer von der Gesellschaft isolierten Staatlichkeit unvereinbar.

**100** Die Einheit der staatlichen Gewalt und deren sozio-politische Voraussetzung, die politische Einheit des Nationalstaates, können dann nicht einfach vorausgesetzt werden. Gewaltenteilung heißt vielmehr, die Einheit des Staates in einem differenzierten Zusammenwirken verschiedener Organe und Ebenen stets neu schaffen und erhalten zu müssen. Die Gewaltenteilungslehre öffnet sich dadurch für eine prozedurale Sichtweise, die eine dynamische und pluralistische an die Stelle einer allzu statischen Vorstellung von Gewaltenteilung setzt. In den Blick rücken dann auch die gesellschaftlichen Kräfte und Interessen, beispielsweise in der Form strukturierter Kooperation zwischen Staat und Privaten oder föderale Elemente als Form der vertikalen Gewaltenteilung. Damit wird zugleich ein monistisches Staatsverständnis überwindbar, in dem die Gewaltenteilung hierarchisch verstanden und Fragen der demokratischen Legitimation auf Fragen der parlamentarischen Gesetzgebung verengt werden.[118] Dies ist früher auch in der Formel ausgedrückt worden, dass das Gesetz für die Justiz Zweck und für die Verwaltung Schranke sei. Tatsächlich muss aber heute auch für die Verwaltung ein angemessenes Bild jenseits des Gesetzes als „Schranke" entwickelt werden. Dieses Bild muss Platz für die Eigenständigkeit der Verwaltung, ihre politische Gestaltungsfunktion, schaffen und darf die Verwaltung nicht einfach zu einem Anhängsel des parlamentarischen Gesetzgebungswillens machen. Eberhard Schmidt-Aßmann versucht diesem Anliegen durch die (an die ernste Musik angelehnte) Metapher von der „gesetzesdirigierten Verwaltung" näherzukommen. Auf diese Weise will Schmidt-Aßmann den Blick für „unterschiedliche Dichtegrade" der Gesetzesbindung öffnen.[119]

### 3. Die ideengeschichtlichen Grundlagen der Gewaltenteilungslehre

**101** Im Kontext der Erörterung der ideengeschichtlichen Grundlagen der Gewaltenteilungslehre ist es wichtig, jede Art von Monogenealogie zu vermeiden. Seit Georg Jellinek Charles Louis Montesquieu zum Vater der Gewaltenteilungslehre erklärt hat,[120] wird das Gewaltenteilungsprinzip im deutschen Staats- und Verfassungsrecht in erster Linie mit Montesquieu und dessen *Geist der Gesetze, De l'esprit des lois* (1748), in Verbindung gebracht. Daran ist richtig, dass Montesquieu im 6. Kapitel des XI. Buches schreibt: „In jedem Staat gibt es drei Arten von Gewalt: die gesetzgebende Gewalt, die vollziehende Gewalt in Ansehung der Angelegenheiten, die vom Völkerrecht abhängen, und die vollziehende Gewalt hinsichtlich der Angelegenheiten, die vom bürgerlichen Recht abhängen."[121] Und ein paar Zeilen weiter heißt es: „Wenn in derselben

[117] *Hesse* (Grundzüge des Verfassungsrechts), Rn. 482.
[118] Kritisch dazu *H.-H. Trute,* Die demokratische Legitimation der Verwaltung, in: Hoffmann-Riem/Schmidt-Aßmann/Voßkuhle, Grundlagen des Verwaltungsrechts, Bd. 1, 2. Aufl., 2012, § 6, Rn. 4 ff., 15 ff.
[119] *E. Schmidt-Aßmann,* Das allgemeine Verwaltungsrecht als Ordnungsidee, 2004, 200.
[120] Vgl. *Jellinek* (Allgemeine Staatslehre), 498.
[121] *C. L. Montesquieu,* Vom Geist der Gesetze (1748), 1992, 214.

Person oder der gleichen obrigkeitlichen Körperschaft die gesetzgebende Gewalt mit der vollziehenden vereinigt ist, gibt es keine Freiheit; denn es steht zu befürchten, daß derselbe Monarch oder derselbe Senat tyrannische Gesetze macht, um sie tyrannisch zu vollziehen."[122] Wenn Montesquieu außerdem darauf insistiert, dass es auch keine Freiheit gebe, wenn die richterliche Gewalt nicht von der gesetzgebenden und vollziehenden getrennt sei,[123] dann scheint die Idee der Gewaltenteilung als die einer Unterscheidung und Trennung der Staatsgewalt bei Montesquieu bereits klar umrissen.

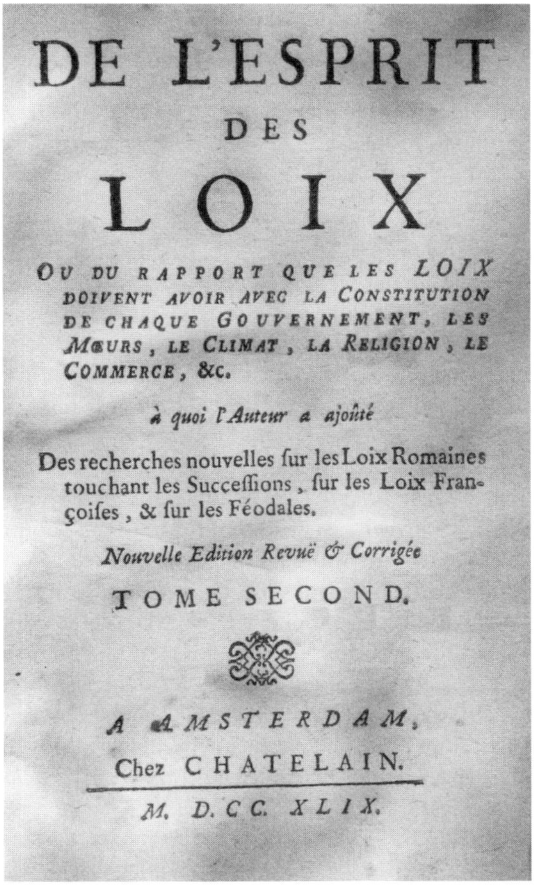
DE L'ESPRIT
DES
LOIX
OU DU RAPPORT QUE LES LOIX DOIVENT AVOIR AVEC LA CONSTITUTION DE CHAQUE GOUVERNEMENT, LES MŒURS, LE CLIMAT, LA RELIGION, LE COMMERCE, &c.
*à quoi l'Auteur a ajoûté*
Des recherches nouvelles ſur les Loix Romaines touchant les Succeſſions, ſur les Loix Françoiſes, & ſur les Féodales.
*Nouvelle Edition Revuë & Corrigée*
TOME SECOND.
*A AMSTERDAM,*
Chez CHATELAIN.
*M. D. CC. XLIX.*

*Abb. 9 Titelblatt des 1748 erschienen Werkes „Vom Geist der Gesetze" von Charles-Louis de Montesquieu*

Montesquieu entwickelt diese Überlegungen aber in einer politischen Kultur, die von **102**
der Monarchie geprägt ist. Gewaltenteilung heißt für ihn zuallererst, die absolute Macht des Königs einzuschränken. In der Literatur wird in diesem Zusammenhang die plausibel erscheinende These vertreten, dass es bei Montesquieus Gewaltenteilungslehre um die Bewahrung einer bereits vorhandenen Vielheit sozialer Kräfte vor

[122] *Montesquieu,* ebd., 215.
[123] *Montesquieu,* ebd.

einer despotischen Einebnung gehe, nicht aber um ein (formalistisches) Verfassungsprinzip. Seine so genannte Gewaltenteilungslehre wäre dann eher politisch als verfassungsrechtlich zu deuten.[124] Hinzu kommt, dass Montesquieu die Gewaltenteilungslehre in einem Kapitel über die Verfassung Englands darlegt. Montesquieu hat die Gewaltenteilung also nicht erfunden. Stattdessen blickt er bereits auf erste praktische Erfahrungen einer stärkeren Gewaltenteilung während der englischen Republik unter Oliver Cromwell (1649–1660) zurück, und er kann, vielleicht noch wichtiger, an theoretische Überlegungen zur Gewaltenteilung etwa bei James Harrington (1611–1677), John Locke (1632–1704) oder Henry Bolingbroke (1678–1751) anknüpfen. Lange vor Montesquieu hatte beispielsweise John Locke im 12. Kapitel seines *Second Treatise* (1690) eine Unterscheidung von Gesetzgebung, Exekutive und föderativer Gewalt ausgearbeitet.[125] Lockes Überlegungen haben auch die amerikanische Verfassungsbewegung beeinflusst, insbesondere Federalists wie Alexander Hamilton und James Madison, die sich für eine starke Exekutive als Ausdruck bundesstaatlicher Gewaltenteilung eingesetzt haben.[126]

103 Carl Schmitt hat zu Beginn des 20. Jahrhunderts das Bild der Balance als eine grundlegende Ordnungsvorstellung der frühen Neuzeit herausstellt. „Die Vorstellung eines Gleichgewichts, einer ‚Balance', entgegengesetzter Kräfte beherrscht das europäische Denken seit dem 16. Jahrhundert; sie äußert sich in der Lehre vom außenpolitischen Gleichgewicht …; von dem Gleichgewicht der Ein-und Ausfuhr als der Handelsbilanz; in der Lehre vom Gleichgewicht egoistischer und altruistischer Affekte in der Moralphilosophie des Earl of Shaftesbury; in der Lehre vom Gleichgewicht aus Anziehung und Abstoßung in der Gravitationslehre Newtons usw."[127] Daniel Damler hat diese Hinweise in seiner *Rechtsästhetik* (2016) aufgenommen und zeigen können, wie sehr die Metapher des Gleichgewichts, des Äquilibriums, von Montesquieu bis zu den Federalists als Ausdruck einer Art wahrer Harmonie erscheint, als Balance-Ästhetik, wie sie im 18. Jahrhundert besonders mit der Schönheit und Anmut der Sternennacht verbunden wird.[128] Damlers Rechtsästhetik zeigt damit erneut, wie wenig fruchtbar es ist, das moderne Staatsrecht als autonome Ordnung zu beschreiben, denn so wie ein Weg von der Kultur zum Recht führt, führt ein Weg von der Ästhetik und ihren regulativen Sinnbildern zur modernen Gewaltenteilungslehre. Auch hinter Montesquieus politischer Gewaltenteilungslehre steht ein ästhetisches Vorbild, nämlich seine Vorliebe für die Vielzahl der Objekte und die Notwendigkeit des *balancement* zwischen ihnen.[129]

104 Für zukünftige Diskussionen kommt es darauf an, das Bild der Balance als Sinnbild des Gewaltenteilungsgrundsatzes kritisch zu hinterfragen. Gerade Carl Schmitt geht es darum, die Gewaltenteilung dem von ihm als „rechtsstaatlich" bezeichneten Bestandteil der Weimarer Verfassung zuordnen und von dem von ihm als „politisch" bezeichneten Bestandteil abzukoppeln. Wenn man die Idee der Gewaltenteilung auf diese Weise mit dem Bild der Balance in Verbindung bringt, kann man die Gewaltenteilung als Ausdruck einer ursprünglichen Einheit hinstellen, die im Wege der Ausgleichung hergestellt wird. Gewaltenteilung wird dann zu einem nachträglichen Schranken- und Kontrollsystem einer an sich einheitlichen Staats-

[124] Vgl. näher *P. Kondylis,* Montesquieu und der Geist der Gesetze, 1996, 75 ff.

[125] Vgl. *Locke* (Two Treatises of Government), 364 ff.

[126] Zur Entwicklung in Amerika vgl. nur *Grimm* (Souveränität), 36 ff., 54 ff.; *D. Damler,* Rechtsästhetik, 2016, 298 ff.

[127] *Schmitt* (Verfassungslehre), 183, 184.

[128] *Damler* (Rechtsästhetik), 267 ff., 272.

[129] *Damler,* ebd., 267.

gewalt. Die Einheit der Staatsgewalt wird wiederum als solche vorausgesetzt und bei Schmitt als allein durch die politische Form, den politischen Bestandteil der Verfassung, bestimmt charakterisiert. Die Demokratie ist dann auch ohne Gewaltenteilung vorstellbar! Das ist aber nicht nur politisch und juristisch inakzeptabel, die Balance-Ästhetik blockiert beispielsweise auch die Frage nach der Notwendigkeit einer eigenständigen (und nicht nur abgeleiteten) demokratischen Legitimation der Verwaltung. Eine solche wird aber umso dringlicher, wenn die Verwaltung – wie etwa im Fall der Zentralbanken, der Telekommunikation- oder Medienregulierung – gestalterische Aufgaben übernimmt und dazu in unabhängigen Behörden und Agenturen gegenüber dem Staat verselbständigt wird.[130] Die Verwaltungsorganisation muss dann so ausgestaltet werden, dass sie die freiheitlichen Selbstorganisationsprozesse der Gesellschaft zu schützen vermag.

## 4. Druckpresse und Verschriftlichung des Gesetzes

Die Idee einer gedruckten Verfassung wird zuerst in Nordamerika im Zuge der Tren- 105
nung der Kolonien vom englischen Mutterland realisiert. Die Genealogie der Kodifikation reicht aber bis zur mosaischen Verfassung zurück, das heißt, bis zu den Zehn Geboten, die im Zentrum der Ordnungen und Rechtsbestimmungen stehen, die einzuhalten Gott von den Israeliten bei seinem Bundesschluss mit ihnen verlangt.[131] Zwar ist der Bundesschluss Teil eines religiösen Offenbarungsgeschehens, ihm geht jedoch eine Art säkular-bürokratischer Organisation der Israeliten voraus: Erst eine rationale, sich von Familien- und Verwandtschaftsbeziehungen lösende Organisation ermöglicht es Gott, die Israeliten als auserwähltes Volk anzusprechen und ihnen den Bund anzubieten.[132] Die Verschriftlichung des Gesetzes und seine Verankerung im Willen einer Nation sind damit in der Bundestheologie schon relativ weit entwickelt. Der Ägyptologe und Kulturwissenschaftler Jan Assmann geht sogar davon aus, dass bereits in Israel ein emphatischer Begriff von Volk oder Nation gebildet werde, „der für die Geschichte von Nationsbildung und Nationalismus in Europa vermutlich ebenso wichtig, wenn nicht entscheidender war als die antiken Begriffe von *polis* und *populus.*“[133]

Die liberale Demokratie hätte dann drei Gründungsorte: Neben Athen und Rom träte 106
Jerusalem.[134] Zumindest aber sind die Bundestheologie und die Thora vorbildhaft für die Idee der Verschriftlichung des Gesetzes, wie sie seit der frühen Neuzeit eine immer größer werdende Bedeutung gewinnt. Das gilt auch für England, das Mutterland der liberalen Demokratie. Schon lange vor der Amerikanischen Revolution, in der englischen Renaissance-Literatur des 17. Jahrhunderts, etwa bei Christopher Marlowe und Michael Drayton, wird die mosaische Verfassung zu einem wichtigen Thema des politischen Denkens.[135] Sie löst den Rekurs auf den weisen König Salomon ab, der sein Königtum von seinem Vater geerbt hatte. Auch hier zeigt sich wieder, wie eng die liberale Demokratie und die christliche Religion ursprünglich miteinander verbunden sind: Weil die christliche Religion noch im 17. Jahrhundert so stark und dominant ist, kann das politische Denken dieser Zeit die Bibel als Autorität nicht einfach übergehen. Aber bei aller Bindung an die Bibel gelingt es dem frühmodernen Denken doch, die jüdisch-christliche Kreationstheologie in literarische Verfahren der Kreation und Imagi-

[130] Vgl. nur *Schmidt-Aßmann* (Das allgemeine Verwaltungsrecht als Ordnungsidee), 259ff.
[131] Vgl. *J. Assmann,* Exodus, 2015, 229ff., 249ff.
[132] *J. Assmann,* ebd., 224.
[133] *J. Assmann,* ebd., 230.
[134] Ähnlich sieht es *E. Otto,* Das Deuteronomium, 1999, 378 („Die Wiege der modernen Demokratie steht nicht nur in Athen, sondern auch in Jerusalem.“).
[135] Vgl. *G. Hammill,* The Mosaic Constitution, Chicago 2012, 103ff.

nation künstlicher Körper zu transformieren und der eigenen Gegenwart damit eine sich von der Religion emanzipierende Legitimität zu verschaffen. Die mosaische Verfassung wird auch deshalb zu einem ständigen Thema, weil sie das Problem der Konstitution einer Verfassung von einem sich außerhalb einer bereits eingesetzten Verfassung befindlichen Punkt stellt. Weil diese Gründungsgewalt aber zugleich in den Kanon des Alten Testaments eingekleidet ist, verknüpft sie die konstituierende Macht mit den instituierten persuasiven Kapazitäten von Metaphern und Narrativen, die die christliche Tradition vorgibt und die auch unter säkularen Bedingungen dazu beitragen, das Leben durch den Glauben an die Autorität eines Schriftstückes zu formen.[136]

**107** Im Kontext des englischen Bürgerkrieges, in der Zeit unter Cromwell, entwickelt sich aus der mosaischen Verfassung eine explizit republikanische Tradition.[137] Darin ist ein literarischer Diskurs eingeschlossen, der Kapital daraus schlägt, dass Moses nicht nur ein Gesetzgeber, sondern auch ein Schreiber war.[138] Die Autorität des Rechts wird jetzt viel stärker als je zuvor auf Schrifttexte, auf förmliche Chartas, Petitionen, Gesetzesstatute und Konstitutionen verschoben. Personale Autorität wird in textuale Autorität transformiert, Schriftlichkeit und Dokumentförmigkeit werden zu einem konstituierenden Moment der staatlichen Rechtsordnung.[139] James Harrington, ein Anhänger der Republik und Parteigänger Cromwells, etwa nutzt die mosaische Verfassung in *Oceana* (1656) und *The Art of Lawgiving* (1659) als eine Szene, um die Herrschaft des Gesetzes und zugleich die Volkssouveränität zu legitimieren.[140] Auch für Hobbes hatte die Schriftlichkeit der Gesetze einen hohen Stellenwert. Sie führt im *Leviathan* aber immer wieder auf die Autorität des Souveräns bzw. derjenigen zurück, die im Namen des Souveräns zur Gesetzesauslegung autorisiert sind. Das ist im Übrigen auch der Sinn des viel zitierten und häufig missinterpretierten Satzes „Sed auctoritas, non veritas, facit legem".[141] Darin geht es nicht um eine bindungslose willkürliche Autorität, sondern um die Sicherung einer personalen Letztentscheidungskompetenz, die für Hobbes im Monarchen als Person ruht und nicht in einer Verfassungsurkunde.

**108** Mit dem Aufstieg der mosaischen Verfassung gewinnt zugleich ein kritischer Umgang mit autoritativen Texten an Gewicht. Ein Autor wie John Milton, wie Harrington ein Verteidiger der Republik unter Cromwell, sieht die Funktion schriftlicher Dokumente darin, soziale Konflikte an Verfahren der Interpretation binden zu können. Die Verbindlichkeit der Schrift resultiert hier daraus, dass sie ein öffentlich geteilter Text ist. Als allgemein zugänglicher Text aber verfügen gedruckte Texte über die Fähigkeit, eine Gemeinschaft durch die polemische Debatte über Auslegungsfragen in ständigem Kontakt mit all ihren Segmenten und Parteiungen zu halten. Milton entwickelt daraus ein Verständnis autoritativer Schriftlichkeit, das auf die Produktion von normativem Sinn durch wiederholte Anknüpfung an ein- und denselben Text angelegt ist, nicht als Empfang einer fix und fertigen Tradition, die ihre Verbindlichkeit wie eine Art von Vermächtnis begründet, sondern als Umgang mit einer Tradition, die immer wieder neu begründet wird und so auch

[136] *Hammill*, ebd., 8.
[137] *Hammill*, ebd., 173ff.
[138] Vgl. Ex 34, 28 („Und er schrieb auf die Tafeln die Worte des Bundes, die Zehn Worte.").
[139] *Hammill* (The Mosaic Constitution), 10.
[140] *Hammill*, ebd., 1, 208, 211.
[141] *Hobbes* (Leviathan), 190, 191 („The Authority of writers, without the Authority of the Commonwealth, maketh not their opinions Law, be they never so true."); vgl. dazu auch *O. Höffe*, ‚Sed auctoritas, non veritas, facit legem', in: W. Kersting (Hrsg.), Thomas Hobbes, 1996, 235ff., 252ff.

die Anpassung der Schriftgesetze an sich wandelnde historische Umstände ermöglicht. Darin ist ein kreativer Umgang mit autoritativen Schriften eingeschlossen, der auf diese Weise zugleich als Modus für gewöhnliche Menschen erfahrbar wird, ihren eigenen Ort in einem säkularen Leben zu bestimmen. Das schließt heilige Texte ein und lässt etwa bei Milton die Überzeugung wachsen, dass der säkulare Raum in der Abwesenheit von jeder Art von Dogmatismus definiert werden muss.[142]

Die englische Verfassungsgeschichte beeinflusst die Rechtspraxis in Nordamerika nach- **109**
haltig. Knapp 150 Jahre nach dem englischen Bürgerkrieg kann Thomas Paine – in *The Rights of Man* (1791/92) – mit Blick auf die Verfassung von Pennsylvania bereits von einer „politischen Bibel des Staates" sprechen. Und ganz im Sinne Miltons beschreibt Paine die gemeinsame Lektüre der Verfassung als etwas ganz Selbstverständliches, als das, was alle taten, sobald *Meinungsverschiedenheiten* über das Prinzip einer Regelung oder den Umfang irgendeiner Befugnis aufkam.[143] Von hier aus breitet sich die Idee der gedruckten Verfassung auch in Kontinentaleuropa aus, zuerst in der Erklärung der Menschen- und Bürgerrechte von 1789, zwei Jahre später in der französischen Verfassung von 1791, der ersten geschrieben Verfassung Kontinentaleuropas, im 19. Jahrhundert dann auch in Deutschland oder Italien. Insofern kann man mit Hannah Arendt sagen, dass „Amerika von Anfang an ... eine Angelegenheit Europas gewesen und geblieben ist."[144] Zwar wäre der Aufstieg der Idee einer gedruckten Verfassung ohne die englische Verfassungsgeschichte nicht denkbar gewesen, aber erst der Erfolg der amerikanischen Verfassungsbewegung und ihr Selbstverständnis, stellvertretend für die gesamte (fortschrittliche) Menschheit zu handeln, hat die Möglichkeit der Übertragbarkeit des Verfassungsgedankens auf die Länder und Staaten Europas geschaffen.[145]

Stellt man die Tätigkeit der Verfassungsinterpretation in diesen historischen Kontext, dann erscheint Ver- **110**
fassungsinterpretation als eine elementare Kulturtechnik des Umgangs mit der Gebundenheit an Materialien. Diese Gebundenheit ermöglicht aber gleichzeitig so viel Distanz, dass sie nicht die Zukunftsoffenheit kollektiver und persönlicher Existenz aufs Spiel setzen muss.[146] Verfassungsinterpretation kann also nicht mit einer autoritären, *ex cathedra*, erfolgenden Auslegung normativer Texte gleichgesetzt werden,[147] sondern ist ganz im Gegenteil auf Abweichung vom Ursprung angelegt, auf die Notwendigkeit der Suche nach stabilen Bindungen auf der Grundlage textueller Unbestimmtheit. Diese Form der Bindung an einen gemeinsamen Text, der trotz oder gerade wegen seiner Unbestimmtheit Ansprüche an seine Leser stellt, ist für den liberalen Verfassungsstaat bis heute unverzichtbar, nicht aber ist ein liberaler Verfassungsstaat vorstellbar, in dem die Kodifikation einfach umgangen und das Gesetz in seiner Bedeutung de facto und je nach Opportunität mehr oder weniger relativiert wird. Das ist in jüngerer Zeit beispielsweise wiederholt im Umgang mit den Verträgen der Europäischen Union, insbesondere während der Finanzkrise, vorgekommen; eine Entwicklung, die inzwischen das gesamte Europaprojekt als das einer Integration durch Recht in Frage stellt.[148] Auch das deutsche Grundgesetz würde seinen Wert verlieren, wenn sich die politische Praxis nicht länger an den Grundgesetztext selbst gebunden sehen würde.

---

142 *Hammill* (The Mosaic Constitution), 276, 277.

143 *Thomas Paine,* Die Rechte des Menschen, 1973, 224.

144 *H. Arendt,* Über die Revolution, 1974, 178; vgl. auch *Schramm* (Fünf Wegscheiden der Weltgeschichte), 268.

145 Darauf weist *Schramm,* ebd., 270, zu Recht hin.

146 In Anlehnung an *T. Vesting/S. Lüdemann,* Vom Geheiß der Deutung, in: Lüdemann/Vesting (Hrsg.) Was heisst Deutung, 2017, 9ff., 11f.

147 Vgl. dazu auch *C. Pornschlegel,* Deutung als dogmatische Funktion, in: Lüdemann/Vesting, ebd., 39ff.

148 Vgl. nur *C. Joerges,* Europas Wirtschaftsverfassung in der Krise, Der Staat 51 (2012), 357ff., 365ff.; *R. Schmidt,* Zurück zum Recht oder: Die Pflicht zum Austritt aus der Währungsunion, ZSE 15 (2017), 32ff.

# § 3 Gewaltmonopol: Der frühmoderne Territorialstaat

## I. Die Schaffung einer neuen Welt

### 1. Buchdruck und Reformation

111 Für das gedruckte Buch, dessen Geschichte in Europa 1454 mit der Herstellung der Gutenberg-Bibel beginnt,[1] ist eine neuartige Gestaltung der Textoberfläche charakteristisch. Eine gleichmäßige Anordnung der Buchstaben, die durch Groß- und Kleinschreibung, Worttrennung, Interpunktion, Spalten und Absätze visuell animiert wird, macht eine schnelle Wiedererkennbarkeit der typographischen Sequenzen möglich. Dadurch werden die Lesbarkeit von Schrifttexten sowie ihre Handhabbarkeit enorm erleichtert, letzteres zum Beispiel durch die Möglichkeit eines raschen Zugriffs auf einzelne Stellen eines Buches mittels Paginierung, Inhaltsverzeichnis und Indexierung. Diese und ähnliche Textorganisationstechnologien hatten sich zwar schon in den spätmittelalterlichen Schreibwerkstätten bei der Herstellung von Pergamentkodizes durchgesetzt. Für handschriftliche Pergamentkodizes war aber eine Tendenz ins Ornamentale und Zierliche typisch, und an diese Kunst und Tradition des schönen Schreibens, der Kalligraphie, knüpfte noch die Gestaltung der Gutenberg-Bibel an. Je mehr das Buch jedoch zum Gegenstand drucktechnischer Produktionsmethoden wird, desto stärker ist die Textoberfläche durch Ordnung, Sauberkeit und Zwangsläufigkeit gekennzeichnet, durch das, was der amerikanische Medientheoretiker Walter J. Ong den „typographischen Raum" nennt[2] – die „Zeilen vollkommen regelmäßig, alle rechtsseitig justiert, alles gleichmäßig anzuschauen, dabei ohne Hilfe von Zeilenlinien oder liniierten Rändern, wie wir das oft in Manuskripten finden. Es ist eine stabile Welt aus kalten nichtmenschlichen Fakten".[3]

112 Die epochemachende Besonderheit des drucktechnischen Verfahrens der Gutenbergpresse basiert auf dem wiederverwendbaren Handgießinstrument. Die Textoberfläche wird nicht länger wie bei einem Pergamentkodex von einer Schreiberhand gestaltet, so dass jede Handschrift letztlich ein Unikat mit eigenwilligen Schreibweisen und Abkürzungen blieb. Vielmehr weist die Druckpresse jedem Buchstaben des Alphabets ein gesondertes Stück Metall zu und ermöglicht durch die Verwendung beweglicher Bleilettern die maschinelle Reproduktion identischer Buchstabenfolgen: Die Sprache wird in letzte Elemente (Buchstaben) unterhalb der Ebene der pragmatischen Sprachfunktionen, der Rede in Wörtern und Sätzen, zerlegt und diese – mittels Setzkasten – auf eine quasi-maschinelle Weise wieder zusammengesetzt. Für die Druckerpresse ist anders gesagt eine extrem hohe Wiederholgenauigkeit charakteristisch, ja Schrifttexte, aber auch Zahlen und Bilder können jetzt zum ersten Mal in der europäischen Geschichte

[1] Ich knüpfe in diesem Abschnitt – stellenweise wörtlich – an frühere Überlegungen an: *T. Vesting,* Die Medien des Rechts, Bd. 3: Buchdruck, 2013, 47ff. (dort auch weitere Literaturnachweise zur Geschichte und Technologie des Buchdrucks).

[2] *W. J. Ong,* Orality and Literacy (1982), 2003, 126 („typographic space").

[3] *Ong,* ebd., 120 „the lines regular, all justified on the right side, everything coming out even visually, and without the aid of the guidelines or ruled borders, that often occur in manuscripts. This is an insistent word of cold, non-human, facts." – [Zitat im Text nach der deutschen Übersetzung von W. Schömel, 1987, 122].

präzise und verlustfrei kodiert und dekodiert werden.[4] Aufgrund dieser Eigenschaft, der Herstellung durchnormierter und miteinander identischer Textoberflächen, gilt der Buchdruck vielen als Vorwegnahme der späteren Mechanisierung der Produktion in Fabriken (Fließband), in der Landwirtschaft (Schlachthöfe), der Brotherstellung, der Schreibstuben usw., ja als erste Massenproduktionsindustrie, wie sie bis heute die industrielle Fertigung von Automobilen oder anderen Dingen prägt.

Mit der beliebigen Reproduzierbarkeit der gewählten Buchstabenfolgen geht eine Effi- 113
zienzsteigerung bei der Produktion von Texten einher, die die Herstellungsdauer und -kosten von Büchern massiv reduziert: Benötigte ein Schreiber durchschnittlich 3 Jahre, um eine einzige Bibel auf Pergament zu kopieren, druckt Gutenberg in ungefähr demselben Zeitraum 200 Exemplare seiner lateinischen Bibel. Mit dem Einsatz von Papier, das in Westeuropa seit dem späten Mittelalter zur Buchproduktion verwendet wird (die erste Papiermühle wurde 1390 in Nürnberg gegründet),[5] und der allmählichen Verbesserung der drucktechnischen Verfahren wird die Jahrhunderte währende Knappheit an Büchern allmählich beseitigt. Zwar nimmt die Menge der gedruckten Bücher in den meisten westeuropäischen Ländern erst seit dem 18. Jahrhundert sprunghaft zu, auch wenn die Zahlen noch lange Zeit weit von den ca. 90.000 Titeln entfernt bleiben, die heute jährlich erscheinen.[6] Doch schon im 16. Jahrhundert steigert der Buchdruck den Umlauf von gedruckten Texten außerhalb des unmittelbaren Einflussbereichs der katholischen Kirche, auch wenn nicht leicht abzuschätzen ist, in welcher Zahl die Pamphlete, Flugblätter, Broschüren und Bücher zirkulieren. So sollen beispielsweise die Schriften Luthers schon bis Ende 1520 etwa 600.000 bis 700.000 Exemplare erreicht haben, eine Zahl, die sehr hoch zu sein scheint.[7]

Wie immer man diese Zahlen bewertet, Luthers Bibelübersetzungen in die neuhoch- 114
deutsche Schriftsprache tragen jedenfalls zur Verbreitung der protestantischen Reformation bei. Sie beschleunigen nicht zuletzt den Aufbau eines translokalen evangelischen Gemeindewesens in Städten wie Wittenberg, Straßburg, Nürnberg oder Zürich. Schon Luthers erste deutschsprachige Schrift *Sermon von Ablass und Gnade* (1520) ist schnell in jeder größeren deutschsprachigen Stadt in 25 gedruckten Ausgaben zugänglich,[8] die erste Übersetzung des Neuen Testaments, Luthers Septemberbibel von 1522, soll sogar in mehr als 3000 Exemplaren gedruckt worden sein. Beide Schriften sind damit ein früher Beleg für die schöpferische Macht des gedruckten Buches, weil erst der Buchdruck es ermöglicht, die Reformation jenseits oraler Handlungsformen und ihrer kirchlichen Kontexte zu verbreiten, und der Buchdruck so auch daran mitwirkt, durch Lesen, Liturgie und Kirchenlieder eine gemeinsame Nationalsprache und Volkskultur auf den Weg zu bringen. Damit hat der Buchdruck auch geholfen, die Beziehung zwischen dem Leser und seiner Suche nach religiöser

4 *M. McLuhan,* Understanding Media, 2006, 170 (Buchdruck = die „art of making pictorial statements in a precise and repeatable form"); *Ong* (Orality and Literacy), 125 („exactly repeatable visual statement").

5 Mehr Informationen bei *G. K. Bose,* Das Ende einer Last – die Befreiung von den Büchern, 2013, 7 ff.

6 Nachweise bei *T. C. W. Blanning,* Das Alte Europa, 1660–1789, 2006, 139; vgl. auch *Bose* (Das Ende einer Last), 17 ff., 42 (Bose ist der Auffassung, dass der massenhafte Buchbesitz in Deutschland ein Produkt des späten 19. Jahrhunderts sei.).

7 So etwa *H.-D. Kittsteiner,* Die Stabilisierungsmoderne, 2010, 112; und *W. Schulze,* Deutsche Geschichte im 16. Jahrhundert: 1500–1680, 1987, 121.

8 Vgl. *L. Roper,* Der Mensch Martin Luther, 2016, 160.

Wahrheit zu säkularisieren, das heißt, die religiöse Wahrheit kirchlicher Autorität und Herrschaft zu entziehen.[9] Dazu hat sicherlich auch Luthers Beharrlichkeit beigetragen, mit der er den Grundsatz *sola scriptura* vertreten hat: das Prinzip, dass die Bibel als gedruckte Schrift und nicht die Kirche die einzige Autorität in Glaubensfragen darstellt. Allerdings insistiert Luther zugleich auf der Realpräsenz Christi in der Eucharistie. Für Luther ist Christus im Abendmahl – in Brot und Wein – gegenwärtig, was alles andere als zwingend ist, wenn man genauer zwischen den Symbolen oder Zeichen (Brot und Wein) und dem Bezeichneten (Christus) unterscheidet.[10]

## 2. Staat als Kunstwerk

115 Vom Buchdruck kann auch die Entstehung des modernen Staates nicht getrennt werden. Seit der Renaissance, seit dem Ablassstreit von 1517, der Reformation in Deutschland und England und seit den Hugenottenkriegen in Frankreich (1562–1598), die mit dem Massaker an den französischen Calvinisten (Hugenotten) in der Bartholomäusnacht von 1572 einen ersten Höhepunkt erreichen,[11] beginnt der frühmoderne Territorialstaat die Leerstellen auszufüllen, die das Brüchigwerden der mittelalterlichen Ordnung und die Religionskriege hinterlassen haben. Stellte sich in der christlich-aristotelischen Tradition die Allmacht Gottes als das eigentliche Zentrum der ganzen menschlichen Gesellschaft in all ihren Stufen und Verzweigungen dar, werden Ordnung und Autorität jetzt auf den neuen Begriff des Staates projiziert. In England taucht der Staatsbegriff erstmals im Kontext des entstehenden englischen Nationalismus in der Mitte des 16. Jahrhunderts auf,[12] in Frankreich bezeichnet Bernard de Girard, der Historiograph des französischen Königs Heinrich III., Frankreich 1570 als Staat. Darauf reagiert bereits Jean Bodin in seinen *Six livres de la République* (1576), wenn Staat dort häufiger als Synonym für Republik verwendet wird.[13] In der gelehrten literarischen Diskussion entsteht so allmählich ein Wissen über den Staat, das sich von theologischen Prämissen emanzipiert und zur Selbstgründung der modernen Welt beiträgt – einer Welt, die das Vertrauen in letzte religiöse oder ethische Gewissheiten verloren hat und diesen Mangel nicht zuletzt durch die Konstruktion artifizieller (künstlicher) Körper kompensieren muss. Der Schweizer Kulturhistoriker Jacob Burckhardt hat in seinem Buch *Die Kultur der Renaissance in Italien* (1860) in diesem Sinn ganz richtig vom „Staat als Kunstwerk" gesprochen.

116 In dem Maße, wie der Staat zu einem Kunstwerk wird, wird er von der Macht der Kultur als einer sich von der Religion lösenden Form der Sinnstiftung und Bedeutungsfestlegung abhängig. Themen wie Staat, Ordnung, Autorität, Gehorsam oder Repräsentation nehmen dabei insofern einen kulturell-ästhetischen Charakter an, als der Staat zu einer Frage der literarischen Imagination wird, der Sprache, der Rhetorik und der performativen Kraft der Fiktionen und Metaphern, die die gelehrte Literatur über den Staat hervorbringt. Anfänge davon zeigen sich schon in den Stadtrepubliken der italienischen Renaissance, in einem wachsenden Interesse an Fragen der Grammatik

9 Vgl. *K. Armstrong*, The Case for God, New York 2010, 169.
10 Vgl. *Roper* (Der Mensch Martin Luther).
11 Zum Hintergrund in Frankreich vgl. *R. Schnur*, Die französischen Juristen im konfessionellen Bürgerkrieg des 16. Jahrhunderts, 1959, 179 ff.
12 *Greenfeld* (Nationalism and the Mind), 79; *Skinner* (Die drei Körper des Staates), 13 ff.
13 Vgl. *Grimm* (Souveränität), 22; *Skinner* (Die drei Körper des Staates), 17 ff.

und Rhetorik bei Humanisten wie Lorenzo Valla (1405–1457) oder im Gebrauch poetischer Fiktionen im Zuge der politischen Instrumentalisierung der christlichen Religion bei Niccolò Machiavelli (1469–1527).[14] Im 16. und 17. Jahrhundert werden die kreativen Potentiale der Sprache noch offensiver für weltliche menschliche Angelegenheiten genutzt. Dazu zählt auch die Fähigkeit der Sprache, innerhalb ihrer eigenen Ordnung Sinnüberschüsse produzieren zu können, Sätze, die noch nie gesagt worden sind, oder Fiktionen und Metaphern zu schaffen, die die gegebene Ordnung zerspringen lassen, die Bruchstellen auftun, die vorher unsichtbar waren und am Ende die Ordnung selbst antasten.[15] Darin ist die gelehrte Literatur zum Staat von Anfang an eine performative Praxis, die etwas tut, macht, hervorbringt, erzeugt und nicht nur etwas sagt, feststellt oder erkennt. Sie ist eine Form der Intervention literarischer Imagination in die Bedeutungsgewebe, die kulturelle Welt, die die Individuen bewohnen. Die Staatstheorie leistet einen Beitrag zur sowohl begrifflichen als auch imaginativen Fabrikation des frühmodernen Staates und der mit ihm für die Einzelnen verbundenen Möglichkeit, ein säkulares politisches Leben führen zu können und nicht mehr nur Teil der großen kirchlichen Gemeinschaft unter der Ägide Gottes sein zu müssen.

Dass sich die Allmacht Gottes in der christlichen Tradition als das eigentliche Zentrum der ganzen menschlichen Gesellschaft in all ihren Stufen und Verzweigungen darstellte, hatte weitreichende Konsequenzen für das mittelalterliche Weltbild. Erkennen, Beobachtung der Welt, war hier ganz auf ein Erleben der Perfektion der Schöpfung festgelegt und auch das Selbstverständnis des Menschen war durch die göttliche Schöpfung als transzendentaler Quelle des Wissens vermittelt.[16] Alles Wissen war an eine gesamthafte Sicht der Dinge gebunden, auf eine gottdurchwirkte Natur gerichtet, die allen Menschen alles gibt – *natura dedit omnia omnibus.* Der Blick auf die Natur unterschied sich somit nicht allzu sehr vom Blick auf Gott und seine uneingeschränkte Autorität, was eine davon gelöste rationale Erkenntnis der natürlichen oder sozialen Welt undenkbar machte. „Mit einem Wort: der Mensch hatte die Welt als einen gottgegebenen Bestand ‚anzunehmen'".[17] Dasselbe galt für das Recht. Das Recht erzeugte Pflichten, an deren Erhaltung mitzuwirken dem Einzelnen durch die kosmologische Einheit von Mensch und göttlicher Ordnung aufgegeben war. So wie die Natur im mittelalterlichen Weltbild aber nur sehr ausschnitthaft und fragmentarisch wahrgenommen werden konnte, so war auch die mittelalterliche Rechtsordnung kaum mehr als ein lockeres Gewebe lokaler Rechtsinseln, das sich aus Feudalrecht, Stadtrecht, Königsrecht, Gutsrecht, Handelsrecht und anderen Fragmenten zusammensetzte und das auf einer Vielzahl von Rechtsquellen beruhte, in der die translokale Geltung oberster christlicher Rechtsprinzipien mehr eine Hoffnung für die Zukunft als eine Realität in der Gegenwart war. 117

Die gelehrte Literatur der frühen Neuzeit formuliert gegen die kosmologische Einheit von Natur und Gott ein neues Selbstbewusstsein, das auf die Schaffung einer neuen Welt hinausläuft. Autoren wie Lorenzo Valla, Machiavelli, Bodin und Hobbes erschließen ein Bewusstsein der Verfügbarkeit der politischen und sozialen Welt und fragen auf einem höheren Abstraktionsniveau als antike und mittelalterliche Autoren nach dem Ursprung und der Legitimation des Staates. Wenn Friedrich Nietzsche in der *Genealogie der Moral* (1887) mit Blick auf die Lehre vom Gesellschaftsvertrag in einer durchaus ironischen Bemerkung notiert, dass die Schwärmerei doch wohl abgetan sei, welche den Staat mit einem Vertrag beginnen lasse,[18] will Nietzsche gegen 118

[14] Vgl. dazu *V. A. Kahn,* The Future of Illusion, Chicago 2014, 84 ff.; *Hammill* (The Mosaic Constitution), 31 ff., 59 ff.

[15] In Anlehnung an *B. Waldenfels,* Antwortregister, 1994, 199.

[16] In Anlehnung an *K.-H. Ladeur,* Die Textualität des Rechts, 2016, 119.

[17] *H. Blumenberg,* Der kopernikanische Umsturz und die Weltstellung des Menschen (1955), 2015, 60 ff., 68, 69.

[18] *F. Nietzsche,* Zur Genealogie der Moral, 1994, 761 ff., 827.

die Vertragslehre auf der Gewaltsamkeit jeder Staatsgründung insistieren, darauf, dass die schiere Gewalt, die den Sieg erzwinge, sich nachträglich in eine legitime Herrschaft umdeute. Damit hat Nietzsche vollkommen recht: Niemals ist auf der Welt ein Staat durch einen Vertrag gegründet worden, dem alle Bürger freiwillig zugestimmt hätten. Die moderne Idee, die auch Hobbes aufgegriffen hat, nämlich dass der Staat und das Gesetz aus einem Vertrag hervorgingen, entspringt nicht weniger einer literarischen Fiktion als die Vorstellung Bodins, dass der Souverän den Subjekten das Gesetz gebe. Es handelt sich aber – und dies muss man Staatskritikern wie Nietzsche und seinen Nachfolgern von Michel Foucault bis Giorgio Agamben entgegenhalten – um literarische (staatsrechtliche) Fiktionen, die Realeffekte in der Geschichte erzeugt haben. Bis heute zwingen diese Effekte Staaten und Regierungen beispielsweise dazu, politische Entscheidungen in die Form des Gesetzes zu kleiden und sich gegenüber den Regierten grundsätzlich rechtfertigen zu müssen, nicht aber einfach auf der Grundlage schierer Gewalt handeln zu können. Anders gesagt: Die Geltung des Gesetzes kann *nach* der Herauslösung des Rechts aus seinen göttlichen Bindungen nicht mehr auf eine stabile und in jeder Hinsicht unanfechtbare Legitimation zurückgeführt werden. Die neue unpersönliche Ordnung des modernen Staates hat keinen anderen Grund als ihre eigene Künstlichkeit, aber es handelt sich dabei um eine Künstlichkeit, die unvermeidlich ist, wenn es nach dem Zerfall der christlichen „Gesamtordnung" weiterhin Ordnung – als staatliche „Grundordnung" – geben können soll.[19]

**119** Viktoria Kahn, eine amerikanische Literaturwissenschaftlerin, hat das Aufkommen von Vertragstheorien in ihrem Buch *Wayward Contracts* (2004) als *linguistic turn* im frühmodernen politischen Denken bezeichnet. Für sie ist die Wende zur Sprache Teil einer Bewegung des Bedeutungszuwachses poetischer Macht, Poesie hier mit dem italienischen Gelehrten und Juristen Giambattista Vico (1668–1744) verstanden als Bedeutungszuwachs aller Arten menschlichen Handelns und Wirkens. Dieser Aufstieg des Poetischen ermöglicht es der frühmodernen Literatur, Staat und Regierung als reine menschliche Artefakte zu imaginieren und diese Imaginationen in der Realität zu verankern.[20] In einer anderen Publikation, *The Future of Illusion* (2014), bringt Kahn diese kreative Macht auf den Begriff der „poiesis", worunter sie die – ebenfalls von Vico kommende Einsicht – verstanden wissen will, dass Menschen nur das wissen können, was sie selbst gemacht haben, das Historische, das Soziale und Säkulare.[21] Zu diesem Selber-Machen zählt sie als Literaturwissenschaftlerin besonders das menschliche Vermögen, mittels der Sprache kunstvolle Fiktionen und Metaphern schaffen, Werte auf Dingen platzieren und so ein abstraktes Gewebe von Normativitäten jenseits der nackten Macht und des kreatürlichen Lebens erzeugen zu können, eine, wie man in der Terminologie der Psychoanalyse sagen könnte, symbolische Ordnung hervorzubringen, die die Menschen von unmittelbarer persönlicher Herrschaft befreit. Dass dieser Prozess sich gerade in der frühen Neuzeit beobachten lässt, dürfte auch mit dem typographischen Raum des Buchdrucks und seiner stabilen Welt aus kalten nicht-menschlichen Fakten zusammenhängen.

[19] Das Begriffspaar Gesamtordnung/Grundordnung übernehme ich von *B. Waldenfels,* Ordnung im Zwielicht, 1987, 98.
[20] *Kahn* (Wayward Contracts), 16.
[21] *Kahn* (The Future of Illusion), 3, 8.

Die Idee der Schaffung einer neuen Welt, die die geistesgeschichtliche Lage der frühen Neuzeit bestimmt, darf nicht mit der Vorstellung eines radikalen Bruchs oder totalen Einschnitts gleichgesetzt werden. Der Verlust der kosmologischen Einheit von Mensch und göttlicher Ordnung seit der Renaissance und der Reformation bedeuteten zwar das unwiderrufliche Ende der mittelalterlichen Ordnung. Aber Tradition und Innovation sind in der Geschichte nie absolute Gegensätze. Weil „Geschichte die Zeitform der Erfahrung" ist, können ihre Neuanfänge nicht „ohne Rücksicht auf Gewesenes und Überkommenes" geschaffen werden.[22] Jede Innovation bleibt an Traditionen gebunden, nur aus einer Ordnung, die schon besteht, können neue Ordnungen hervorgehen, ansonsten besteht die Gefahr, dass sich das Neue selbstdestruktiv gegen die Ordnung selbst wendet. Keine Gründungsmacht, so ließe sich in der Terminologie des französischen Philosophen Cornelius Castoriadis und Vincent Descombes auch formulieren, kann ohne eine schon gegebene „instituierende Macht" operieren,[23] und an dieser instituierenden Macht partizipieren nicht nur diejenigen, die sich die Errichtung einer neuen Ordnung auf die Fahnen schreiben, sondern alle Menschen, soweit Individuen an der Schaffung der Kultur, der Sprache, den Riten, Sitten und Gebräuchen teilhaben. 120

## 3. Staat und Religion

Durch den Buchdruck wird die Bibel sehr viel leichter für den einzelnen Gläubigen zugänglich. Deshalb ist der Buchdruck eine Voraussetzung dafür, dass die Heilige Schrift im Zuge der protestantischen Reformation zur einzigen Richtschnur des Glaubens *(sola scriptura)* werden kann. Die Erschütterung der uneingeschränkten Autorität der katholischen Universalkirche, die Spaltung des Christentums in Protestantismus, Calvinismus und Reformkatholizismus, die konfessionellen Bürgerkriege und der Dreißigjährige Krieg (1618–1648) bringen ein neues Nachdenken über die Welt und das menschliche Miteinandersein hervor. Zu diesem neuen Welt- und Gesellschaftsbild gehören auch ein sich verändernder Umgang mit magischen Kräften, wie er sich im Ende der Hexenverfolgung und Hexenprozesse manifestiert,[24] sowie eine neue Kosmologie, in der der sichtbare Himmel nicht länger ein Ort des Schreckens und der Strafen Gottes ist, sondern ein Raum vorausberechenbarer Planetenbahnen und Harmonie.[25] Damit geht der neue Begriff des Staates einher, der jetzt einen künstlichen menschengemachten Körper bezeichnet, der sich aus der alten christlich-aristotelischen Zivilgesellschaft, der *societas civilis,* herauslöst. Ernst-Wolfgang Böckenförde hat diese Bewegung die „Entstehung des Staates als Vorgang der Säkularisation" genannt – und den Begriff der Säkularisation genauer bestimmt als „die Ablösung der politischen Ordnung als solcher von ihrer geistlich-religiösen Bestimmung und Durchformung, ihrer ‚Verweltlichung' im Sinne eines Heraustretens aus einer vorgegebenen religiös-politischen Einheitswelt zu eigener, weltlich konzipierter (‚politischer') Zielsetzung und Legitimation, schließlich die Trennung der politischen Ordnung von der christlichen Religion als ihrer Grundlage und ihrem Ferment."[26] 121

Böckenfördes Formel von der Entstehung des Staates als Vorgang der Säkularisation ist nicht deckungsgleich mit der Formel Carl Schmitts, derzufolge alle prägnanten Begriffe der modernen Staatslehre säkularisierte theologische Begriffe seien.[27] Für Carl 122

[22] *H. Blumenberg,* Arbeit am Mythos, 1979, 412.

[23] *Descombes* (Die Rätsel der Identität), 226ff. (eigene Übersetzung).

[24] Vgl. *Kittsteiner* (Die Stabilisierungsmoderne), 137ff.

[25] Vgl. *Kittsteiner,* ebd., 178ff.

[26] *Böckenförde* (Die Entstehung des Staates), 42ff., 43; dazu aus jüngerer Zeit *K.-F. Gärditz,* Säkularität und Verfassung, 2010, 153ff; und *I. Augsberg,* Die Entstehung des neutralen Staates als Vorgang der Säkularisation, ZevKR 53 (2008), 445ff.

[27] *C. Schmitt,* Politische Theologie (1922), 1985, 49.

Schmitt kommt die Herauslösung des modernen Staates aus seiner religiösen Einbettung und Formung einem Unrecht gleich, einer „Umsetzung authentischer theologischer Gehalte in ihre säkulare Selbstentfremdung".[28] Schmitt spricht an anderer Stelle auch von einer „systematische(n) Strukturverwandtschaft von theologischen und staatsrechtlichen Begriffen",[29] und das bedeutet im Klartext: Der moderne Staat ist ein „Vehikel der Säkularisierung" und als solches unfähig,[30] eine eigenständige säkulare Kultur, Begriffe aus *eigener* Anschauung und Legitimität hervorzubringen. Schmitt ist anders gesagt ein Gegner jedweder Säkularisierung, sofern man darunter die Verweltlichung der Kultur und der Beziehungen der Menschen untereinander versteht; ihm geht es gerade um eine theologische Aufladung des Staatsbegriffs.[31] Die Autorität des Staates kann auf eine theologische Legitimation oder religiöse Dimension jedenfalls nicht verzichten; deshalb bezeichnet Schmitt den politisch relevanten Gottesglauben auch einmal als den „extremsten fundamentalen Ausdruck des Glaubens an eine Herrschaft und an eine Einheit".[32] Darin stimmen Schmitt und Böckenförde freilich überein. Denn es ist exakt dieser Gedanke, der im bekannten Böckenförde-Diktum nachhallt, demzufolge der freiheitliche säkularisierte Staat von Voraussetzungen lebe, die er selbst nicht garantieren könne.[33]

**123** Anders als es Schmitts Rede von der politischen Theologie wahrhaben will und anders auch als es Böckenförde zu sehen scheint, überschreitet der Staat jedoch schon in der frühen Neuzeit die Schwelle einer Welt, in der die Religion die Kultur und das soziale Band noch prägen konnte. Die Beziehung von modernem Staat und christlicher Religion ist deshalb komplizierter: Das Christentum ist einerseits, wie der französische politische Philosoph Marcel Gauchet glänzend formuliert hat, die Religion des Ausgangs aus der Religion,[34] und zwar genau in dem Sinne, dass die Religionen zwar auch nach dem Vorgang der Säkularisation weiter existieren, „aber innerhalb einer Form und einer kollektiven Ordnung, die sie nicht länger bestimmen."[35] Andererseits führt das Christentum zu keiner strikten Trennung von Staat und Religion. Insbesondere wird mit dem modernen Staat kein neutraler Staat geschaffen, in dem die Religion durchweg zu einer Privatsache würde, zu einem verinnerlichten Glauben, zu einer Angelegenheit des Gewissens des Einzelnen, das keinerlei Einfluss mehr auf die kollektive Ordnung hätte. Wenn das Christentum die Religion des Ausgangs aus der Religion ist, heißt das eben auch, dass der moderne Staat aus einer ganz bestimmten religiösen Tradition hervorgeht, aus einer Tradition, die seine Institutionen bis heute prägen. Zu diesem christlichen Erbe gehört zuallererst die Vorstellung einer universalen Ordnung: Der Staat, seine Souveränität und sein Gewaltmonopol sind per definitionem rechtlich verfasst und seine Subjekte sind prinzipiell freie und gleiche Subjekte, so wie alle Menschen (nicht nur Christen) vor Gott gleich sind.

---

28 *H. Blumenberg,* Die Legitimität der Neuzeit, 1988, 75.
29 Vgl. *C. Schmitt,* Politische Theologie II (1970), 1990, Anm. 101.
30 *C. Schmitt,* Der Nomos der Erde im Völkerrecht des Jus Publicum Europaeum (1950), 1974, 97.
31 Vgl. *Kahn* (The Future of Illusion), 23 ff.
32 *Schmitt* (Politische Theologie II), 64.
33 *Böckenförde* (Die Entstehung des Staates), 42 ff., 60.
34 Vgl. *Gauchet* (Le désenchantement du monde), 197 ff. („la religion de la sortie de la religion").
35 *M. Gauchet,* La religion dans la démocratie, Paris 2004, 14 („La sortie de la religion, c'est le passage dans un monde où les religions continuent d'exister, mais à l'intérieur d'une forme politique et d'un ordre collectif qu'elles ne déterminent plus.").

Der Philosoph Hans Blumenberg hat in *Die Legitimität der Neuzeit* (1966/88) das Verhältnis der säkularisierten Gegenwart zu ihrem christlichen Erbe als das einer „Umbesetzung vakant gewordener Positionen von Antworten" bestimmt, „deren zugehörige Fragen nicht eliminiert werden" können.[36] Greift man diese Vorstellung auf, wäre auch in Zukunft mit einer Aktualität der christlichen Religion und der politischen Theologie zu rechnen, die in Anlehnung an eine Formel des französischen politischen Philosophen Claude Lefort auch als Frage nach der Fortdauer des Theologisch-Politischen formuliert werden könnte.[37] Das meint nicht die Wiederkehr der Religion, sondern adressiert ein Problem, das auch innerhalb einer säkularisierten Welt weiterexistiert, heute nicht zuletzt als Konflikt zwischen dem säkularen Westen und der islamischen Kultur.[38] 124

## II. Zentralisierung öffentlicher Gewalt

### 1. Souveränität als Rechtsbegriff

Seit der frühen Neuzeit vollzieht sich in Europa die Transformation zum Territorialstaat, 125
der Umbau der mittelalterlichen Ständegesellschaft mit ihren vielfältigen Korporationen, den Städten, Zünften, Kirchen, Universitäten, Orden etc., zu einem Staat mit einem geschlossenen Herrschaftsgebiet und einer höchsten Gewalt. Max Weber spricht im 20. Jahrhundert statt von höchster Gewalt auch vom Gewaltmonopol des Staates.[39] Zwar kommt es schon im Spätmittelalter – zuerst in England und Frankreich – zu neuartigen Formen raumübergreifender politischer Herrschaft und Verwaltung, die nicht zuletzt durch neue, auf der Schrift basierende Buchhaltungstechniken, durch Rechnungsführung, Registraturen, Tabellen oder Steuerveranlagungsdokumenten möglich werden.[40] Doch ruhte noch die spätmittelalterliche Ordnung auf persönlichen Kommunikations- und Beziehungsnetzwerken, in denen selbst Könige nur über eine Kette von Intermediären wie Lehnsherren, Bischöfe oder Stadträte regieren konnten. Demgegenüber werden in der frühen Neuzeit größere Territorien gebildet – ganze Landstriche, Städte, Dörfer, Gutshöfe und Burgen werden an eine zentrale und höchste Gewalt gebunden. Von dieser Gewalt behauptet Jean Bodin in seinen *Six Livres de la République* (1576), dass die Franzosen sie auch Souveränität nennen würden. Das ist insofern ungenau, als das Wort Souveränität, das sich vom lateinischen *superanus,* über anderen stehend, ableitet, im Altfranzösischen zwar schon im 13. Jahrhundert mit Herrschaftspositionen verbunden wird, aber zunächst nur für eine relative Machtgröße und Autorität steht, etwa für die Souveränität des Barons in seiner eigenen Grafschaft, für einen souveränen Herrn, der mit anderen Souveränen konkurriert.[41] Erst allmählich entwickelt sich die Vorstellung der Souveränität im Sinne Bodins, nämlich einer Souveränität, die zum wichtigsten Punkt, zum *point principal,* der neuen staatlichen Ordnung wird.[42]

[36] Vgl. *Blumenberg* (Die Legitimität der Neuzeit), 75.

[37] Vgl. *Lefort* (Fortdauer des Theologisch-Politischen?).

[38] Vgl. *T. Asad,* Ordnungen des Säkularen, 2017.

[39] *Weber* (Wirtschaft und Gesellschaft), 29 („*Staat* soll ein politischer *Anstaltsbetrieb* heißen, wenn und soweit sein Verwaltungsstab erfolgreich das *Monopol legitimen* physischen Zwanges für die Durchführung der Ordnungen in Anspruch nimmt."); dazu ausführlich *Colliot-Thélène* (Das Monopol der legitimen Gewalt), 39ff.

[40] Vgl. *P. Haidu,* The Subject Medieval/Modern, Stanford (Cal.) 2004, insb. 155ff.; vgl. auch allg. *J. M. Smith,* Europe after Rome, Oxford 2011, 13ff.

[41] Vgl. *Grimm* (Souveränität), 17; *Quaritsch* (Souveränität), 15 (jeweils mit Hinweis auf Beaumanoir: „chaque baron est souverain dans sa baronnie").

[42] *Bodin* (Sechs Bücher über den Staat), 205, F 122 (in der deutschen Fassung unspezifisch als „Kern" übersetzt).

126 Der frühmoderne Territorialstaat ist von Anfang an ein vom Recht abhängiger Staat. Zwar bilden sich viele rechtsstaatliche Prinzipien – die Bindung des Staates an das Gesetz, Gewaltenteilung oder gesellschaftliche Freiheitsrechte – erst im liberalen Rechts- und Verfassungsstaat des 18. und 19. Jahrhunderts aus. Es wäre dennoch ein verkehrtes Bild, wenn man sich den frühmodernen Territorialstaat als einen absolutistischen Polizei- und Willkürstaat oder gar als eine Art Vorläufer des totalitären Staates des 20. Jahrhunderts vorstellen würde. Wenn Bodin die Souveränität als „absolute und zeitlich unbegrenzte Gewalt" in einem Staat bezeichnet, als „puissance absolue & perpétuelle d'une République",[43] ist damit keine nackte Gewalt gemeint, keine Macht, hinter der immer das Schwert steht.[44] Vielmehr geht es Bodin gerade um eine rechtlich gebundene Gewalt, um ein *droit gouvernement.* Die Souveränitätslehre ist von Anfang an eine Rechtslehre.[45] Das kann man auch daran erkennen, dass das förmliche Gesetzgebungsrecht jetzt ausschließlich dem Fürsten zusteht. Das Gesetzgebungsrecht ist nicht nur die wichtigste Kompetenz des Souveräns (und nicht mehr die *iurisdictio,* die Richtertätigkeit), sondern auch eine Art Generalkompetenz, von der sich alle anderen Befugnisse des Souveräns wie Kriegserklärung und Friedensschluss, Beamtenernennung, Steuererhebung und Gnadenerweise ableiten.[46]

127 Für die Rechtsorientierung des frühmodernen Territorialstaates ist das im Vergleich zu anderen Weltkulturen wie China oder Japan hochentwickelte Recht in Westeuropa verantwortlich. Dieses Recht ist ein Erbe des Christentums. Zwar darf der Reichtum der westlichen Rechtskultur nicht einseitig auf das christianisierte römische Recht verengt werden, aber mit Max Weber kann man doch von einer gewaltigen Nachwirkung des römischen Rechts in Westeuropa sprechen.[47] Damit ist primär die Form der intellektuellen Schulung der Juristen an überlieferten lateinischen Rechtstexten gemeint, die Lektüre und Kommentierung von Pergamentkodizes, die mit dem Aufstieg des Christentums in der Spätantike auch von Juristen verwendet werden. Nur sekundär geht es um die Übernahme bestimmter Grundsätze und Regeln des antiken römischen Rechts. Mit der Rezeption der Formen des römischen Rechts geht eine spezifische Schriftgelehrsamkeit einher, eine Intellektualisierung des Rechts, die besonders durch das scholastische Denken möglich wird. Dieses intellektualisierte Recht wandert dann seit dem 12. Jahrhundert aus den Klöstern und Kirchen in die kulturell und wirtschaftlich aufblühenden Städte Oberitaliens und trägt dort in der Gestalt von Notaren, Anwälten und anderen Rechtsgelehrten zur Stabilisierung der komplizierten Machtverhältnisse bei.[48] Und nicht nur das. Indem die Formen des römischen Rechts über die üblichen Rechtsgewohnheiten hinausgehen, öffnen sie sich für Neuerungen und werden jetzt stärker auf das Individuum bezogen, ja beziehen dieses selbst in die Prozesse der praktischen Rechtsbildung etwa unter Kaufleuten ein.[49] Diese frühe Beteiligung des Rechts an der städtischen Selbstorganisation trägt auch zur prosperierenden wirtschaftlichen Entwicklung der Städte bei.[50]

[43] *Bodin* (Sechs Bücher über den Staat), 205, F 122.

[44] So aber *M. Foucault,* Der Wille zum Wissen (Sexualität und Wahrheit 1), 1977, 171.

[45] *L. Strauss,* Naturrecht und Geschichte, 2016, 197.

[46] Vgl. *Quaritsch* (Souveränität), 46.

[47] Vgl. nur *S. Hermes,* Staatsbildung durch Rechtsbildung – Überlegungen zu Max Webers soziologischer Verbandstheorie, 2016, 81 ff.

[48] *G. Tabacco,* The Struggle for Power in Medieval Italy, Cambridge 1989, 267 ff.

[49] *K.-H. Ladeur,* Der Anfang des westlichen Rechts, 2018.

[50] Vgl. *H.-B. Schäfer/A. Wulf,* Wie der Aufstieg des gelehrten Rechts im Mittelalter den wirtschaftlichen Aufstieg Europas beförderte, Bucerius Law Journal 1 (2014), 52 ff.

Auch wenn man mit Max Weber von einer gewaltigen Nachwirkung des römischen Rechts in Westeuropa sprechen kann, ist es wichtig, die Evolution der westlichen Rechtskultur nicht einseitig auf die Formen des christianisierten römischen Rechts zurückzuführen. Das westliche Recht knüpft an verschiedene religiöse und kulturelle Überlieferungen an, nicht nur an christlich-römische, sondern ebenso an griechische wie jüdisch-alttestamentarische, die sich wechselseitig befruchten.[51] Auch bei Bodin spielt das jüdische Denken eine Rolle.[52] Das bestätigen nicht zuletzt die Ängste und Befürchtungen Carl Schmitts. In einem Aufsatz aus dem Jahr 1942, in *Die Formung des französischen Geistes durch die Legisten,* bemerkt Schmitt, dass Bodin ein großes Interesse für jüdisch-rabbinische Gelehrsamkeit gezeigt habe. Diese völlig zutreffende Beobachtung versetzt Schmitt nur deshalb nicht in stärkere Unruhe, weil er sich mit der Feststellung beruhigt (und meint beruhigen zu können), dass Bodin insgesamt „eine ganz unjüdische Art von Frömmigkeit" zeige, die von jedem „Auserwähltheitswahn" weit entfernt sei. Daher bestehe an Bodins rein französischer Herkunft „aus dem bodenständigen angevinischen Volk" nicht der geringste Zweifel.[53] 128

## 2. Vicos *iura imaginaria*

Der Aufschwung des christianisierten römischen Rechts, das sich für die Innenwelt der Menschen öffnet sowie umgekehrt das Recht zu einem Moment der Subjektivität der Individuen macht, bedeutet eine erste Mobilisierung von rechtlichen Formen in der Geschichte der Evolution des modernen Staates. Damit wird das ursprünglich auf Gott zurückgeführte Recht zu einem Produkt, das der Mensch selbst macht. Die *Neue Wissenschaft* (1726) des italienischen Gelehrten und Juristen Giambattista Vico gilt zu Recht als das Buch, das den künstlichen (technischen) Charakter der modernen Kultur als erstes in all seinen Dimensionen erfasst und dabei auch dem Recht eine bedeutende Rolle zuschreibt. Vico entwickelt eine Art kulturhistorischer Universalwissenschaft, mit der eine veränderte In-Beziehung-Setzung der Quellen des Wissens einhergeht: Während das gelehrte Wissen auf begriffliche Darstellungen und propositionale Sätze in Schrifttexten beschränkt bleibt und daher regelmäßig nur einem kleinen Kreis von Gebildeten zugänglich ist, kann Wissen, das in erzählten Geschichten zirkuliert, wirklichkeitsbeherrschende Imaginationen und Fiktionen hervorbringen. Das lehren für Vico etwa die Volksmythen. Das hat zugleich zur Konsequenz, dass auch das gelehrte Wissen immer schon einer Kultur angehört, womit sich für Vico auch die Rangordnung der Quellen des Wissens verändert. So hat beispielsweise nicht die Philosophie die griechische Kultur geschaffen, sondern umgekehrt ist die griechische Philosophie aus der griechischen Kultur und ihren öffentlichen Institutionen hervorgegangen, die „Grundsätze der Metaphysik, der Logik und der Moral" sind auf „dem Marktplatz Athens" entstanden.[54] 129

Wie die griechische Philosophie aus einer öffentlichen Kultur erwächst, ist auch das römische Recht von Anfang an in eine Kultur eingebettet und selbst ein Stück Kultur. Vico hatte in Neapel Jurisprudenz studiert, dieses Studium 1693/94 mit einem Doktor der Rechte abgeschlossen und später – unter dem Titel *Diritto universale* (1720/22) – drei Bände zur göttlichen Herkunft des Naturrechts publiziert, in der Hugo 130

[51] Vgl. nur *Hammill* (The Mosaic Constitution); vgl. auch *Kahn* (Wayward Contracts), 48ff. (zum Einfluss der covenant theology auf das englische Vertragsdenken).

[52] Dazu *J. Guttmann,* Jean Bodin in seinen Beziehungen zum Judentum, Monatsschrift für Geschichte und Wissenschaft des Judentums 3 (1905), 315ff.

[53] *C. Schmitt,* Die Formung des französischen Geistes durch die Legisten (1942), in: *ders.,* Staat, Großraum, Nomos, 1995, 184ff., 199; zu einem Lesen der Ängste Carl Schmitts vgl. allg. *I. Augsberg,* Carl Schmitt's Fear: Nomos – Norm – Network, Leiden Journal of International Law 23/04 (2010), 741ff.

[54] *G. Vico,* Die neue Wissenschaft über die gemeinschaftliche Natur der Völker (1744), Berlin/New York 2000, 397; vgl. auch *Ezrahi* (Imagined Democracies), 22ff.

Grotius die zentrale Referenz bildet. War schon das Denken von Grotius durch eine starke Imaginationskraft geprägt, die sich in einer folgenreichen Ausdehnung und Erweiterung der juristischen Kategorie des Vertrages artikulierte (an die später auch Hobbes anknüpft), ist die römische Jurisprudenz für Vico zuallererst Poesie, Gedicht, Dichtung und Gesang. Die alte römische Jurisprudenz, heißt es in der *Neuen Wissenschaft,* „erdichtete Geschehenes als nicht geschehen, Nichtgeschehenes als geschehen, die noch Ungeborenen geboren, die Lebenden tot, die Toten lebend in ihrer liegenden Erbschaft; sie führte viele leere Masken ohne Subjekte ein, die iura imaginaria – von der Einbildung erdichtete Rechte – hießen; und sie setzte all ihr Ansehen in die Auffindung solcher Mythen, die den Gesetzen ihre Würde bewahren und den Tatsachen das Recht zuführen sollten. So sind die Erdichtungen der alten Jurisprudenz maskierte Wahrheiten; und die Formeln, in denen Gesetzes sprachen, hießen wegen ihrer fest umgrenzten Maße von soviel und solchen Worten, weder mehr, noch weniger, noch andere ‚carmina'; so war das ganze alte römische Recht ein ernstes Gedicht, das von den Römern auf dem Forum dargestellt wurde, und die alte Jurisprudenz war eine strenge Dichtung."[55]

131 Was will Vico damit sagen? Vico entwickelt einen starken Sinn dafür, dass das römische Recht mit Unterscheidungen und Fiktionen arbeitet.[56] Das verschafft ihm eine große Plastizität, wodurch seine Formen als reine Kunstprodukte vorstellbar werden und es ihm zugleich ermöglichen, performativ zu wirken und über die bestehende Wirklichkeit hinauszugehen. Diesen Gedanken gilt es festzuhalten. Eine kulturwissenschaftliche Staatstheorie darf Vicos *iura imaginaria,* seine imaginierten Rechte, nicht auf juristische Fiktionen im Sinne rechtstechnischer Artefakte reduzieren. *Iura imaginaria* sind besonders nicht mit Gesetzesfiktionen gleichzusetzen, die nach dem Als-ob-Prinzip arbeiten, wie sie etwa das Zivilrecht kennt; man denke nur an Legalfiktionen des Typs „Wer zur Zeit des Erbfalls noch nicht lebte, aber bereits gezeugt war, gilt als vor dem Erbfall geboren" (§ 1923 Abs. 2 BGB). Stattdessen kommt es darauf an, die imaginäre Dimension der juristischen Fiktionen stark zu machen, sie als „eine Form der ‚Poiesis', des Machens, der Herstellung jenseits des Gegebenen" zu qualifizieren.[57] Die Erdichtung von Rechten im Sinne Vicos gleicht daher mehr dem Einsatz einer Metapher: *Iura imaginaria* sind auf die Schaffung von Innovationen ausgerichtet, auf eine neuartige Ordnung der Welt „durch eine Art Kartierung".[58] Begriffliche und poetische Operationen, Rhetorik und Grammatik lassen sich unter dieser Voraussetzung nicht bündig voneinander scheiden: Die juristischen Imaginationen und Fiktionen sind zugleich rhetorische Operationen und tragen so zur Institutionalisierung des modernen Staates bei.

132 Man sollte Vicos Beschreibung der alten römischen Jurisprudenz als ernstes Gedicht und strenge Dichtung nicht für bare Münze nehmen. Historisch gesehen taucht der Begriff *iura imaginaria* im antiken römischen Zivilrecht nicht auf. Auch das Wort *imaginaria* ist für das klassische Latein spärlich belegt. Orientiert man sich darüber hinaus an der vorzüglichen Sammlung der lateinischen Rechtsregeln und Rechtssprichwörter von Detlev Liebs ergibt sich ein ähnliches Bild: Zu *iura imaginaria* gibt es keinen Eintrag, zum verwandten

[55] *Vico* (Die neue Wissenschaft), 393, 394.

[56] Vgl. *Y. Thomas,* „Auctoritas legum non potest veritatem naturalem tollere", 1997, 1 ff.; vgl. auch *F. Steinhauer,* Vom Scheiden, 2015, 68 ff., 175.

[57] *Ladeur* (Die Textualität des Rechts), 146 („Das Recht bahnt sich seinen Weg durch die Sackgassen der stabilen Welt mithilfe von Fiktionen!").

[58] *K.-H. Ladeur,* Recht – Wissen – Kultur, 2016, Vorwort.

Stichwort *fictio* lediglich Hinweise auf mittelalterliches Glossatorenschrifttum. Weitere Einträge finden sich zu *venditio imaginaria* (Scheinkauf) und zu *simulatus.* Ob also beispielsweise Rekonstruktionen haltbar sind, denen zufolge schon die frührömische Priesterjurisprudenz auf breiter Grundlage mit Scheinrechten gearbeitet haben soll, dürfte zumindest zweifelhaft sein. So sollen die Römer nach Gustav Demelius und Rudolph v. Jhering beispielsweise schon früh sakrale Menschenopfer durch Tieropfer oder noch weniger wertvolle, simulierte Opfer ersetzt haben.[59] Wirklich nachweisbar sind wohl eher Einzelfälle, etwa bei Sklaven, die in bestimmten Konstellationen wie freie Männer behandelt wurden – obwohl Sklaven nach unbeirrter römischer Auffassung zahmen Tieren wie Schafen, Ziegen, Rindern, Pferden, Maultieren und Eseln glichen.[60]

### 3. Körperschaft als *persona ficta*

Der frühmoderne Territorialstaat kann bereits auf Vorentwicklungen der spätmittelal- 133
terlichen Jurisprudenz zurückgreifen, insbesondere auf die Konstruktionen des gelehrten Körperschaftsrechts. Die spätmittelalterliche Körperschaftslehre kann nicht nur als eine Art Frühform des öffentlichen Rechts angesehen werden, sondern auch als eine Art Vorläufer des frühmodernen Machens, das mit Hilfe kunstvoller juristischer Figuren demonstrativ mit der Realität bricht und Körperschaften aller Art, Kirchen, Städte, Zünfte, Universitäten oder den Staat selbst, am Ende von jedwedem personalen Substrat löst. Das ist wiederum eine ganz außergewöhnliche Errungenschaft der westlichen Rechtskultur, die ursprünglich nicht nur in China und Japan fehlt. Auch der islamische Kulturkreis und das traditionelle islamische Recht kennen weder einen Staat im Sinne einer abstrakten unpersönlichen Ordnung noch ein abstraktes Handels- oder Gesellschaftsrecht.[61] Zwar werden seit dem späten 19. Jahrhundert juristische Personen etwa in Gestalt von Aktiengesellschaften nach europäischem Vorbild auch in islamischen Ländern anerkannt, aber der Glaube an die Heiligkeit der Schrift, die Unverrückbarkeit der Zeichen, verhindert eine endogene Entwicklung des islamischen Rechts in diese Richtung. Das traditionelle islamische Recht bleibt gleichsam in der Kanonisierung der Botschaften des Propheten stecken: Die Rechtsvorschriften des Koran werden unmittelbar auf das Wort Gottes zurückgeführt, sodass der Sprung in eine säkulare Hermeneutik, die über eine reine Wortlautinterpretation hinausginge, früh blockiert wird.[62] Die Unbeweglichkeit und Rigidität des islamischen Rechts dürfte auch mit der ganz anders verlaufenden Geschichte des Buchdrucks in der islamischen Kultur zusammenhängen: Die Ingebrauchnahme von Papier seit dem 8. Jahrhundert ermöglicht die intellektuelle Blüte der arabischen Kultur seit dem frühen Mittelalter, aber weil diese Blüte schon im Spätmittelalter ihr jähes Ende findet, wird der Buchdruck erst sehr spät und ähnlich wie in Russland nicht vor dem frühen 18. Jahrhundert eingeführt.[63]

Die christliche Kultur schafft bereits im Mittelalter Platz für erste Ansätze eines stärker wissenschaftlichen 134
Denkens, eine Entwicklung, die es in der Renaissance dann etwa erlaubt, auf den ästhetischen Reichtum der Antike zu referieren und die griechischen Quellen gegen ihre apologetische Verzerrung durch die christliche Scholastik zu wenden. Luthers Bibelübersetzung oder die King-James-Bibel (die einflussreichste englischsprachige Bibelübersetzung) tragen in der frühen Neuzeit zur Schaffung eines Klimas der religiösen Toleranz bei, womit zugleich die Unterordnung des Wissens unter nur eine Wahrheit gesprengt wird.

[59] Vgl. *J. Esser,* Wert und Bedeutung der Rechtsfiktion (1940), 1969, 21.

[60] Vgl. nur *A. Schiavone,* Ius. The Invention of Law in the West, Cambridge (Mass.) 2012, 256ff.

[61] Dazu ausführlicher *K.-H. Ladeur,* Der Islam und sein Recht – Die Vermeidung der Unterscheidungen, ARSP 103 (2017), 71ff.; *Damler* (Rechtsästhetik), 95ff., 112, 118.

[62] Vgl. dazu *J. Faur,* The Horizontal Society I, Boston 2008, 146ff.

[63] Vgl. *H. Ofek,* Why the Arabic World Turned Away from Science, The New Atlantis 2011, 3ff., 9, 20.

Die Reformation dürfte deshalb auch den Aufschwung der modernen Naturphilosophie und ihre Verknüpfung mit nützlichem Wissen in England erleichtert haben.[64] All das zeugt von einer Offenheit und Beweglichkeit der westlichen Kultur, die schon in der Spätantike und im Spätmittelalter beginnt, unterschiedliche Quellen des Wissens anzuerkennen und damit auch das westliche Recht für den gesellschaftlichen Wandel öffnet.

135 Die spätmittelalterliche Körperschaftslehre erhält ihre vielleicht wichtigsten Impulse aus der Entwicklung des Christentums seit der Spätantike. Bereits in der Gründungsphase des Christentums benutzte der Apostel Paulus die Metapher vom Leib Christi, um das Wesen der christlichen Gemeinde als dasjenige einer spirituellen Gemeinschaft zu erfassen.[65] Damit wurde Christus in einen zugleich sterblichen wie spirituellen Körper verwandelt. Aus dieser Lehre geht im 11. Jahrhundert die theologische Vorstellung von der Kirche als *corpus mysticum* hervor. Ernst Kantorowicz hat in seiner Untersuchung über *Die zwei Körper des Königs* (1957) gezeigt,[66] wie die spätmittelalterlichen Juristen diesen christologischen Begriff in ein weltliches Milieu verpflanzen und ihm einen korporativen Charakter verleihen. So wird es möglich, die katholische Kirche als politische Organisation zu bezeichnen und diese als Rechtspersönlichkeit jenseits ihrer Mitglieder zu denken, sie, wie Max Weber es formuliert hat, zur ersten Anstalt im Rechtssinne zu machen.[67] Die Körperschaftslehre ermöglicht damit nicht zuletzt, die Unsicherheit des Zeitpunkts der Wiederauferstehung des Messias, die mit der christlichen Lehre von der Menschwerdung Gottes in Jesus Christus verbunden ist, in eine Einheit bildende Figur umzuleiten und der Gemeinschaft der Christen auf diese Weise eine stabilere Struktur – die der Kirche und des Papsttums – zu geben.[68]

136 Als Körperschaft wird auch der mittelalterliche Königsstaat konzipiert. Die spätmittelalterlichen Juristen übertragen den christologischen Begriff des *corpus mysticum* nicht nur auf die Kirche als politische Organisation, sondern auch auf „jede politische Körperschaft der säkularen Welt".[69] Auch in diesem Zusammenhang wird erneut zwischen *corpus verum,* dem greifbaren Körper einer Person, und *corpus fictum,* „dem korporativen Kollektiv, das nicht tastbar war und nur als Fiktion der Jurisprudenz existierte", unterschieden.[70] Dadurch kann auch der Körper des Königs in eine natürliche und eine fiktive Person, eine *persona ficta,* gespalten werden. Und weil die spätmittelalterlichen Vorstellungen von *corpus* und *universitas* den Kern der Körperschaft nicht mehr allein im Raum suchen, sondern auch in der Zeit, gelangen sie über einfache Analogien von Stadt und Körper hinaus zur Vorstellung einer immerwährenden Kontinuität politischer Körper,[71] was wiederum zeitüberdauernde Vorstellungen wie „Der König stirbt nie" möglich macht. Die juristische Körperschaftslehre ermöglicht mit anderen Worten jetzt, sich das weltliche Königtum als ein in die Ewigkeit weisendes Gebilde vorstellen zu können. Allerdings überlappen sich transpersonale und personale Komponenten in den mittelalterlichen Konzeptionen noch stark: Die spiritu-

[64] Vgl. nur *Greenfeld* (Nationalism and the Mind), 43 ff.; *J. Mokyr,* A Culture of Growth, Princeton 2016, 119 ff.

[65] Vgl. *Damler* (Rechtsästhetik), 95 ff.; *Meder* (Doppelte Körper im Recht), 28 ff.; *Lüdemann* (Körper, Organismus), 168 ff., 173 ff.

[66] *Kantorowicz* (Die zwei Körper des Königs), insb. 205 ff.

[67] *Weber* (Wirtschaft und Gesellschaft), 481.

[68] Ausführlicher *Ladeur* (Die Textualität des Rechts), 141 ff.; *Vesting* (Die Medien des Rechts III), 9 ff.

[69] *Kantorowicz* (Die zwei Körper des Königs), 217.

[70] *Kantorowicz,* ebd., 220.

[71] *Kantorowicz,* ebd., 314.

elle, mystische (unsterbliche) Komponente muss durch einen leiblichen (sterblichen) Körper repräsentiert werden, und darin bleibt die theologische Vorstellung von Christus als zugleich spiritueller und Mensch gewordener Figur lebendig.[72]

Um auf die Herausforderungen einer seit dem Spätmittelalter beweglicher werdenden Gesamtordnung insbesondere in den aufblühenden Städten zu reagieren, wird der Körperschaftsbegriff auch auf Städte übertragen. Nach dem Diktum *cum collegium in causa universitatis fingatur una persona,* ein Kollegium soll in Fragen, welche die Gemeinschaft betreffen, so behandelt werden wie eine Person, kann jetzt eine säkulare Gruppe von Menschen als einheitliche Person fingiert werden.[73] So kann beispielsweise eine Stadt eine fiktive Persönlichkeit haben, die durch eine natürliche Person aus Fleisch und Blut vertreten werden kann. Die Persönlichkeit der Stadt wird *persona ficta* genannt, von *persona,* Maske, und gilt den mittelalterlichen Juristen als reine Fiktion des Verstandes, als genuines Erzeugnis der Juristensprache. Diese Konstruktion ermöglicht einer Stadt etwa, selbst Schulden zu machen und zugleich auszuschließen, dass ihre Bewohner persönlich für diese Schulden haftbar gemacht werden können. Das gilt selbst für den Fall, dass es am Ende nur noch einen einzigen Bewohner in einer Stadt gibt. Die Schulden der Stadt bleiben ihre Schulden, nur wenn der letzte Bewohner sich entscheidet, im Namen der Stadt zu handeln, kann er die Schulden für die Stadt begleichen.[74] Damit leisten die *iura imaginaria* zugleich einen Beitrag für die im welthistorischen Vergleich ganz außergewöhnlich starke korporative Differenzierung der mittelalterlichen Gesellschaft.[75] Noch unter Ludwig XIV. waren beispielsweise die französischen Obergerichte *(parlements)* und die Rechnungskammern *(chambres des comptes)* selbstständige Körperschaften mit Rechtspersönlichkeit, mit speziellen Befugnissen und Rechten, in die der König nicht einfach intervenieren konnte.[76] 137

In Athen verwendete schon Platon die Metapher des Körpers *(soma)* in staatstheoretischen Zusammenhängen und bestimmt den am besten verwalteten Staat als denjenigen, der der Einheit des menschlichen Leibes am nächsten kommt.[77] Das Gleichnis von Körper *(corpora)* und Staat lebte in der römischen Stadtkultur durch die Fabel des Menenius Agrippa fort, der im 5. Jahrhundert vor Christus einen schweren Konflikt zwischen Plebejern und Patriziern durch den Vergleich zwischen der notwendigen Einheit einer Stadt und der Einheit eines Körpers und seiner verschiedenen Organe verhindert haben soll.[78] Zwar entstand das römische Recht ursprünglich als reines Stadtrecht, das in erster Linie fallorientiert operierte und einer abstrakten Begriffs- und Regelbildung lange Zeit mehr oder weniger ablehnend gegenüberstand.[79] Das römische Recht betraf im Wesentlichen die nachbarschaftlichen oder geschäftlichen Beziehungen zwischen römischen Bürgern und wurde nur ausnahmsweise auf politische und öffentliche Angelegenheiten erstreckt. Doch schon während der Republik konnten Vereine, Gemeinden außerhalb Roms, gemeinschaftliche Vermögen oder Kassen Körper sein.[80] Im Zuge der militärischen Expansion und der weiteren Ausdehnung des römischen Reiches in der Kaiserzeit seit Augustus gewannen auch körperschaftsartige Rechtskonstruktionen wie *corpus* und *universitas* an praktischer Bedeutung. 138

[72] Vgl. *Breuer* (Der Staat), 155, 156.

[73] Vgl. *Meder* (Doppelte Körper im Recht), 50, 51; *Koschorke u. a.* (Der fiktive Staat), 83.

[74] Zu diesem Beispiel vgl. auch *Descombes* (Die Rätsel der Identität), 186ff. (mit Hinweis auf Forschungen von Yan Thomas).

[75] Vgl. *Breuer* (Der Staat), 152ff.

[76] *Breuer,* ebd., 156.

[77] *Platon* (Politeia), 462c–e; dazu *Lüdemann* (Körper, Organismus), 169f.

[78] Dazu näher *Meder* (Doppelte Körper im Recht), 23f; *Lüdemann* (Körper, Organismus), 171f.

[79] Vgl. *Schiavone* (Ius), 331ff.

[80] Nähere Nachweise bei *Meder* (Doppelte Körper im Recht), 33f.

139 Ob die klassische römische Jurisprudenz zwischen der „Einheit eines Personenverbandes und der Summe seiner Mitglieder" bereits eine scharfe Trennlinie gezogen hat,[81] erscheint zweifelhaft. Der Druck zur Schaffung verbindlicher identitätsstiftender Imaginationen und Fiktionen dürfte solange gering gewesen sein, wie die Normen und Werte der sozialen Ordnung durch eine große Kette des Seins getragen wurden, deren Anfang und Ende zur Natur oder zu Gott führte. Für die römische Antike muss man also vermutlich weiterhin davon ausgehen, dass der römische Staat nicht strikt von seinen sterblichen Mitgliedern unterschieden als dauerhafter Kollektivkörper gedacht werden konnte. Wie immer es im antiken Rom aber auch historisch gewesen sein mag, es ist breit belegt, dass die juristische Fiktionalisierung von Kollektivkörpern im Spätmittelalter neuen Auftrieb erhielt. Seitdem werden diese auf Korporationen und Personenverbände, auf die katholische Kirche, den Königsstaat, die Klöster, Gemeinden, Städte oder Universitäten angewandt. Dies erlaubt es, handlungsfähige Einheiten jenseits der Familienhaushalte und Verwandtschaftsbeziehungen zu schaffen, indem diesen Körpern nun eine eigene, von ihren Mitgliedern unabhängige Existenz und beispielsweise ein gemeinschaftliches Vermögen, eine gemeinschaftliche Kasse, Repräsentanten oder Syndikusse zugeordnet werden können. Das römische Recht trägt damit auch zur Entwicklung von Rechtsformen bei, die für das erblühende (kommerzielle) Leben in den schnell wachsenden mittelalterlichen Städten, für Banken, Manufakturen, Kaufleute, Händler usw., förderlich gewesen sein dürften.

140 Von der spätmittelalterlichen Körperschaftslehre lässt sich außerdem eine Linie zu den englischen Juristen der frühen Neuzeit und den Anfängen des englischen Konstitutionalismus ziehen. Auch die englischen Juristen rezipieren das mittelalterliche römische Recht und unterscheiden den unsichtbaren und unberührbaren „body politic" vom anfälligen und sterblichen „body natural" des Königs.[82] Daraus geht etwa die Theorie der *corporation sole* hervor, die es der staatlichen und kommunalen Verwaltung ermöglicht, als Rechtspersönlichkeit zu handeln.[83] Die Unterscheidung *body politic/body natural* macht außerdem einen sich vom natürlichen Körper des Königs lösenden Staatskörper denkbar, wie er in England im 16. und 17. Jahrhundert Gestalt annimmt. Zwar muss die Souveränität noch bei Hobbes durch *eine Person* repräsentiert werden, doch die englische konstitutionelle Bewegung des 17. Jahrhunderts drängt die körperliche Person immer weiter in den Hintergrund. In Deutschland führt erst die Personentheorie der historischen Rechtsschule des 19. Jahrhunderts zu einer strikten Trennung von Staatsgewalt und Amtsinhaber. Diese geht allerdings auch insofern über Hobbes hinaus, als die juristische Person der historischen Rechtsschule wie das Selbst des modernen Romans über ein konturiertes Innenleben verfügt. Sie ist mit einem vernünftigen Willen, mit Willensmacht, ausgestattet und ist nicht nur *persona,* Maske, wie es bei Hobbes noch der Fall war.

## III. Die gelehrte literarische Diskussion

### 1. Der neue Fürst bei Machiavelli

141 Machiavelli ist der erste politische Theoretiker der frühen Neuzeit, der eine durchweg säkulare Vision des politischen Republikanismus entwirft. Aber gerade weil das so ist, darf man den religiösen Kontext nicht außer Acht lassen, in dem Machiavellis Republikanismus Gestalt annimmt. Folgt man John G. A. Pococks Studie *The Machiavellian Moment* (1975) wird der Renaissancehumanismus der italienischen Stadtrepubliken zur Zeit Machiavellis sich seiner eigenen Besonderheit und Partikularität bewusst. Er beginnt in einem bestimmten Moment – dem Moment, den Pocock den *Machiavellian moment* nennt – zu verstehen, dass die Werte und Ideen bürgerlicher Freiheit in jeweils endlichen und sterblichen politischen Strukturen wachsen und angesiedelt sind. Machiavellis politische Theorie ist deshalb in erster Linie mit dem Problem der Instabilität der Ordnung in der Stadt konfrontiert, mit der Frage, wie eine Stadtrepublik Stabilität gewinnen und für immer dauern kann. Dazu müsse, so Pocock, das

[81] *Meder,* ebd., 36.
[82] *Kantorowicz* (Die zwei Körper des Königs), 31.
[83] Dazu bereits *Weber* (Wirtschaft und Gesellschaft), 433.

„christliche Zeitschema" überwunden und an dessen Stelle die Sicht verbindlich gemacht werden, „dass die menschlichen Ziele und Zwecke die Zeit und die Stadt transzendieren, und dass sogar die Präsenz Gottes in der Geschichte selbst, allesamt verschwinden könnten."[84] Aus dieser Einsicht resultiert bei Machiavelli zugleich eine Denkbewegung der Säkularisierung der Geschichte: Die menschliche Natur wird aus der ewigen Einheit von Mensch und Kosmos herausgelöst, um für eine pragmatische Geschichtsauffassung Platz zu machen, für die Vorstellung, dass das Handeln der Menschen von göttlicher Lenkung befreit ist und der Gang der menschlichen Dinge sich jenseits eines göttlichen Heilsplans abspielt.[85]

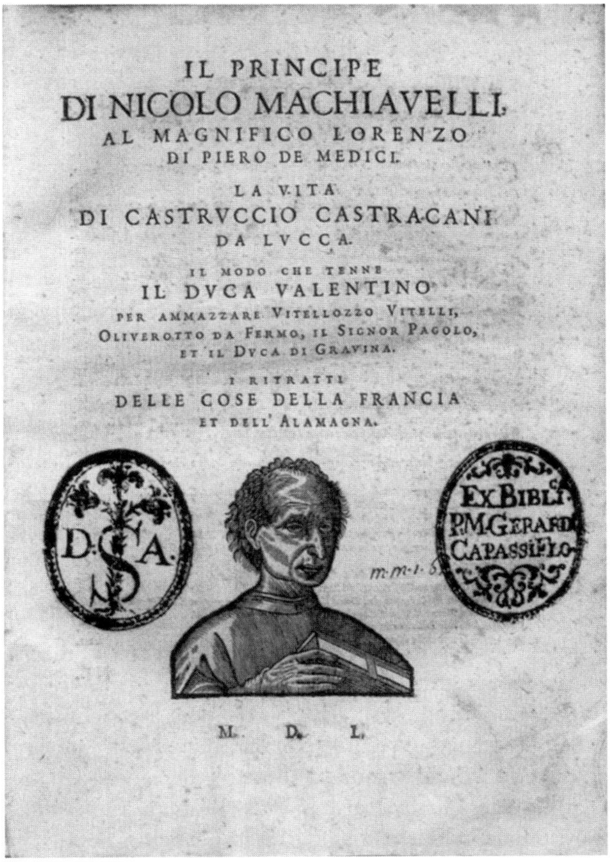
IL PRINCIPE
DI NICOLO MACHIAVELLI
AL MAGNIFICO LORENZO
DI PIERO DE MEDICI.
LA VITA
DI CASTRVCCIO CASTRACANI
DA LVCCA.
IL MODO CHE TENNE
IL DVCA VALENTINO
PER AMMAZZARE VITELLOZZO VITELLI,
OLIVEROTTO DA FERMO, IL SIGNOR PAGOLO,
ET IL DVCA DI GRAVINA.
I RITRATTI
DELLE COSE DELLA FRANCIA
ET DELL' ALAMAGNA.
M. D. L.

*Abb. 10 Titelblatt der Originalausgabe des bereits im Jahre 1513 verfassten, aber erst 1532 erschienen Manifests „Der Fürst" von Niccoló Machiavelli*

Für Machiavelli ist politische Freiheit das, was Transzendenz erlangt – und nicht re- 142
ligiöse Autorität. Politische Freiheit besteht darin, mit den herrschenden politischen Formen zu brechen und dem Königtum, der Adelsvormacht und der Macht der katholischen Kirche eine bessere und gerechtere Ordnung entgegenzusetzen. Diese bes-

[84] *Pocock* (The Machiavellian Moment), 84 (Übersetzung von mir, T.V.).
[85] Vgl. *W. Kersting*, Niccolò Machiavelli, 2006, 59.

sere und gerechtere Ordnung gründet für Machiavelli in einem Verständnis von Freiheit im Sinne der ungehinderten Verfolgung eigener Ziele, des Handelns nach eigenem Gutdünken. Diese Freiheit zur ungehinderten Verfolgung eigener Ziele (im Unterschied zu ihrer Bestimmung durch Gott) gilt sowohl für Individuen wie für Kollektive, und sie gilt in besonderem Maße für Machiavellis neuen Fürsten, den *principe nuovo.* Mit der Figur des neuen Fürsten löst Machiavelli den Fürsten von allen vorgefundenen sittlichen Bindungen, wie sie für den alten Fürsten der Fürstenspiegelliteratur typisch waren,[86] und ersetzt ihn durch einen pragmatisch handelnden Herrscher, der sich ganz auf die Realisierung seiner eigenen Zielsetzungen konzentriert. „Man muß Verständnis dafür haben, daß ein Herrscher, und vor allem ein solcher in einer neu gegründeten Herrschaft, nicht alles beachten kann, wodurch die Menschen in einen guten Ruf kommen, sondern oft gezwungen ist, gegen Treue, Barmherzigkeit, Menschlichkeit und Religion zu verstoßen, eben um die Herrschaft zu behaupten."[87]

143 Machiavellis Herauslösung des Feldes einer *neu* gegründeten Herrschaft aus ihren traditionalen (sittlichen und rechtlichen) Verankerungen darf man nicht enthistorisieren und als Plädoyer für ein instrumentelles Politik- und Staatsverständnis deuten. Auch wenn der neue Fürst seine Ziele unter anderem mit Hilfe des Einsatzes von Gewalt verfolgen darf, geht es Machiavelli keineswegs um die Figur eines charakterlosen Herrschers, der tun und lassen kann, was er will, denn ein solcher Herrscher wäre nichts weiter als ein Tyrann. Vielmehr bringt Machiavelli gegenüber den Kräften der christlichen-aristotelischen Tradition eine „Poetik der politischen Autonomie" in Anschlag.[88] Deren Vorbild ist die Unabhängigkeit der Kunst. Wie der Renaissancekünstler in vorher nie dagewesenen Werken Neues schafft, geht es auch bei Machiavelli um eine traditionsüberschreitende Kreativität, nämlich um das Machen einer neuen politischen und sozialen Welt auf der Grundlage einer unaufhörlichen Mobilität der Dinge, einer Welt, die keine letzte religiöse oder ethische Begründung im Sinne einer unbezweifelbaren Verankerung ihrer normativen Ordnung mehr zulässt, sondern mit widerstreitenden Kräften und Konflikten rechnen muss. In dieser Lage kommt dem neuen Fürsten die Aufgabe zu, Tugenden auszubilden, die es ihm ermöglichen, einer prinzipiell kontingenten Ordnung (einer Ordnung, die auch eine andere sein könnte), hinreichende Stabilität zu verschaffen. Dazu gehört nicht zuletzt die Pflege der Einbildungskraft, der Fiktionen, dazu gehört aber auch der Einsatz rhetorischer Waffen, um die ursprünglich religiösen Bindungskräfte ersetzen oder ihre Schwächung kompensieren zu können. Milde, Treue, Gerechtigkeit, Barmherzigkeit usw. sind deshalb nicht notwendige und unverrückbare Tugenden, sondern eher Tugenden, zu denen sich der neue Fürst je nach Lage der Dinge verhalten muss. „Ein Herrscher braucht also alle die vorgenannten guten Eigenschaften nicht in Wirklichkeit zu besitzen; doch er muss sich den Anschein geben, als ob er sie besäße. Ja, ich wage zu behaupten, dass sie schädlich sind, wenn man sie besitzt und stets von ihnen Gebrauch macht, und dass sie nützlich sind, wenn man sich nur den Anschein gibt, sie zu besitzen. So muss ein Herrscher milde, treu, menschlich, aufrichtig und fromm scheinen und er soll es gleichzeitig auch sein; aber er muss auch die Seelenstärke besitzen, im Fall der Not alles ins Gegenteil wenden zu können."[89]

---

[86] Vgl. *Kersting,* ebd., 90 ff.

[87] *N. Machiavelli,* Der Fürst (1532), 1978, Kap. XVIII, 73.

[88] *Kahn* (The Future of Illusion), 90.

[89] *Machiavelli* (Der Fürst), 73.

## 2. Bodins *droit gouvernement*

Wie Bodin in den *Six livres de la République* (1576) darlegt, ist das Hauptmerkmal der Souveränität das Gesetzgebungsrecht. Unter dem Gesetzgebungsrecht versteht Bodin die Kraft oder Macht des Fürsten, „der Gesamtheit und den einzelnen das Gesetz vorschreiben zu können …, ohne auf die Zustimmung eines Höheren, oder Gleichberechtigten oder gar Niederen angewiesen zu sein.“[90] War das Gesetz in der christlich-aristotelischen Gesamtordnung in lokalen Rechtsgewohnheiten – im Kirchenrecht, im Feudalrecht, im Gutsrecht, im Stadtrecht, im Handelsrecht, im Königsrecht oder anderen Partikularrechten – zerstreut und mit einer von den lokalen Rechtsgewohnheiten nicht zu lösenden göttlichen Gerechtigkeit verknüpft, platziert Bodin die Autorität und Verbindlichkeit des Gesetzes jetzt im „gänzlich freien Willen“ des Monarchen, „de sa pure et franche volonté“,[91] und erklärt das Gesetzgebungsrecht zum *point principal* der Souveränität des Monarchen.[92] Damit wird das Gesetz an den Vorgang einer explizit förmlichen Artikulation im Medium der Sprache gebunden: Das Gesetz wird zu einem Gesetzeswort, zu einer rechtmäßigen Befehlsbefugnis,[93] beziehungsweise, wie es an gleicher Stelle auch heißt, zu einem „alle Untertanen in ihrer Gesamtheit oder Dinge von allgemeiner Bedeutung angehenden Befehl des Souveräns.“[94] Bodin stellt also ein unmittelbares Rechtsverhältnis zwischen dem Souverän und allen Untertanen her, die damit zu Rechtssubjekten werden. Mit dieser Operation werden allerdings noch nicht die Individuen als solche adressiert, wie später bei Hobbes, sondern – einer bis in die griechische und römische Antike zurückreichenden Tradition entsprechend – die patriarchalisch gegliederten Familienhaushalte und die ihnen gehörenden Güter. Daraus ergibt sich Bodins Staatsbegriff: „Unter dem Staat *(république)* versteht man die am Recht orientierte, souveräne Regierungsgewalt *(droit gouvernement)* über eine Vielzahl von Haushaltungen und das, was ihnen gemeinsam ist.“[95] 144

90 *Bodin* (Sechs Bücher über den Staat), 292, F 221 („la première marque du prince souverain, c'est la puissance de donner loi à tous en général, et à chacun en particulier … sans le consentement de plus grand, ni de pareil, ni de moindre que soi“). Die folgenden Überlegungen knüpfen an *Vesting* (Die Medien des Rechts III), 81 ff., an.

91 *Bodin* (Sechs Bücher über den Staat), 214, F 133.

92 *Bodin,* ebd., 205, F 122.

93 *Bodin,* ebd., 288, F 216 („le mot de loi“ „droit commandement“).

94 *Bodin,* ebd., 288, F 216 („loi est le commandement du souverain touchant tous les sujets en général, ou de choses générales“).

95 *Bodin,* ebd., 98 F 1 („République est un droit gouvernement de plusieurs ménages, et de ce qui leur est commun, avec puissance souveraine“).

IO. BODINI
ANDEGAVENSIS
DE
REPVBLICA LIBRI SEX.
LATINE AB AVTORE REDDITI
MVLTO QVAM ANTEA
LOCVPLETIORES.
*Cum indice copiosissimo.*
PARISIIS,
Apud IACOBVM DV-PVYS sub signo Samaritanæ.
M. D. LXXXVI.
*Cum Priuilegiis Cæsareæ Maiestatis & Regis Christianissimi, Serenissimæq; Angliæ Reginæ.*

*Abb. 11 Titelblatt der 1576 erschienen staatstheoretischen Schrift „Sechs Bücher über den Staat" von Jean Bodin*

**145** Wenn Bodins Staatsbegriff auch zwischen einem antiken und modernen Verständnis oszilliert und daher allenfalls als halbmodern bezeichnet werden kann, markiert Bodins Souveränitätslehre doch einen Bruch im Prozess der Evolution des modernen Staates und der Staatstheorie. Mit der Bindung des Gesetzes an einen als frei imaginierten Willen wird das Gesetzgebungsrecht aus der Axiomatik einer Ordnung vorgegebener Ziele herausgelöst und zur Manifestation einer *neuen* künstlichen Ordnungsmacht, der souveränen Regierungsgewalt beziehungsweise der Souveränität als öffentlicher Gewalt, die *gegen* die Naturwüchsigkeit der Tradition und die Allmacht Gottes gerichtet ist. Das kommt bei Thomas Hobbes vielleicht noch deutlicher als bei Bodin zum Ausdruck: Im *Leviathan* (1651) wird das Gesetz überhaupt erst im Medium der Sprache – im System einer artifiziellen Namens*gebung* – konstituiert.[96] Aber indem Bodin das Gesetz an den Vorgang einer explizit förmlichen Artikulation im Medium der Sprache bindet, indem das Gesetz zu einem Gesetzeswort wird, zu einer rechtmäßigen Befehlsbefugnis,[97] basiert schon Bodins Staatslehre auf einer Aufwertung der Macht der Kultur, besonders der Macht der Sprache und der literarischen Imagination, mit deren Hilfe Bodin auf den Zerfall der tradierten Gewissheiten des mittelalterlichen Weltbildes inmitten der Wirren eines konfessionellen Bürgerkrieges zu antworten versucht.

96 *V. Kahn* (Wayward Contracts), 16; *Ladeur* (Der Staat gegen die Gesellschaft), 8.
97 *Bodin* (Sechs Bücher über den Staat), 288, F 216 („le mot de loi"), („droit commandement").

Seit dem 13. Jahrhundert werden „Souveränität" und „souverän" im Altfranzösischen 146
mit Herrschaftspositionen verbunden.[98] Steht das Wort Souveränität aber noch lange Zeit für eine relative Größe oder Macht, ist Souveränität bei Bodin Ausdruck einer einzigen, zentralen, höchsten, nicht abgeleiteten Herrschermacht, einer unabhängig ausgeübten Gewalt, sie ist „die dem Staat eignende absolute und zeitlich unbegrenzte Gewalt" – „la puissance absoluë & perpétuelle d'une République".[99] Das klingt nach einem Freibrief für unbeschränkte Machtbefugnisse des Souveräns, aber nur auf den ersten Blick. Denn schaut man genauer hin, sieht man, dass bei Bodin jetzt auch das Gesetzgebungsrecht vom Staat wahrgenommen und gegenüber der iurisdictio, der Richtertätigkeit des Fürsten, als Kern hoheitlicher Gewalt bestimmt wird. Beide Elemente, absolute und zeitliche unbegrenzte Gewalt und Gesetzgebungsrecht, bedingen und verstärken sich mithin wechselseitig: Die Souveränität des Fürsten ist gerade darin absolut und immerwährend, dass allein sie und keine andere Gewalt den Subjekten das Gesetz geben kann, was aber zugleich bedeutet, dass der Souverän jetzt selbst vom Medium des Gesetzes und damit vom entstehenden staatlichen Recht abhängig wird. So verfügt Bodins Souverän zum Beispiel nicht länger über eine Steuererhebungsmacht, die es ihm erlauben würde, nach Gutdünken Steuern einzuziehen, vielmehr wird die Steuererhebungsmacht an das Gesetzgebungsrecht gekoppelt und in der Sache von Bodin eng ausgelegt.[100] Mehr noch: Durch die Verknüpfung von Souveränität und Gesetzgebung wird die Steuererhebungsmacht des Fürsten überhaupt erst als staatliches (und nicht mehr persönliches) Steuererhebungs*recht* denkbar, unabhängig davon, dass zu Bodins Zeiten Staatsvermögen *(imperium)* und Privatvermögen *(dominium)* des Fürsten noch nicht geschieden waren und Bodin außerdem – wie vor ihm auch Machiavelli – zwischen souveränem Fürsten und Souveränität nicht unterscheidet, jedenfalls mit Souveränität keine abstrakte, unpersönliche Ordnung verbindet wie später etwa Max Weber.

Auch die von Bodin gebrauchte *legibus solutus*-Lehre ändert nichts an der prinzipiellen 147
Rechtsgebundenheit des Souveräns. In der lateinischen Ausgabe der *Six livres de la République* bestimmt Bodin die Souveränität *als summa … legibusque soluta potestas,* als höchste und von den Gesetzen entbundene Gewalt.[101] Nach der *legibus solutus*-Lehre, die aus dem römischen Recht stammt und die Bodin an einer entscheidenden Stelle im achten Kapitel seiner *Sechs Bücher* falsch zitiert, ist der Fürst auch insofern souverän, als dieser „seinen eigenen Gesetzen nicht unterworfen sein kann."[102] Eine solche Unterwerfung gilt Bodin als logisch und juristisch unmöglich, als *contradictio in adiecto:* Der Souverän kann als höchster Gesetzgeber nicht selbst dem Gesetz unterstehen. Das bedeutet aber keineswegs, dass Bodins Souverän schrankenlos agieren könnte. Die Entbindung des Souveräns vom Gehorsam gegenüber den eigenen förmlichen Gesetzen oder denen seiner Vorgänger schließt seine Bindung an bestimmte Rechtsgrundsätze keineswegs aus. Im Gegenteil: Bodin verknüpft die Begründung

98 Zur Begriffsgeschichte *Grimm* (Souveränität), 16ff.; *Quaritsch* (Souveränität), 13ff.

99 *Bodin* (Sechs Bücher über den Staat), 205, F 122.

100 Vgl. *M. Wolfe,* Jean Bodin on Taxes, Political Science Quarterly 1968, 268ff.; vgl. auch *K. Vogel,* Rechtfertigung der Steuern, Der Staat 25 (1986), 481ff., 487; zur Beziehung von Souveränität und Finanzen allg. *J. Vogl,* Der Souveränitätseffekt, Zürich 2015, 69ff.

101 Vgl. *P. C. Mayer-Tasch,* Einführung in Jean Bodins Leben und Werk, in: Bodin, Jean, 1981, 11ff., 34.

102 *Bodin* (Sechs Bücher über den Staat), 214; F 132 („… qui montre évidemment que le Roi ne peut être sujet à ses lois"); vgl. auch *Luhmann* (Politik der Gesellschaft), 345 Fn. 52, der darauf hinweist, dass Bodin „nulla obligatio" statt „nulla promissio" zitiert.

der Unmöglichkeit der Selbstbindung des monarchischen Willens sogleich mit einer Einschränkung im Hinblick auf die Gesetze Gottes und das Naturrecht. „Den Gesetzen Gottes und der Natur dagegen sind alle Fürsten der Erde unterworfen und es steht nicht in ihrer Macht, sich über sie hinwegzusetzen, ohne sich eines Majestätsverbrechens an Gott schuldig zu machen und damit offen Gott den Krieg zu erklären, unter dessen Größe alle Monarchen gleichsam wie durch das Joch zu gehen und in aller Demut und Ehrfurcht ihr Haupt zu beugen haben. Somit erstreckt sich also die absolute Gewalt der Fürsten und souveränen Herrschaften in keiner Weise auf die Gesetze Gottes und der Natur und der beste Kenner der absoluten Gewalt [Papst Innozenz IV, T. V.] … hat gesagt, sie erlaube nur, vom gewöhnlichen Recht, nicht aber von den Gesetzen Gottes und dem Naturrecht abzuweichen."[103]

148 Was der Bruch mit der mittelalterlichen christlichen Rechtsauffassung im Falle Bodins bedeutet wird deutlicher, wenn man seine Souveränitätslehre vor dem Hintergrund der psychoanalytischen Theorie des Subjekts liest. In der Psychoanalyse Jacques Lacans ist das Subjekt immer schon von einer symbolischen Ordnung abhängig, von einer ihm vorausliegenden Welt instituierter Ordnungen, gemeinsamer Bedeutungen, Konventionen und Überzeugungen, für die bei Lacan paradigmatisch die Normen des Sprachhandelns stehen. Setzt man so an, leitet die Bindung der Gesetzesautorität an die souveräne Gewalt des Fürsten zwar einen Prozess der Formalisierung der Rechtsproduktion ein: Das Gesetz des Souveräns, beispielsweise ein von ihm erlassenes oder gegengezeichnetes Strafgesetz gegen den Diebstahl von frei weidenden Kühen, macht ein (nationsweites) königliches Statut klar von sonstigen (lokalen) Rechtsnormen oder anderen sozialen Regeln unterscheidbar. „In traditionellen Gesellschaften waren Normen und Fakten, Gesetze und Gewohnheiten keine eindeutig voneinander zu unterscheidenden Begriffe. Erst ein souveräner Akteur – mit dem Anspruch, sich an Individuen zu wenden – konnte solche Unterscheidungen wirklich verständlich machen."[104] Die Verbindlichkeit des fürstlichen Gesetzes gründet aber nicht anders als die Verbindlichkeit aller Rechts- und Sozialnormen in den Beziehungs- und Kommunikationsnetzwerken der Menschen, in den Bedeutungsgeweben, die sie selbst gesponnen haben und in denen empirische Verpflichtungsverhältnisse – der Gehorsam gegenüber dem Gesetz – überhaupt erst möglich werden.[105] Dem Gesetzesrecht des souveränen Fürsten ist wie allem Recht ein normativer Anspruch eigen, eine Form gesteigerter Verbindlichkeit, die jetzt dem Souverän und den Artikulationen *seines* Willens zugerechnet wird, aber nicht durch diesen Willen allein erzeugt werden kann. Kurzum: Das formale Gesetz kann nicht selbst die Bedingungen seiner Gesetzlichkeit schaffen.

149 Auf dieser theoretischen Folie treten die umfangreichen Bindungen des Souveräns bei Bodin besser hervor. Seine Bindung an die göttlichen Gesetze und das Naturrecht ließen dem Monarchen in der Praxis sicher einen weiten Interpretationsspielraum. Das galt vor allem in Ausnahmesituationen. Aber so wenig es sich

[103] *Bodin* (Sechs Bücher über den Staat), 214, F 133 „Mais quant aux lois divines et naturelles, tous les Princes de la terre y sont sujets, et [il] n'est pas en leur puissance d'y contrevenir, s'ils ne veulent être coupables de lèse-majesté divine, faisant guerre à Dieu, sous la grandeur duquel tous les Monarques du monde doivent faire [p. 122] joug, et baisser la tête en toute crainte et révérence. Et par ainsi la puissance absolue des Princes et seigneuries souveraines, ne s'étend aucunement aux lois de Dieu et de nature. Et celui qui a mieux entendu que c'est de puissance absolue, et qui a fait ployer les Rois et Empereurs sous la sienne, disait que ce n'est autre chose que déroger au droit ordinaire: il n'a pas dit aux lois divines et naturelles.").

[104] *Siedentop* (Inventing the Individual), 258 („In traditional societies, norms and facts, laws and customs were not clearly separable ideas. It required the emergence of a sovereign agency – with its claim to rest on and have authority over individuals – to make such distinctions fully intelligible." (Zitat nach der deutschen Übersetzung, 323 f.).

[105] Zum theoretischen Hintergrund *B. Waldenfels,* Sozialität und Alterität, 2015, 176 ff., 182 ff.; vgl. auch *J. C. Scott,* Seeing like a State, New Haven (Conn.) 1998, 144 (der die kanadische Stadt- und Architekturkritikerin Jane Jacobs zitiert, die das Großstadtleben mit der spontanen Ordnung der gesprochenen Sprache vergleicht und derzufolge – etwa gegen die Visionen von Le Corbusier – dezentrale „neighborhood networks" das „irreplaceable social capital" einer jeden Gemeinschaft bilden – und nicht rationale Planungen einer Zentrale am Reißbrett.).

bei diesen Bindungen um ein bedeutungsloses Lippenbekenntnis gehandelt haben dürfte, so wenig konnte der Monarch andere heteronome Bindungen abstreifen, die er ebenfalls vorfand: Keine königliche Kodifikation konnte die instituierten Ordnungen ignorieren und zwischen zwei Buchdeckel pressen, die aus der unermesslichen Vielfalt des Wirklichen hervorgehen. Dazu gehörten nicht nur die Rechte der Stände, der Städte, der Korporationen, der Zünfte und der Haushalte sowie das in ihnen akkumulierte praktische Wissen, sondern auch die partikularen, von Stadt zu Stadt und von Gemeinde zu Gemeinde divergierenden Gewohnheitsrechte *(coutumes),* die Konventionen, die durch längere Praxis obligatorischen Charakter angenommen hatten. Dazu gehörte aber auch die Intaktheit der Ordnungen und Regularien von Haushaltsgemeinschaften oder solche Bindungen, die sich – wie Liebe, Sexualität und Fürsorge – aus einer besonderen Intimität und Nähe zwischen Menschen ergeben. Diese sind für jede staatliche Ordnung unverzichtbar und mussten auch in einem monarchischen Staat vorausgesetzt werden. Ging es Bodin historisch gesehen ohnehin mehr um die Bewahrung von Rechtssicherheit, um die Sicherung von Vertrauen in die gleichbleibende Gültigkeit der *bestehenden* Gesetze als um die Möglichkeit der Schaffung *neuer* Gesetze,[106] ist Bodins Staatslehre auch systematisch gesehen keineswegs darauf angelegt, den Monarchen zeitweise oder gar vollständig von einer regelhaften Ordnung als solcher zu entbinden. Auch das monarchische Gesetz war an den Gebrauch von sprachlichen (sinnhaften) Zeichen gebunden, an vorfindliche Sprachgewohnheiten und Lebenswelten, von denen es sich nicht lösen konnte.

### 3. Hobbes' *Artificial Man*

Knapp hundert Jahre nach Bodin und wie im Falle Bodins im historischen Kontext **150** einer Phase großer politischer Unruhe und Instabilität konstruiert Thomas Hobbes ein souveränes Subjekt, eine Person, die er *Commonwealth* und in der Einleitung des *Leviathan* von 1651 auch Staat nennt. „Denn durch Kunst wird jener große *Leviathan* geschaffen, genannt *Gemeinwesen* oder *Staat,* auf lateinisch *civitas,* der nichts anderes ist als ein künstlicher Mensch".[107] Wie Hobbes hier und auch an anderer Stelle immer wieder betont, handelt es sich bei dem großen Leviathan um ein rein kulturelles Artefakt, um einen künstlichen Menschen, dem Hobbes im Titelkupfer der englischen Erstauflage die Gestalt eines sich über einer Hügelkette auftürmenden Riesen gegeben hat, dessen Inneres von einer Vielzahl von Menschen ausgefüllt wird.[108] Diese kolossale Figur ist auch insofern ein Kunstprodukt, als seine Existenz einer literarischen Konstruktion entspringt: Der Staat wird zu einer Sache der Vereinbarung und ist nicht länger eine Angelegenheit der Natur. Und Vereinbarung heißt bei Hobbes genauer: Der Staat wird erst durch eine freiwillige wechselseitige Übereinkunft aller Staatssubjekte, durch einen Gesellschaftsvertrag konstituiert. Der Vertrag wird von Hobbes nicht als zu vollziehender Akt oder als historische Tatsache unterstellt (so als wäre der Staat jemals zuvor auf einen Vertrag gegründet worden), sondern fungiert als Fiktion oder Metapher, als Unterstellung einer kontraktualistischen Poesie,[109] die eine grundlegende Inversion nach sich zieht: Der Mensch ist nicht schon aufgrund natürlicher Anlagen Teil der politischen Gemeinschaft, vielmehr müssen die Subjekte erst in den Status von Untertanen einrücken und sich selbst freiwillig dem Staat unterwerfen. Denn die Subjekte verfügen über vom Staat unabhängige Freiheitsrechte, denen Hobbes im *Leviathan* ein ganzes Kapitel widmet und zu denen nicht zuletzt das Recht zur Entbindung vom Gehorsam gegenüber dem Souverän in dem Fall gehört, in dem dieser den Zweck des Gesellschaftsvertrages, den Schutz des Lebens der Untertanen,

[106] Vgl. *E. Hinrichs,* Ancien Régime und Revolution, 1986, 9ff., 19.

[107] *Hobbes* (Leviathan), 9 („For by Art is created that great LEVIATHAN called a COMMONWEALTH, or STATE, (in latine CIVITAS) which is but an Artificiall Man.").

[108] Vgl. *H. Bredekamp,* Der Behemoth, 2016, 15.

[109] *Kahn* (Wayward Contracts), 15 („contractualist poetics").

nicht mehr erfüllen kann.[110] Die Legitimation des Staates hängt jetzt von seiner Leistungsfähigkeit ab, die er für seine Mitglieder erbringt.

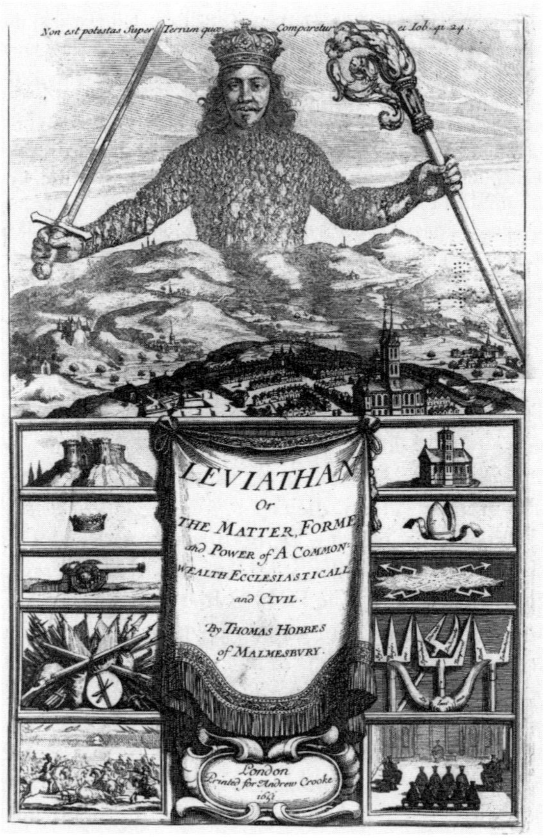


*Abb. 12 Einband von Thomas Hobbes Leviathan, 1651*
*(Kupferstich von Abraham Bosse)*

**151** Von einem derartigen Vertragsmodell ausgehend, wird die aristotelische Vorstellung einer natürlichen Gemeinschaftsfähigkeit der Menschen von Hobbes scharf kritisiert. Ist der Mensch der aristotelischen Lehre zufolge ein Lebewesen, „das von Natur aus in der Polis lebt",[111] ersetzt Hobbes, der sich im *Leviathan* überhaupt als großer Gegner der aristotelischen Philosophie zeigt,[112] die aristotelische Vorstellung durch eine Anthropologie, derzufolge menschliche Beziehungen ohne Staat nur als kriegsähnlicher Zustand gedacht werden können. „Man kann nicht leugnen, daß der natürliche Zu-

110 Vgl. *Hobbes* (Leviathan), 145ff.

111 *Aristoteles,* Politik, 1981, 1253a.

112 Vgl. nur *Hobbes* (Leviathan), 461, 462 („To conclude there is nothing so absurd, that the old Philosophers (as Cicero saith, who was one of them) have not some of them maintained. And I beleeve that scarce anything can be more absurdly said in naturall Philosophy, than that which now is called Aristotles Metaphysiques, nor more repugnant to Government, than much of that hee hath said in his Politiques; nor more ignorantly, than a great part of his Ethiques."

stand der Menschen, bevor sie zur Gesellschaft zusammentraten, der Krieg gewesen ist, und zwar nicht der Krieg schlechthin, sondern der Krieg aller gegen alle."[113] Dass der natürliche Zustand des Menschen dem Kriegszustand gleichkommt, einem *bellum omnium contra omnes,* heißt für Hobbes, dass der Naturzustand zwar freie Menschen kennt, Freiheit aber als Zustand ohne Bindungen oder Gesetze vorgestellt werden muss, und zwar auch ohne jene Bindungen und Pflichten, die, wie etwa die natürliche Liebe der Eltern zu ihren Kindern, den Menschen normalerweise eigen sind. Ja, Hobbes geht so weit zu behaupten, dass Begriffe von Recht und Unrecht oder Gerechtigkeit und Ungerechtigkeit im Naturzustand überhaupt keinen Platz hätten. Deshalb sei das Leben hier erst gar nicht lebenswert. „In einer solchen Lage ist für Fleiß kein Raum, da man sich seiner Früchte nicht sicher sein kann; und folglich gibt es keinen Ackerbau, keine Schiffahrt, keine Waren ... keine Künste, keine Literatur, keine gesellschaftlichen Beziehungen, und es herrscht, was das Schlimmste von allem ist, beständige Furcht und Gefahr eines gewaltsamen Todes – das menschliche Leben ist einsam, armselig, ekelhaft, tierisch und kurz."[114]

Hobbes' Vorstellung, wie der Naturzustand überwunden und ein ziviles Leben in einem Staat möglich werden kann, orientiert sich am Prinzip der Selbsterhaltung. Da niemand ständig dem Tod ins Auge sehen will (die Furcht vor dem gewaltsamen Tod drückt für Hobbes – so Leo Strauss – den mächtigsten und grundlegendsten aller natürlichen Wünsche aus, nämlich „den Urwunsch, den Wunsch nach Selberhaltung"[115]), errichten die Menschen qua Gesellschaftsvertrag eine höchste Gewalt, der sie sich unterordnen und die ihnen im Gegenzug Sicherheit und Ordnung garantiert – und dafür unter anderem das Gesetzgebungsrecht erhält. Dieser Gesellschaftsvertrag wird im *Leviathan* als Autorisierung eines Souveräns ausgestaltet, eines Souveräns, der, einmal errichtet, stellvertretend, repräsentativ, für alle Autorisierenden handelt.[116] Durch diese Form soll vor allem die Verpflichtung zum Gesetzesgehorsam der Untertanen betont werden. Nichtsdestotrotz bleibt Hobbes in der vorgestellten Welt seiner literarischen Konstruktionen gefangen: Weil die Individuen dem Gesellschaftsvertrag freiwillig zustimmen müssen, wenn es überhaupt eine souveräne Instanz über den Einzelwesen geben können soll, wird in den Hobbesschen Staat von Anfang an ein Moment der Kontingenz, des Anderssein-Könnens, eingetragen. Dieser Kontingenz gilt wiederum Hobbes ganze Sorge. Die Individuen, die dem Vertrag freiwillig zustimmen sollen, um Sicherheit und Frieden zu gewinnen, sind durch Leidenschaften und Interessen getriebene Individuen. Zwar gehorchen sie dem Souverän letztlich aus der 152

113 *Hobbes* (Vom Bürger), 59ff., 83.

114 *Hobbes* (Leviathan), 89 („In such condition, there is no place for Industry; because the fruit thereof is uncertain; and consequently no Culture of the Earth; no Navigation, nor use of the commodities that may be imported by Sea; no commodious Building; no Instruments of moving, and removing such things as require much force; no Knowledge of the face of the Earth; no account of Time; no Arts; no Letters; no Society; and which is worst of all, continuall feare, and danger of violent death; And the life of man, solitary, poore, nasty, brutish, and short.").

115 *Strauss* (Naturrecht und Geschichte), 188.

116 *Hobbes* (Leviathan), 120, 121 („This is more than consent, or concord; it is a real unity of them all in one and the same person, made by covenant of every man with every man, in such manner as if every man should say to every man: I authorise and give up my right of governing myself to this man, or to this assembly of men, on this condition; that thou give up, thy right to him, and authorise all his actions in like manner. This done, the multitude so united in one person is called a COMMONWEALTH; in Latin, CIVITAS.); dazu *Skinner* (Freiheit und Pflicht), 108; *Kahn* (Wayward Contracts), 134ff.

Furcht heraus, im Naturzustand jederzeit Opfer eines gewaltsamen Todes werden zu können.[117] Gleichwohl macht sich Hobbes keine Illusionen darüber, dass Leidenschaften und Interessen erhebliche Schwankungsbreiten aufweisen und dass nichts leichter gebrochen werden kann als eines Menschen Wort.

153 Es hat sich in der Literatur eingebürgert, die Vereinbarung, die bei Hobbes zum Staat führt, wie hier als Gesellschaftsvertrag oder auch als Staatsvertrag zu bezeichnen. Beide Bezeichnungen sind in der Sache durchaus akzeptabel, da die Begriffe Gesellschaft und Staat von Hobbes noch mehr oder weniger synonym verwendet werden. Dennoch ist es nicht ohne Bedeutung, dass im *Leviathan* selbst weder von Gesellschaftsvertrag noch von Staatsvertrag die Rede ist. Staatsvertrag verwendet etwa Georg Jellinek,[118] das Wort Gesellschaftsvertrag stammt hingegen von Rousseau. Der britische Historiker Quentin Skinner spricht von einem „politischen Vertrag",[119] aber genau genommen ist bei Hobbes noch nicht einmal von einem Vertrag die Rede, sondern von *covenant. Covenant* wird zwar im Altfranzösischen im Sinne von Vertrag gebraucht. In der römisch-rechtlichen Tradition ist *conventio,* von dem das altfranzösische *covenant* abstammt, allerdings nicht bedeutungsgleich mit Vertrag, *contractus,* sondern meint präziser die Übereinkunft, die dem Vertrag das Gesetz, das heißt, seine bindende Wirkung gibt, *conventio legem dar contractui.*[120] Dass diese bindenden Kräfte nicht aus dem Vertragsschluss selbst hervorgehen können, dürfte Hobbes klar gewesen sein. Es scheint jedenfalls kein Zufall zu sein, dass Hobbes *covenant* nicht nur benutzt, um das wechselseitige Versprechen zu bezeichnen, das zum Staatsvertrag führt, sondern auch, um dem Bund Gottes mit Abraham und Gottes mit Moses einen Namen zu geben.[121] Schon die Wahl dieses Wortes – *covenant* – deutet an, wie sehr es Hobbes im *Leviathan* auch um die rhetorische Durchschlagskraft eines Ursprungsmythos geht. Dazu stülpt Hobbes seiner Staatsvertragslehre einen auf die jüdische Religion zurückführenden Begriff über, der in der puritanischen Covenant-Theologie eine große Rolle spielt. „Bei Hobbes wird der Bund mit Moses zu einer historischen Version des Gesellschaftsvertrages".[122]

154 Wie ist der *Leviathan* zu bewerten? Auf welcher Seite der Geschichte steht Hobbes? Ist er ein Anhänger der Monarchie, ein Befürworter des monarchischen Staates? Oder ist der *Leviathan* ein früher Meilenstein auf dem Weg zum Liberalismus in England? Auf diese Fragen gibt es keine einfachen Antworten. Auf der einen Seite können an Hobbes Kampf für die absolute Monarchie keine Zweifel bestehen. Der *Leviathan* schafft eine souveräne Person an der Spitze der gesellschaftlichen Hierarchien und gibt dem Staat damit einen streng zentralistischen Anstrich. Auf der anderen Seite waren die möglichen Realitätseffekte dieser Konstruktion schon zu Hobbes Zeit schwer kalkulierbar. Das hängt vor allem damit zusammen, dass die Vertragsmetapher das aktive, handelnde souveräne Subjekt in eine enge Beziehung zu den passiven, sich unterordnenden Subjekten bringt, auch wenn der Staatsvertrag nicht unmittelbar zwischen den beiden Parteien geschlossen wird, sondern zwischen allen Subjekten zwecks Autorisierung eines Souveräns. Anders gesagt: Die Metapher der Übereinkunft bzw. des Vertrages, die Hobbes im *Leviathan* für die Begründung des staatlichen Gewaltmonopols benutzt, ist von der instituierenden Macht schon besetzt. Die Republikaner und Puritaner hatten in der englischen Kultur des 17. Jahrhunderts schon so starke Spuren hinterlassen, dass Hobbes, wenn er denn als Autor überhaupt gehört werden wollte, nicht mehr hinter bestimmte Grundlagen der städtisch-republikanischen Kultur zu-

[117] Darin sieht *Skinner* (Freiheit und Pflicht), 117, eine Chiffre für den Ordnungsverlust und das Blutvergießen während der Revolutionszeit in England.
[118] *Jellinek* (Allgemeine Staatslehre), 211.
[119] Vgl. *Skinner* (Freiheit und Pflicht), 108.
[120] Vgl. *D. Liebs,* Lateinische Rechtsregeln und Rechtssprichwörter, 1998, 53.
[121] Vgl. *Hobbes* (Leviathan), 280, 281, 324.
[122] *Hammill* (The Mosaic Constitution), 218 („With Hobbes, the Mosaic covenant becomes a historical version of the social contract"); vgl. auch *Kahn* (Wayward Contracts), 48 ff. (zum Einfluss der Covenant-Theologie).

rückgehen konnte, zu denen nicht zuletzt die Ideen der Freiheit und der gleichen Rechte aller Menschen gehörten. Es sind genau die Revolutionserfahrungen, die Erfahrungen mit den Anhängern der Republik, die Hobbes dazu treiben, die Tudor-Doktrin vom *divine right,* vom göttlichen Recht der Könige, zu opfern und die Institution der Erbmonarchie mit seiner Vertragskonstruktion zu beerdigen.

So öffnet Hobbes den Raum des Politischen für neue Horizonte jenseits der Monar- 155
chie. Sicherlich setzt Hobbes im *Leviathan* alles daran, die Macht des Souveräns als etwas Unvergleichlich-Absolutes erscheinen zu lassen. So betont Friedrich Balke zu recht das Kolossalische, das beinah zu Große des Riesen, den das Titelkupfer zeigt.[123] Aber Hobbes bleiben zur Sicherung der Eindeutigkeit seiner Parteinahme für die Monarchie keine anderen als sprachliche und bildsprachliche Mittel, die immer wieder das unterlaufen, was er intendiert. Schon auf der Titelseite wird der Leser der englischen Druckfassung des *Leviathan* davon in Kenntnis gesetzt, dass das Thema des Buches die Materie, Form und Macht eines *Commonwealth* sei. Dieses Wort – *Commonwealth* – war durch die revolutionären Puritaner und Leveller aber schon so stark mit der Idee eines freien Staates, mit Themen wie Volksregierung, Parlamentarismus und individuellen Rechten besetzt worden, dass Hobbes' ironische Strategie, seine absolute Monarchie gegenüber den Visionen der Rebellen als das eigentlich verwirklichte Reich der Freiheit erscheinen zu lassen, eher tragische Züge annimmt.[124] Schon Zeit- und Weggenossen wie Sir Robert Filmer wünschten sich, dass Hobbes ein anderes Wort als *Commonwealth* im Buchtitel verwendet hätte, „weil so viele unwissende Menschen geneigt sind, unter dem Namen eines Commonwealth eine Volksregierung zu vermuten."[125] Auch der Kopf des großen Menschen in dem Kupferstich des Titelblattes ist ein Beispiel dafür, dass jede Lösung ihre eigenen Probleme erzeugt: Der Kopf des großen Menschen hatte genau so viel Ähnlichkeit mit Charles II. wie mit Oliver Cromwell.

Die Liste dieser Ambiguitäten und Mehrdeutigkeiten lässt sich fortsetzen. Als gedrucktes Buch ist der *Le-* 156
*viathan* immer schon eine öffentliche Angelegenheit, ein Medium auf der Bühne der Kultur. Seine Leser müssen von dessen Argumenten überzeugt werden. Auch die Verbindlichkeit des Gesetzes, das der Souverän schafft, ist an Sprache, Schrift oder Symbole gebunden und damit an die öffentliche Sphäre des Sprachhandelns, in der sie, wie Hobbes selbst betont, zur Kenntnis genommen und als Gesetz des Souveräns identifiziert werden müssen.[126] In diesem öffentlichen Raum allein kann auch die Beziehung zwischen dem Gesetz und seiner authentischen Interpretation eingerichtet werden. Hobbes bemüht sich zwar, die Interpretation des Gesetzes auf den Willen des Souveräns bzw. der in seinem Namen autorisierten Interpreten zurückzuführen. Er insistiert darauf, dass die Autorität der Gesetzesinterpreten nur eine abgeleitete, vom Souverän verliehene sein kann, dass die Autorität, nicht die Wahrheit das Gesetz mache. „Sed auctoritas, non veritas, facit legem", wie es in der lateinischen Ausgabe in taciteischer Kürze heißt.[127] Doch schon Hobbes' Zeitgenossen haben die Autorität des Gesetzes stärker auf skripturale Texte verschoben, auf förmliche Chartas, Petitionen, Gesetzesstatute und Verfassungen.

Hobbes entwirft im *Leviathan* einen Staat, der erst durch einen Gesellschaftsvertrag 157
geschaffen wird, an dem alle (künftigen) Staatsmitglieder beteiligt sind. Diesen Staat

[123] *F. Balke,* Figuren der Souveränität, 2009, Einleitung, 12f.
[124] *Skinner* (Freiheit und Pflicht), 119.
[125] *Skinner,* ebd., 120.
[126] *Hobbes* (Leviathan), 187f.
[127] *Hobbes,* ebd., 190, 191 („The Authority of writers, without the Authority of the Common-wealth, maketh not their opinions Law, be they never so true."); vgl. dazu auch *Höffe* („Sed auctoritas, non veritas, facit legem'), 235ff., 252ff.

nennt Hobbes auch eine artifizielle Person. Die künstliche Person verkörpert die Souveränität, und der Herrscher muss wie ein Schauspieler die Rolle der höchsten Gewalt repräsentieren. Damit wird die Institution der Souveränität klar vom Souverän (aus Fleisch und Blut) unterschieden. Es ist dennoch schwer zu beurteilen, ob Hobbes die Einheit des Staates wirklich ohne die Einheit eines leibhaftigen Körpers denken konnte. Wie immer man diese Frage am Ende aber auch entscheidet: Der Schritt hin zur vollständigen Ablösung des Staates vom leiblichen Körper des Souveräns vollzieht sich jedenfalls mit dem Aufstieg der abstrakten unpersönlichen Ordnung des liberalen Verfassungsstaates im 18. und 19. Jahrhundert. Am Ende dieses Prozesses, den ich an anderer Stelle in Anlehnung an die Kulturwissenschaftlerin Aleida Assmann als „Exkarnation der Souveränität" beschrieben habe,[128] steht ein spezifischer Begriff von konstitutioneller Staatlichkeit: Es entwickelt sich ein liberaler Rechts- und Verfassungsstaat, der individuelle Freiheitsrechte auf der Basis der rechtlichen Gleichbehandlung aller Bürger garantiert und sich selbst als durch die Souveränität der Nation konstituiert imaginiert.

### 4. Der Gesellschaftsvertrag als absolute Metapher

158 Um die inzwischen weit verbreitete Beschreibung des hobbesschen Gesellschaftsvertrages als Ausdruck literarischer Einbildungskraft zu präzisieren, ist die Metaphorologie Hans Blumenbergs hilfreich. Blumenbergs Metaphorologie war anfangs als eine Ergänzung zum Unternehmen der Begriffsgeschichte gedacht, das in der deutschsprachigen akademischen Welt der Nachkriegszeit in Erich Rothackers *Archiv für Begriffsgeschichte* eine Heimat hatte und bis heute durch das seit 1971 von Joachim Ritter und Karlfried Gründer herausgegebene *Historische Wörterbuch der Philosophie* repräsentiert wird. Schon 1957 erscheint mit Blumenbergs *Licht als Metapher der Wahrheit* die erste größere Publikation zum Verhältnis von Begrifflichkeit und Metapher, letztere verstanden als Ausdruck einer Logik der Phantasie. 1960 wird mit den *Paradigmen zu einer Metaphorologie* eine weitere Arbeit aus diesem Zusammenhang publiziert. Seit den späten 1970er Jahren stellt Blumenberg die Metaphorologie dann in den breiteren Rahmen einer Theorie der Unbegrifflichkeit, in der es um die Voraussetzungen des Durchsetzungserfolgs und der Beharrungskraft von Metaphern in Philosophie und Wissenschaft und ihre Angewiesenheit auf lebensweltliche Verankerungen geht.[129]

159 Das Wort „Metapher" geht auf gr. *metaphorá* zurück, was so viel wie übertragen und übersetzen bedeutet. Die Metapher gehört ursprünglich zu den rhetorischen Stilmitteln (Tropen), wie sie zuerst in der *Poetik* des Aristoteles behandelt werden. Sie wird normalerweise als ein Ausdruck bestimmt, der statt des buchstäblich Gemeinten etwas Ähnliches bezeichnet oder – weiter gefasst – einen verkürzenden impliziten Vergleich enthält.[130] So hat der Donner in einem Satz wie „Ronaldo donnert den Ball ins Tor" nichts mit dem Donner während eines heftigen Gewitters gemein, das Wort steht lediglich für den Vergleich eines mit besonderer Wucht abgegebenen Schusses in einem Fußballspiel. Das Wort „Mutter" in „Muttersprache" wird ebenfalls nicht im buch-

[128] Vgl. *Vesting* (Die Medien des Rechts III), 115 ff.

[129] Vgl. dazu *A. Haverkamp,* Das Skandalon der Metaphorologie, in: ders./Mende (Hrsg.), Metaphorologie, 2009, 33 ff.

[130] Vgl. *Haverkamp,* ebd., 33 ff., 37; *S. Lüdemann,* Metaphern der Gesellschaft, 2004, 30.

stäblichen, sondern im übertragenen Sinn einer Abstammung verwendet, als Sprachbild dafür, dass jeder Mensch, der eine natürliche Sprache wie Englisch oder Deutsch beherrscht, diese im Regelfall unbewusst von seiner Mutter übernommen hat. Wenn schließlich Hobbes im 21. Kapitel des *Leviathan* von den bürgerlichen Gesetzen als „künstlicher Ketten" *(artificiall chains)* spricht, die die „Lippen" des Souveräns mit den „Ohren" der Bürger verbinden,[131] will Hobbes nicht sagen, das der Souverän seine Bürger an Metallketten fesselt, sondern dass allein die Errichtung eines Staates dafür sorgen kann, dass die bürgerlichen Gesetze eine Metallketten vergleichbare Bindungskraft entfalten.

Vorausgesetzt wird bei Metaphern aber normalerweise die Möglichkeit, in der Sprachverwendung buchstäbliche und übertragene Bedeutung unterscheiden zu können. Demgegenüber kann man Blumenbergs Metaphorologie dadurch charakterisieren, dass sie gerade diese Unterscheidung anzweifelt und die absolute Metapher für einen begrifflich nicht kontrollierbaren Überschuss an Realität reserviert. Metaphern sind „Grundbestände" der philosophischen Sprache, „Übertragungen", die sich nicht ins Logische und Begriffliche zurückholen lassen.[132] Und umgekehrt: Bestimmte Aspekte der Lebenswelt sind nur einer metaphorischen Erfassung zugänglich. Menschen sind auf Metaphern angewiesen, um unter dem Druck einer befristeten Lebenszeit symbolisch haltbare Lösungen zu schaffen und sich in ihnen einzurichten. Die absolute Metapher wird also in pragmatisch-funktionaler Absicht in die Metaphorologie eingeführt, und ihre Funktion besteht vor allem im Aufschließen von „Totalhorizonten".[133] Absolute Metaphern wie Geschichte, Leben, Mensch, Sein, Freiheit oder Gott geben „einer Welt Struktur, repräsentieren das nie erfahrbare, nie übersehbare Ganze der Realität".[134] Sie erzeugen anschauliche Bilder für Phänomene, die sich nicht abbilden lassen und denen keine Anschauung direkt korrespondieren kann. Stattdessen machen sie das „als Gegenständlichkeit unerreichbare Ganze ‚vertretend' vorstellig".[135] Mit der Literaturwissenschaftlerin Susanne Lüdemann könnte man auch formulieren, dass es im Fall absoluter Metaphern um den „imaginären Surplus von Einheitssemantiken" geht,[136] nicht im Sinne einer erkenntnistheoretischen Suche nach letzter Gewissheit, sondern um dem Leben durch „imaginative Annäherung oder Vorzeichnung" an ein letztlich Unerreichbares einen „ursprünglichen Richtungssinn" zu geben.[137] **160**

Der Gesellschaftsvertrag bei Hobbes wäre dann als absolute Metapher zu deuten und würde primär zur rhetorischen Veranschaulichung der ungegenständlichen Totalität, des abstrakten Ganzen des Staates dienen. Der *Leviathan* wäre somit ein weiterer Schritt in der Bewegung einer „Umbesetzung" vakant gewordener Positionen, wie Blumenberg sie in der *Legitimität der Neuzeit* gegen allzu simple Theorien der Säkularisie- **161**

[131] *Hobbes* (Leviathan), 147.
[132] *H. Blumenberg,* Paradigmen zu einer Metaphorologie (1960), 2013, 14.
[133] *F. J. Wetz,* Hans Blumenberg zur Einführung, 2014, 20.
[134] *Blumenberg* (Paradigmen zu einer Metaphorologie), 29.
[135] *Blumenberg,* ebd., 29.
[136] *Lüdemann* (Metaphern der Gesellschaft), 18, 19.
[137] *Hans Blumenberg,* Theorie der Unbegrifflichkeit, 2010, 102, 100; in eine vergleichbare Richtung argumentiert auch *L. Rosen,* Law as Culture, New York 2006, 9 ff., 131 ff. (metaphors are central to the creation of thought and to binding diverse categories into a manageable whole; metaphors as a unifying agent).

rung in Anschlag gebracht hat.[138] Der umfassende Einheitsanspruch, der einst auf der christlichen Religion mit ihrer Gottfigur lastete, bliebe dann als ein „imaginärer Surplus von Einheitssemantiken" erhalten,[139] um dem Leben durch „imaginative Annäherung oder Vorzeichnung" an ein letztlich Unerreichbares einen „ursprünglichen Richtungssinn" zu geben.[140] Diese imaginative Annäherung oder Vorzeichnung tritt bei Hobbes vertikal geschichtet mit Zentrum und Spitze auf, als *artificial man:* Hobbes kann den Staat nicht anders als eine Einheit, als Person, als riesigen Menschen denken, aber nichtsdestotrotz macht er die Schaffung des riesigen Menschen von einem Gesellschaftsvertrag abhängig. Die Vertragsmetapher wäre dann als eine literarische Strategie zu lesen, um dem Begehren des Menschen nach Einheit und Identität einen sprachlichen Haltepunkt jenseits der Figur *eines* Gottes zu geben und somit zur Legitimität der Neuzeit beizutragen.

162 Das Projekt der Metaphorologie wird bei Blumenberg nur selten auf Fragen der Sozialphilosophie oder Staatslehre zugeschnitten. Blumenberg hat aber Kants Beschreibung des Staates in § 59 der *Kritik der Urteilskraft* (1790/99) als Beispiel für einen metaphorischen Sprachgebrauch interpretiert – und zwar „mit Verschärfung in Richtung auf die *absolute* Metapher."[141] Kant vergleicht dort den despotischen Staat mit einer „Maschine" bzw. „Handmühle" und den „nach inneren Volksgesetzen" organisierten monarchischen Staat als „beseelten Körper". Blumenberg zeigt, dass sich Kant nicht damit begnügt, etwa die Ähnlichkeit von despotischem Staat und Handmühle einerseits sowie konstitutioneller Monarchie und beseeltem Körper andererseits zu behaupten. Sehr wohl aber gibt Kant in einem Verfahren der Übertragung der Reflexion, das Kant Symbol nennt, eine Anschauung für die jeweilige Staatsform. So werden Maschine und Körper im Wege der Analogie und indirekten Darstellung auf den Staat als Gegenstand übertragen, mit dem Ergebnis, das der Staat „in beiden Fällen" nur noch „symbolisch vorgestellt" werden kann.[142] Damit wird der Staat auf eine rein künstliche Grundlage gestellt, auf eine nur noch symbolhafte Vorstellung, während der bei Hobbes noch bestehende Verweisungszusammenhang zwischen der Errichtung eines Staates und seiner gleichzeitigen Repräsentation durch die Person des Monarchen aufgelöst wird.

---

[138] Vgl. *Blumenberg* (Die Legitimität der Neuzeit), 75 („Was in dem als Säkularisierung gedeuteten Vorgang überwiegend, jedenfalls bisher mit nur wenigen erkennbaren Ausnahmen, geschehen ist, lässt sich nicht als *Umsetzung* authentisch theologischer Gehalte in ihre säkulare Selbstentfremdung, sondern als *Umbesetzung* vakant gewordener Positionen von Antworten beschreiben, deren zugehörigen Fragen nicht eliminiert werden konnten.").

[139] *Lüdemann* (Metaphern der Gesellschaft), 19.

[140] *Blumenberg* (Theorie der Unbegrifflichkeit), 102, 100.

[141] *Blumenberg,* ebd., 58; vgl. auch *ders.* (Metaphorologie), 15.

[142] *I. Kant,* Kritik der Urteilskraft (1793), in: Werke in sechs Bänden, Bd. 5, 1983, B 257; *Blumenberg* (Theorie der Unbegrifflichkeit), 58.

# § 4 Selbstorganisation der Gesellschaft: Der Verfassungsstaat

## I. Die Kultur des bürgerlichen Individualismus

### 1. Nation als Vereinigung von Individuen

Unter Nationalismus wird in dieser Staatstheorie eine Form der Subjektivität verstanden, das heißt eine allgemeingültige Gewissheit über eine bestimmte Art der Ordnung der Wirklichkeit. Der Nationalismus bringt ein säkulares Weltbild hervor, welches das religiöse Weltbild des christlich-aristotelischen Mittelalters ablöst und an die Stelle der Annahme einer gottgewollten Seinsordnung die Prinzipien der Gleichheit der Mitglieder einer Gemeinschaft und ihre kollektive Selbstbestimmung als Volkssouveränität setzt. Nation ist – in der Definition der amerikanischen Soziologin Liah Greenfeld – eine „Form des Bewusstseins, eine wesentlich säkulare Sicht einer Realität, deren soziopolitische Komponenten auf den Prinzipien der fundamentalen Gleichheit der Mitgliedschaft in einer Gemeinschaft und der Volkssouveränität beruhen."[1] Ähnlich hatte es am Vorabend der Französischen Revolution schon einer ihrer großen Theoretiker, Emmanuel Joseph Sieyès, gesehen: Eine Nation sei eine Körperschaft von Gesellschaftern *(un corps d'associés),* die unter einem gemeinschaftlichen Gesetz lebten, eine Vereinigung von Individuen *(l'assemblage des individus).*[2] Das nennen wir auch – wiederum im Anschluss an Greenfeld – den „individualistischen Nationsbegriff".[3] Der individualistische Nationsbegriff beschreibt zwar nur eine von mehreren historischen Erscheinungsformen des Nationalismus, aber er ist für ein angemessenes Verständnis des bürgerlichen Individualismus und damit für den kulturellen Rahmen, aus dem der liberale Rechts- und Verfassungsstaat hervorgeht, entscheidend. Das muss immer wieder betont werden, weil der Nationalismus im späten 19. Jahrhundert in Deutschland in ein kollektivistisches Konzept verwandelt wird, das etwa bei Max Weber oder Carl Schmitt dazu führt, den Nationsbegriff eher mit dem *warfare-state,* mit der Nation als kriegerischer Kampfgemeinschaft, als mit dem Verfassungsstaat zu assoziieren. 163

Der liberale Rechts-und Verfassungsstaat, den wir hier – abkürzend – auch einfach „Verfassungsstaat" nennen wollen, setzt den individualistischen Nationsbegriff voraus. Dass die Nation für den Verfassungsstaat überhaupt eine Rolle spielt, hängt damit zusammen, dass der Verfassungsstaat aus dem frühmodernen Staat aufruht, der seit dem Spätmittelalter als Territorialstaat entsteht. Das Staatsgebiet ist seitdem nicht mehr mit den Mauern einer Stadt, dem Herrschaftssitz eines Fürsten oder einem nur locker geknüpften Imperium identisch, vielmehr ist bereits für den frühmodernen Staat ein weiträumiges Territorium charakteristisch, über das dieser die Gebietshoheit innezuhaben beansprucht und dessen Integrität deshalb von anderen Staaten zu achten ist; 164

---

[1] Vgl. *Greenfeld* (Mind, Modernity, Madness), 2 („form of consciousness, an essential secular view of reality, whose social-political component rests on the principles of fundamental equality of membership in a community and popular sovereignty"); *dies.* (Nationalism and the Mind), 69 ff., 140, 194. Einen vergleichbaren Ansatz verfolgt *Hont* (The Permanent Crisis of a Divided Mankind), 447 ff.; den Zusammenhang zwischen einem normativen Individualismus und Nationalismus bzw. Nationalstaat betont auch *Descombes* (Die Rätsel der Identität), 193 ff., 197 f.

[2] *E. J. Sieyès,* Was ist der Dritte Stand? (1789), 1975, 117 ff., 124, 186; *ders.,* Qu'est-ce que le tiers état?, Paris 2002, 5, 73.

[3] Vgl. *Greenfeld* (Nationalism and the Mind), 194, 195; *Breuer* (Der Staat), 191.

man spricht an dieser Stelle auch von innerer und äußerer staatlicher Souveränität. Dadurch entwickelt sich die soziale und politische Ordnung notwendigerweise in den Grenzen einer bestimmten Fläche oder Landmasse wie umgekehrt Kultur und Sprache nunmehr auf ein Staatsgebiet bezogen sind und dadurch zu einer staatlichen Angelegenheit werden können. Zumindest können sich die Bürger eines Staates auf der Grundlage einer gemeinsamen Landessprache leichter als Mitglieder einer politischen Gemeinschaft wahrnehmen und die nationale Identität kann leichter Teil der persönlichen Identität werden, als wenn ein Staat in Dutzende von Provinzen mit je eigenen Dialekten, Gesetzen, Sitten, Bräuchen und politischen Traditionen zerfällt. Dieser Zusammenhang zeigt sich heute eher in umgekehrter Weise: In vielen Großstädten der westlichen Welt ist die Hegemonie und Einheit der nationalen Kultur in Bruchstücke zersplittert, insbesondere dort, wo die Heterogenität und die Zusammensetzung der Stadtbevölkerung so groß und so divers geworden sind, dass sie zur Bildung harter Segregationen und partiell gesetzesfreier Zonen in den Städten geführt hat, man denke nur an die Pariser Banlieue, die No-go-Areas in den amerikanischen Großstädten, an Duisburg-Marxloh oder bestimmte Teile von Berlin-Neukölln.

**165** Diese Bemerkungen sind nicht so zu verstehen, als würde der Verfassungsstaat auf einer Nationalkultur aufbauen, die er als eine Art Substanz – etwa in Gestalt gemeinsamer Sitten und Bräuche einer Volksgruppe – vorfände. In der Terminologie von Greenfeld wäre das ein kollektivistisches oder auch ethnisches Nationalismusverständnis.[4] Die moderne Nation ist aber keine vorfindliche Realität. Sie existiert nur im Register des Imaginären, sie ist eine „imagined political community"[5], eine Aufgabe, kein Zustand. Kann sich die Nation aber einmal als imaginäre Einheit in den Grenzen eines bestimmten Staatsgebiets und den Köpfen seiner Bewohner festigen, kann daraus schnell die Forderung nach der Herstellung nationaler Einheit erwachsen, die dann zum Beispiel in Form der staatlichen Förderung einer gemeinsamen Sprache mit Realität gefüllt wird. So ist es beispielsweise in Frankreich gewesen: Die französische Sprache, die ursprünglich nur in Paris gesprochen wurde, konnte als Sprache der Eliten schon im 15. Jahrhundert mit dem Lateinischen konkurrieren. 1539 wurde Französisch durch das Edikt von Villers-Cotterêts zur offiziellen Amtssprache, um schließlich 1629, unter Ludwig XIII., verbindlich bei der Registrierung von Taufen, Heiraten und Beerdigungen zu werden. Dennoch blieb das Französische bis in das 18. Jahrhundert hinein wesentlich eine Sprache des Hofs, des Adels und der großen Städte in Nordfrankreich.[6] Erst die Französische Revolution und die Herrschaft Napoleons beschleunigten seine Ausweitung in alle Regionen und Bevölkerungsschichten Frankreichs. Der Verfassungsstaat ist also so sehr Produkt der Nation wie er diese hervorbringt. Er richtet zwischen sich selbst und seinem personalen Substrat, der Nation, eine dauerhafte Rückkopplungsschleife ein. Diese Rückkopplung an das Volk findet heute in der Vorstellung der demokratischen Legitimation allen Staatshandelns ihren Ausdruck.[7]

---

[4] In der Terminologie von *Greenfeld* (Nationalism and the Mind), 93 ff., 107; *dies.* (Nationalism), 3 ff., wäre dies ein kollektivistisch-autoritäres und ethnisches Verständnis des Nationalismus; vgl. auch *Breuer* (Der Staat), 191, 196 (ethnisch-genealogisches Verständnis des Nationalismus).

[5] *Anderson* (Imagined Communities), 6.

[6] Vgl. *Greenfeld* (Nationalism), 98, 99; *Schulze* (Staat und Nation in der europäischen Geschichte), 139.

[7] Vgl. nur *Böckenförde* (Demokratie als Verfassungsprinzip), 289 ff., 299 ff.

Der hier verwendete individualistische Nationsbegriff kann dem Zusammenhang zwischen modernem Nationsbegriff und seinen mittelalterlichen und antiken Grundlagen nicht gerecht werden. Dieser Zusammenhang ist nichts Nebensächliches, gerade wenn man – wie in dieser Staatstheorie – die individualistische Komponente des Nationsbegriffs herausstellt. Zwar fungiert *natio* in der römischen Antike zunächst nur als Unterscheidungsmerkmal von Gruppen aller Art, beispielsweise bei Cicero zur Bezeichnung der Volksgruppe der Aristokraten oder bei Plinius zur Bezeichnung der Philosophen als Gruppe.[8] Aber je mehr der Nationsbegriff auf die Bevölkerung eines Landes bezogen wird, je stärker verweist er auf christliche Vorstellungen, ohne die sich ein individualistischer Nationsbegriff kaum hätte entwickeln können.[9] Die Idee einer inneren Freiheit des Christenmenschen, die sich seit dem Apostel Paulus ausbreitet, ist wiederum nicht ohne einen tiefgreifenden Wandel der religiösen Praktiken in der Welt des Mittelmeerraums und der mit ihnen einhergehenden Persönlichkeitsveränderungen seit dem 3. Jahrhundert denkbar. Diese Veränderungen können ihrerseits nicht vom Aufschwung des Judentums als Buchreligion – einem frühen Experimentierfeld der Innerlichkeit – getrennt werden.[10] Jan Assmann hat die Geschichte der Nationsbildung und des Nationalismus in einer jüngeren Publikation sogar bis in die jüdische Exodus-Erzählung zurückverfolgt.[11] Die Genese des inneren Menschen kann also keinesfalls auf die Beiträge Luthers und anderer Reformatoren wie Calvin eingeengt werden, zumal schon die religiösen Mutationen der Spätantike eine ähnliche Sorge um das Selbst hervorgetrieben haben, wie sie Max Weber dem Aufstieg der innerweltlichen Askese im Calvinismus zugeschrieben hat.[12] 166

## 2. Historische Varianten

Im individualistischen Nationsbegriff bilden Individualismus und Nationalismus keinen Gegensatz. Wie das Verhältnis von Individualismus und Nationalismus jedoch genauer ausgestaltet ist, welche Spannungen es in sich trägt und wie sehr es im Einzelnen Elemente eines kollektivistischen Nationalismus aufweist, lässt sich nur historisch (und nicht rein theoretisch) klären. Das hängt mit der Vielfalt der historischen Erscheinungsformen des modernen Nationalismus zusammen. Eines aber ist klar und eindeutig: Das Modell des individualistischen Nationalismus realisiert sich zuerst und am reinsten in England und Nordamerika. Nachdem die puritanisch-demokratische Bewegung der Leveller während der englischen Revolution mit dem *Agreement of the People* 1647 die erste geschriebene Verfassung vorgelegt hatte (die von Oliver Cromwell und Teilen der *New Model Army* aber schnell verwässert und später verworfen wurde), kann sich der liberale Verfassungsstaat erstmals in der amerikanischen Bundesverfassung von 1787 durchsetzen. Diesem Vorbild folgt die Französische Revolution in ihrer konstitutionellen Phase, zunächst in der Erklärung der Menschen- und Bürgerrechte von 1789 mit ihrer Proklamation von natürlichen und unantastbaren Menschenrechten (Artikel 2) und später in der Verfassung von 1791. Auch die Bundesrepublik Deutschland steht als Verfassungsstaat in dieser Tradition. Noch stärker als die Weimarer Verfassung von 1919 ruht das Grundgesetz von 1949 auf einem individualistischen Nationsverständnis. Der umfangreiche Katalog von staatsbürgerlichen Freiheits- und Gleichheitsrechten (Art. 1 bis 19, 33, 38) sowie die Garantie des Artikel 20 Absatz 2, derzufolge alle Staatsgewalt vom Volke ausgeht, zeigen dies zur Genüge. 167

[8] Vgl. nur *Schulze* (Staat und Nation), 112ff.

[9] Vgl. nur *Siedentop* (Inventing the Individual), 252ff.; *Manent* (Democracy without Nations?), 87ff.; gegen eine Verengung des Nationalismus auf ein Phänomen der Moderne vgl. auch *Blanning* (Das Alte Europa), 25ff.

[10] Vgl. *G. Stroumsa,* Das Ende des Opferkults, 2011, 21ff. („Eine neue Sorge um sich selbst"), 53ff.

[11] *J. Assmann* (Exodus), 223ff., 230.

[12] Vgl. *Stroumsa,* The Making of the Abrahamic Religions in Late Antiquity, New York (N.Y.) 2015, 45.

**168** Im Unterschied zu England und Amerika entwickeln sich die Nationen in Frankreich und Deutschland allerdings im Schatten einer langen Geschichte monarchischer Souveränität. Nationsbildung bleibt daher eine lange Zeit, in Deutschland bis in das 20. Jahrhundert, mit der Bildung eines monarchischen Staates gleichbedeutend. Das gilt für Frankreich in besonderem Maße für die Zeit der Herrschaft Ludwig XIV. (1643–1715), des Sonnenkönigs, in der die machtvolle Inszenierung der monarchischen Hofkultur ihren Höhepunkt erreichte.[13] Die starke Stellung des Monarchen im französischen Staat, der in seiner herausgehobenen Position auch religiös überhöht wurde, hinterlässt eine grundsätzliche Ambiguität, die sich noch im späten 18. Jahrhundert in einem Schwanken zwischen einem individualistischen und einem kollektivistischen Nationsbegriff niederschlägt. Konzipiert der individualistische Nationsbegriff die Nation als Vereinigung von Einzelpersonen, misst der kollektivistische dem sozialen Ganzen – unter Vernachlässigung oder Unterordnung des Individuums unter die Nation als Kollektiv – den zentralen Wert bei.[14] Die anglo-amerikanische Vorstellung der Nation als einer Form gleichgesinnter Individuen kommuniziert daher im französischen Nationsbegriff mit einer starken Fixierung auf den monarchischen Staat als einer dem Individuum vorausgehenden Souveränität und Macht.[15] Auch die deutsche Nationsgeschichte oszilliert stärker als diejenige Großbritanniens oder Amerikas zwischen einem individualistischen und kollektivistischen Verständnis der Nation. Erst mit Hilfe der alliierten Siegermächte und der Verabschiedung des Grundgesetzes findet der bürgerliche Individualismus auch in Deutschland eine bis heute stabile verfassungsrechtliche Absicherung.

**169** Wie bereits der deutsche Soziologe Max Weber im frühen 20. Jahrhundert bemerkt hat, hat England die erste Nation der Welt hervorgebracht.[16] Die Anfänge des englischen Nationalismus lassen sich bis in das 14. Jahrhundert zurückverfolgen, der entscheidende Schritt zur Nationsbildung vollzieht sich jedoch nicht vor dem 16. Jahrhundert und nicht ohne Bezug zur Reformation.[17] Die Einführung der Druckerpresse im späten 15. Jahrhundert, der Bruch mit dem Papsttum und die Etablierung einer protestantischen Staatskirche unter Heinrich VIII. sowie die darauffolgenden Religionskriege zwischen Protestanten und Katholiken beschleunigen den Übergang zu einer sich verändernden politischen und sozialen Ordnung. Die neue Ordnung ist nicht mehr einfach das Patrimonium eines Monarchen, sondern ein davon zu unterscheidendes Gemeinwesen, ein *Commonwealth,* „a community and a collective enterprise of many fundamentally equal participants".[18] Für den englischen Nationalismus sind schon im 16. Jahrhundert nicht mehr Abstammung und Geburt bestimmend, sondern der Stolz, Teil einer nationalen Elite zu sein, für die eine ins Egalitäre gewendete gesellschaftliche Offenheit bezeichnend ist.[19]

[13] Vgl. nur *Kittsteiner* (Die Stabilisierungsmoderne), 335 ff.; *Blanning* (Das alte Europa), 39 ff.

[14] Vgl. *L. Dumont,* Individualismus, 1991, 287 (der dies Holismus, nicht Kollektivismus, nennt).

[15] Vgl. *Greenfeld* (Nationalism and the Mind), 81, 82; *Breuer* (Der Staat), 194 ff.

[16] *Weber* (Wirtschaft und Gesellschaft), 765 (den ersten nationalen Bürgerstand); *Breuer* (Der Staat), 192.

[17] Ausführlicher dazu *Greenfeld* (Nationalism and the Mind), 44 ff., 71 ff.; *Blanning* (Das Alte Europa), 260 ff.; *Breuer* (Der Staat), 192 ff.

[18] *Greenfeld* (Nationalism), 57.

[19] Vgl. *Greenfeld* (Nationalism and the Mind), 47 (die Thomas Smith *De Republica Anglorum* von 1582 zitiert).

Diese frühe Ausbildung eines nationalen Bürgerstandes in England hat zur Folge, dass prinzipiell jedermann Mitglied der Nation werden kann. Prinzipiell heißt hier, dass der Bürger den englischen Nationalismus und seine leitenden Prinzipien anerkennt, das heißt einen starken Individualismus verinnerlichen muss, der auf klassischer Bildung, humanistischen Werten und einem unabhängigen protestantischen Geist beruht. Das verändert seit dem 16. Jahrhundert auch das Selbstverständnis der politischen Institutionen in England. So gelten beispielsweise die Parlamentsabgeordneten schon früh als Träger einer gemeinsamen Verantwortlichkeit für das Zustandekommen von Gesetzen, die für das gesamte englische Königreich Verbindlichkeit beanspruchen, nicht aber werden sie lediglich als Abgesandte derjenigen Bezirke gesehen, in denen sie gewählt wurden.[20] Zu den Besonderheiten der englischen Nationsbildung kann man auch die frühe Institutionalisierung der Wissenschaft und die großen Entdeckungen solcher Gelehrter wie Francis Bacon oder Isaac Newton zählen.[21] Eine dauerhafte Pflege experimentellen Wissens und akademischen Lernens setzt in England bereits am Ende des 17. Jahrhunderts ein. Auch dies hat eine gleichzeitige Aufwertung nationaler Größe (durch wissenschaftlichen Fortschritt) wie der Unabhängigkeit des Individuums (durch die Bildung eines kritischen Urteilsvermögens) zur Konsequenz. Daraus geht in England, auch aufgrund der Eroberung fremder Kontinente, rasch eine hohe Wertschätzung und ein Wachstum von nützlichem Wissen *(useful knowledge)* und darauf basierenden Technologien hervor.[22] 170

Die Öffnung, die die Reformation für den Aufstieg des individualistischen Nationalismus in England geschaffen hatte, weitet sich im 17. Jahrhundert. Für John Milton, den Dichter, politischen Theoretiker und Sekretär Cromwells, sind Patriotismus und Nationalismus eine Art neuer Religion, die aber keiner religiösen Legitimation mehr bedürfen. Führt Milton in seiner Schrift *Of Reformation in England* (1641) die Führung Englands im Kampf der Konfessionen noch auf göttliche Vorsehung zurück, wird die Rolle von Religion und Kirche in seiner *History of Britain* (1671) mit dem besonderen Charakter der englischen Nation als einer Priesterschaft aller Gläubigen und deren so fügsamer und so geneigter Suche nach Wissen gleichgesetzt.[23] Mit der Aufwertung der englischen Nation zu einem auserwählten Volk korrespondiert eine Aufwertung der Autonomie des Individuums. Englands Besonderheit besteht für Milton nun darin, das Herrenhaus der Freiheit zu sein, „the mansion-house of liberty".[24] England leite die anderen Völker nicht nur auf dem Weg zum richtigen (protestantischen) Glauben, sondern auch zur gesellschaftlichen Freiheit, zu der für Milton etwa die Abschaffung von Zwangsheiraten und die Zulässigkeit von Scheidungen gehört,[25] die in Deutschland noch im 19. Jahrhundert verboten waren. Auf diesem Weg zur Freiheit, schreibt Milton, haben wir die Ehre anderen Nationen voraus zu sein, die nun daran arbeiten uns zu folgen.[26] 171

Der amerikanische Individualismus ist ebenfalls das Ergebnis besonderer historischer Ausgangsbedingungen. Da es in den dreizehn englischen Kolonien keine Könige, keine Höfe, keine Bischöfe, keinen Kirchenbesitz und keine aristokratischen Familien gibt, kann sich hier schon lange vor der Unabhängigkeitserklärung von 1776 ein Ethos 172

[20] Vgl. *Schramm* (Fünf Wegscheiden der Weltgeschichte), 229.

[21] Vgl. nur *Greenfeld* (Nationalism and the Mind), 51 ff. („Science in the Service of the Nation"); vgl. auch *dies.* (Nationalism), 78 ff. („A Land of Experimental Knowledge"); *J. Mokyr,* A Culture of Growth, Princeton 2017, 59 ff.

[22] Vgl. *Mokyr,* ebd., 142 ff.

[23] Vgl. *Greenfeld* (Nationalism and the Mind), 49.

[24] *Greenfeld,* ebd., 50; vgl. auch *Schulze* (Staat und Nation), 138.

[25] Vgl. *Kahn* (Wayward Contracts), 196 ff.

[26] Vgl. *Greenfeld* (Nationalism and the Mind), 50 („We have the honor to precede other Nations who are now laboring to be our followers.").

der Gleichgesinntheit entfalten, können sich demokratische Sitten und ein spezifischer Bürgersinn als maßgebliche Komponenten des amerikanischen Nationalismus durchsetzen.[27] Die Wurzeln dieses egalitären Individualismus hängen wie in England eng mit den religiösen Traditionen in den neu gegründeten Gemeinden und Städten zusammen. Gerade das Gemeindeleben Neuenglands wird zunächst von glaubensstrengen puritanischen Auswanderern bestimmt, die auf Gewissensfreiheit bestehen und darin die kolonialen Gemeinwesen mit neuartigen Freiheitsansprüchen konfrontieren. Daran kann seit den 1750er Jahren eine Kultur der Sympathie und Sensibilität anknüpfen, die auch den Subtext der sich vom Mutterland lösenden Nation bildet. Die Gründungssituation in den Kolonien ist hier erneut von großer Bedeutung: Weil kein mit dem europäischen souveränen Staat vergleichbarer amerikanischer Staat existiert, verlagert sich die Ordnungsbildung vom Staat auf einen umfassenden Prozess der Erneuerung der Netzwerke der gesellschaftlichen Beziehungen. Ein Individualismus, der als Teil des sozialen Zusammenhalts gedacht wird, nicht als Gegenbegriff zur Gesellschaft, befeuert die Lösung vom Mutterland.

173 In den Vereinigten Staaten von Amerika entwickelt sich der Individualismus zunächst im Rahmen des Schutzes religiöser Minderheiten in Kolonien wie Rhode Island und Massachusetts. Daran kann im 18. Jahrhundert eine säkulare Form der horizontalen Soziabilität anknüpfen. Schon 1782 stellt ein zeitgenössischer Beobachter – in den *Briefen eines amerikanischen Farmers* – fest, dass Amerikas offene Räume Menschen mit unabhängigem Eigentum, hoher Mobilität und Mitverantwortung für den Staat erzögen, die sich mit ihren Tugenden vom armseligen überbevölkerten Europa abhöben.[28] Auch Alexis de Tocqueville führt die frühe Durchsetzung der Demokratie in Nordamerika auf die instituierte Kultur zurück, wenn er von den dort herrschenden Sitten spricht[29] – und Sitten *(mœurs)* im weiten Sinne von *mores* versteht als „die Gesamtheit des geistigen und sittlichen Verhaltens der Menschen im gesellschaftlichen Zustand".[30] Neuengland ist nach der Ansicht Tocquevilles für die Demokratie nicht zuletzt deshalb privilegiert, weil es eine Gesellschaft ohne Privilegierte ist, „in der sich weder Adlige noch Gemeine und sozusagen weder Arme noch Reiche vorfanden."[31] Daraus kann sich ein besonderer Bürgersinn entwickeln, der die notwendige Reziprozität der Beziehungen zwischen den Individuen anerkennt und daraus eine Tugend macht. Wie die britische Historikerin Sarah Knott in *Sensibility and the American Revolution* (2009) gezeigt hat, ist der amerikanische Individualismus seinem Ursprung nach ein Individualismus, der in Bindungen lebt, der teilnehmen und dazugehören will,[32] nicht aber als Streben des Einzelnen nach ausschließlich persönlichem Reichtum und Glück – als Besitzindividualismus, Eigenwille oder dergleichen – gedeutet werden kann. „Ein vernünftiges Selbstsein hat – gesellschaftlich konstituiert, gesellschaftlich gewendet – die Gründung Amerikas im Guten wie im Schlechten geformt."[33]

174 Der bürgerliche Individualismus gewinnt seit der Mitte des 18. Jahrhunderts auch in Frankreich an Bedeutung und Gewicht. Die Zunahme der Abbildung gewöhnlicher Bürger in der Portraitmalerei, die Individualisierung von Zimmerfunktionen in der Hausarchitektur oder die allgemeine Steigerung von Empathie, etwa als Erlebnis der Empfindung besonders tiefer Gefühle bei dem Besuch einer Opernaufführung, sind nur einige Beispiele für sich verändernde Lebensformen, die den Sinn für persönliche

[27] Vgl. *Greenfeld* (Nationalism), 399 ff., 402, 484.

[28] Vgl. *Schramm* (Fünf Wegscheiden der Weltgeschichte), 349 (Crèvecœur).

[29] *Tocqueville,* Über die Demokratie in Amerika, 1976, 353.

[30] *Tocqueville,* ebd., 353 Fn.; vgl. auch 332.

[31] *Tocqueville,* ebd., 37; vgl. auch *Schramm* (Fünf Wegscheiden der Weltgeschichte), 222 ff., 236 ff.

[32] Vgl. nur *S. Knott,* Sensibility and the American Revolution, Chapel Hill 2009, 198 („The self ... was, not a subordinate in a chain of hierarchical authority, but an individual connected by sympathetic osmosis to distant others, an apparently universal or egalitarian self.").

[33] Vgl. nur *dies.,* ebd., 22 (For good and ill, sensible selfhood – socially constituted, socially turned – shaped the American founding). Ausführlicher *Vesting* (Die Medien des Rechts III), 155 ff.

Erfahrungen verstärken.[34] Diesen Veränderungen in der Alltagskultur entsprechen Veränderungen der politischen Kultur: Scharfe öffentliche Dispute über die Inhumanität der Folter, deren Abschaffung noch vor der Revolution eingeleitet wird,[35] steigern die Empfindsamkeit für Grausamkeit, Qualen und Erniedrigungen gegenüber anderen, auch wenn diese niederen Gesellschaftsschichten angehören. Öffentliche Kontroversen über den Wert der französischen Oper, die Freiheit der Musik und die Eigenart der französischen Sprache, die als Sprache der Freiheit gepriesen wird, tragen ebenfalls zur Festigung des Individualismus bei. Die Freiheit wird so zu einer Angelegenheit von Einzelpersonen, von Autoren und Schriftstellern wie Voltaire, Rousseau oder d'Alembert.[36] Zweifellos gibt es schon in Frankreich vor der Revolution einen Individualismus, dessen Diskurse sich in ihrer Urteilsbildung vom König und der Hofkultur ablösen und mehr und mehr an die Nation oder den französischen Staat als solchen adressiert werden. Aber die Idee einer Gemeinschaft von gleichen Individuen kollidiert doch immer wieder mit der Macht der Monarchie und den sie repräsentierenden Bildern, die sich ebenfalls fest in die Köpfe und Herzen der Franzosen setzen. „Die Monarchie hat sich entwickelt als eine Macht, die die Nation verkörperte, als Haupt eines politischen Körpers, der in den Vorstellungen der Menschen seit jeher bestanden hatte, der für das Zusammenleben konstitutiv war und durch den König von Frankreich im alten Wortsinne repräsentiert, das heißt identisch dargestellt wurde."[37]

Ebenso wie der französische enthält der deutsche Nationsbegriff Komponenten, die 175
der Idee eines individualistischen Nationalismus widersprechen. Schon vor den Napoleonischen Kriegen und der sich im frühen 19. Jahrhundert radikalisierenden Kritik an der französischen Fremdherrschaft nimmt der deutsche Nationalismus eine teilweise stark nationalkulturelle Färbung an. So bringt beispielsweise Johann Gottfried Herder in seiner *Abhandlung über den Ursprung der Sprache* (1770/72) dezidiert nationale Unterschiede gegen den abstrakten Universalismus der Aufklärung in Stellung und erklärt die Sprache zur Vorbedingung aller menschlichen Vernunft und jeder kollektiven Identität. Die Sprache wird damit zum Zentrum der Nation, des Volkes, die für Herder auch natürliche Umweltbedingungen wie Klima und Ernährungsgewohnheiten artikuliert. Aber so wenig es Herder dabei um eine chauvinistische Höherbewertung der deutschen Nation gegenüber anderen Nationen geht,[38] so wenig steht der in Deutschland im 18. Jahrhundert aufkommende Nationalismus grundsätzlich quer zur Vorstellungswelt des bürgerlichen Individualismus. In Friedrich Gottlieb Klopstocks Epos *Der Messias* (1773) stehen Individualität, ein Sinn, der ganz aus der Poesie kommt, und innere Leidenschaft im Zentrum des literarischen Schaffens.[39] Das unterscheidet sich nicht grundsätzlich von Jean-Jacques Rousseaus ästhetischem Primat des Autors. Auch Herder betont die Selbstbestimmung des Individuums, vor allem die des

[34] Vgl. nur *Hunt* (Inventing Human Rights), 82 ff.

[35] Vgl. *Hunt,* ebd., 70 ff.; *H. Joas,* Die Sakralität der Person, 2011, 65 ff.

[36] *Blanning* (Das alte Europa), 329 ff.

[37] *F. Furet,* Zur Historiographie der Französischen Revolution heute, 1989, 37.

[38] Mehr dazu bei *T. C. W. Blanning,* The Romantic Revolution, London 2011, 107 ff.; *ders.* (Das alte Europa), 219 ff., 239 ff.; *Schulze* (Staat und Nation), 170 ff. (Nation als Kultur- und Sprachgemeinschaft); *Dumont* (Individualismus), 128 ff., 132 („Alles in allem bleibt Herders Reaktion in den Grenzen des Systems der modernen Werte."); *H.-U. Wehler,* Deutsche Gesellschaftsgeschichte 1700–1815 (Bd. 1), 2008, 514 ff.

[39] *Blanning* (Das Alte Europa), 231.

Dichters und Künstlers, für den nicht klassische Regeln oder die Tradition als solche verbindlich sein sollen, sondern ureigene Erfahrungen und Gefühle.[40]

176 Wegen dieser und ähnlicher Vorstellungen gilt Deutschland bis heute für viele als der typische Fall einer sich unabhängig von Staat und Politik bildenden Kulturnation. Die deutsche Kultur wird hier zum Symbol einer im Kern apolitischen, ja sogar antipolitischen Stoßrichtung.[41] Obwohl es solche anti-politischen Tendenzen zweifellos gegeben hat, darf man die abweichende Entwicklung in Deutschland, die relativ späte Durchsetzung des nationalen Einheitsstaates mit einer geschriebenen Verfassung und der Garantie von bürgerlichen Freiheitsrechten (Grundrechten) nicht überbewerten. Zwar ist in der Staatswissenschaft des 18. Jahrhunderts, etwa bei Friedrich Carl von Moser, die Überzeugung verbreitet, derzufolge Deutschland nicht mehr als ein Flickenteppich unterschiedlicher Gesetzgebungen und Verfassungen sei. Diese Klage lässt aber außer Acht, dass sich der Staatsbildungsprozess in Deutschland zunächst in Ländern wie Sachsen, Preußen, Bayern oder Württemberg vollzieht. Und hier kommt es seit dem 18. Jahrhundert durchaus zu einer mit England oder Frankreich vergleichbaren Aufwertung des bürgerlichen Individualismus, wenn auch nicht im engeren politischen Feld. Für Preußen etwa legt schon Friedrich der Große den Grundstein eines Kulturstaates, der die schönen Künste, Architektur und das Kunsthandwerk fördert und in dem die Bildung dem Einzelnen eine praktische Möglichkeit verheißt, sich von der Religion und der Adelsvormacht zu befreien.[42] Die Möglichkeit einer Kultivierung des Selbst (wie sie Friedrich selbst pflegt) bindet das Bildungsbürgertums bis weit in das 19. Jahrhundert hinein an einen Staat, der die Schulen und Universitäten verbessert und Ämter für Fachleute in Verwaltung und Justiz zur Verfügung stellt oder akademische Karrieren an mehr als fünfzig miteinander konkurrierenden Universitäten gestattet.[43]

177 An deutschen Universitäten konnten sich bereits im späten 18. und frühen 19. Jahrhundert Professoren der Philosophie wie Kant, Hegel, Schelling oder Fichte ein Akademikerleben lang frei von unmittelbaren politischen Zwängen mit der Frage der Vernunft und ihrer Stellung in der Welt beschäftigen. Ja, deutsche Professoren konnten, wie im Fall Kants, sogar zu einer Art Lehrer der Nation aufsteigen. Dabei übertraf die standesübergreifende Offenheit des deutschen Universitätssystems sogar Großbritannien. Im Unterschied zu den Gepflogenheiten in Oxford oder Cambridge immatrikulierten sich an landesstaatlichen Universitäten wie in Jena schon im 18. Jahrhundert talentierte Handwerkersöhne wie Christian Wolff (1679–1754), neben Voltaire der Lieblingsphilosoph des jungen Friedrich II, des späteren Königs von Preußen. Diese Möglichkeit legte den Grundstein für einen in dieser Zeit geradezu unvorstellbaren sozialen Aufstieg. Dieser außergewöhnliche Weg führte etwa bei Wolff zu Professorenpositionen an verschiedenen Universitäten, zur Mitgliedschaft in großen Akademien, zur Adelung zum Reichsfreiherrn und zu großem Ansehen und Wohlstand, sowie einer Villa und einem ansehnlichen Landbesitz.[44]

### 3. Der Bourgeois

178 Der liberale Rechts- und Verfassungsstaat ist eine Errungenschaft, dessen normative Ansprüche sich nicht nur auf das Feld von Regierung und öffentlicher Verwaltung be-

40 *Blanning,* ebd., 240.

41 So dezidiert *N. Elias,* Studien über die Deutschen, 1989, 165.

42 Vgl. nur *T. C. W. Blanning,* Frederick The Great, London 2015, 71, 138ff. (zur Kulturförderung); *ders.,* (Das Alte Europa), 198ff. (Bildung als Möglichkeit einer säkularen Befreiung durch Kultur).

43 Vgl. *Blanning,* ebd, 189ff.

44 Vgl. *Blanning* (Frederick The Great), 368ff.; *ders.* (Das Alte Europa), 193.

ziehen. Das kann man schon daran erkennen, dass dem Gleichheitsgedanken eine so zentrale Stellung in politischen *und* sozialen Beziehungen eingeräumt wird. Die Bürger sind nicht nur vor dem Gesetz gleich, sondern sehen sich auch untereinander als Gleiche. Zum Verfassungsstaat gehört darüber hinaus die erfolgreiche Instituierung und Ausdifferenzierung unterschiedlicher Lebensordnungen und Sinnregionen der Gesellschaft – in der Familie, in der Wirtschaft, in der Wissenschaft, in der Schule, in der Kunst, in der Religion und so weiter. Es sind nachbarschaftliche Selbstorganisationsprozesse zwischen freien Individuen, Netzwerke gesellschaftlicher Beziehungen jenseits der Zentralität des Staates und das Wissen, das in den Lebensordnungen und Sinnregionen der Gesellschaft produziert wird, die für den Verfassungsstaat typisch sind und seine praktische Funktionsfähigkeit sichern. Dieser Gedanke gilt auch für die kollektiven Formen der Selbstbestimmung, wie wir sie mit der liberalen Demokratie verbinden. Karl-Heinz Ladeur spricht in diesem Zusammenhang – im Anschluss an David Runciman – von einer „Opakheit" der Demokratie: Das gemeinsame Wissen ist nirgends aufgeschrieben, sondern in der Gesellschaft in einer „Faktizität der Praktiken" verteilt.[45] Die Erhaltung der Zerstreutheit der Praktiken und der in sie eingelassenen kulturellen Ressourcen, die das Wissen tragen, und nicht allein Prozesse demokratischer Regierungsbildung wären dann das, was den Verfassungsstaat als *liberalen* Staat ausmacht.

179 Die Einrichtung und Erhaltung des Verfassungsstaates basiert nicht allein und nicht einmal primär auf konstituierten Rechtspositionen wie fundamentalen Freiheits- und Gleichheitsrechten in einer gedruckten Verfassung. Wichtiger für den Erfolg des Verfassungsstaates ist eine Tiefenschicht des instituierten Individualismus. Diese wird zunächst vom Typus des Bourgeois getragen, später, im Wohlfahrtsstaat, kommt der Organisationsmensch hinzu, und heute, im Netzwerkstaat, ein Typ von Individualismus, der ein ganz persönliches Leben führt. Der Bourgeois ist zweifellos eine gemeineuropäische Erscheinung, und der in Sondrio/Italien geborene, aber in Stanford/Kalifornien lehrende Literaturwissenschaftler Franco Moretti hat in seinem Buch *The Bourgeois* (2013) die neue Form bürgerlicher Lebensführung als eine beschrieben, bei der nicht mehr das (aristokratische) Streben nach Ruhm und Ehre, der jederzeit mögliche Einsatz von Gewalt und eine Kultur des Abenteuers im Zentrum stehe, sondern bislang verachtete Tugenden wie Selbstkontrolle und unermüdliche regelmäßige Arbeit.[46] Die arbeitsorientierte Mentalität des Bourgeois, sein rationales Arbeitsethos, mag damit treffend beschrieben und mit weiteren Stichworten wie Nützlichkeit, Effizienz und Komfort richtig charakterisiert sein. Für Staatstheorie und Staatslehre ist es aber wichtig, mindestens zwei Varianten des bürgerlichen Individualismus zu unterscheiden: Zum einen die anglo-amerikanische Gentlemen-Kultur, die durch Bezugnahmen innerhalb eines nachbarschaftlich geknüpften Netzwerks von Beziehungen zwischen Individuen geformt wird; eines Netzwerks, das seinerseits zu einem unabhängigen Zuschauer, einem *impartial spectator*, verselbständigt wird, der als eine Figur des Dritten im Subjekt selbst eine Verankerung erfährt. Auf der anderen Seite formen sich der französische *honnête homme* und der deutsche Bildungsbürger durch Bezugnahmen auf ein souveränes Subjekt, den Monarchen, der lange Zeit auch das Selbstbild des Bourgeois in Kontinentaleuropa geprägt hat.

[45] *Ladeur* (Die Textualität des Rechts), 291, 292.
[46] *F. Moretti,* The Bourgeois, London 2013, 25ff.

*Abb. 13 Einband der Geschichts- und Literaturstudie „The Bourgeois" von Franco Moretti. Das abgebildete Gemälde „Portrait of Monsieur Bertin" (1932) stammt ursprünglich von Jean Auguste Dominique Ingres.*

**180** Die englische Kultur entfaltet sich in einer bürgerlichen Gesellschaft oder *civil society,* die sich seit dem 18. Jahrhundert aus der kulturellen Hegemonie von Krone und Hof lösen kann. Sie ist von Anbeginn eng mit dem Aufstieg einer kommerziellen Gesellschaft oder *commercial society* verbunden.[47] Je mehr sich in London und anderen Großstädten Großbritanniens eine vom Königshof unabhängige Bürgerkultur sowie ein damit verbundener öffentlicher Raum des Austauschs von Informationen in Vereinen, Clubs, Kaffeehäusern und Tavernen bilden, umso schärfere Konturen nimmt das englische Modell des bürgerlichen Individualismus an: Musik, Mode, Theater, Architektur, populäre Romane, die Portraitmalerei und viele andere künstlerische Artefakte tragen dazu bei, eine neuartige Kultur der Gleichgesinntheit und Sympathie zwischen den Bürgern zu verankern.[48] Das ist der Hintergrund, der auch das Selbstbild des bürgerlichen Mannes in Großbritannien bestimmt, das Ideal des Gentleman. Gesellschaftsfähig zu sein, heißt für den Gentleman zum einen, elegante Umgangsformen, gute Manieren und die Fähigkeit zur verständigen Konversation zu pflegen. Gentleman zu sein heißt aber auch, sich gegenüber den nüchternen Tatsachen des Alltags und seinen Erneuerungen nicht zu verschließen.[49] Man kann in diesem Zusam-

[47] Vgl. *J. Brewer,* The Pleasures of the Imagination, New York 1997, 3 ff.
[48] Vgl. *D. Wahrman,* The Making of the Modern Self, New Haven (Conn.) 2006, insb. 179 ff.
[49] *Mokyr* (The Enlightened Economy), 368 ff.; *Greenfeld* (The Spirit of Capitalism), 29 ff.

menhang auch von der Orientierung des Bourgeois an einer „world of facts" sprechen, die in Großbritannien ganz neue Formen des Arbeitens und Produzierens auch zwischen Fremden ermöglicht hat.[50] Dieser sozial gewendete, auf Kooperation angelegte Individualismus dürfte nicht nur für die frühe Industrialisierung Großbritanniens von allergrößter Bedeutung gewesen sein, sondern auch für die frühe Durchsetzung freiheitlicher gesellschaftlicher Verhältnisse und Verkehrsformen.

Nicht erst die Erfindung der Dampfmaschine oder das Wachstum der englischen Textilindustrie im 18. Jahrhundert, sondern schon der enorme Aufschwung des Handels seit dem 17. Jahrhundert zeigt, dass die englische Kultur früh für Veränderungen und Neuerungen empfänglich war. Bei Daniel Defoe, in *The Complete English Tradesman* (1726), erscheint England bereits als eine Nation von Gentleman, die der Handel hervorgebracht hat.[51] Sowohl die Händler als auch die durch sie ausgelöste wirtschaftliche und soziale Dynamik, etwa die großen Häuser und Liegenschaften der Geschäftsmänner Londons, sind für Defoe Ausdruck der nationalen Größe Englands – im Unterschied zur stationären Welt der (französischen) Aristokratie, die sich an tradierten sozialen Hierarchien, an Herkommen und Landbesitz, ausrichtet. Wenn man überdies in Rechnung stellt, dass der Handel Kaufleute hervorbringt, die reisen, fremde Kulturen kennenlernen, neue Erfahrungen sammeln, vergleichen und dadurch mehr lernen als sie durch das schiere Studium der Tradition, in der sie leben, jemals lernen könnten,[52] erscheint das rationale bourgeoise Arbeitsethos, das Franco Moretti in seinen Analysen von Daniel Defoes *Robinson Crusoe* (1719) in den Mittelpunkt seiner Typisierung des Bourgeois rückt, weniger ausschlaggebend für das Selbstbild des modernen Bürgers zu sein. Moretti folgt hier Max Weber, und tatsächlich spielt die Heraufkunft des Berufsmenschen bereits eine wichtige Rolle in Max Webers „Geist des Kapitalismus" und die daran anknüpfende Diskussion über die Rolle der protestantischen Ethik im Prozess der Geburt der Moderne.[53] Webers Analysen zur protestantischen Ethik, die um die calvinistische Prädestinationslehre, die innerweltliche Askese, und die Berufspflicht kreisen, sind jedoch vermutlich zu eng gefasst.[54] **181**

Die französische Elite und die gehobene französische Bourgeoisie des 17. und 18. Jahrhunderts orientieren sich am Persönlichkeitsideal des *honnête homme.*[55] Dieses Ideal knüpft sprachlich an den Begriff der *honnêteté* an. Das bedeutet in der Sache eine Anknüpfung an die säkulare Ethik der Ehrbarkeit, an das Leitbild des Adels, das die Formen der Selbstinszenierung am Hofe Ludwig XIV. bestimmt. Im Unterschied zum traditionellen Verhaltensmodell des Adels strebt der *honnête homme* aber nicht einfach nach Ruhm und Ehre, sondern diszipliniert seine Leidenschaften und seinen Hang zur gewaltsamen Konfliktaustragung. Ihn zeichnet – wie den englischen Gentleman – ein bestimmter *culture d'esprit* aus. Der *honnête homme* besitzt die Fähigkeit zu geistreicher Konversation, pflegt gute Umgangsformen und Manieren sowie Galanterie und Weltgewandtheit, ist gebildet und übt sich in der Kunst zu gefallen. Damit öffnet sich das adelige Rollenmodell für ein soziales Verhalten und soziale Tugenden jenseits des Herkommens. Es nimmt zugleich einen tendenziell standesübergreifenden Charakter an und produziert eine unerwartete Form der Gleichheit.[56] Dieses Modell wird in den Pariser Salons in eine Welt mondäner Höflichkeit verwandelt, die auch **182**

[50] *Ladeur* (Die Textualität des Rechts), 153ff., 171.

[51] *Blanning* (Das alte Europa), 280, 281; ausführlich auch *Greenfeld* (The Spirit of Capitalism), 50ff.

[52] Vgl. *Pocock* (The Machiavellian Moment), 495 (der diese Sicht auf den Handel etwa bei David Hume nachweist); vgl. allg. auch *Mokyr* (A Culture of Growth).

[53] Vgl. *M. Weber,* Die protestantische Ethik und der Geist des Kapitalismus, in: Gesammelte Aufsätze zur Religionssoziologie I (1920), 1986, 17ff., 30ff.; zu der an Max Weber anknüpfenden Diskussion vgl. *Breuer* (Max Webers tragische Soziologie), 33ff.

[54] So sieht es – mit guten Gründen – *Greenfeld* (The Spirit of Capitalism), 10ff.

[55] Vgl. *B. Craveri,* The Age of Conversation, 2005, 20ff., 240; vgl. auch *Schilling* (Das Jahrhundert Ludwigs XIV.), 20; *E. Auerbach,* Mimesis (1946), 1982, 348ff.; *Moretti* (The Bourgeois), 163.

[56] Vgl. *Craveri* (The Age of Conversation), 236f. (die David Hume zitiert).

für Gelehrte, Literaten und andere Individuen nicht adeliger Herkunft zugänglich wird und selbst Frauen den Zugang zu einem neuen Bewusstsein eröffnet.[57] Im Unterschied zum britischen Gentleman ist der französische *honnête homme* aber kein Kaufmann, Händler oder Unternehmer, vielmehr ist ihm ein Moment des Anti-Bourgeoisen eigen, eine Haltung, die am Ende darauf hinausläuft, die ökonomischen Grundlagen der bürgerlichen Existenz zu verschleiern.[58] Daraus geht ein Individualismus hervor, der noch in der Revolution von 1789 eher ein adeliger als ein bürgerlicher ist.[59]

183 Kein Geringerer als der französische Dichter Molière (1622–1673) hat diese Art der bürgerlichen Selbstverleugnung in *Der Bürger als Edelmann*/*Le Bourgeois Gentilhomme* festgehalten. Im Mittelpunkt dieses Stückes, das von Ludwig XIV. in Auftrag gegeben und erstmals 1640 im Schloss Chambord vor dem König samt Hofstaat uraufgeführt wurde, steht Monsieur Jourdain, der Sohn eines reich gewordenen Stoffhändlers, der einen Adelstick hat: Jourdain versucht sich einem Edelmann anzuverwandeln. Dazu übernimmt er die am Hof Ludwig VIX. üblichen Rituale und Werte, übt sich in Geschmackssicherheit, lernt tanzen und fechten, bildet sich in musikalischen und sogar philosophischen Dingen. Um aber ein vollkommener Edelmann zu werden, bemüht er sich darüber hinaus und dies mit allen Mitteln, seinem eigenen Herkommen abzuschwören. Er umgibt sich mit Adeligen, deren Leben von ihm durch Kredite finanziert wird und die ihm deshalb gerne bestätigen, dass schon sein Vater kein Kaufmann, sondern ein Edelmann war und wie er seit jeher zur Gemeinschaft der Edelgeborenen gehört.

184 Eine Nähe zum Staat ist auch für den deutschen Bildungsbürger typisch. Protestantisch erzogen und zumeist in Kirchenschulen ausgebildet, ist die bildungsbürgerliche Karriere als Professor, Richter, Notar oder Magistratsjurist eng mit dem Aufstieg der deutschen Territorialstaaten verbunden. Dem Territorialstaat bzw. dem öffentlichen (landesherrlichen) Dienst verdankt das Bildungsbürgertum aber nicht nur seine wirtschaftliche Existenzgrundlage. Vielmehr gehört dazu auch ein am Beruf und nicht mehr am Geburtsstand oder an der Stadt/Land-Differenz ansetzendes Rechtsverhältnis, das die politische und soziale Stellung der Bürger erheblich verbessert. Diese Verbesserung manifestiert sich in Preußen beispielsweise im Exemtionsrecht, das die Staatsdiener unter anderem von bestimmten militärischen Dienstpflichten befreit, sie geringfügiger besteuert, sie als königliche Beamte einem eigenen Gerichtsstand unterwirft und den Bürgerstand in seinem Ansehen und seiner Ehre auch dadurch aufwertet, dass das Allgemeine Preußische Landrecht (1794) Bildungsbürger für den Adel als heiratsfähig empfiehlt.[60] Der Historiker Hans-Ulrich Wehler spricht in seiner *Deutschen Gesellschaftsgeschichte* (1987) zu recht vom deutschen Bildungsbürgertum als „verstaatlichter Intelligenz".[61] Dazu trägt auch das evangelische Pfarrhaus bei, das eng mit dem protestantischen Staat verbunden ist und aus dem ein Großteil des Bildungsbürgertums hervorgeht, nicht zuletzt viele deutsche Dichter wie etwa Lessing, Wieland, Lichtenberg, Jean Paul, August Wilhelm und Friedrich Schlegel.

---

[57] Vgl. *Craveri*, ebd., 263 ff. (zur *honnête femme* am Beispiel der Marquise des Lambert); *Schilling* (Das Jahrhundert Ludwigs XIV.), 20.

[58] Dazu und zum Folgenden *Moretti* (The Bourgeois), 161 f., 163; *Kittsteiner* (Die Stabilisierungsmoderne), 347 ff.; *Auerbach* (Mimesis), 350 f. („In all diesen Häusern ist man sehr wohlhabend, aber in keinem von ihnen ist von Beruf oder von produktiver wirtschaftlicher Tätigkeit die Rede.").

[59] Vgl. *Furet* (Zur Historiographie), 29; *Greenfeld* (The Spirit of Capitalism), 147 („In no sense was the French Revolution a bourgeois one.").

[60] Vgl. *Wehler* (Deutsche Gesellschaftsgeschichte I), 212; *R. Koselleck,* Preußen zwischen Reform und Revolution, 1975, 88 ff., 114 f.

[61] *Wehler* (Deutsche Gesellschaftsgeschichte I), 210 ff.

Indem Staaten wie Preußen und Bayern das Bildungsbürgertum in ihre Funktionszusammenhänge integrieren, fördern und beschleunigen sie selbst die Verbreitung des bürgerlichen Individualismus. Die Bildungsbürger werden von der staatlichen Verwaltung als homogene Schicht behandelt, als solche aus den überlieferten Bindungen herausgelöst und in ein staatsunmittelbares Verhältnis gesetzt. Dadurch kommt auch ein Moment der Gleichheit ins Spiel, die Gleichheit aller Bürger *vor* dem Gesetz. Verglichen mit den Idealen des Gentleman und des *honnête homme* verkörpert der Bildungsbürger jedoch eine Art Zwischenfigur: Bildet sich in England seit dem 17. Jahrhundert ein bürgerlicher Individualismus heraus, der sich jenseits von König und Hof neu erfindet (sein Betätigungsfeld ist die neue *civil* und *commercial society*), agiert der Großteil der deutschen Bildungsbürger primär im staatlichen Raum als eine Art Geistesaristokratie. Der Siegeszug des Bildungsgedankens seit den späten 1780er Jahren und die damit verbundene Idee der Selbstvervollkommnung der individuellen Persönlichkeit, die breit angelegt ist und eine Steigerung der Sensibilität – der geistigen Kräfte wie des Gemüts – in alle Richtungen einschließt, hat zwar nichts mit der heute vielfach beklagten Beamtenmentalität zu tun. Gleichwohl ist für den deutschen Bildungsbürger wie für den französischen *honnête homme* eine Haltung der Distanz gegenüber der Ökonomisierung und Technisierung des Alltags charakteristisch, wie sie mit dem Handel, freien Märkten und der beginnenden der Industriegesellschaft verbunden ist. 185

Obwohl es erst in der Weimarer Reichsverfassung von 1919 zur expliziten Proklamation von Freiheitsrechten kommt, ist der bürgerliche Individualismus seit dem späten 18. Jahrhundert auch in Deutschland eine kulturelle und soziale Realität. Die ursprüngliche Distanz, die den Bildungsbürger als Repräsentanten einer höheren Form der Kultur inmitten der neuen Lebenswelt von technologischem Fortschritt und freien Märkten auszeichnet, schließt Veränderungen und Kompromissbildungen nicht aus. Vor allem nach den napoleonischen Kriegen öffnet sich das deutsche Bürgertum für die moderne (englische) Lebensform, die neue Ära der stetigen Arbeit, der Nützlichkeit, der Effizienz, des großen Komforts usw.[62] Auch die französische Bourgeoisie und der Adel ändern ihre Haltung unter dem äußeren Druck des wirtschaftlich und technisch überlegenen Großbritannien und beginnen, sich für englische Werte und Praktiken zu begeistern, zu deren Verbreitung auch die literarischen Salons in Paris beitragen. Handel und Industrie werden jetzt nicht mehr mit Vorwürfen von Gewinnsucht, Gier und Egoismus konfrontiert, sondern tragen zum Stolz der französischen Nation bei.[63] Auf ähnliche Weise entsteht in Deutschland im 19. Jahrhundert neben dem Bildungsbürgertum langsam ein an neuen Techniken und Märkten orientiertes Wirtschaftsbürgertum, das sich dann im 19. Jahrhundert im Zollverein, Nationalverein oder im Deutschen Handelstag organisiert. In diesen Kontext gehören auch die vielen technischen Vereine, die spezifisches Erfahrungswissen im Umgang mit Maschinen oder Bauwerken bündeln und an den Staat zu adressieren suchen.[64] 186

[62] Vgl. *Greenfeld* (The Spirit of Capitalism), 154ff., 180ff. (Greenfeld betont den paradigmatischen Charakter der Staatswirtschaft, die den deutschen Nationalismus eher als ein Bündnis zwischen Staat und Wirtschaft als zwischen Nationalstaat und Individualismus wie in England erscheinen lässt. Das kann hier nicht ausführlicher diskutiert werden).

[63] *Greenfeld*, ebd., 107ff., 140ff., 142, 145.

[64] Vgl. nur *M. Vec*, Recht und Normierung in der industriellen Revolution, 2006, 326ff.; *Wehler* (Deutsche Gesellschaftsgeschichte III), 231f., 286, 354f. (in politischer Perspektive).

187 Die Tiefenschicht einer instituierten Kultur der Freiheit war schon für die antike griechische Demokratie von außerordentlicher Bedeutung. Für den Aufstieg der antiken griechischen Stadtstaaten *(poleis)* war eine allgemeine Effloreszenz *(efflorescence),* eine kulturelle und wirtschaftliche Blüte seit dem 5. Jahrhundert vor Christus, ausschlaggebend. Diese basierte auf der dezentralen politischen Organisation der Stadtstaaten, die es überhaupt erst ermöglichte, dass das Experiment der Polis-Demokratie über einen relativ langen Zeitraum zu einer Erfolgsgeschichte im Angesicht der hierarchisch organisierten altorientalischen Reiche werden konnte.[65] Auch das griechische Recht verwandelte sich seit dem 6. Jahrhundert vor Christus mit Hilfe der Alphabetschrift in das Medium einer beweglicher werdenden Stadtkultur. Es trat aus der Immergleichheit der oralen Tradition – der Verfassung der Väter – heraus und öffnete sich für die neue demokratische Ordnung, etwa indem es bei schweren politischen Konflikten und Rivalitäten statt gewaltsamer Lösungen Verfahren wie das Scherbengericht (Ostrakismós) vorsah, durch das missliebige Politiker für 10 Jahre ins Exil geschickt werden konnten.

## II. Die rechtliche Mobilisierung individueller Freiheit

### 1. Das moderne Naturrecht

188 Seit dem 17. Jahrhundert verbreiten gelehrte Schriften die Vorstellung, dass Freiheit ein jedem Menschen von Natur aus gegebenes Recht sei. Statt von natürlichen Rechten spricht man heute von subjektiven Rechten. Das subjektive Recht wird üblicherweise definiert als die von der Rechtsordnung verliehene Willensmacht einer Person zur Verfolgung ihrer Interessen. Seit Georg Jellineks *System der subjektiven öffentlichen Rechte* (1892) werden auch fundamentale Freiheits- und Gleichheitsrechte, wie beispielsweise die Grundrechte des Grundgesetzes, als subjektive Rechte bezeichnet.[66] Wir wollen diesen Sprachgebrauch übernehmen und das subjektive Recht als den allgemeinsten Begriff verwenden, sofern es um Rechte geht. Allerdings gehen wir davon aus, dass die Ausbildung subjektiver Rechte letztlich an den Aufstieg der bürgerlichen Gesellschaft, der *civil society,* gebunden ist. Deshalb können subjektive Rechte nur insoweit als eine vom Staat verliehene Rechtsmacht angesehen werden, als es um ihre konstituierte Seite geht, also soweit subjektive Rechte in staatlichen Gesetzen oder in einer förmlichen Staatsverfassung niedergeschrieben sind; soweit sie positives (förmliches) Recht sind, aus denen sich etwa Ansprüche oder Klagebefugnisse vor staatlichen Gerichten ableiten lassen. Subjektive Rechte können aber gerade als Freiheits- und Gleichheitsrechte nicht auf ihre konstituierte Seite reduziert werden: Sie sind Ausdruck *gesellschaftlicher* Freiheit – *civil liberties* – und als solche unauflöslich mit instituierten Lebensordnungen und Sinnregionen verbunden, die auf gesellschaftlichen Selbstorganisationsprozessen beruhen. Subjektive Rechte setzen die Selbstproduktion einer instituierten Kultur des bürgerlichen Individualismus voraus, und diese instituierte Seite ist mindestens genauso wichtig für die Verankerung subjektiver Rechte in der Gesellschaft wie ihre konstituierte Seite.[67]

189 Nach Ansicht von Ideenhistorikern und Philosophen wie Larry Siedentop, Brian Tierney oder Giorgio Agamben lassen sich subjektive Rechte bereits im kanonischen Recht des 12. und 13. Jahrhundert nachweisen.[68] Diese These erscheint in-

[65] Vgl. *Ober* (The Rise and Fall of Classical Greece), insb. 71 ff. (zum ökonomischen Wachstum).

[66] So etwa *W. Kahl,* § 26 Grundrechte, in: Depenheuer/Grabenwarter (Hrsg.), Verfassungstheorie, 2010, Rn. 7.

[67] Vgl. auch *Ladeur* (Die Textualität des Rechts), 303, 304.

[68] Vgl. nur *Siedentop* (Inventing the Individual), 245 ff., 357; *B. Tierney,* Religion and Rights, Journal of Law and Religion 1987, 163 ff.; *G. Agamben,* Höchste Armut, 2012, 182.

soweit plausibel, als das moderne Naturrecht eine abstrakte Vorstellung von Rechtssubjektivität voraussetzt, die sich in einem längeren Zeitraum entwickelt haben dürfte und deren Wurzeln man mit guten Gründen auf das Christentum und die religiösen Mutationen der Spätantike zurückführen kann.[69] Allerdings blieb die soziale Implementation subjektiver Rechte bis zur frühen Neuzeit auf Enklaven wie etwa Klöster und Orden beschränkt, ohne die grundlegende Legitimität der ständischen Adelskultur im Ganzen anzutasten oder anzugreifen. Erst in der Renaissance, an der Schwelle der Neuzeit, kommt etwa bei Machiavelli das Gefühl auf, dass den tradierten religiösen Geboten und einer moralisierenden Philosophie nicht mehr zu trauen sei, wenn es darum gehe, eine aus den Fugen geratene Welt zu bezähmen. Dieses Gefühl wird in der modernen Naturrechtslehre zur festen Überzeugung: Die mittelalterliche Gesamtordnung ist in der Reformation und den Religionskriegen zusammengebrochen, und darauf antwortet das moderne Naturrecht mit einer Art „Minimalprogramm".[70] Dieses Minimalprogramm imaginiert alle Menschen als von Natur aus frei und unabhängig. Oder, wie es in der einflussreichen *Virgina Declaration of Rights* von 1776 dann heißt: „All men are born equally free and independent."

Weil im modernen Naturrecht prinzipiell jedermann Adressat der Idee von Freiheit 190
und Unabhängigkeit sein kann, kommt mit der individuellen Freiheit zugleich das Moment der Gleichheit ins Spiel. Die Freiheit des einen bezieht sich immer auf die Freiheit der anderen. Freiheit ist, anders gesagt, in eine einheitliche Bewegung der Selbst- *und* Fremdbeobachtung eingebettet und impliziert daher die Vorstellung „gleicher Freiheit". Das heißt auch, dass die Logik der naturrechtlichen Individualrechte nicht von ihrer kollektiven Seite gelöst werden darf: Die Natur hat alle Menschen mit bestimmten unveräußerlichen Rechten und vernunftförmigen Fähigkeiten ausgestattet und dazu gehören nicht zuletzt das Recht auf Selbsterhaltung und die Fähigkeit zur Gemeinschaftsbildung durch Verträge. Die Darlegung solcher Fähigkeiten und Naturrechte, vor allem des Vertrags als eines mächtigen rhetorischen Instruments, einer strategischen Fiktion, die in einer säkularen Welt Ordnung und Verbindlichkeit stiften kann, steht bereits im Zentrum von Hugo Grotius *De Jure belli ac Pacis* von 1625, das allgemein als eines der ersten großen Bücher des modernen Naturrechts angesehen wird.[71] Aber noch im 20. Jahrhundert ist die Bedeutung des modernen Naturrechts und des Vertragsgedankens für den bürgerlichen Individualismus und Egalitarismus betont worden. Hingewiesen sei nur auf den Abschnitt über die formalen Qualitäten des modernen Naturrechts in Max Webers *Wirtschaft und Gesellschaft* (1922) oder auf Leo Strauss' *Naturrecht und Geschichte* von 1953, ein Buch, das freilich einen Weg hinter das moderne Naturrecht und seine Konsequenzen zurück zu finden sucht.[72]

Das moderne Naturecht unterscheidet scharf zwischen Recht *(right)* und Gesetz *(law).* 191
Diese Unterscheidung ist in Thomas Hobbes *Leviathan* (1651) bereits klar ausformu-

[69] Vgl. *Stroumsa* (Das Ende des Opferkults), 21 ff. („Eine neue Sorge um sich selbst"), 53 ff.; und *Ladeur* (Der Anfang des westlichen Rechts).

[70] *Kahn* (Wayward Contracts), 33.

[71] Vgl. nur *Kahn,* ebd., 35 ff. (mit dem Urteil, dass Grotius der Großvater aller strategischen Fiktionen in modernen Naturrechtsdiskurs gewesen sei, den Staatsvertrag oder *social contract* eingeschlossen.); *Hunt* (Inventing Human Rights), 117.

[72] Vgl. *Weber* (Wirtschaft und Gesellschaft), 496 ff.; *Strauss* (Naturrecht und Geschichte), 171 ff.

liert.[73] Und es stellt die traditionelle Hierarchie von Gesetz und Recht vom Kopf auf die Füße: Ging ursprünglich das Gesetz dem Recht vor, geht jetzt das Recht dem Gesetz vor. Damit hat die moderne Naturrechtslehre die Entstehung der Idee gesellschaftlicher Freiheitsrechte begrifflich vorbereitet. Schon Grotius' universale Vorstellung personenbezogener Rechte übte wie sein Kontraktualismus im 17. Jahrhundert einen großen Einfluss auf Autoren wie Thomas Hobbes, John Milton oder John Locke aus. Hobbes etwa formuliert die Vorstellung, dass alle Individuen im Naturzustand Freiheiten *(liberties)* und Rechte *(rights)* hätten, die sie auch als Untertanen *(subjects)* nicht an den Staat abtreten würden.[74] Während damit aber nur bestimmte Rechte wie etwa die Religionsfreiheit gemeint waren (so betonte Hobbes im *Leviathan,* dass es keine Macht über das Gewissen als die Macht des Wortes selbst geben solle),[75] wird der Gedanke natürlicher Rechte bei John Locke – in seinen *Two Treatises of Government* (1698) – ein paar Jahrzehnte später dahingehend verschärft, dass eine Regierungsgewalt nur deshalb errichtet werde, um die im Naturzustand bereits existierenden Freiheitsrechte – Leben, Freiheit und Eigentum, *life, liberty and estate* – zu sichern. In Adam Smith's *Lectures on Jurisprudence* (1762) hat sich diese Vorstellung weiter verfestigt: Der Schutz des Eigentums *(property)* – und darin eingeschlossen: die angemessene Regulierung von Handel, Kommerz, Agrikultur und Manufakturen – ist das, was eine legitime Regierung, ein *civil government,* ausmacht.[76]

192 Trotz der Rede vom *Natur*recht sind Rechte eine kulturelle Errungenschaft. Das Naturrecht entsteht in dem Feld, in dem der Mensch politische und soziale Imaginationen entwirft und dem Leben durch Symbole Sinn und Bedeutung verleiht. Für die Staatstheorie kommt es vor allem darauf an, den Gesellschaftsvertrag des modernen Naturrechts als linguistischen Vertrag zu begreifen, das heißt seine rhetorischen und performativen Wirkungen zur Begründung von Freiheit und Eigentum sowie der Errichtung einer Regierung herauszustellen. Der Raum, in dem der bürgerliche Individualismus zu sich selbst und zu seinen vermeintlich „natürlichen" Rechten findet, ist ein artifizieller Raum, der erst gemacht und gestaltet werden musste. Das Naturrecht ist von Anfang an Teil dieses fundamentalen Prozesses der Ordnung der Realität durch sprachliche Artefakte, durch literarisch-prosaische Wirklichkeiten, deren innere Einheit vielleicht zuerst in Giambattista Vicos *Neuer Wissenschaft* (1744) erkannt wird: Vico bezieht den neuen heraufziehenden Wirklichkeitsbereich auf alle Arten menschlichen Handelns und Wirkens und sucht ihn als „poetisch" zu begreifen.[77] Daran geht etwa die Kritik der Rechte vorbei, die der Philosoph Christoph Menke in jüngerer Zeit entwickelt hat, demzufolge die Normativität der subjektiven Rechte die Struktur einer „Legalisierung des Natürlichen" habe.[78] Diese Formulierung passt, wenn überhaupt, allenfalls auf mittelalterliche Rechtsvorstellungen.

193 Indem die Sprache des Naturrechts Staat und Gesellschaft auf eine neue Weise ordnet, erzeugt sie zugleich neue kulturelle Orientierungen und Verhaltensregeln, die die Individuen verinnerlichen und innerhalb derer die individuelle Freiheit und Autonomie immer schon operiert. Man kann diesen Gedanken auch so ausdrücken: Die Kultur ist nicht bloß die „objektive" Welt oder „Außenwelt" des Menschen, sondern die Welt, die auch *in* einem Subjekt oder Individuum ist.[79] Eine individuelle Identität zu haben heißt eine psychosoziale Identität im Sinne von Erik Erikson zu haben.[80] Es existiert mit anderen Worten ein unauflöslicher Verweisungszusammenhang zwischen Kultur als Prozess anhaltender Ordnung der Realität (auf

[73] Vgl. *Hobbes* (Leviathan), Kap. 14 und 26; *Strauss* (Naturrecht und Geschichte), 188; *C. Menke,* Kritik der Rechte, 2015, 19ff.

[74] Vgl. *Hobbes* (Leviathan), Kap. 21, 153; *Skinner* (Freiheit und Pflicht), 109ff.

[75] *Hobbes* (Leviathan), Kap. 47, 480; *Skinner* (Freiheit und Pflicht), 112, 113.

[76] *A. Smith,* Lectures on Jurisprudence (1762), Oxford 1978, 5.

[77] Vgl. *H. Blumenberg,* Schriften zur Technik, 2015, 28, 75; *Kahn* (The Future of Illusion), 6ff.

[78] *Menke* (Kritik der Rechte), 33 (im Original kursiv).

[79] So *Descombes* (Die Rätsel der Identität), 29.

[80] Vgl. *E. Erikson,* Identity (psychosocial), in: D. L. Sills (Hrsg.), International Encyclopedia of Social Science, New York (N.Y.) 1968, 61ff.; ähnlich *Greenfeld* (Nationalism and the Mind), 213, 214 (*„cul-*

einer objektiven Ebene) und Kultur als individuellem Sinnerlebnis (auf einer subjektiv-persönlichen Ebene). Der Mensch lebt immer schon in Beziehungsnetzwerken mit anderen, und das moderne Naturrecht ermöglicht und legitimiert von den darin eingelassenen Bindungen abzuweichen, Neues auszuprobieren, die staatliche und gesellschaftliche Ordnung auf den Gedanken einer dezentralen Selbstorganisation und damit zugleich denjenigen der Freiheit zu gründen, ohne dabei den Gedanken der Ordnung aus dem Auge zu verlieren.[81]

## 2. Bürgerliche Freiheitsrechte als gesellschaftliche Freiheitsrechte

Im Verfassungsstaat ist der Bourgeois Träger gesellschaftlicher Freiheitsrechte, die deshalb im Deutschen auch „bürgerliche Freiheitsrechte" genannt werden. Der Begriff ist grundsätzlich weit zu verstehen: Bürgerliche Freiheitsrechte müssen nicht zwingend in einer geschriebenen Verfassung verankert sein, auch soweit es um ihre konstituierte (formalrechtliche) Seite geht. So haben sich die bürgerlichen Freiheitsrechte in Deutschland nach der militärischen Niederlage gegen Napoleon in Jena und Auerstedt (1807) zuerst in Gesetzesform durchgesetzt, beispielsweise als allgemeine Rechtsfähigkeit, Gewerbefreiheit, Vertragsfreiheit, in der Schaffung von Grundbüchern oder in wachsenden rechtsstaatlichen Verfahrensgarantien. Noch heute sind viele subjektive Rechte in einfachen Gesetzen verankert. Aber seit den Freiheitsdeklarationen während der amerikanischen Unabhängigkeitsbewegung, der *Virginia Declaration of Rights* und der *Declaration of Independence* von 1776 und der Verfassung der Vereinigten Staaten von 1787 (mit ihren 10 Zusatzartikeln von 1791) sind die fundamentalen Freiheits- und Gleichheitsgrundrechte heute in vielen Nationalstaaten ausdrücklich in geschriebenen Verfassungen verankert. Das gilt zum Beispiel für die Verfassung der Fünften Französischen Republik von 1958, die Verfassung der Italienischen Republik von 1947 oder die Verfassung des Königreiches der Niederlande von 1983. Auch das Grundgesetz der Bundesrepublik Deutschland von 1949 garantiert bürgerliche Freiheitsrechte wie Eigentumsfreiheit, Religionsfreiheit, Meinungsfreiheit oder Kunstfreiheit in einer förmlichen Verfassungsurkunde, die die Grundrechte teilweise – wie schon in Nordamerika – als Menschenrechte ausgestaltet. 194

Die amerikanischen Freiheitsrechte werden häufig als Ausdruck einer Abweichung gegenüber älteren Formen rechtlicher Freiheitssicherung im englischen Mutterland angesehen. Das ist insofern richtig, als die Universalisierung der Freiheitsrechte in Nordamerika eng mit ihrer Proklamation in einer gedruckten Verfassung zusammenhängt. Demgegenüber ist es in England nach der *Petition of Rights* von 1628 und der *Bill of Rights* von 1689 zu keiner weiteren förmlichen Deklaration von Freiheitsrechten gekommen. Außerdem gewährten diese beiden Dokumente Freiheiten und Rechte noch in einem engen Zusammenhang mit Fragen des Kampfes um Kompetenzen zwischen Krone und Parlament, sodass ihr Charakter als genuiner Freiheitsrechte umstritten ist.[82] Dennoch dürfen die Unterschiede nicht überbewertet werden: Ein Geist des 195

*ture is a symbolic and a mental process*", „the mind is also a symbolic and a mental process", „the mind is ... an individualized process, or *culture in the brain*").

[81] Vgl. dazu *J. Sheehan/D. Wahrman,* Invisible Hands, Chicago/London 2015, 271ff., 273, die ein Gedicht von Richard Payne Knight zitieren:

Thus, from self-balanced rights, republics sprung;
As parts to parts self-constituted hung;
More nicely poised, than when, with rule and line,
Vain prescience passion's limits would define;
Or varying interest's boundless measures span,
In the small compass of a pedant's plan.

[82] Vgl. nur *D. Grimm,* Die Zukunft der Verfassung, 1991, 78ff.; andere Akzente dagegen bei *Jellinek* (Allgemeine Staatslehre), 411.

bürgerlichen Individualismus und Egalitarismus und eine damit verknüpfte Tendenz des Abbaus adeliger Vorrechte und Privilegien zugunsten eines Bedeutungsgewinns standesunabhängiger *rights of Englishmen* beherrschte England seit dem 17. Jahrhundert und teilweise noch früher. Diese Bewegung war wiederum stark durch den Einfluss der protestantisch-puritanischen Kultur bestimmt. Dafür steht auf eine besonders signifikante Weise die radikale Bewegung der Levellers während der englischen Revolution von 1640–1649: Für die Levellers waren alle Menschen frei und gleich geboren, sie besaßen natürliche und unverletzliche Rechte, allen voran Eigentum und Freiheit, *propriety, liberty and freedom.* Aus diesen natürlichen Rechten leiteten die Levellers eine Politik der Erweiterung der Demokratie ab, die dem Individualismus und Egalitarismus in ganz Großbritannien weiteren Auftrieb gab.[83]

196 Die bürgerlichen Freiheitsrechte, die zuerst in Amerika und Frankreich deklariert wurden, sind wie das moderne Naturrecht kein Ausdruck einer wie immer gearteten *Natur* des Menschen, sondern *kulturelle* Artefakte, symbolische Konstruktionen. Sie sind ebenso wie die gelehrten Schriften des Naturrechts von der Druckpresse, florierenden Buchmärkten, Lesefreude und nicht zuletzt vom Nationalismus abhängig. Sie gehören zu einer Welt, in der sich der soziale Verkehr zwischen den Individuen aufgrund einer wachsenden wirtschaftlichen und technischen Dynamik nicht mehr auf Familien- und Verwandtschaftsbeziehungen beschränkt, auf dörfliche oder kleinstädtische Verhältnisse, sondern sich auf die unübersichtlichen und anonymen Verhältnisse von Großstädten wie London, Paris, New York und Philadelphia erweitert und Beziehungen mit Fremden einschließt, ja zur Normalität werden lässt. Bürgerliche Freiheitsrechte müssen deshalb als soziale Institutionen begriffen werden, die die Kreativität der Individuen und ihre Fähigkeit zur freiheitlichen Kooperation untereinander steigern und damit eine Vervielfältigung von Handlungsmöglichkeiten erlauben, die auch Dritten zugutekommt,[84] nicht aber können sie einigermaßen angemessen als Abwehrrechte des Einzelnen gegen den Staat beschrieben werden, wie in einer weit verbreiteten Variante der deutschen bundesrepublikanischen Grundrechtstheorie.[85] Die Bürger- und Menschenrechte knüpfen an eine *soziale* Form des Individualismus an. Ihr Träger ist zunächst ausschließlich der Bourgeois, wie er in besonders signifikanter Weise durch den britischen Gentleman verkörpert wird und in Nordamerika schon früh einen besonderen Bürgersinn hervorgebracht hat. Im Wohlfahrtsstaat erweitert sich dieses Substrat um Gruppen und Organisationen, die als juristische Personen als Grundrechtsträger anerkannt werden.

197 Wenn im Kontext der Lehre von den bürgerlichen Freiheitsrechten als Abwehrrechte des Einzelnen gegen den Staat immer wieder gesagt wird, dass die staatliche Beschränkung bürgerlicher Freiheitsrechte, dass Eingriffe in Freiheit und Eigentum stets rechtfertigungsbedürftig seien, so trifft das den Begriff bürgerlicher Freiheitsrechte nur sehr ungenau. Es geht im subjektiven Recht nicht um „Rechtfertigung", jedenfalls nicht primär. Vielmehr geht es darum, dass sich der moderne Staat nur dann zu einem liberalen Rechts- und Verfassungsstaat entwickeln kann, wenn und sofern er Prozesse gesellschaftlicher Selbstorganisation durch subjektive Rechte tatsächlich absichert und schützt; nur dann kann er eine unerschöpfliche Antriebskraft freisetzen, eine Gesellschaft mobilisieren, die einen Anfang, aber kein Ende hat.

---

83 Vgl. *Dumont* (Individualismus), 1991, 73 ff., 93 f.

84 Weiterführende Überlegungen dazu bei *G. Teubner,* Zum transsubjektiven Potential subjektiver Rechte, 2018; *ders.,* Verfassungsfragmente, 2012, 32 ff.; *G. Schuppert,* The World of Rules, 2016, 150 ff.; *A. Ingold,* Grundrechtschutz sozialer Emergenz, Der Staat 53 (2014), 193 ff.; und die Beiträge in Vesting/Korioth/Augsberg (Hrsg.), Grundrechte als Phänomene kollektiver Ordnung, 2014.

85 Vgl. nur *Ralf Poscher,* Grundrechte als Abwehrrechte, 2003; *Gertrude Lübbe-Wolff,* Grundrechte als Eingriffsabwehrrechte, 1988; *Bernhard Schlink,* Freiheit durch Eingriffsabwehr, 1984, S. 457 ff.

So wenig sich die Funktion und Bedeutung der bürgerlichen Freiheitsrechte auf Abwehrrechte gegen den Staat reduzieren lassen, so wenig gehen bürgerliche Freiheitsrechte in politischen Mitwirkungsrechten auf. So macht besonders Jean-Jacques Rousseau das demokratische Recht zur Selbstregierung, die unmittelbare Volkssouveränität, zum vorrangigen Thema seines *Contract Social* (1762). Geht es Rousseau dabei aber eher um eine politische Philosophie, ein *droit politique* (und weniger um einen Gesellschaftsvertrag), treibt der Verfassungsstaat, indem er bürgerliche Freiheitsrechte schützt, die Instituierung und Ausdifferenzierung von sich selbst organisierenden Lebensordnungen und Sinnsphären voran, denn „vermittelt über die Individualfreiheit räumen Verfassungen gesellschaftlichen Subsystemen Autonomie ein und nehmen davon auch die Wirtschaft, die Medien etc. nicht aus".[86] Im Grunde ist aber noch diese Formulierung zu sehr von der Vorstellung einer Zentralität des Staates innerhalb des Systems der modernen Gesellschaft her gedacht: Die Idee bürgerlicher Freiheits- und Gleichheitsrechte trägt zum Aufbau komplexer und sich ausdifferenzierender Handlungsketten bei, die von Anfang an mit einem Verlust der Zentralstellung des Staates einhergehen. Bereits bei der Errichtung einer legitimen Regierung, wie sie Locke und Smith vor Augen haben, geht es um die Errichtung eines neuartigen *sozialen* Körpers, geht es – etwas genauer formuliert – um die Errichtung einer dezentralen Ordnung, die primär auf subjektiven Rechten beruht, auf verstreuten gesellschaftlichen Freiheitsrechten, und darauf ihre Gesetzgebung und rechtlichen Institutionen abstimmt. 198

### 3. Bürgerrechte und Menschenrechte

Um den Sinn der bürgerlichen Freiheitsdeklarationen seit der amerikanischen Unabhängigkeitsbewegung richtig und angemessen erfassen zu können, dürfen die Freiheitsdeklarationen nicht aus dem geschichtlichen Kontext herausgelöst werden. Das Neue muss immer an eine vergangene Geschichte und ihre Bedeutungsfestlegungen anknüpfen. Das zeigt auch der Fall der bürgerlichen Freiheitsrechte. Diese sind alle in einer besonderen Schrift- und Dokumentform, der Form der Deklaration, feierlich proklamiert und verbreitet worden.[87] Diese Rechtsform, die sowohl 1776 bei der *Virginia Declaration of Rights* als auch im selben Jahr bei der amerikanischen Unabhängigkeitserklärung, der *Declaration of Independence,* sowie 1789 in Paris bei der Erklärung der Menschen- und Bürgerrechte, der *Déclaration des droits de l'homme et du citoyen,* gewählt wurde, war ein unmittelbares Erbe der französischen Monarchie. *Déclaration* bezeichnete in Frankreich seit dem 17. Jahrhundert die alleinige Macht des Monarchen, bindende öffentliche Erklärungen abgeben zu können, und dieser Ursprung zeigt, wie sehr noch die Deklaration der gesellschaftlichen Freiheits- und Gleichheitsrechte im 18. Jahrhundert von der spezifisch europäischen Geschichte des souveränen Staates abhängig blieb.[88] Dazu gehört auch, dass die Grundrechtedeklarationen im Nachhinein in den Rang nationaler Gründungstexte erhoben und quasi sakralisiert wurden.[89] 199

[86] Vgl. *D. Grimm,* Ursprung und Wandel der Verfassung, 2012, 11ff., 35.

[87] Dazu – für Amerika – *P. Maier,* American Scripture, New York 1998, insb. 154ff.; für Frankreich *C. Fauré,* Ce que déclarer des droits veut dire, Paris 2011.

[88] Vgl. *Hunt* (Inventing Human Rights), 114; weitere Hinweise dazu auch bei *Vesting* (Die Medien des Rechts III), 133ff.

[89] Für die *Declaration of Independence* vgl. *Maier* (American Scripture), 175ff.; für Frankreich vgl. *M. Gauchet,* Menschenrechte, in: Furet/Ozouf (Hrsg.), Kritisches Wörterbuch der Französischen Revolution, 1996, 1180ff.

200 Die Abhängigkeit von einer gemeinsamen monarchisch-aristokratischen Vergangenheit in Europa erklärt auch, warum es noch bei der Deklaration von Bürger- und Menschenrechten im späten 18. Jahrhundert in erster Linie um bürgerliche Freiheitsrechte und weniger um universale Menschenrechte geht. Während die Allgemeine Erklärung der Menschenrechte von 1948 in ihrer Präambel unter Menschenrechten tatsächlich die gleichen und unveräußerlichen Rechte aller Mitglieder der Gemeinschaft der Menschen als einer biologischen Spezies versteht, bedeutet Mensch *(man)* im 18. Jahrhundert in der Regel freier Mann *(freeman)*. Zwar wird schon im modernen Naturrecht und später auch in politischen Pamphleten viel über die Gleichheit des Menschengeschlechts als Grundlage aller politischen und menschlichen Institutionen nachgedacht.[90] Dieses Nachdenken geschieht aber stets vor dem Hintergrund der langen Tradition der auf Landbesitz beruhenden Adelsgesellschaft, weshalb mit Menschen im Prinzip noch lange diejenigen gemeint sind, die – wie beispielsweise der niedere englische Landadel *(gentry)* – im größeren Ausmaß über eigenen Grundbesitz verfügen und damit wirtschaftlich unabhängig sind. Auch das Wort Bürger und die mit ihm verbundenen politischen Gestaltungsrechte, wie zum Beispiel das Wahlrecht, beschränken sich ursprünglich auf einen geringen Anteil der männlichen Bevölkerung und schließen Frauen, Besitzlose oder Fremde mehr oder weniger selbstverständlich aus. Selbst in den jungen Vereinigten Staaten, dem Land, das zum Bahnbrecher des neuen bürgerlichen Individualismus und Egalitarismus wird, bedeutet das allgemeine Wahlrecht zunächst nur ein Wahlrecht für freie weiße Männer, während Sklaven, Afroamerikaner und Indianer von den bürgerlichen Rechten nicht erfasst sind.[91] Erst allmählich – zunächst in Frankreich und dann auch in Amerika – erweiterte sich der Kreis der Aktivbürger.[92]

201 Eine Genealogie der bürgerlichen Freiheitsrechte bleibt infolgedessen so lange unzureichend, solange sie nicht die lange Tradition der Ungleichheit in Europa in Rechnung stellt. Europa beruhte bis an die Schwelle der Neuzeit geradezu auf einer Ordnung der Ungleichheit, einer ständischen Kultur, die Privilegien und Rechte nur für Städte, Korporationen und bestimmte Gruppen der Bevölkerung kannte, zumeist für gehobene Schichten wie den Adel, den Klerus oder die Stadtbürger, zum Beispiel in Form von Steuerbefreiungen für Adel und Klerus, die in Frankreich erst in der Revolution von 1789 abgeschafft werden. Die bürgerlichen Freiheitsrechte brechen mit dieser Tradition von Privilegien insofern, als potentiell jedermann – unabhängig von seinem Stand – Träger der subjektiven Rechte werden kann; aber nur soweit die Bürger selbst Teil einer Gemeinschaft von Gleichen sind, die in Großbritannien, Amerika und Frankreich national definiert wird. Der so häufig beschworene Universalismus der Menschenrechte besteht im 18. Jahrhundert im Wesentlichen darin, das große Exempel der Deklaration von Freiheitsrechten in Nordamerika auf dem europäischen Kontinent fortzusetzen – und zu überbieten. Das gilt besonders für die Deklaration der Menschen- und Bürgerrechte am 26. August 1789 in Paris. Deren menschenrechtliches Pathos resultiert aus den situativen Zwängen der Revolution und dem Legitimationsbedarf der Nationalversammlung, das eigene Handeln, die Ungeheuerlichkeit des plötzlichen und abrupten Bruchs mit einer

[90] Vgl. nur *Maier* (American Scripture), 191 (die eine Äußerung des Juristen und Politiker Peleg Sprague von 1826 zitiert: „the native equality of the human race, as the true foundation of all political, of all human institutions").

[91] In einem Text aus dem Jahr 1774, ursprünglich in der Boston Gazette unter dem Titel *Novanglus* publiziert, schrieb John Adams, der spätere zweite Präsident der Vereinigten Staaten von Amerika: „When we speak of a tyrant that may lawfully be dethroned by the people, we do not mean by the word *people,* the vile populace or rabble of the country, nor the cabal of a small number of factious persons, but the greater and more judicious part of the subjects, of all ranks." Hier zitiert nach The Works of John Adams, Vol. IV, Boston 1851, 82.

[92] Vgl. *Hunt* (Inventing Human Rights), 146ff.

jahrhundertealten monarchischen Tradition, auf eine unanfechtbare und unwiderstehliche Autorität gründen zu können.[93]

### 4. Romane und Autobiografien

Wenn Freiheit und Gleichheit in der modernen Naturrechtslehre auch zweifellos eine zentrale Rolle spielen, wäre es dennoch falsch, die Genese subjektiver Rechte allein rechtsphilosophisch aufbereiten und eine direkte Linie vom Naturrecht zum bürgerlichen Individualismus und Egalitarismus ziehen zu wollen. Die Zertrümmerung der Vorstellung der natürlichen Verschiedenheit der Menschen, die die antike und mittelalterliche Gesamtordnung bestimmte und die ihren signifikantesten Ausdruck in der Unterscheidung von Freien und Sklaven fand, ist nicht (allein) durch Bücher über die Prinzipien des Naturrechts ausgelöst worden; zumal selbst ein Autor wie John Locke, dessen Naturrechtsdenken einen stark egalitären Grundzug aufweist, die Versklavung von Schwarzen in den englischen Kolonien umstandslos rechtfertigen kann.[94] Der Siegeszug des bürgerlichen Individualismus und der subjektiven Rechte kann nicht vom Aufstieg des Nationalstaates getrennt werden, der einen kulturellen, politischen und wirtschaftlichen Raum schafft, in dem sich – zuerst in England – die großen Umbrüche im Denken, in der Wissenschaft, im Handel, in der Landwirtschaft, in der Industrie und in der Stadtentwicklung vollziehen.[95] Erst im Nationalstaat kommt es auch zur Ausbildung einer von der Politik unabhängigen Öffentlichkeit, zur Entstehung nationaler Buch- und Pressemärkte, zu Urheberrechten oder *Copyrights,* die in England bereits seit 1706 die Position von Buchdruckern und Autoren stärken und zu einer sprunghaften Zunahme der Lese- und Schreibfähigkeit der Bevölkerung führen. Erst auf der Grundlage dieser Voraussetzungen kann das theologisch-politische Monopol der christlich-aristotelischen Ordnung gebrochen und durch eine säkulare bürgerliche Lebensführung überlagert und verdrängt werden, auf der bürgerliche Freiheitsrechte ruhen. 202

Bei der Instituierung des bürgerlichen Individualismus in den europäischen Nationalstaaten wächst dem Roman eine besondere Bedeutung zu. Natürlich handelt es sich bei einem Roman wie etwa Daniel Defoes *Robinson Crusoe* (1719) zuallererst um ein poetisches und ästhetisches Erzeugnis. Romane sind schöne Literatur, die fiktional in dem Sinne sind, dass sie den Leser erbauen, unterhalten und vielleicht auch belehren sollen. Trotzdem darf man nicht vergessen, dass Romane immer auch – in ihrer Form ebenso wie in ihrem Inhalt – mit Vorgängen in der sozialen Wirklichkeit verbunden sind, ja in gewisser Weise nichts anderes sind „als eine gesteigerte und abgeschirmte 203

[93] Vgl. näher *Gauchet* (Menschenrechte), 1180ff., 1186f. Zum historischen Kontext, der engen Verknüpfung der Menschenrechteerklärung mit der Schaffung einer zukünftigen Verfassung, die am 27. August 1789 zum Abbruch der weiteren Arbeit an ihr führte, vgl. auch *F. Furet,* Die Nacht des 4. August, in: ders./Ozouf (Hrsg.), Kritisches Wörterbuch der Französischen Revolution, 1996, 146ff.; und *Hunt* (Inventing Human Rights), 113ff., die den schwankenden Bewegungen von universalistischen und partikularistischen (nationalen) Akzentuierungen der Freiheitsrechte in Amerika, England und Frankreich nachgeht.

[94] *Locke* (Two Treatises on Government), 366, 367; näher dazu *Hunt* (Inventing Human Rights), 119; vgl. auch *D. Damler,* Wildes Recht, 2008, 33ff., 39 (zum kolonialen Kontext und der Ausschlusseffekte der Eigentumstheorie Lockes).

[95] Vgl. allg. *Mokyr* (A Culture of Growth).

Version der Dinge, die in der Welt als Ganzer vor sich gehen."[96] Zumindest ist der Gegensatz von literarischer Fiktion und sozialer Wirklichkeit insofern kein unüberbrückbarer, als die gesteigerte und abgeschirmte Version der Dinge, die die Literatur beschreibt, nicht nur auf gesellschaftliche Institutionen wie die Sprache zurückgreifen muss, sondern auch Rückkopplungen in der sozialen Wirklichkeit erzeugen kann. Die literarische Fiktionalität, die etwas darstellt, stellt dann zugleich etwas her.[97] In dieser Hinsicht kann man auch von einem Realitätseffekt der Literatur sprechen und davon, dass das Lesen von Romanen und das Hineinversetzen in seine Figuren und Protagonisten seit dem 18. Jahrhundert zur Verstärkung und zum Aufbau eines klaren bürgerlichen Selbstbildes beigetragen hat – und zwar in ähnlicher Weise wie heute für viele Menschen die Orientierung am medial inszenierten Lebensstil globaler Superstars wie Angelina Jolie oder George Clooney eine größere Bedeutung gewonnen haben dürfte als das gewöhnliche Leben ihrer Nachbarn.

204 Es ist insbesondere das Selbstbewusstsein, die Innerlichkeit, die durch den Roman ausgeleuchtet wird und dadurch an Tiefe und Komplexität gewinnt. Die Selbsterforschung und Selbstvergewisserung des Individuums hat eine antike und mittelalterliche Vorgeschichte, in der jüdischen Religion, im frühen Christentum, in den Klöstern, im Protestantismus und in der modernen Philosophie, wo sie sich bis zu John Locke zurückverfolgen lässt, der bereits ein komplexes Innenleben und ein Bewusstsein für die Kontinuität der eigenen Identität im Fluss der Zeit kennt.[98] Indem die innere Welt des Individuums, sein Charakter und seine Gefühle, im Roman aber literarisch und prosaisch näher thematisiert werden, trägt der Roman dazu bei, ein neues kulturelles Selbstverständnis des Bourgeois als einer innerlich komplexen Figur zu popularisieren.[99] An einem bestimmten Punkt der Geschichte werden die Menschen zu Individuen, und zu diesem Transformationsprozess gehört auch der Bildungsroman, zum Beispiel Goethes *Wilhelm Meisters Lehrjahre* (1796), dessen Figuren mit ihrer Herkunft brechen, um sich mit Hilfe der Einbildungskraft für die neue bürgerliche Gesellschaft und all ihre Möglichkeiten zu öffnen.[100] Eine andere Variante repräsentiert die Autobiographie, deren Besonderheit darin gesehen werden kann, den Autor und seine individuelle Schaffenskraft in das Zentrum des Romans zu rücken.[101] Diese Verknüpfung taucht im letzten Drittel des 18. Jahrhunderts zum Beispiel in Jean-Jacques Rousseaus *Confessions* (1770) auf: Hier will sich der Autor in seiner ganzen Naturwahrheit zeigen, doch auch bei einem so außergewöhnlichen Schriftsteller wie Rousseau bleibt das Ergebnis der Selbstlektüre von der Selbstoffenbarung in einem gedruckten Buch abhängig – und ist damit nicht ohne die neuartige Empfänglichkeit für eine Öffentlichkeit denkbar, die sich erst im 18. Jahrhundert zu einem Spiegel der gesellschaft-

[96] So Judith N. Shklar, hier zitiert nach *H. Bajohr,* Nachwort, in: *N. Shklar,* Ganz normale Laster, 2014, 277ff., 312.

[97] Angelehnt an *J. Assmann* (Exodus), 390, 391.

[98] Vgl. nur *Descombes* (Die Rätsel der Identität), 92ff.; *A. Assmann,* Einführung in die Kulturwissenschaft, 2011, 211ff.

[99] Vgl. *Knott* (Sensibility and the American Revolution), 27ff.; *Hunt* (Inventing Human Rights), 35ff.; *Wahrman* (The Making of the Modern Self), 185ff.; *Brewer* (The Pleasures of Imagination), 125ff.; allg. *Ong* (Orality and Literacy), 148ff.; und *L. Trilling,* Sincerity and Authenticity, Cambridge (Mass.) 1972.

[100] So *F. Moretti,* The Way of the World, London 2000, 23; vgl. auch *D. E. Wellbery,* Seiltänzer des Paradoxalen, 2006, 70ff.

[101] Vgl. nur *Blanning* (The Romantic Revolution), 11.

lichen Selbstwahrnehmung verdichtet und in der sich die Individualisierung der Menschen vollzieht.[102]

Neben der Autobiographie und dem Bildungsroman tragen außerdem Briefromane **205**
zur Formung eines inneren Selbst und zu einem gesteigerten Gefühl persönlicher Identität bei. So gelingt es dem Drucker, Verleger und Autor Samuel Richardson (1689–1761) bereits in der ersten Hälfte des 18. Jahrhunderts mit seinen beiden Novellen *Pamela* (1741) und *Clarissa* (1747) im Abstand von nur 6 Jahren zwei Bestseller zu produzieren, die in keinem lesenden Haushalt Großbritanniens fehlen, aber auch außerhalb Großbritanniens ungeheuer erfolgreich sind. Wie in vielen anderen Fällen entstehen in kürzester Zeit Übersetzungen in viele europäische Sprachen. Auch in den größeren Städten der amerikanischen Kolonien, etwa in Philadelphia, New York oder Boston, werden Richardsons Novellen bekannt und gelesen. Sie bilden daher einen Referenzpunkt für die narrative Entwicklung eines komplexen Charakters und sind auch für Vorstellungen weiblicher Autonomie und Innerlichkeit von Bedeutung. So muss sich beispielsweise in *Pamela* die gleichnamige 15-jährige Bedienstete wiederholt den sexuellen Übergriffen ihres Herrn, des adeligen Mr. B, widersetzen. „Habe ich Dir irgend eine Verletzung zugefügt?", lässt Richardson seinen Mister B nach einem seiner Übergriffe fragen. Und Pamela antwortet in einem Brief an ihre Mutter: „Ja, Sir, die größte denkbare Verletzung: Sie haben mich gelehrt mein Selbst zu vergessen, und das, was zu mir gehört; und sie haben die Distanz verringert, die das Schicksal zwischen uns errichtet hat, indem sie sich erniedrigt haben, so frei gegenüber einer armen Bediensteten zu sein."[103]

Das Beispiel des Briefromans zeigt, wie ein neuartiges Innenleben des bürgerlichen **206**
Subjekts mit Hilfe der Literatur auf breiter Fläche instituiert wird. Indem Pamela ihren inneren Gefühlen und Empfindungen in Form von Briefen in größerem Detail Ausdruck verleiht, werden die Leser von Richardsons Romanen auf ihre eigene Subjektivität und diejenige anderer Personen aufmerksam. Briefromane evozieren eine besondere Form des sentimentalen Lesens, eine Identifikation mit den Charakteren eines Romans und ein Sich-Hineinversetzen in ihre Gefühlswelt, die dadurch als mit dem Leser gleich erscheinen.[104] Die Briefromane stellen damit ein narratives Schema bereit, das nicht nur zum Aufkommen von Vorstellungen individueller Autonomie beiträgt, der Suche nach dem eigenen Glück, sondern auch Vorstellungen von Gleichheit zwischen unterschiedlichen Ständen oder zwischen Mann und Frau fördert. Der schottische Philosoph David Hume (1711–1776), der Frankreich aus eigener Erfahrung gut kannte, beschreibt in seinem Essay *Of Civil Liberty* diese unerwartete Dynamik als Ergebnis der französischen Adelskultur, ihrer feinsinnigen Lebensart, ihrer Art der Geselligkeit und Konversation.[105] Damit hat der Roman auch daran mitgewirkt, das Ideal des selbstbewussten Bürgers zu festigen und so die Form des subjektiven Rechts überhaupt erst ermöglicht. Erst indem der Roman das Bild einer verlässlichen, pflicht- und verantwortungsbewussten Person schafft, kann das Individuum auch in formalrechtlichen Zusammenhängen – auf der Ebene konstituierter Ordnung – als eine solche an-

[102] Vgl. *Trilling* (Sincerity and Authenticity), 25.
[103] Übersetzung von mir, nach *Hunt* (Inventing Human Rights), 43.
[104] Vgl. *Knott* (Sensibility and the American Revolution), 53 (für Amerika); *Hunt* (Inventing Human Rights), 38 ff. (für Frankreich).
[105] *Craveri* (The Age of Conversation), 236, 273.

gesprochen werden. Erst auf dieser Grundlage werden auch unpersönliche Rechtsbeziehungen wie etwa Verträge zwischen Fremden möglich.

## III. Die sozialphilosophische Diskussion

### 1. Der *impartial spectator* bei Adam Smith

207 Noch bevor das Ancien Régime auf dem europäischen Kontinent zusammenbricht und noch bevor der Prozess der Industrialisierung ganz Europa erfasst, verändert sich das politische und soziale Denken grundlegend. In der modernen Staatstheorie und Staatslehre, wie sie an den europäischen Universitäten allmählich in unterschiedlichen Disziplinen und unter Bezeichnungen wie Moralphilosophie oder praktische Philosophie entstehen, geht das ordnungsstiftende menschliche Handeln und Wirken mehr und mehr aus einem verallgemeinerungsfähigen Denken hervor. Verallgemeinerungsfähiges (universales) Denken heißt: Ordnung wird zunächst kraft Imagination – mit Hilfe einer Fiktion beziehungsweise eines Gedankenexperiments – entworfen, um die Prämissen des Entwurfs sodann als in der Erfahrung auffindbar nachzuweisen oder als eine Art Faktum in Szene zu setzen. Auf einem solchen Verfahren beruht bereits der *Leviathan* (1651) von Thomas Hobbes. Hobbes erklärt den politischen Körper zum Produkt eines Gesellschaftsvertrages und diesen aus den Zwängen eines Naturzustandes, der die Gleichheit aller Untertanen, ihre Allgemeinheit, als eine unumstößliche anthropologische Gegebenheit inszeniert. Während der hobbessche Naturzustand jedoch nur mittels Errichtung einer zentralen, allen anderen Subjekten übergeordneten Gewalt überwunden werden kann, setzt der schottische Philosoph Adam Smith (1723–1790) ungefähr hundert Jahre nach Hobbes anders an: Die universale Ordnung geht jetzt, vor dem Hintergrund dessen, was Smith das kommerzielle Zeitalter, *the Age of commerce,* nennt,[106] aus einem horizontalen und dezentralen Prozess der wechselseitigen Selbst- und Fremdbeobachtung von Individuen hervor, aus einem nachbarschaftlich geknüpften Netzwerk von sozialen Beziehungen, das als eine Figur des Dritten im Bewusstsein der Individuen verankert wird.

208 Was hat man sich darunter vorzustellen? Schon Hobbes erinnert in der Einleitung des *Leviathan* an das lateinische Sprichwort *nosce te ipsum,* lies in dir selbst. Hobbes verbindet dieses Sprichwort mit der Vorstellung, dass jedermann, der in sich selbst blicke und darüber nachdenke, was er tue, aus seinem Denken und Meinen und dessen Gründen lesen und erkennen werde, welches die Gedanken und Leidenschaften aller anderen Menschen bei den gleichen Anlässen seien.[107] Dieses Modell einer Urteilsbildung qua Introspektion wird in der schottischen Moralphilosophie des 18. Jahrhunderts, bei Autoren wie Francis Hutcheson, David Hume und Adam Smith, sozial gewendet, auf Netzwerke *gesellschaftlicher* Beziehungen bezogen, und zum Gedanken

[106] Vgl. *Smith* (Lectures on Jurisprudence), 14; dazu *Hont* (Jealousy of Trade), 46, 47, 160 (spricht von *commercial sociability*); *Greenfeld* (The Spirit of Capitalism), 29 ff. (zur Nation als Rahmen der *commercial society* bei Adam Smith).

[107] *Hobbes* (Leviathan), 10 („Nosce Teipsum, Read Thy Self… But to teach us, that for the similitude of the thoughts, and Passions of one man, to the thoughts, and Passions of another, whosoever looketh into himselfe, and considereth what he doth, when he does Think, Opine, Reason, Hope, Feare, &c, and upon what grounds; he shall thereby read and know, what are the thoughts, and Passions of all other men, upon the like occasions.“).

einer durch Sympathie möglich werdenden Beobachtung der anderen, einer *spectator theory*, verfeinert.[108] Dabei nimmt gerade Smith viele Einsichten der modernen Sozialpsychologie vorweg: Er konzipiert ein Modell des inneren Bewusstseins, das in der sozialen Erfahrung des Menschen gründet, Beobachter des Verhaltens anderer Personen zu sein und dabei zu wissen, dass andere Personen Beobachter des eigenen Verhaltens sind.[109] Diese Einsicht wird in *The Theory of Moral Sentiments* (1759/1790) im Begriff des unparteiischen Zuschauers, des *impartial spectator*, verdichtet: Die Natur stattet den Menschen mit der Fähigkeit aus, das Verhalten der anderen beobachten und in phantasievoller Weise im eigenen Bewusstsein spiegeln zu können. Die Beobachtung der anderen dient mit anderen Worten als Spiegel der eigenen Identitäts- und Urteilsbildung, die dadurch beweglich und offen wird und sich nicht mehr an den festen Verhaltensmustern der Tradition orientiert.[110]

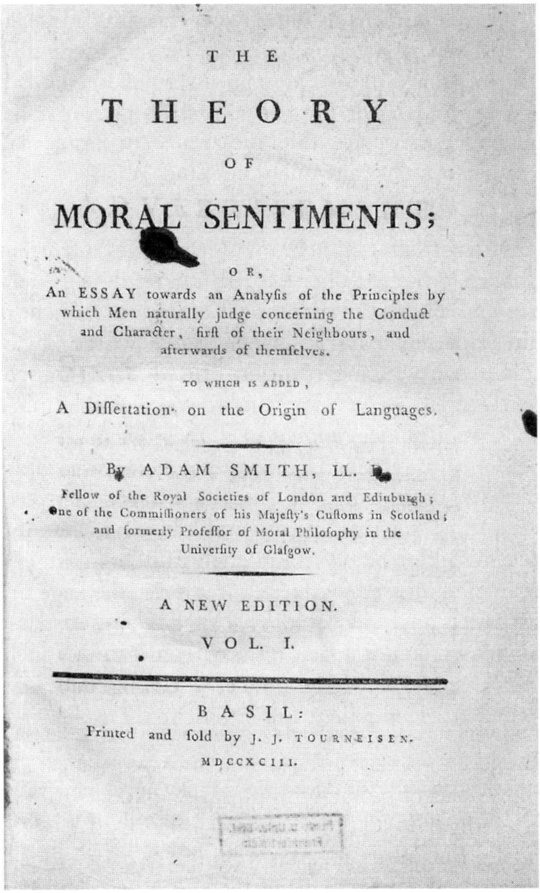
THE
THEORY
OF
MORAL SENTIMENTS;
OR,
An ESSAY towards an Analyſis of the Principles by which Men naturally judge concerning the Conduct and Character, firſt of their Neighbours, and afterwards of themſelves.
TO WHICH IS ADDED,
A Diſſertation on the Origin of Languages.

By ADAM SMITH, LL. D.
Fellow of the Royal Societies of London and Edinburgh; One of the Commiſſioners of his Majeſty's Cuſtoms in Scotland; and formerly Profeſſor of Moral Philoſophy in the Univerſity of Glaſgow.

A NEW EDITION.
VOL. I.

BASIL:
Printed and ſold by J. J. TOURNEISEN.
MDCCXCIII.

*Abb. 14 Titelblatt der englischen Originalausgabe der „Theorie der moralischen Gefühle" von Adam Smith, 1793*

[108] Vgl. *D. D. Raphael*, The Impartial Spectator, Oxford 2009, 27 ff.
[109] *Raphael*, ebd., 128.
[110] Dies betont *Ladeur* (Der Staat gegen die Gesellschaft), 23 ff.

**209** Im Gegensatz zu Hobbes startet Smith mit der anthropologischen Prämisse, dass Menschen nicht vereinzelt in Einsamkeit und Furcht um ihre Existenz leben, sondern von Natur aus gesellige Wesen sind. Schon die frühesten Gesellschaften, die der Jäger, setzen Familien und wenigstens vorübergehende Beziehungen zwischen Verwandtschaftsgruppen zur Erledigung gemeinsamer Angelegenheiten voraus.[111] Der Mensch lebt aber nicht nur unter Menschen, vermöge seiner Einbildungskraft ist er ab einem bestimmten Punkt seiner historischen Entwicklung in der Lage, sich in ein Selbst und ein Alter-Ego zu verdoppeln. Die Spaltung des eigenen Ich versetzt den Menschen in einen Zustand, in dem er gleichsam in den Körper des Anderen eintreten und gewissermaßen eine Person mit ihm werden kann. Das sympathetische Eingehen-Können auf den Anderen ermöglicht anders gesagt die genaue Beobachtung des Verhaltens des Anderen, ja die Entwicklung eigener Vorstellungen seiner Wahrnehmungen und Empfindungen und sogar das Erlebnis gewisser Gefühle des Anderen. „Vermöge der Einbildungskraft versetzen wir uns in seine Lage, mit ihrer Hilfe stellen wir uns vor, daß wir selbst die gleichen Martern erlitten wie er, in unserer Phantasie treten wir gleichsam in seinen Körper ein und werden gewissermaßen eine Person mit ihm; von diesem Standpunkt aus bilden wir uns eine Vorstellung von seinen Empfindungen und erleben sogar selbst gewisse Gefühle, die zwar dem Grade nach schwächer, der Art nach aber den seinigen nicht ganz unähnlich sind."[112]

**210** Es ist also die Sympathie, die Orientierung stiftet und dem Subjekt einen Richtungssinn gibt. Indem das Selbst sein Handeln im Spiegel eines unparteiischen Zuschauers prüft, gewinnt es auch Gewissheit über die Richtigkeit des eigenen Verhaltens. „Wir bemühen uns, unser Verhalten so zu prüfen, wie es unserer Ansicht nach irgendein anderer gerechter und unparteiischer Zuschauer prüfen würde."[113] So wie das Individuum schon bei Shaftesbury „seine Identität durch ein dialogisches Verhältnis mit den Normen der Gesellschaft" gewinnt,[114] und so wie David Hume die Seele des Individuums mit einer Republik oder *commonwealth* vergleicht,[115] so wird der unparteiische Zuschauer bei Smith zu einer Instanz verallgemeinerungsfähiger Reflexion: Der *impartial spectator* ist ein gut informierter Zuschauer, ein idealer Beobachter, ein „ideal man within the breast".[116] Ein Mann mit einem Holzbein leidet und weiß, dass er sein Leben lang die mit einem Holzbein verbundenen Einschränkungen und Unbequemlichkeiten in Kauf nehmen müssen wird. Aber wenn er seine Lage mit den Augen eines unparteiischen Zuschauers analysiert, wird er schnell erkennen, dass er mit Einschränkungen und Unbequemlichkeiten leben muss, die es ihm dennoch gestatten, all die üblichen Freuden des Lebens, sei es allein, sei es in Gesellschaft, genießen zu können. Er wird sich deshalb schnell mit dem unparteiischen Zuschauer identifizieren und

[111] *Smith* (Lectures on Jurisprudence), 201; *P. Stein,* Legal Evolution, Cambridge 1980, 34.

[112] *A. Smith,* Theory of Moral Sentiments (1790), 2009, I. 1 („By the imagination we place ourselves in his situation, we conceive ourselves enduring all the same torments, we enter as it were into his body, and become in some measure the same person with him, and thence form some idea of his sensations, and even feel something which, though weaker in degree, is not altogether unlike them"). [Deutsche Übersetzung von W. Eckstein, 2010, 6].

[113] *Smith,* ebd., III. 1 („We endeavor to examine our own conduct as we imagine any other fair and impartial spectator would examine it.") [178].

[114] *A. Assmann* (Einführung in die Kulturwissenschaft), 213.

[115] *D. Hume,* A Treatise of Human Nature (1739), I.IV.6 („I cannot compare the soul more properly to any thing than to a republic or commonwealth").

[116] *Smith* (Theory of Moral Sentiments), III. 3.

seine eigene Situation genau so sehen wie dieser. „Er wird über seine Lage nicht mehr weinen, nicht mehr klagen und sich nicht mehr darüber kränken, wie es ein schwacher Mensch mitunter, besonders im Anfang, tun mag. Die Betrachtungsweise des unparteiischen Zuschauers wird ihm selbst so völlig zur Gewohnheit, daß er gar nie mehr daran denkt, sein Unglück in einem anderen Lichte zu betrachten, daß ihn diese Gemütsverfassung noch irgendeine Anstrengung oder Selbstüberwindung kosten würde.“[117]

Smith entwickelt den Begriff des unparteiischen Zuschauers im Kontext einer Theorie der moralischen Gefühle. Das Anwendungsfeld dieses Begriffs bleibt aber keineswegs auf moralphilosophische Urteile menschlichen Handelns beschränkt. Wie seine *Lectures on Jurisprudence* (1762/1766) vielmehr zeigen, spielt der unparteiische Zuschauer auch in politischen und rechtlichen Zusammenhängen eine zentrale Rolle. So konzipiert Smith mit Hilfe des unparteiischen Zuschauers etwa eine über Locke hinausweisende Lehre des natürlichen Rechts des Individuums auf Eigentum.[118] Er wendet das Gedankenexperiment des unparteiischen Zuschauers ferner auf strafrechtliche und privatrechtliche Institutionen wie etwa vertragliche Bindungen an.[119] Hier entwirft Smith die im Common Law bis heute gültige Ansicht, dass die Wirksamkeit vertraglicher Obligationen nicht auf die Intention des die Leistung Versprechenden zurückgeführt werden können, wie die naturrechtliche Tradition von Grotius bis Pufendorf angenommen hatte. Die Bindung an einen Vertrag kann nur aus der Erwartung folgen, die eine solche Erklärung nach Ansicht des unparteiischen Zuschauers beim Leistungsempfänger auslöst.[120] „Wenn ich sagen würde, dass ich beabsichtige, Dir freiwillig am nächsten Neujahrstag £100 zu geben, aber die Erklärung in einer Weise abgebe, dass sie ganz klar zeigt, dass Du dich nicht auf sie verlassen solltest, und auch ausdrücklich sage, „Du solltest dich nicht darauf verlassen, aber das ist meine gegenwärtige Absicht“, könnte der unbeteiligte Zuschauer hier nicht denken, dass das Versprechen bei demjenigen, dem ich das Versprechen gemacht habe, eine berechtigte Erwartung begründen würde; doch ohne Zweifel würde er dies annehmen, wenn ich ihm klarmachen würde, dass er sich darauf verlassen könnte.“[121] 211

Smith lässt soziale Ordnung aus der ständigen Arbeit der Individuen an der Verallgemeinerungsfähigkeit ihrer eigenen Urteilsbildung hervorgehen. Der Bürger sieht im Anderen sich selbst, nicht aber ein souveränes Subjekt, dem er sich unterordnet. In diesem Ordnungsentwurf ist ein normativer Primat der Prozesse der spontanen Selbstorganisation prinzipiell gleichberechtigter Rechtssubjekte begründet, der auch die 212

[117] *Smith*, ebd. („He no longer weeps, he no longer laments, he no longer grieves over it, as a weak man may sometimes do in the beginning. The view of the impartial spectator becomes so perfectly habitual to him, that, without any effort, without any exertion, he never thinks of surveying his misfortune in any other view.“).

[118] Vgl. *Raphael* (The Impartial Spectator), 106ff.

[119] Vgl. *Raphael*, ebd., 111.

[120] Vgl. *Stein* (Legal Evolution), 39, 40; *Raphael* (The Impartial Spectator), 110.

[121] *Smith* (Lectures on Jurisprudence), 87 („If I should say that I intend to give you voluntarily £100 next new year's day, but make this declaration in such a manner as plainly shews I don't intend you should depend upon it, and expressly say, ‚You need not depend upon it, but this is my present design‘, the spectator could not here imagine that he to whom I made the promise would have any reasonable expectation; but this without doubt he would, if I should plainly declare that I meant that he should depend upon it.“) [eigene Übersetzung]; zum Common Law *K. Zweigert/H. Kötz*, Einführung in die Rechtsvergleichung, 1996, 402 („reasonable expectation of honest men“).

Funktion des Staates und die Legitimität seiner rechtlichen Institutionen und Gesetze bestimmt: Die Errichtung einer Regierungsgewalt kann dann nur soweit und solange legitim sein, wie diese die gesellschaftliche Freiheit und allen voran das Eigentum der Mitglieder eines Staates schützt.[122] Das bedeutet zweierlei: Die Prozesse der gesellschaftlichen Selbstorganisation müssen zum einen durch staatliche Institutionen wie bürgerliche Freiheitsrechte abgestützt und gewährleistet werden. Denn subjektive Rechte fördern die Arbeitsteilung, die Instituierung und Ausdifferenzierung von sich selbst organisierenden Lebensordnungen und Sinnregionen, und tragen so zum Wohlstand der Nationen bei. Die Schaffung freiheitsschützender Rechte bleibt aber auf der anderen Seite an die Voraussetzung gebunden, dass ihre Ausübung zum Vorteil aller erfolgt. Weil die Gesellschaft im kommerziellen Zeitalter insgesamt in Bewegung gesetzt wird, ist die passende Analogie für die staatlichen Regeln, die die natürlichen Freiheiten zur Sicherung des Allgemeinwohls einschränken dürfen, nicht mehr die Mathematik wie in den rationalistischen Naturrechtstheorien. Vielmehr sind es die Regeln der Sprache, der Grammatik, die in einem langsamen Prozess der sozialen Konsensbildung eingerichtet werden und menschlicher Veränderung unterworfen sind.[123]

## 2. Nation bei Sieyès

213 In der Moralphilosophie der Schottischen Aufklärung geht es um den Entwurf einer Gesellschaftsordnung, die wie die Grammatik einer Sprache dynamisch und veränderlich ist. Während hier die subjektiven Rechte der Bürger und eine davon abgeleitete Regierungslegitimität im Mittelpunkt einer *sozialen* Ordnung stehen, kreist das staatstheoretische Denken im vorrevolutionären Frankreich um Fragen der Mitwirkung der Nation an der Konstruktion einer *politischen* Ordnung. Vor dem Hintergrund einer Krise des Ancien Régime sind die Souveränität des Monarchen und die Privilegien des Adels seit der Mitte des 18. Jahrhunderts einem stärker werdenden Sperrfeuer ausgesetzt. Diese Diskussion wird in der zweiten Hälfte des 18. Jahrhunderts zunehmend mit einem Diskurs des Willens verknüpft:[124] Freiheit ist nicht Ausdruck von *Rechten,* sondern eines *Willens,* der überhaupt erst Rechte und Gesetze schafft. So lässt besonders der Schriftsteller und Philosoph Jean-Jacques Rousseau den Staatskörper aus einer Vergesellschaftung unter der Leitung eines Gemeinwillens, der *volonté générale,* hervorgehen.[125] Der Gemeinwille hat, wie der *Contract Social* (1762) ausführt, im Unterschied zum Gesamtwillen, der Summe der Einzelinteressen, der *volonté de tous,* immer recht, denn er zielt immer auf das Gemeinwohl.[126] Er ruht allein im Volk und kann weder übertragen noch vertreten werden; auch die Abgeordneten des Volkes können nicht seine Stellvertreter sein. „Sie sind nur seine Beauftragten. Sie können nichts endgültig beschließen. Jedes Gesetz, das das Volk nicht selbst bestätigt hat, ist null und nichtig: es ist kein Gesetz.“[127]

214 Rousseaus Modell der Volkssouveränität, der direkten Demokratie, richtet sich unmittelbar gegen den englischen Parlamentarismus. Wenn das englische Volk frei zu sein

[122] *Smith* (Lectures on Jurisprudence), 5, 7; *Stein* (Legal Evolution), 32, 33.
[123] *Smith* (Theory of Moral Sentiments), 175; *Stein* (Legal Evolution), 46.
[124] So die Terminologie bei *Baker* (Sieyès), 528ff., 530.
[125] *J.-J. Rousseau,* Vom Gesellschaftsvertrag, 1977, Kap. 1.6.
[126] *Rousseau,* ebd., Kap. 2.3.
[127] *Rousseau,* ebd., Kap. 3.15.

glaube, verkündet Rousseau, täusche es sich. In Wahrheit sei es nur während der Wahl der Parlamentsmitglieder frei, aber sobald diese gewählt seien, sei es Sklave, sei es nichts und verdiene nichts Besseres, als seine Freiheit wieder zu verlieren.[128] Tatsächlich hat Rousseau darin recht, dass die repräsentative Demokratie eine englische Erfindung ist: Das politische Denken in England kennt bereits im 17. Jahrhundert die Vorstellung, den Körper des Volkes zum Eigentümer der Souveränität zu machen. Diese Idee verbindet sich in England aber mit einer Sympathie für die italienischen Stadtrepubliken und ihre Regierungsform der Selbstverwaltung. Daraus geht noch während des englischen Bürgerkrieges eine Theorie parlamentarischer Repräsentation hervor, die gegen die Souveränität des Königs in Stellung gebracht wird und sich im 18. Jahrhundert fest in der politischen Kultur Großbritanniens verankert.[129] Selbst ein so radikaler Puritaner wie John Milton, der das Parlament nicht als ein aktives und souveränes Repräsentativorgan des Volkes anerkannte, vertrat immerhin die Auffassung, dass die Volkssouveränität, auch wenn sie beim Körper des Volkes als einem Ganzen liege und nicht übertragen werden könne, delegiert und gewissermaßen hinterlegt werden könne. Damit akzeptierte Milton zumindest die Notwendigkeit von regierenden Organen, die die Befugnisse des Volkes in einer administrativen Form ausüben.[130]

In seinem politischen Pamphlet über den dritten Stand, *Qu'est-ce que le tiers état?,* 215
entwickelt Emmanuel Joseph Sieyès (1748–1836) wie Rousseau eine Kritik an den herrschenden Verhältnissen unter dem Ancien Régime. In dieser Schrift, in der Sieyès kurz vor dem Ausbruch der Französischen Revolution, im Januar 1789, die Auflösung der Generalstände und ihre Ersetzung durch eine Nationalversammlung fordert, teilt Sieyès auch die Annahme Rousseaus, dass die Mitglieder einer zivilisierten Nation ihren gemeinschaftlichen Willen nicht selbst ausüben können. Er zieht daraus aber andere Schlüsse. Während Rousseau die Form der Demokratie auf eine unmittelbare Volksherrschaft reduziert und diese an die Voraussetzung bindet, dass die Bürgerschaft vollkommen einheitlich und homogen sein müsse,[131] bedarf es für Sieyès in einem so bevölkerungsreichen und flächenmäßig so großen Staat wie Frankreich gerade einer Regierung, die durch Vollmacht, durch ein *gouvernement exercé par procuration,* ausgeübt wird.[132] Sieyès ist also wie die Briten und Amerikaner ein Verfechter der Idee demokratischer Repräsentation. Er kann sogar als ein wichtiger Vertreter der Lehre der demokratischen Repräsentation angesehen werden, befreit er diese doch vollständig von den Einschränkungen, die im vorrevolutionären Frankreich theoretisch wie praktisch auf ihr lasten, insbesondere von der physiokratischen Vorstellung, dass allein der Besitz von Boden zur Repräsentation gesellschaftlicher Interessen befähige.[133] Darüber hinaus ist Sieyès ein Anhänger des Verfassungsstaates. Er insistiert darauf, dass ein Regierungskörper, dem der Wille der Nation anvertraut werde, über eine Organisation, über Verfahrensregeln und Gesetze verfügen müsse, die in einer geschriebenen Verfassung eine feste Form finden

---

[128] *Rousseau,* ebd., Kap 3.15.

[129] Vgl. *Skinner* (Die drei Körper des Staates), 24ff.; und allg. *Pocock* (The Machiavellian Moment).

[130] Vgl. *Skinner* (Die drei Körper des Staates), 24ff., 42, 43.

[131] Vgl. *F. Furet,* 1789 – Vom Ereignis zum Gegenstand der Geschichtswissenschaft, 1980, 42 („Es ist kein Zufall, dass der Philosoph, der mit äußerster Sensibilität und Kraft die Autonomie des Ichs erlebte und theoretisch durchdachte, auch die Idee einer vollkommen einheitlichen Gesellschaft ersann.").

[132] *Sieyès* (Was ist der Dritte Stand?), 117ff., 165; *ders.* (Qu'est-ce que le tiers état?), 52.

[133] *Baker* (Sieyès), 528ff., 535, 536.

müssten.[134] Zwar kann sich Sieyès mit seiner Forderung nach einer raschen Verfassungsratifikation im Sommer 1789 nicht durchsetzen, aber an der Konzeption der französischen Verfassung von 1791, die die gesetzgebende Gewalt auf eine Nationalversammlung überträgt und die Regierung dem König anvertraut (Titel III, Art. 3 und 4), ist Sieyès wiederum beteiligt.

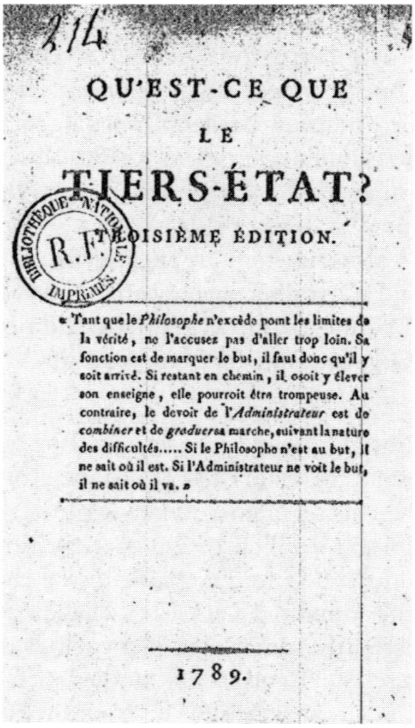
214

QU'EST-CE QUE
LE
TIERS-ÉTAT?
TROISIÈME ÉDITION.

« Tant que le *Philosophe* n'excède point les limites de la vérité, ne l'accusez pas d'aller trop loin. Sa fonction est de marquer le but, il faut donc qu'il y soit arrivé. Si restant en chemin, il osoit y élever son enseigne, elle pourroit être trompeuse. Au contraire, le devoir de l'*Administrateur* est de *combiner* et de *graduer* sa marche, suivant la nature des difficultés..... Si le Philosophe n'est au but, il ne sait où il est. Si l'Administrateur ne voit le but, il ne sait où il va. »

1789.



*Abb. 15 Titelblatt der bis heute auflagenstärksten politischen Flugschrift von Emmanuel Joseph Sieyés „Was ist der dritte Stand" vom Januar 1789*

216 Es sind zwei Linien, zwischen denen die Schrift über den dritten Stand oszilliert: die naturrechtliche Tradition der Freiheit des Individuums auf der einen Seite und eine stärker den Mythos einer ursprünglichen Einheit der Nation akzentuierenden Linie auf der anderen Seite. „Was ist eine Nation?", fragt Sieyès gleich zu Beginn seiner Schrift über den dritten Stand und gibt selbst die Antwort: „Eine Körperschaft von Gesellschaftern *(un corps d'associés),* die unter einem gemeinschaftlichen Gesetz leben und durch dieselbe gesetzgebende Versammlung repräsentiert werden usw."[135] Diese Definition, in der die Nation als eine Verbindung von Einzelpersonen *(l'assemblage des individus)* erscheint,[136] entspricht weitgehend dem, was wir den „individualisti-

[134] *Sieyès* (Was ist der Dritte Stand?), 117ff., 166; vgl. auch *L. Jaume,* Constituent Power in France, in: Loughlin/Walker (Hrsg.), The Paradox of Constitutionalism, Oxford 2007, 67ff., 70.

[135] *Sieyès* (Was ist der Dritte Stand?), 117ff., 124; *ders.* (Qu'est-ce que le tiers état), 5 („Qu'est-ce qu'une nation? Un corps d'associés vivant sous une loi commune et représentés par la même législature, etc.").

[136] *Sieyès* (Was ist der Dritte Stand?), 117ff., 186; *ders.* (Qu'est-ce que le tiers état), 73 („Qu'est-ce que la volonté d'une nation? C'est le résultat des volontés individuelles, comme la nation est l'assemblage des individus.").

schen Nationsbegriff" nennen. Auf der anderen Seite kennt die Schrift über den dritten Stand nicht wenige Passagen, in denen die individualistische Ableitungsbasis des Nationsbegriffs, eine Körperschaft oder Vereinigung von *Gesellschaftern* zu sein, verlorengeht und die Nation als *eine* Körperschaft beschrieben wird: als eine Einheit, die zuerst da sei, die der Ursprung von allem sei und deren Wille immer gesetzlich sei, weil sie das Gesetz selbst sei.[137] Hier artikuliert sich ein eher unbewusstes Begehren nach einer unmittelbaren Handlungsfähigkeit der Nation. Dieser Nation sind die Einzelnen immer schon einverleibt und diese Nation verfügt schon vor jeder sprachlichen und gesetzlichen Form über eine klare Identität und einen gemeinsamen Willen. „Auf welche Art und Weise eine Nation auch will, allein die Tatsache, daß sie will, ist ausreichend; dazu sind alle Formen gut, und ihr Wille ist immer das höchste Gesetz."[138]

Diese Rhetorik der Einheit und Unmittelbarkeit des nationalen Willens hinterlässt 217
noch vor der jakobinischen Schreckensherrschaft ihre Spuren. Sie gibt der allgemeinen Tendenz im revolutionären Frankreich Auftrieb, der Nation eine neue reale Substanz zu geben und sie in eine homogene und einmütige Gesamtheit von Staatsbürgern verwandeln zu wollen. Bereits in der Anfangsphase der Revolution kommt es zu Bestrebungen, die unumgängliche Differenz von staatlicher Machtausübung und politischer Kontrolle einer Regierung durch das Volk aufzuheben und die Nation selbst in ein vermeintlich handlungsfähiges politisches Subjekt zu verwandeln. Das führt zur Festigung der Vorstellung einer gleichsam differenzlosen Beziehung zwischen Repräsentanten und Repräsentierten: Fordern die Amerikaner im Steuerstreit mit dem britischen Parlament eine gute Vertretung ihrer Interessen in dem Sinne, dass diese Interessen eine tatsächliche Berücksichtigung in den politischen Institutionen finden und das Volk die Repräsentanten kontrollieren kann,[139] gehen die Mitglieder der französischen Nationalversammlung genau umgekehrt von einer äußerst strikten Unterordnung der Abgeordneten unter den Willen der Repräsentierten aus. Damit stellen sie zwischen dem Volk und der Nationalversammlung eine quasi-mystische Identifikation her, die die Differenz zwischen dem Symbolischem und dem Realen einebnet, eine Differenz, die der französische politische Philosoph Claude Lefort zu Recht als entscheidende Voraussetzung der Funktionsfähigkeit der modernen Demokratie beschreibt.[140] In der Sprache des israelischen Politikwissenschaftlers Yaron Ezrahi könnte man auch sagen, dass die Revolution irgendwann den Gedanken verliert, dass die Demokratie der sozialen Imagination bedarf, einer Theatralität, die die *Fiktion* der Volkssouveränität in der sozialen Realität inszeniert und verankert.[141]

Eher beiläufig unterscheidet Sieyès im fünften Kapitel seiner Schrift über den dritten Stand zwischen Ver- 218
fassungsgesetzen, die die Aufgaben der gesetzgebenden Körperschaft regeln, und solchen Verfassungsgesetzen, die die Organisation und Aufgaben der ausführenden Körperschaft bestimmen.[142] Beide Verfassungsgesetze werden auch als Grundgesetze, *lois fondamentales,* bezeichnet, und zwar in dem Sinn, dass sie unantastbar für die Körperschaften sind, die durch sie bestehen und handeln. Um jedoch zu betonen und

[137] *Sieyès* (Was ist der Dritte Stand?), 117ff., 166, 167.

[138] *Sieyès,* ebd., 117ff., 169; *ders.* (Qu'est-ce que le tiers état?), 55 („De quelque manière qu'une nation veuille, il suffit qu'elle veuille; toutes les formes sont bonnes, et sa volonté est toujours la loi suprême.").

[139] Vgl. *P. Raynaud,* Amerikanische Revolution, in: Furet/Ozouf (Hrsg.), Kritisches Wörterbuch der Französischen Revolution, 1996, 961ff., 966f.

[140] *Lefort* (Fortdauer des Theologisch-Politischen?), 49f.

[141] Vgl. *Ezrahi* (Imagined Democracies), 124.

[142] *Sieyès* (Was ist der Dritte Stand?), 117ff., 167.

hervorzuheben, dass sowohl die gesetzgebende wie die ausführende Körperschaft, die Legislative wie die Exekutive, durch die Nation als verfassungsgebender Gewalt konstituiert würden, verwendet Sièyes an dieser Stelle – und nur an dieser! – die Unterscheidung von verfassungsgebender Gewalt, *pouvoir constituant,* und verfasster Gewalt, *pouvoir constitué.* „Beide Teile der Verfassung sind das Werk der verfassungsgebenden Gewalt, nicht aber der von der Verfassung gesetzten Gewalt. Keine übertragene Gewalt, welcher Art sie auch sei, kann an den Bedingungen ihrer Übertragung irgend etwas ändern."[143]

219 Auch wenn Sieyès die Nation wiederholt zu einem an sich existierenden Körper mystifiziert, bleibt er der individualistischen Linie seines Denkens doch insofern verpflichtet, als all seine Aussagen über den *pouvoir constituant* ausschließlich für das konstituierte Recht gelten, für die positiven Verfassungsgesetze, nicht aber für das Naturrecht, das für Sieyès vor der Nation da ist.[144] Darin steht er fest in der Tradition des modernen Naturrechts. Diese Überzeugung findet wenig später auch Ausdruck in der französischen Verfassung von 1791. Diese inkorporiert die Grundsätze der Freiheit und Gleichheit, wie sie bereits in der Erklärung der Menschen- und Bürgerrechte vom 31. August 1789 niedergelegt waren, bevor sie auf die von der Verfassung verbürgten Grundeinrichtungen zu sprechen kommt – und bevor sie unwiderruflich all die Einrichtungen für abgeschafft erklärt, welche die Freiheit und die Gleichheit der Rechte verletzen wie etwa den Hochadel, erbliche Unterschiede, Standesunterschiede, Lehnsherrschaft, Patrimonialgerichtsbarkeiten, Titel, Benennungen, Vorrechte und so weiter.

220 Carl Schmitt nimmt die Lehre vom *pouvoir constituant* in der Weimarer Republik auf und radikalisiert sie. Er referiert die Position von Sieyès in seiner Schrift *Die Diktatur* (1921/1927) zunächst zutreffend, wenn er anmerkt, dass es ihr zufolge unmöglich sei, eine verfassungsmäßig konstituierte Gewalt über die Verfassung zu stellen; nach der Lehre vom *pouvoir constituant* beruhe eben alle konstituierte Gewalt, sämtliche *pouvoir constitués,* auf einer verfassungsbegründenden, konstituierenden Gewalt. Dann aber spielt Schmitt Sieyès' Nation gegen die Menschenrechte aus. Die verfassungsgebende Gewalt, heißt es, „ist prinzipiell unbegrenzt und vermag schlechthin Alles, denn sie ist nicht der Verfassung unterworfen, sondern gibt selbst die Verfassung. Hier ist irgendein Zwang oder irgendeine rechtliche Form, irgendeine Selbstbindung, gleichgültig in welchem Sinne, völlig undenkbar, und auch die unveräußerlichen Menschenrechte sind da, wo die volonté générale der Lehre Rousseaus herrscht, gegenstandslos."[145] Diese Interpretation Carl Schmitts, die in Weimar auf die Stärkung eines kollektivistischen (ethnischen) Nationsbegriffs hinauslief,[146] hat auch in der Staats- und Verfassungslehre der Bundesrepublik Deutschland Spuren hinterlassen. Insbesondere Art. 79 Abs. 3 des Grundgesetzes, demzufolge die Gliederung des Bundes in Länder, die grundsätzliche Mitwirkung der Länder bei der Gesetzgebung oder die in den Artikeln 1 und 20 niedergelegten Grundsätze als unabänderbar gelten, ist noch in der jüngeren Vergangenheit dahingehend interpretiert worden, dass das Grundgesetz den verfassungsändernden Gesetzgeber nur zur Änderung, nicht aber zur Aufhebung oder Beseitigung des Grundgesetzes ermächtige.[147] Hier wird also versucht, Schmitts Interpretation der Lehre vom *pouvoir constituant* dadurch zu entschärfen, dass die Unterscheidung von verfassungsgebender und verfasster Gewalt ganz zur Seite der verfassten Gewalt aufgelöst wird – anstatt sich erst gar nicht auf die Lehre vom *pouvoir constituant* einzulassen.

221 Sieyès Lehre vom *pouvoir constituant* ist für eine kulturwissenschaftliche Staatstheorie inakzeptabel. Eine liberale Verfassung ist nicht nur und nicht einmal primär von einer verfassungsbegründenden Gewalt abhängig, sondern von einem lebendigen Raum instituierter Freiheit, von Prozessen der gesellschaftlichen Selbstorganisation. Das staatliche Recht und seine verfassungsförmigen Institutionen sind immer schon in sich vielfach verästelnde symbolische Formen verwoben, in unterschiedliche Lebensformen und ihre Bedeutungsgewebe, die ihrerseits mit fluktuierenden Machtquellen verknüpft sind, zwischen denen sich ein variables Beziehungsnetz spannt. In genau diesem Sinn hat der französische Philosoph Vincent Descombes in seinem Buch *Die Rätsel der Identität* (2013) Sieyès Unterscheidung von verfassungsgebender Gewalt, *pouvoir constituant,* und verfasster Gewalt, *pouvoir constitué,* durch die Unterscheidung von verfassungs-

[143] *Sieyès,* ebd., 117 ff., 167; *ders.* (Qu'est-ce que le tiers état?), 53 („Dans chaque partie la constitution n'est pas l'ouvrage du pouvoir constitué, mais du pouvoir constituant. Aucune sorte de pouvoir délégué ne peut rien changer aux conditions de sa délégation.").

[144] *Sieyès* (Was ist der Dritte Stand?), 117 ff., 167.

[145] *Schmitt* (Die Diktatur), 140; vgl. auch ebd., 142.

[146] Dazu ausführlich *Breuer* (Carl Schmitt im Kontext), 45 ff.

[147] Vgl. *Hesse* (Grundzüge des Verfassungsrechts), 277.

gebender und instituierender Macht ersetzt.[148] Im Anschluss an Überlegungen von Cornelius Castoriadis, von dem der Begriff der „instituierenden Macht" stammt,[149] verweist Descombes darauf, dass die Verfassung nicht einfach konstituiert werden kann, weil die Gesellschaft in Wirklichkeit immer schon Institutionen besitzt. Sieyès' *pouvoir constituant* wäre dann eine eher mythologische Figur, die die Funktion hat, den Abgrund zu überbrücken, der die Gesellschafter eines Vertrages, der den Naturzustand überwindet, von den Mitgliedern einer historischen Gesellschaft trennt. „Was zur ‚instituierenden Macht' gehört, zum Beispiel die Sprache und die Sitten, ist gerade das, was der Gesetzgebung entgeht. Die Gesetzgebung kann die Sprache nicht schaffen, in der sie abgefaßt sein wird, so wenig sie die Sitten schaffen kann, dank derer sie kein toter Buchstabe bleiben wird."[150]

## 3. Kants allgemeines Gesetz

Gewinnt das Individuum in der schottischen Moralphilosophie verallgemeinerbare 222
Erfahrungen über ein Verfahren der Beobachtung des Selbst im Spiegel der anderen, unterstellt der Königsberger Philosoph Immanuel Kant (1724–1804) das Individuum einem allgemeinen Gesetz.[151] Damit wird das allgemeine Gesetz zu dem Gegenstand, an dem sich das universale Denken und Handeln schult und bildet. Die kantische Morallehre präsentiert ein Gebot a priori, mittels dessen gute und böse Maximen allgemeinverbindlich unterschieden werden können. Dem Anruf „Du sollst nicht lügen" muss ich Gehör schenken, wenn ich nicht die Möglichkeit der Wahrheit selbst negieren will; und das kann ich trotz eines möglichen Interesses an einer Lüge als Vernunftwesen nicht wollen, denn die Maxime eines solchen Willens könnte nie „zugleich als Prinzip einer allgemeinen Gesetzgebung gelten".[152] Wie schon das moderne Naturrecht vor ihm operiert auch Kant mit der Kraft der Imagination: Der kategorische Imperativ – „Handle so, dass die Maxime deines Willens jederzeit zugleich als Prinzip einer allgemeinen Gesetzgebung gelten könne"[153] – arbeitet im Modus des als ob. Er ist ein Gedankenexperiment, eine formale moralphilosophische Konstruktion, im Unterschied etwa zur griechischen Ethik, die sich an konkreten Lebensformen und an vorgegebenen erstrebenswerten (tugendhaften) Zielen orientierte. Der kategorische Imperativ stellt eine sich aufdrängende regulative Idee dar und ermöglicht in den Augen Kants, die Verallgemeinerungsfähigkeit von Maximen zuverlässig beurteilen zu können, während die Positivität des Lügenverbots selbst durch den kategorischen Imperativ nicht bewiesen werden kann.

---

148 Vgl. *Descombes* (Die Rätsel der Identität), 230 (eigene Übersetzung).

149 Vgl. den Nachweis bei *Descombes,* ebd., 230; vgl. auch *Waldenfels* (Sozialität und Alterität), 386ff., 399. Descombes verwendet den Begriff der Institutionen wie Castoriadis in einem denkbar weiten Sinn von Bedeutungsstiftung, als notwendige Grundlage allen Denkens und Handelns in einer Gesellschaft. Der Begriff soll eine (holistische) Entsprechung für das liefern, was bei Geertz „Bedeutungsgewebe" heißt, bei Durkheim „kollektives Bewusstsein" hieß und bei Hegel „objektiver Geist".

150 Vgl. *Descombes* (Die Rätsel der Identität), S. 231 (Übersetzung geändert).

151 Die folgenden Überlegungen übernehmen Formulierungen aus *T. Vesting,* Die innere Seite des Gesetzes, 2009, 39–59. Dieser Text folgt – wie der hier vorliegende – in vielen Linien Bernhard Waldenfels.

152 *Immanuel Kant,* Kritik der praktischen Vernunft (zuerst 1788), in: Werke in sechs Bänden, Bd. 4: Schriften zur Ethik und Religionsphilosophie, 1983, A 54.

153 *Kant,* ebd.

Critik
der
practischen Vernunft
von
Immanuel Kant.

Riga,
bey Johann Friedrich Hartknoch
1788.

*Abb. 16 Titelblatt von Immanuel Kants „Kritik der praktischen Vernunft" aus dem Jahre 1788*

223 Das allgemeine Gesetz, dem sich der mit Vernunft ausgestattete Mensch unterstellen muss, hat so wenig einen festen ontologischen Grund wie Sieyès' Nation oder Smith's *impartial spectator.* Die Welt ist auch ohne sie und ohne allgemeines Gesetz vorstellbar. Eine Notwendigkeit, dem Anruf des allgemeinen Gesetzes zu folgen, besteht aber insofern, als dessen Akzeptanz unter der Bedingung einer Fortführung des Interesses an der Integrität einer moralischen Selbstbindung endlich vernünftiger Wesen unausweichlich ist. Das meint Kant, wenn er den kategorischen Imperativ ein „*Faktum* der Vernunft" nennt.[154] Die praktische Vernunft ist grundlos, aber gerade deshalb gibt es zu ihr keine Alternative, wenn man nicht die Möglichkeit eines moralisch verantwortlichen Handelns selbst auf Spiel setzen will. Das Individuum muss sich um seiner eigenen Freiheit willen auf das moralische Gesetz „einstimmen",[155] auf das Gesetz zugehen und sich mit dessen Konsequenzen arrangieren. Kants Versuch der Grundlegung einer universalistischen praktischen Vernunft läuft deshalb auf eine Selbstbegründung hinaus: Das allgemeine Gesetz erweist sich bei genauerer Betrachtung als Ausdruck einer Selbstgesetzlichkeit, „als ein Gesetz, das sich als Gesetz selbst gibt".[156] Kants allgemeines Gesetz tritt als Geschenk vor den Menschen und lässt ihm keine andere Wahl, als das Geschenk anzunehmen. Aber indem das freie Individuum dieses Geschenk annimmt, wird ihm zugleich eine Schuld auferlegt, die unendlich ist und so die unper-

[154] *Kant,* ebd., A 55, 56.
[155] *Kant,* ebd., A 156.
[156] *B. Waldenfels,* Schattenrisse der Moral, 2006, 25; vgl. auch *Ladeur* (Die Textualität des Rechts), 19ff.

sönliche abstrakte Struktur des allgemeinen Gesetzes sichert und in eine offene Zukunft hinein bewahrt.[157]

Der Universalismus der Moral Kants ist nicht *zwischen* dem Individuum *und* dem Gesetz angesiedelt, sondern nimmt die Form des universalen Gesetzes an, deren innere Seite das sich dem allgemeinen Gesetz unterstellende Individuum als Subjekt ist. An die Stelle einer als stabil erlebten und nicht weiter hinterfragten Tradition tritt jetzt die „Empfänglichkeit für den Pflichtbegriff", das „moralische Gefühl in mir".[158] Das allgemeine Gesetz des kategorischen Imperativs arbeitet also nicht wie eine Rechenmaschine im Gehirn, die automatisch das Böse negiert und das Gute schafft. Das Gesetz verschafft sich vielmehr ein Fundament im Inneren eines sich selbst reflektierenden Subjekts: Das Gesetz *verlangt,* wie Kant im Kontext der Tugendlehre der *Metaphysik der Sitten* (1797) sagt, „sein Gewissens zu kultivieren", und um dieser Kultivierung willen muss das Gewissen all seine Aufmerksamkeit auf die „Stimme des inneren Richters" richten und alles tun, um dem Gesetz „Gehör zu verschaffen."[159] Das Selbst wird mit anderen Worten durch das allgemeine Gesetz in Anspruch genommen, bevor es handelt; es gehört dem moralischen Gesetz, noch bevor es sich selbst gehört.[160] In dieser vorgängigen, indirekten Form der Verpflichtung, der Achtung vor dem universalen Gesetz, steht Kants Moralphilosophie der jüdischen Tora nahe.[161] Umso abwegiger ist es deshalb, dass Kants Moralgesetz während des Dritten Reiches häufig als eine Art Vorläufer des blinden Gehorsams, der Mentalität des Kadavergehorsams, angesehen wurde und sogar als Legitimationsgrundlage für den Holocaust herhalten musste. Adolf Eichmann, der an zentraler Stelle die Ermordung von schätzungsweise 6 Million Juden mitorganisiert hat und 1962 in Israel hingerichtet wurde, hat, um die Pflicht zum unbedingten Gehorsam gegenüber dem Führerwillen zu rechtfertigen, vom „kategorischen Imperativ des kleinen Mannes" gesprochen.[162] 224

Dass das allgemeine Gesetz bei Kant den Gegenstand bildet, an dem sich das universale Denken und Handeln schult und bildet, gilt auch für die Rechtslehre. Zwar unterscheidet Kant streng zwischen Moralität (Sittlichkeit) und Legalität (Gesetzmäßigkeit), zwischen einem inneren und einem äußeren Gebrauch der Freiheit.[163] In einer Formel aus der Tugendlehre der *Metaphysik der Sitten* wird zwischen Moral und Recht sogar in der Weise unterschieden, dass die Rechtspflicht als Bindung an den Willen als solchen gedacht wird, „der auch der Wille anderer sein könnte", und sich damit doch merklich vom allgemeinen Gesetz der Morallehre abhebt, das Ausdruck „deines eigenen Willens" sein muss.[164] Trotz solcher Spannungen zwischen Moralphilosophie und Rechtsphilosophie kann es aber letztlich nicht zweifelhaft sein, dass Moralsphäre und Rechtssphäre bei Kant füreinander durchlässig sind. So wie die kantische Morallehre 225

157 *R. Esposito,* Communitas, 2004, 116f. („Das Gesetz verschuldet das Subjekt unendlich.").

158 *Kant* (Metaphysik der Sitten – Tugendlehre [zuerst 1797]), A 35, 36; dazu näher *I. Augsberg,* Das moralische Gefühl in mir, JZ 11 (2013), 533ff. (der in seiner Interpretation generell das moralische Gefühl der Achtung des Gesetzes, die subjektive Seite der Pflicht zum Gesetzesgehorsam, akzentuiert).

159 *Kant* (Tugendlehre), A 39.

160 *Waldenfels* (Schattenrisse der Moral), 133; *Esposito* (Communitas), 97.

161 Dazu *Augsberg* (Das moralische Gefühl in mir), 533ff., 538, 539; *Waldenfels* (Schattenrisse der Moral), 133.

162 *H. Arendt,* Eichmann in Jerusalem, 2008, 231, 233.

163 *Kant* (Metaphysik der Sitten – Rechtslehre [zuerst 1797]), AB 6, 7; vgl. auch AB 15.

164 *Kant* (Tugendlehre), A 19.

in einer rechtsförmig und forensisch angelegten Terminologie spricht (als innerer Richter, Gerichtshof usw.), so ist umgekehrt das allgemeine Gesetz der Morallehre auch für das allgemeine Gesetz der kantischen Rechtslehre orientierungsbildend: Das allgemeine Gesetz verspricht auch für den äußeren Gebrauch der Freiheit die Möglichkeit eines Verfahrens der autonomen Selbstbegründung, der Selbstgebung des Gesetzes.

226 Infolgedessen bleibt auch das Staatsrecht bei Kant eine Figur der Imagination und Fiktionalität. Wenn die Rechtslehre den Staat in § 45 als „Vereinigung einer Menge von Menschen unter Rechtsgesetzen" bestimmt und in § 46 feststellt, dass „die gesetzgebende Gewalt ... nur dem vereinigten Willen des Volkes zukommen" kann,[165] stehen diese Definitionen nicht im offenen Widerspruch zu den Realitäten der preußischen Monarchie um 1800, in der es mit der gesetzgebenden Gewalt des Volkes bekanntlich nicht weit her war. Es geht auch in diesem Zusammenhang um die Form überhaupt, um den Staat in seiner Idee. Doch auch hier dient die Rechtslehre zugleich als normative Richtschnur, als regulative Idee, die zu einer autonomen Selbstbegründung des Staates und damit zum liberalen Rechts- und Verfassungsstaat drängt. Das bedeutet zugleich, dass auch das allgemeine Gesetz der Rechtslehre Kants von den Individuen angenommen werden muss, nicht aber kann die Verbindlichkeit des allgemeinen Gesetzes durch die mit der Legalität verknüpften staatlichen Institutionen wie Regierung und Verwaltung allein gesichert werden. Das übersehen all die Autoren, die die Vorstellung des Rechts als Ordnung äußeren Zwangs von seinem inneren Fundament ablösen. Das gilt selbst für Hans Kelsen und seine *Reine Rechtslehre* (1960). Für Kelsen ist es ein bestimmendes Merkmal des Rechts, eine „Zwangsordnung" zu sein,[166] die auf sozial schädliches Verhalten von Menschen mit einem Zwangsakt – mit der Entziehung von Leben, Gesundheit, Freiheit, wirtschaftlichen und anderen Gütern – reagiere. Diese Vorstellung ist nicht in jeder Hinsicht falsch, und dennoch geht sie an der eigentlichen Leistung Kants vorbei, nämlich das allgemeine Gesetz aus der Notwendigkeit einer Prüfung hervorgehen zu lassen, durch die die Individuen als Rechtssubjekte dem Gesetz fortwährend Achtung und Geltung verschaffen *müssen*.

227 Kants Entwurf eines allgemeinen Gesetzes ist voller spannungsreicher Bögen. Auf der einen Seite bildet das machende, handelnde, autorisierende Subjekt den Ausgangspunkt der Lehre vom allgemeinen Gesetz. So wie das Subjekt erstmalig bei René Descartes zu einem Ort der inneren Gewissheit wird, indem Descartes in das Subjekt eine rationale Methode für das Erkennen der Welt einschreibt, kann auch das transzendentale Subjekt bei Kant als eine Form verstanden werden, die eine allgemeingültige Gewissheit über eine bestimmte Art der Ordnung der Wirklichkeit hervorbringt.[167] Mit dem Subjektbegriff ist also nicht einfach das Denk-, Handlungs- und Urteilsvermögen konkreter historischer Individuen wie etwa dasjenige Friedrichs des Großen gemeint. Das Subjekt Kants ist abstrakt und rein gefasst, ohne Beimengung von Erfahrung, und von vornherein mit einer Reihe von Objektivitätsunterstellungen verknüpft, die im vorkritischen Denken als ontologisch oder metaphysisch – insbesondere als Präsenz eines ordnungsstiftenden Gottes – vorausgesetzt wurden. Auf der anderen Seite ist der auf Gehorsam eingestimmte Empfänger des moralischen Imperativs dem Gesetz immer schon passiv unterworfen. Beide Seiten, die des Subjekts, das das Gesetz konstituiert, und die des Subjekts, das ihm gehorcht, sind jedoch kaum zusammenzubringen. Robert Pippin, ein amerikanischer Philosoph, spricht an dieser Stelle von einer tief liegenden Paradoxie bei

---

[165] *Kant* (Rechtslehre), A 165, 166.

[166] *Kelsen* (Reine Rechtslehre), 34, 64.

[167] Mit *S. Rosen,* The Elusiveness of the Ordinary, New Haven 2002, 55, könnte man auch sagen: „For Kant, however, the transcendental ego is ... a set of logical conditions for the possibility of the cognition of a world like ours by beings like us."

Kant: Die Idee eines Subjekts, das vor einem bindenden Gesetz da sei, dieses autorisiere, um sich ihm im selben Moment unterzuordnen, sei extrem schwer vorstellbar.[168] Auch hier treffen wir erneut auf die in dieser Staatstheorie schon mehrfach vorgetragene Beobachtung, dass es keine konstituierte Ordnung geben kann, kein verbindliches Gesetz und keine verbindliche Regel, wenn es nicht schon eine instituierte Ordnung welcher Art auch immer gibt.

Es bleibt dann nur die Möglichkeit, Kant einer anderen Lektüre zu unterziehen und ihn gegen den Strich 228
zu lesen. Diese andere Lektüre müsste betonen, dass das kantische transzendentale Subjekt in sich selbst auf etwas trifft, das nicht sein Eigenes ist, dem es sich aber nicht entziehen kann. Kant selbst spricht im Hinblick auf die Unmöglichkeit, ein unbedingtes praktisches Gesetz wie den kategorischen Imperativ in seiner absoluten Notwendigkeit begreiflich machen zu können, von einem Begreifen der „Unbegreiflichkeit" des moralischen Imperativs.[169] Dieses Begreifen der Unbegreiflichkeit des moralischen Gesetzes könnte man im Anschluss an die Ethik des Anderen, wie sie der französische Philosoph Emmanuel Levinas (1906–1995) entwickelt hat, als Abhängigkeit des kantischen Subjekts vom Angesicht des Anderen beschreiben.[170] Bernhard Waldenfels nennt diese Andersheit Fremdheit und gibt ihr eine von Levinas durchaus abweichende Gestalt, wenn er die Urtatsache des menschlichen Zusammenlebens darin lokalisiert, „daß einer sich antwortend auf den anderen *als seinen Anderen* bezieht."[171] Der andere sei nicht der andere, der aus einem Vergleich mit mir selbst hervorgehe, sondern mein Doppelgänger, mein *Double,* von dem ein empathischer Anspruch ausgehe, der eine Bewegung des „Vom-Anderen-her-auf-mich-Zurückkommen" impliziere.[172] Diese Vorstellung knüpft durchaus an den *impartial spectator* bei Adam Smith an, fügt ihm jedoch ein Moment der Fremdheit hinzu, die nicht im *common sense,* „in der Zugehörigkeit zu einem Wir aufgeht."[173] Von hier aus wäre die transzendentale Selbstgebung des Gesetzes für die Einsicht zu öffnen, dass das allgemeine Gesetz nicht wiederum selbst auf einer moralischen Regel gründen kann, dass es also die Möglichkeit des allgemeinen Gesetzes nur geben kann, wenn zugleich eine empirische Wirklichkeit von Lebensformen und ein Bestand an instituierten Regeln wie etwa ein intaktes Lügenverbot vorausgesetzt werden können. Man muss also mit anderen Worten die Grenze zwischen dem Transzendentalen und dem Empirischen für Übergänge öffnen,[174] was nicht heißt, die Grenze aufzugeben oder einzuebnen.

---

[168] *R. B. Pippin,* Hegel's Practical Philosophy, New York 2008, 114 („The idea of a subject, prior to there being a binding law, authoring one and then subjecting itself to it is extremely hard to imagine.").

[169] *I. Kant,* Grundlegung zur Metaphysik der Sitten (zuerst 1785), in: Werke in sechs Bänden, Bd. 4, 1983, BA 128.

[170] Vgl. *Waldenfels* (Schattenrisse der Moral), 156 ff.

[171] *Waldenfels,* ebd., 74; vgl. auch *T. Vesting,* Die Medien des Rechts, Band 1: Sprache, 2011, 120 (in rechtstheoretischer Perspektive).

[172] Vgl. *Waldenfels* (Schattenrisse der Moral), 73.

[173] Vgl. *Waldenfels,* ebd., 133 Fn. 20.

[174] Vgl. dazu weitere Vorschläge bei *Ladeur* (Die Textualität des Rechts), 24 ff.

# § 5 Erweiterung von Staatsaufgaben: Der Wohlfahrtsstaat

## I. Die Kultur der Massenkultur

### 1. Eine Welt aus Bezügen

229 Das späte 19. Jahrhundert ist das Zeitalter des Aufstiegs einer neuartigen Massenkultur mit bislang unbekannten Medien wie täglich erscheinenden Zeitungen, Fotografie, Stummfilm, Radio oder Taschenbüchern.[1] In dieser Situation gerät die bürgerliche Lebensform in eine tiefe Krise. In nahezu sämtlichen Bereichen der Hochkultur – in der Literatur, in der Malerei, im Theater oder in der Architektur – werden die Ideale des Bürgertums in Frage gestellt. Stand Bildung ursprünglich – etwa in Goethes *Wilhelm Meisters Lehrjahre* (1795/96) – für die Autonomie und Einheit einer Person, die „die Universalität der Vernunft in einer Lebensform zum Ausdruck" brachte,[2] sieht sich der Bourgeois seit dem späten 19. Jahrhundert immer mehr mit einer Welt konfrontiert, die zur Quelle der Entfremdung wird. Der italienische Literaturwissenschaftler Franco Moretti ist sogar der Auffassung, dass das Bürgertum am Ende des 19. Jahrhunderts nicht mehr wisse, was es von seinen Werken halten solle, ihm erscheine – etwa in Gustave Flauberts *Bouvard et Pécuchet* (1880) – der Alptraum vollkommener Werke, denen jeder Sinn und Zweck abgehe.[3] Die Dramen von Hendrik Ibsens zögen hier gleichsam Bilanz: An die Stelle des ehrbaren Bürgers und der ursprünglich beispiellosen ästhetischen Objektivität und Konsistenz des Bildungsromans trete eine grundlegende Ambiguität,[4] träten die vielen Dissonanzen des spätbürgerlichen Lebens, wie zum Beispiel die für dieses Leben typische Pflichtenkollision: Das Recht sagt das eine, die Moral etwas anderes.[5]

230 Was für die bürgerliche Kultur die Form der Universalität war, ist für die Massenkultur die Form des Pluralismus, das Nebeneinander einer Mehrheit von selbständigen Weltprinzipien, eine gesteigerte Vielfalt von Weltanschauungen und Werten. Machte die Kultur des bürgerlichen Individualismus das freie, rationale, sich selbst reflektierende und selbst bestimmende Subjekt zum Zentrum eines allgemeingültigen Wirklichkeitsentwurfs, erscheint Ordnung innerhalb der Massenkultur fließender, uneinheitlicher und stärker durch konfligierende, ja sich einander ausschließende Interessen und Werte bestimmt.[6] Friedrich Nietzsche ist vielleicht der erste Philosoph, der die Krise des bürgerlichen Weltbildes zum Motor seines Denkens machte: Nietzsche rückt die Künstlichkeit der Sprache, ihre Artifizialität, und den menschlichen Trieb zur Metaphernbildung als Grundlage aller Weltvermittlung in den Vordergrund. Die amerikanischen Literaturwissenschaftler John Bender und David Wellbery sprechen in diesem Zusammenhang von einer Wiederentdeckung und gleichzeitigen Radikalisierung der Rhetorik bei Nietzsche: Die rhetorischen Figuren seien „nicht mehr Mittel einer *elocutio,* die die erfundenen Gedanken des Sprechers darstellt und ausschmückt, son-

---

1 Ausführlicher *Vesting* (Die Medien des Rechts IV), 12ff.
2 *Ladeur* (Die Textualität des Rechts), 175; vgl. auch *A. Koschorke,* Hegel und Wir, 2015, 89.
3 *Moretti* (The Bourgeois), 100.
4 *Moretti,* ebd., 94ff., 96.
5 *Moretti,* ebd. 169ff., 178.
6 Von einem „Nebeneinander des Sich-Ausschließenden" spricht nach dem Ersten Weltkrieg etwa der französische Schriftsteller Paul Valéry.

dern bewegliche, gleitende Kategorien, die immer am Werk sind – bei jeder Begegnung mit der Welt."[7] Wahrheit werde so zum Produkt eines gewissen Pathos, einer affektiv besetzten Figur, die die Erkenntnis- und Absolutheitsansprüche der Wissenschaft zu einer Rhetorik unter anderen verwandle.[8] Aus der Einheit der Vernunft, die noch die Denkbewegungen Kants (und seine drei Kritiken) zusammenhielt, werden die unbegrenzt sich verästelnden Diskurse der modernen Welt,[9] ihre unterschiedlichen Lebensordnungen und Sinnregionen, Wissenschaft und Technik, Künste, Wirtschaft und Politik, Bildungssystem und Glaubensinstitutionen. Max Weber spricht von einem Polytheismus miteinander im Kampf befindlicher Wertordnungen,[10] und Niklas Luhmanns wird diesen Prozess später in einer soziologischen Perspektive als „funktionale Differenzierung" beschreiben und darin die Eigentümlichkeit der modernen Gesellschaft ausmachen.[11]

Die Krise der Kultur des bürgerlichen Individualismus spitzt sich auf besondere Weise 231
in den europäischen Großstädten zu. Im kaiserlichen Wien und seiner *fin-de-siècle* Kultur erscheint sie als plötzliche Auflösung aller festen Gegebenheiten. Diesen Verlust nimmt das Wiener Großbürgertum primär als ästhetisches Phänomen wahr. Die Vorherrschaft der ästhetischen Weltsicht der Wiener Schriftsteller, Maler, Psychologen und Kunsthistoriker führt der amerikanische Kulturhistoriker Carl Schorske auf die ältere aristokratische Kultur des Habsburgerreiches zurück, die er „culture of grace" nennt. „Grace" ist doppeldeutig und kann sowohl „Anmut" wie auch „Gnade" heißen.[12] Schorske hat dabei vor allem die katholische Gegenreformation im Auge und die Folgen, die diese noch im 19. Jahrhundert für die Wiener Aristokratie hatte, nämlich in der Natur zuallererst einen Schauplatz der Freude zu sehen, eine Manifestation von göttlicher Gnade, die in der Kunst – im barocken Prunk – glorifiziert wurde. Dieses ästhetisch-sinnliche Empfindungsvermögen eignet sich das Wiener Bildungsbürgertum in einer verweltlichten, verzerrten und hoch individualisierten Form an, um die Anmuts- und Gnadenkultur nach innen, in eine säkulare Kultivierung des Selbst, ja in eine Steigerung persönlicher Einmaligkeit umzuleiten. Das Ergebnis dieser Operation ist ambivalent: Einerseits werden so die eigenen Seelenzustände und Gefühle dominant, es entstehen eine amoralische Gefühlskultur und ein Narzissmus, für den Schorske den Begriff des „psychologischen Menschen" reserviert.[13] Andererseits erzeugt der ästhetische Subjektivismus der spätbürgerlichen Wiener Kultur eine große Sensibilität für die grundlegenden Veränderungen der sozialen und politischen Zustände. Dazu gehört die Wahrnehmung der Bedeutung des Aufkommens von unterschiedlichsten (christlichen, antisemitischen, sozialistischen oder nationalistischen) politischen Massenbewegungen, die den monarchischen Staat erschüttern. Das nährt am Ende die Überzeugung, dass die disparaten Elemente der zerstückelten alten Welt in einer neuen Welt aus Bezügen wieder verknüpft werden müssen.

[7] *J. B. Bender/D. E. Wellbery,* Die Entschränkung der Rhetorik, in: A. Assmann (Hrsg.), Texte und Lektüren, 1996, 88.
[8] *Bender/Wellbery,* ebd.
[9] *Bender/Wellbery,* ebd., 87.
[10] *Weber* (Wissenschaft als Beruf), 582ff., 603.
[11] *Luhmann* (Die Gesellschaft der Gesellschaft), 743.
[12] *Schorske* (Fin de Siècle Vienna), 10; vgl. auch *A. Assmann* (Einführung in die Kulturwissenschaft), 117.
[13] *Schorske* (Fin de Siècle Vienna), 7, 10.

232 Die Formel einer „Welt aus Bezügen" stammt von Hugo von Hofmannsthal (1874–1929).[14] Für Hofmannsthal, einen bedeutenden Wiener Schriftsteller und Dramaturg der Jahrhundertwende, ist die alte aristokratisch-bürgerliche Welt, in die er als Sohn eines wohlhabenden Wiener Patriziers hineingeboren wurde, wie für viele seiner Zeitgenossen aus den Fugen geraten. „Wir müssen von der Welt Abschied nehmen, bevor sie zusammenbricht."[15] Hofmannsthal bleibt aber nicht bei ästhetisierenden Untergangsszenarien stehen, sondern erkennt in der in Wien so verbreiteten Flucht in die Ästhetik eher einen Teil des Problems als einen Teil seiner Lösung. Zwar setzt Hofmannsthal zunächst (bis zu seiner Heirat und einer damit einhergehenden stärkeren Öffnung für das, was er „das Soziale" nennt[16]) ganz auf die Karte der Kunst als Quelle aller Wahrheit. Aber Hofmannsthal weiß um die Gefahr, die dem spätbürgerlichen Subjekt aus der Selbsteinschließung im Tempel einer sich von der sozialen Wirklichkeit abkapselnden Kunst droht. Die Kunst steht bei Hofmannsthal nicht nur für Schönheit und Anmut, nicht nur für das Medium, das dem Menschen die Flucht aus dem Alltagsleben erlaubt. Mit der Kunst ist zugleich eine Sphäre des Instinktes, des Natürlichen und Irrationalen verbunden, die Hofmannsthal als gefährlich erachtet, die dem Einzelnen aber zugleich – in einer Art dialektischem Umschlag – die Möglichkeit eines Zugangs zur Welt des Sozialen und zum Staat eröffnet – und ihn der Paralyse der narzisstischen Selbstbespiegelung entreißt. Die spätbürgerliche Kultur erscheint auf der einen Seite als hoffnungslos pluralistisch, ohne Zusammenhang und Richtung, ihr Wesen „ist Vieldeutigkeit und Unbestimmtheit".[17] Auf der anderen Seite kann sie sich jedoch „auf Gleitendem ausruhen und ist sich bewußt, daß es das Gleitende ist, wo andere Generationen an das Feste glaubten."[18]

233 Mit dem Rekurs auf das Gleitende, das schon bei Nietzsche eine große Rolle spielt, schafft Hofmannsthal ein Bild, das zur Orientierung des Menschen in der neuen pluralistischen Massenkultur geeignet erscheint. Darauf kommt es für die Staatstheorie an. Die Krise der Kultur des bürgerlichen Individualismus in Philosophie und Literatur ist eine Form der Selbstreflexion des Bildungsbürgertums und seiner Sprecher, nicht aber eins zu eins ein Ausdruck *der* Realität des kulturellen und gesellschaftlichen Geschehens. Es muss der Staatstheorie also darum gehen, diese Selbstreflexion als Veränderung des bürgerlichen Bewusstseins im späten 19. und frühen 20. Jahrhundert zu deuten, als Suche nach neuen Sinnbildern und tragfähigen Orientierungen, an die auch eine Rekonstruktion des Wohlfahrtsstaates und seiner Ordnungsprinzipien anknüpfen kann. Hofmannsthals Überlegungen lassen sich unter dieser Voraussetzung als eine Fortführung und Weiterentwicklung von Ideen der horizontalen Soziabilität deuten, wie sie die Schottische Aufklärung bereits im 18. Jahrhundert konzeptualisiert hat. So wie es der Schottischen Aufklärung um die wechselseitige Selbst- und Fremdbeobachtung der Bürger jenseits der Zentralität eines übergeordneten Staatssubjektes ging, erscheint das richtige Leben bei Hofmannsthal ganz ähnlich als das einer sich beständig erneuernden menschlichen Sensibilität und Subjektivität, die immer neue Formen von Bezügen und Relationen hervorbringt. Diese Überzeugung lässt in Hof-

[14] Nachweise bei *Schorske,* ebd., 19.
[15] Zitiert nach *Schorske,* ebd., 8.
[16] Vgl. *S. Breuer,* Ästhetischer Fundamentalismus, 1995, 128ff., 141.
[17] Zitiert nach *Schorske* (Fin de Siècle Vienna), 19.
[18] Zitiert nach *Schorske,* ebd., 19. Beide Zitate stammen aus Hugo v. Hofmannstahl, Der Dichter und seine Zeit (1906).

mannsthal auch die Einsicht wachsen, dass die konfligierenden Energien der Individuen und Gruppen im Habsburgerreich ein Ventil brauchen. Diese erkennt Hofmannsthal in der Teilnahme eines jeden am politischen Prozess, wobei er damit etwas ganz Spezifisches meint, nämlich die Partizipation des psychologischen Menschen an der „Zeremonie des Ganzen".[19] Nur in einer zeremoniell-rituellen Form, von der sich niemand ausgeschlossen fühlt und die über die bloße gleichberechtigte Teilnahme aller an politischen Wahlen hinausgeht, können die widerstreitenden Energien konfligierender Kräfte und Weltanschauungen miteinander harmonisiert und eine neue dynamische Staatsform errichtet werden.

Mit seiner Betonung der Zeremonie und des Rituellen wechselt Hofmannsthal nicht auf die Seite der liberalen Demokratie, sondern verbleibt in der Tradition der Habsburgermonarchie. Hofmannsthal referiert aber nicht länger auf ein abstraktes Staatssubjekt und ein nach dem Vorbild bürgerlicher Vernunft gezeichnetes allgemeines Gesetz, dem sich die Individuen unterordnen müssen. Insofern weisen seine Metaphern von einer Welt aus Bezügen und vom Gleitenden durchaus einen Weg zum Wohlfahrtsstaat und seinen neuartigen pluralistischen Verkehrsformen. Schorske kommentiert das so: „Was bedeutet die Bestimmung dynamischer Form für die Politik? Es beginnt bei der Annahme, daß die widerstreitenden Kräfte der Individuen und Gruppen einen Ausweg finden müssen. Diesen Ausweg kann nicht das abstrakte rationale Recht bahnen, das lediglich quantitativ mißt. Der Mensch mit seiner ganzen Seele muß am politischen Prozeß teilhaben. Teilhabe bedeutet hier mehr und weniger zugleich die demokratische Stimmabgabe selbstständiger und gleicher Individuen. Es bedeutet ein Teilnehmen an dem, was Hofmannstahl ‚die Zeremonie des Ganzen' nannte. Nur in einer rituellen Form der Politik, von welcher keiner sich ausgeschlossen fühlt, können die ungeformten Kräfte der widerstreitenden Individuen in Einklang gebracht werden."[20] 234

## 2. Industrialisierung

In der zweiten Hälfte des 19. Jahrhunderts wird die bürgerliche Lebensform immer stärker mit den Auswirkungen der Industrialisierung konfrontiert. Sicherten Dampfmaschinen, Baumwollspinnereien und Bergbau Großbritannien im 18. Jahrhundert einen gewaltigen technologischen und wirtschaftlichen Vorsprung vor allen anderen Nationalstaaten,[21] erfasst die Industrialisierung jetzt auch Länder wie Frankreich, die Vereinigten Staaten, Japan oder Deutschland.[22] Die Entwicklung verläuft rasant. 1850 hat Großbritannien bereits eine dreimal so große Bevölkerung wie 1700, und davon lebt jetzt fast die Hälfte in Städten, während es um 1700 lediglich 17% waren.[23] Auch Frankreich, die Vereinigten Staaten von Amerika, Japan oder Deutschland wachsen mit großer Geschwindigkeit. Amerika zählt um 1860 bereits 30 Millionen Einwohner, und das gesamte Land, dessen Bevölkerung noch im 18. Jahrhundert mehr oder minder von Landwirtschaft, Jagd und Fischerei lebte, ist nun von einem dichten Netz von Banken, Versicherungen, Kanälen, Brücken, Straßen und Eisen- 235

19 *Schorske*, ebd., 21.

20 *Schorske*, ebd., („What does the notion of dynamic form imply for politics? It starts from the assumption that the conflicting energies of individuals and groups must have an outlet. The outlet is not given in abstract rational justice, which merely quantifies; the whole psychological man must participate in the political process. Participation here signifies both more and less the democratic vote of autonomous and equal individuals. It means partaking of what Hofmannsthal called ‚the ceremony of the whole'. Only in a ritual form of politics from which none feels excluded can the inchoate energies of conflicting individuals be harmonized.").

21 Vgl. nur *Mokyr* (The Enlightened Economy), 99ff.; *Greenfeld* (The Spirit of Capitalism), 29ff., 59ff.

22 Vgl. nur *Wehler* (Deutsche Gesellschaftsgeschichte III), 66ff.

23 *Mokyr* (The Enlightened Economy), 3.

bahnlinien überzogen.[24] Zwar trifft die Industrialisierung in den einzelnen Nationalstaaten der westlichen Welt auf historisch unterschiedliche Traditionen und bringt daher verschiedene Varianten und Typen hervor. Noch heute trifft man auf starke kulturelle Differenzen in den nationalstaatlichen Wirtschaftsordnungen, was sich etwa darin zeigt, dass man verschiedene Typen von Wirtschaftsverfassungen wie die skandinavische, rheinische und anglo-amerikanische klar unterscheiden kann.[25] Ein besonders beeindruckendes Beispiel für diese Unterschiede repräsentiert Dänemark,[26] aber all diesen Varianten und Typen von Wirtschaftsordnungen und Wirtschaftsverfassungen ist gemein, dass sie durch eine neuartige Relevanz von *Gruppen* und *Organisationen* bestimmt werden. Nicht mehr der Bourgeois und kreative Entrepreneur, sondern Fabriken, Korporationen und Massenbewegungen, neuartige Formen der Massenproduktion und große Konzerne sind für die Industriegesellschaft charakteristisch.[27]

**236** Wenn man vom Prozess der Industrialisierung spricht, muss man genau genommen zwei miteinander zusammenhängende Veränderungen unterscheiden. Diese werden in der Wirtschaftsgeschichte auch als erste und zweite industrielle Revolution bezeichnet.[28] Zunächst trägt die von Frankreich und anderen kontinentaleuropäischen Monarchien abweichende Entwicklung Englands ganz entschieden dazu bei, das erste Mal eine Industriegesellschaft in einem Nationalstaat zu verankern. Damit kann sich in Großbritannien früh eine Wirtschaftsordnung etablieren, die auf nachhaltigem Wachstum beruht und in deren Zentrum unablässig technologische Innovationen stehen, beispielsweise die Erfindung und Verbesserung mechanischer Apparate wie Uhren, Barometer, Thermometer und Luftpumpen oder die Perfektionierung von Spinn- und Dampfmaschinen, die mit Namen wie Richard Arkwright und James Watt verbunden sind.[29] Dadurch ist ein historisch einmaliger und bis zur Stunde anhaltender Prozess der Wohlstandssteigerung in den westlichen Ländern in Gang gesetzt worden, für den sich nirgendwo sonst in der Weltgeschichte eine Entsprechung nachweisen lässt, weder im Osmanischen Reich noch in Indien oder China, obwohl gerade China eine Fülle von technischen Erfindungen wie Papier, Druckkunst, Schwarzpulver oder den magnetischen Kompass hervorgebracht hat.[30] Warum die Wachstumskultur zuerst in Großbritannien Fuß fassen konnte und warum der *take-off* in eine moderne wachstums- und innovationsorientierte Wirtschaft zuerst hier stattfand, ist Gegenstand einer bis heute anhaltenden Kontroverse in verschiedenen wissenschaftlichen Disziplinen, in der Soziologie, Politikwissenschaft, Wirtschaftsgeschichte und so weiter. Die Pole dieser Kontroverse bilden bis heute einerseits Karl Marx' Kritik der politischen Ökonomie und andererseits Max Webers Untersuchungen zur Rolle der protestantischen Ethik und daran anknüpfende Überlegungen.[31]

---

[24] *Blickle* (Das Alte Europa), 271 f.

[25] Vgl. nur *G. Teubner,* Transnationale Wirtschaftsverfassungen, ZaöRV 74 (2014), 733ff., 750, 752.

[26] Dazu *G. L. H. Svendsen/G. T. Svendsen,* Trust, Social Capital and the Scandinavian Welfare State, Cheltenham (UK) 2016.

[27] Zum Konzern vgl. materialreich *D. Damler,* Konzern und Moderne, 2016.

[28] Vgl. *Mokyr* (The Enlightened Economy), 124, 144.

[29] Vgl. *Mokyr,* ebd., 99ff., 108.

[30] Vgl. *Mokyr* (A Culture of Growth), 287ff.

[31] Vgl. *Breuer* (Max Webers tragische Soziologie), 33ff.; *Greenfeld* (The Spirit of Capitalism), 10ff.

Die Ursachen für den frühen Durchbruch der Industrialisierung in England sind in der englischen Kultur und nicht im engeren wirtschaftlichen und technologischen Feld der Märkte, Maschinen und Fabriken zu suchen. Die frühe Durchsetzung des Nationalstaates und ein egalitärer Protestantismus schufen bereits im 16. Jahrhundert ein positives Umfeld für den Aufstieg Englands zur weltweit führenden Handelsnation.[32] Die im europäischen Vergleich frühe Institutionalisierung der experimentellen Wissenschaften und die Hochschätzung nützlichen Wissens sind ebenfalls eine Besonderheit der Entwicklung Englands.[33] Damit ging eine ebenfalls ganz unwahrscheinliche Verknüpfung von wissenschaftlichem und handwerklichem Wissen einher, die es nicht zuletzt ermöglichte, die Hungersnot in Großbritannien schon im späten 17. Jahrhundert – mit Ausnahme Irlands – zu beseitigen.[34] „Wir in England wissen nicht, was Hungernot bedeutet", notiert Daniel Defoe am 20. Oktober 1709.[35] Diese Feststellung ist auch insofern bemerkenswert, als Hunger noch der Auslöser für die Aufstände der Bauern auf dem Lande während der Französischen Revolution von 1789 war. Demgegenüber schufen die Fortschritte in der Landwirtschaft in Großbritannien eine weitere Bedingung für einen bis dahin unbekannten Schub nachhaltigen Wirtschaftswachstums: Freie Märkte und dafür erforderliche Institutionen dehnten sich soweit aus, dass technologische Innovationen und neuartige Formen der Arbeitsorganisation auf einen kulturellen Rahmen trafen, der auf diese Umwälzungen produktiv reagierte. Für diesen Rahmen waren wiederum nicht in erster Linie besondere Eigenschaften des britischen Staates und formale Institutionen wie der Schutz von Eigentumsrechten *(property rights)* im Common Law ausschlaggebend, sondern vielmehr die Besonderheiten der instituierten britischen Kultur im Ganzen: ihre neuartige Form der horizontalen Soziabilität, ihre nachbarschaftlich geknüpften Netzwerke von sozialen Beziehungen, die Beobachtung des Selbst im Spiegel der anderen und die darin verankerte Achtung sozialer Verhaltensregeln waren der fruchtbare Boden, auf dem die konstituierten Rechte und Gesetze aufruhten. 237

Die britische Kultur hatte ihre subjektive Seite im Gentleman, der bürgerliche Tugenden wie Selbstkontrolle und Höflichkeit (statt Abenteuerlust und Gewaltbereitschaft) pflegte und über elegante Umgangsformen und gute Manieren verfügte. „Diese ‚instituierte' Seite der Rechtssubjektivität hat die Fähigkeit zum Verhandeln zwischen Fremden und die Stiftung des notwendigen unpersönlichen Vertrauens ermöglicht. Die Rechtssubjektivität allein kann dazu rein gar nichts beitragen. Das Formalrecht – ob common law oder civil law – hat nur die Funktion, der exemplarischen Durchsetzung rechtlich formaler Muster z. B. der vertraglichen Koordination in Fällen, in denen die Selbstorganisation nicht funktioniert. Dadurch wirkt das Formalrecht wieder auf die Stabilisierung und Verstärkung der Selbstorganisation insbesondere der Vertragspraxis zurück – aber der ‚gentleman' ist wichtiger als das Rechtssubjekt."[36] Für die frühe Stabilisierung der Gentleman-Kultur in England und Großbritannien war es allerdings durchaus bedeutsam, dass diese einem monarchischen Staat vertrauen konnte, der nach der *Glorious Revolution* von 1688 und der *Bill of Rights* von 1689 in allen wichtigen Entscheidungen – auch in Fragen der Steuererhebung – auf das Parlament angewiesen war. Dadurch war der Staat an die Interessen der nationalen (bürgerlichen) Elite rückgebunden, und wegen dieser Rückkopplung an die Nation konnte der englische Staat beispielsweise sehr viel höhere Steuern durchsetzen als irgendein anderer Staat zu dieser Zeit.[37] 238

Seit dem späten 19. Jahrhundert wird die moderne Gesellschaft von einem zweiten Industrialisierungsschub erfasst. In dessen Zentrum steht die Massenproduktion in großen Unternehmen. Protoformen der Massenproduktion kannte bereits die britische Industrie des 18. Jahrhunderts. Die Standardisierung von Schrauben und Muttern für Maschinenteile in den Fabriken von Manchester oder die Einführung einer effektiven Qualitätskontrolle in den Keramikwerkstätten von Josiah Wedgwood in Straffordshire sind dafür nur zwei Beispiele.[38] Die Mechanisierung und ständige Verbesserung von 239

[32] Vgl. *Greenfeld* (Nationalism and the Mind), 43 ff.
[33] *Mokyr* (A Culture of Growth), 142 ff.; *ders.* (The Enlightened Economy), 35, 88 ff., 104 ff. *(useful knowledge).*
[34] Vgl. *Mokyr* (The Enlightened Economy), 194 ff.; *J. O. Appleby,* The Relentless Revolution, New York 2010, 75 ff.
[35] *Mokyr* (The Enlightened Economy), 16, 17.
[36] *Ladeur* (Die Textualität des Rechts), 303 f.
[37] Vgl. *Mokyr* (The Enlightened Economy), 411, 412.
[38] Zu diesen Beispielen *Mokyr,* ebd., 138, 343.

Produktionsabläufen erstreckte sich bald auch auf die Herstellung von Haushaltswaren wie Porzellan, Glas, Essbesteck, Möbel oder andere alltägliche Gebrauchsgegenstände wie beispielsweise Handschuhe, Knöpfe oder Türgriffe.[39] Und je mehr der Output der industriellen Produktion wuchs, desto stärker wuchsen nationsweite Standardisierungen etwa des Geldverkehrs, der Maße und Gewichte oder der Verkehrssysteme. Zum Sinnbild der Letzteren wird im 19. Jahrhundert die Eisenbahn, die noch im Deutschen Reich – nach 1871 – die dominante Triebkraft im Industrialisierungsprozess bleibt.[40] Die Herausbildung von Großunternehmen und Konzernen, die in den Vereinigten Staaten mit Namen wie Cornelius Vanderbilt, Andrew Carnegie und John D. Rockefeller verbunden sind und in Deutschland mit Carl Benz, Werner Siemens und Robert Bosch, knüpft an diese Vorentwicklungen an: Der Fordismus – die zunächst in Nordamerika eingeführte Montage von Automobilen an einem Fließband – ist wiederum nur ein Beispiel für weitere Rationalisierungen und Wohlstandssteigerungen.[41] Arbeiter und Angestellte werden jetzt als potentielle Kunden der Produkte entdeckt, die sie massenhaft herstellen, wodurch Massenproduktion und Massenkonsum sich gegenseitig verstärken und industrielle Dinge und Artefakte einen immer größeren Platz im Alltagsleben der Individuen einnehmen, ähnlich wie heute Smartphones oder IPods.

240 In der Literatur herrscht seit längerer Zeit Einigkeit, dass der Auftritt von Gruppen und Organisationen im Zentrum des Einschnitts steht, die mit dem Aufstieg der Massenkultur einhergeht. Der Soziologe Peter Wagner hat dafür den Begriff „organized modernity" geprägt.[42] Bei einem anderen deutschen Soziologen, bei Ulrich Beck, findet man dafür den Ausdruck „industrielle Moderne".[43] Auch der Soziologe Andreas Reckwitz ist der Überzeugung, dass die „organisierte, industrielle Moderne … einen Bruch innerhalb der Moderne" markiere.[44] In der französischen Soziologie spricht François Dubet von „institutioneller Moderne",[45] welche Institution hier im engeren Sinn von Organisation gebraucht.

### 3. Der Organisationsmensch

241 Die Diskussion der 1920er Jahre verleiht dem Bild der pluralistischen *Massen*kultur weitere Konturen, wenn sie deren *Gruppen*bezüge in den Vordergrund rückt. Was Hofmannsthal schon um 1900 als eine Harmonisierung vielfältiger Weltbezüge unter der Bedingung des Gleitens beschreibt, wird jetzt unter dem Begriff der „Gruppierung" diskutiert. Für die Zwecke der Staatstheorie und Staatslehre erscheint in diesem Zusammenhang besonders die Verwendungsweise produktiv, die der deutsche Philosoph und Literaturwissenschaftler Walter Benjamin dem Begriff der Gruppierung in einem kleinen Text aus den 1930er Jahren gibt. In *Theater und Rundfunk* setzt Benjamin den Begriff der Gruppierung auf ein neuartiges kulturelles Phänomen, auf das des Radiopublikums, an.[46] Benjamin, der einen Teil seines Lebensunterhalts eine Zeitlang mit Hörgeschichten für Kinder verdiente, folgt damit der Strategie des jungen Weimarer Kulturradios, „Hörergruppen, die nach sozialer Schichtung, nach Interessen-

[39] Vgl. *Mokyr,* ebd., 143.
[40] Vgl. *Wehler* (Deutsche Gesellschaftsgeschichte III), 66ff.
[41] Dazu mehr bei *Appleby* (The Relentless Revolution), 200ff.; *Wehler* (Deutsche Gesellschaftsgeschichte III), 613ff.
[42] *P. Wagner,* A Sociology of Modernity, London/New York 1994, 118ff., 123ff.
[43] *U. Beck,* Die Erfindung des Politischen, 1993, 69.
[44] *A. Reckwitz,* Die Gesellschaft der Singularitäten, 2017, 100.
[45] Vgl. nur die Hinweise bei *J.-C. Kaufmann,* Die Erfindung des Ich, 2005, 28, 67ff.
[46] Vgl. *W. Benjamin,* Theater und Rundfunk, in: *ders.,* Medienästhetische Schriften, 2002, 396ff.

kreis und Umwelt einander nahe stehen, zu engeren Verbänden zusammenzufassen."[47] Die Ausrichtung des Radios an Hörergruppen, ihren jeweiligen kulturellen Milieus und sozialen Lebensformen, ist für Benjamin Ausdruck der Überlegenheit des Radios gegenüber herkömmlichen Kulturformen, insbesondere gegenüber derjenigen des großstädtischen bürgerlichen Theaters. Das Radio erreicht nicht nur ein viel größeres Publikum als das großstädtische bürgerliche Theater, es stellt auch die exponiertere Technik dar: Das Radioprogramm muss auf die heterogenen Interessen und Anforderungen eines zerstreuten und anonymen Gesamtpublikums zugeschnitten werden, nicht aber kann es länger den mehr oder weniger vertrauten, einheitlichen Kanon des städtischen Bildungsbürgertums bedienen.

Der Begriff der Gruppierung ist im frühen 20. Jahrhundert weit verbreitet. Man findet ihn etwa in der Sprachphilosophie Ludwig Wittgensteins (1889–1951) und ihrer Vorstellung, dass das Erkennen auf Verbindungen zwischen Gegenständen im Sinne charakteristischer Gruppierungen beruhe. „Das Bild sagt mir also sich selbst. Und daß es mir etwas sagt, wird darin bestehen, daß ich in ihm Gegenstände in irgendeiner charakteristischen Gruppierung wiedererkenne."[48] In der Staatstheorie und Staatslehre nimmt der Begriff der Gruppierung besonders in Carl Schmitts *Begriff des Politischen* (1927/1932) eine prominente Rolle ein. Schmitt verbindet mit dem Begriff der Gruppierung jedoch nicht die Zusammenfassung der Individuen zu Gruppen oder Verbänden, sondern die „Freund-Feindgruppierung", die Gruppenbildung im Sinne einer politischen Assoziation oder Dissoziation, die der kämpfenden Völker und Gesamtheiten.[49] Schmitts Begriff der Gruppierung bedient sich mit anderen Worten einer außerordentlich kämpferischen Sprache: Das Politische wird über die jederzeitige Möglichkeit des Krieges zwischen Nationalstaaten bestimmt, die diese – über alle vorfindlichen sozialen Gruppierungen hinweg – zu Kampfgemeinschaften zusammenschweißt. 242

Nach der Logik der Gruppierung, nach der Logik von Gruppen, die nach sozialer Schichtung, nach Interessenkreis und Umwelt einander nahestehen, wird die Kultur des bürgerlichen Individualismus seit dem späten 19. Jahrhundert umgestaltet. Neben den Bürger tritt der Organisationsmensch, der *organization man.*[50] Bezog sich der Bourgeois auf stabile Allgemeinheiten, universale Freiheitsrechte, den Staat, das allgemeine Gesetz, die rechtsstaatliche Verwaltung und die allgemeingültigen Normen einer horizontalen, von anderen Bürgern abhängigen Soziabilität, muss sich der Organisationsmensch viel stärker für die unterschiedlichen Ordnungen und Sinnregionen der modernen Kultur und Gesellschaft öffnen, in denen Gruppen und Organisationen die zentrale Rolle spielen. Anders gesagt: Die Welt, in der und von der der Organisationsmensch lebt, spaltet sich in eine Welt aus Bezügen, die alle gleichzeitig an Bedeutung gewinnen. Umgekehrt können die allgemeine Verbindlichkeit der gesellschaftlichen Ordnungen jetzt nur noch über dynamische Formen hergestellt werden, die diese Logik akzeptieren: Allgemeingültigkeit und Verbindlichkeit werden jetzt gleitend, prozesshaft geschaffen, die Elemente einer überpersönlichen (objektiven) Ordnung erst durch Synthese gestiftet. Ordnung bildet sich unter den Bedingungen einer Massenkultur also notwendigerweise fließend und verkehrsförmig. Während etwa die Ordnung der Wirtschaft Einigkeit zwischen Arbeitgebern und Arbeitnehmer voraus- 243

[47] *Benjamin,* ebd., 398.

[48] *L. v. Wittgenstein,* Philosophische Grammatik, 1989, Nr. 115; dazu *S. Krämer,* Figuration, Anschauung, Erkenntnis, 2016, 300.

[49] *Schmitt* (Der Begriff des Politischen), 30.

[50] Vgl. *W. H. Whyte,* The Organization Man, New York 1957; vgl. auch *D. Riesman,* The Lonely Crowd, New Haven (Conn.) 1950, 130 ff. Im Anschluss an die Kultursoziologie der 1920er Jahre könnte man statt vom Organisationsmenschen auch vom Angestellten und einer Angestelltenkultur sprechen. Vgl. nur *A. Reckwitz,* Das hybride Subjekt, 2010, 275, 282 („Angestelltensubjekt").

setzt und das wissenschaftliche Labor ein produktives Arbeitsklima zwischen Wissenschaftlern und sonstigen Angestellten, muss die Politik lernen, unter der Bedingung starker weltanschaulicher Gegensätze und heterogener Lebensformen handlungsfähig zu bleiben, etwa im Rahmen gesamtpluralistischer Arrangements und in der ständigen Suche nach einer „gemeinsamen Mitte".[51] Das schlägt auch auf die Formen des staatlichen Rechts durch. Allgemeinheit und Verbindlichkeit können ebenfalls nur noch in dynamischen Formen und synthetisierend, in einem unablässigen Rechtsbildungsprozess, einer fließenden Geltungsfortbildung, hergestellt werden.

*Abb. 17 Großraumbüro in Chicago, aufgenommen in den 1930er Jahren (© Early Office Museum)*

244 Mit dem Organisationsmenschen bringt die Massenkultur einen neuartigen Individualitätstypus hervor, den der amerikanische Sozialpsychologe David Riesman in den 1950er Jahren als außengeleiteten Menschen, als *other-directed character,* beschreibt.[52] Außengeleitet bedeutet hier, dass der Organisationsmensch seine Subjektivität in der ständigen Auseinandersetzung und Anpassung an die Gruppen und Organisationen formt, in denen er sich bewegt. Im Unterschied zum bürgerlichen Individuum orientiert er sich weniger an einem inneren moralischen Gefühl, das ihm sagt, wie er sich verhalten soll, sondern lebt eher von der frühen Antizipation der Reaktionen seiner Außenwelt. Bezieht sich der Bürger als selbständiges Individuum unmittelbar auf die Allgemeinheit der sozialen und politischen Ordnung, ist der Organisationsmensch Mitglied in großen Unternehmen oder in der öffentlichen Verwaltung, lebt in Großstädten, in Massenmietshäusern, benutzt öffentliche Verkehrssysteme, Eisenbahn, Straßenbahn oder Ozeanriesen, und sucht nach der Arbeit Geselligkeit in Sportsta-

[51] Vgl. dazu *A. Voßkuhle,* Die Verfassung der Mitte, 2015 (für die Staatskultur der Bundesrepublik).
[52] *Riesman* (The Lonely Crowd), 19ff.

dien, bei Pferderennen, in Biergärten, gut besuchten Varietés oder Kneipen. In politischen Zusammenhängen findet der Organisationsmensch eine Entsprechung im Funktionär, im Parteimitglied und im berufsmäßigen Politiker, der in einem Netzwerk von Treue, Loyalität und Belohnung zu agieren lernt. Der Organisationsmensch ist also viel stärker als der Bourgeois an Gruppenkonventionen gebunden, und er ist umso persönlicher, je mehr er Anteil an einer gemeinsamen Sache hat. Dadurch tendiert er zu einem Verhalten, das sich den Gruppen- und Organisationszwängen anpasst. „Indem der Mensch auf diese Weise ständig in engem Kontakt mit den anderen verbleibt, entwickelt er eine weitgehende Verhaltenskonformität ... durch außergewöhnliche Empfangs- und Folgebereitschaft, die er für die Handlungen und Wünsche der anderen aufbringt."[53]

Der Aufstieg des Organisationsmenschen wird häufig unter dem Vorzeichen eines Verfalls von Autonomie gedeutet, als Ende des Bourgeois, des Bildungsbürgers oder des freien Politikers und Abgeordneten. Der Organisationsmensch ist jedoch bei genauerer Analyse nicht einfach ein Minus zum Bürger, sondern ein Produkt des Wandels der Formen der Individualität und Subjektivität in der Geschichte der Evolution der modernen Kultur. Dass Gruppen und Organisationen in der Industriegesellschaft Teil des Alltags werden, in dem sich große Teile des Lebens der Individuen abspielen, hat zur Konsequenz, dass sich die Orientierungsleistungen der Kultur, die das Denken und Handeln der Individuen bestimmen, stark auf organisations- und gruppenbezogene Ethiken und Regelsysteme verlagern, die sich teilweise auch mit den Zwängen und Ordnungen großer technischer Systeme wie Eisenbahn, Automobil, Flugzeug, Telekommunikation, Energie etc. amalgamieren. Der Einzelne wird in der Massenkultur auch im öffentlichen Raum viel stärker als Mitglied von Gruppen und Organisationen denn als Individuum angesprochen: als Leser einer Parteizeitung, als Teil einer Hörergruppe oder als Konsument der Kinokultur. Gerade das Hollywood-Kino arbeitet seit seinen Anfängen mit einer Formensprache, die auf gruppenspezifischen Typisierungen aufbaut und dadurch in einer kulturell vielschichtigen Welt Sinnformen hervorbringt, die auch milieuübergreifend anschlussfähig sind.[54] 245

## II. Rechtsbildung in der Massenkultur

### 1. Zum Begriff des Wohlfahrtsstaates

Der Begriff „Wohlfahrtsstaat" wird hier als Rückübersetzung des englischen *welfare state* gebraucht. Der Begriff verdankt seine Karriere der Schrift eines Bischofs der englischen Kirche, William Temple's *Christianity and the Social Order* von 1942. Darin wird *welfare state* als Gegensatz zum nationalsozialistischen *warfare state* verwendet.[55] Die Rede vom Wohlfahrtsstaat ist also sehr viel jüngeren Datums als das traditionelle deutschsprachige Konzept umfassender fürstlicher Wohlfahrtsförderung. Dieses Konzept war bis in das 19. Jahrhundert hinein im Begriff der Wohlfahrtspolizei präsent geblieben, bevor die Wohlfahrtspolizei durch eine enger zu verstehende Vorstellung von Sicherheitspolizei ersetzt wurde,[56] wie sie noch heute als Abwehr von Gefahren zum Schutz der öffentlichen Sicherheit und Ordnung im Zentrum des Rechts der polizeilichen Aufgabenwahrnehmung steht. Statt von Wohlfahrtsstaat wird in der deutschsprachigen Literatur auch von „Sozialstaat" gesprochen, im Staats- und Verfassungs- 246

[53] *Riesman,* ebd., 22. („This mode of keeping in touch with others permits a close behavioral conformity ... through an exceptional sensitivity to the action and wishes of others.").

[54] *Reckwitz* (Das Hybride Subjekt), 315, 316, vgl. auch 386.

[55] Vgl. dazu die Hinweise bei *W. L. Megginson et. al.,* From State to Market, Journal of Economic Literature 39 (2001), 321ff., 329.

[56] Vgl. *H. Maier,* Die ältere deutsche Staats- und Verwaltungslehre, 1986, 212ff.

recht auch vom „sozialen Rechtsstaat"[57] oder vom „Sozialstaatsprinzip".[58] Der durchaus übliche Begriff des Sozialstaates hat gegenüber dem Begriff des Wohlfahrtsstaates jedoch den Nachteil, in seiner engeren Verwendungsweise allein die staatlichen Aktivitäten und Rechtsmaterien zu adressieren, die auf die Folgen der Industrialisierung für das persönliche Lebensschicksal des Einzelnen reagieren. Dafür steht historisch die Bismarck'sche *Sozial*gesetzgebung, die die Arbeiter und Angestellten nach der Wirtschaftskrise von 1873 erstmals systematisch gegen Krankheit (1883), Unfall (1884), Erwerbsunfähigkeit und Alter (1889) absicherte.

247 Gegenüber diesem engeren Sozialstaatsverständnis soll hier mit dem Begriff des Wohlfahrtsstaates die Auffassung einer umfassenden Erweiterung von staatlichen Aufgaben und Leistungen verbunden werden.[59] Setzt der liberale Rechts- und Verfassungsstaat die Selbstorganisationskräfte der bürgerlichen Gesellschaft frei, indem er die individuelle Freiheit in der Form subjektiver Rechte mobilisiert, reagiert der Wohlfahrtsstaat auf die dadurch ausgelöste Komplexität der Lebensverhältnisse in der Industriegesellschaft. Als Sozialstaat übernimmt der Wohlfahrtsstaat etwa in Form der gesetzlichen Kranken-, Arbeitslosen- und Rentenversicherung die Aufgabe der sozialen Sicherung großer Teile der erwerbsfähigen Bevölkerung. Er gewährleistet außerdem allgemeine Mindeststandards in Bereichen wie Einkommen, Ernährung, Gesundheit, Unterkunft oder Erziehung, ein bis heute anhaltender Prozess, der etwa in Großbritannien durch zahlreiche Sozialgesetze wie Alterspensionen für Bergleute (1908), ärztliche Schulbetreuung und Schulspeisen (1909) oder Mindestlöhne für Bergarbeiter (1912) in Gang gesetzt wurde. Darüber hinaus wird der Wohlfahrtsstaat für wirtschaftliches Wachstum und allgemeinen Wohlstand verantwortlich. Er kümmert sich um Geldwertstabilität und technische Innovationen wie Eisenbahnen und Schienenwege, baut Funkverkehrsnetze, veranstaltet Radio- und Fernsehprogramme, schafft Infrastrukturen des täglichen Lebens wie Straßen, Wasser und Elektrizität, ja selbst kulturelle Einrichtungen wie Theater, Opern, Orchester und Museen werden vom Wohlfahrtsstaat finanziert und organisiert. Ein zeitgenössischer Beobachter beschreibt diese Entwicklung Ende der 1960 Jahre folgendermaßen: „Er (der Staat, T.V.) sorgt für Vollbeschäftigung und Lebenssicherung. Er stellt in Energie- und Wasserversorgung, Entwässerung, Verkehrswegen, Verkehrsmitteln und Nachrichtenmitteln, in Bildungs- und Berufsausbildungseinrichtungen sowie Berufsförderung, in Sport und Erholungsstätten, in Krankenhäusern und Gesundheitseinrichtungen, in Rundfunk, Fernsehen, Konzerten, Theatern, Museen, Bibliotheken, in Heimen für Kranke und Schwache, in Kreditanstalten und Sozialversicherungsträgern, in Wohnungsbau- und Wirtschaftsförderung, in Jugendwohlfahrtspflege und Sozialhilfe die Mittel der Lebensvorsorge bereit, ohne deren möglichst gleichheitliche Darbietung die moderne Industriegesellschaft nicht als spannungsfrei funktionsfähig erscheint."[60]

248 Diese und weitere Entwicklungen tragen dazu bei, dass der Wohlfahrtsstaat den Individuen nicht länger in Form einer kompakten Einheit entgegentritt. An die Stelle der

[57] Vgl. nur *Hesse* (Grundzüge des Verfassungsrechts), Rn. 183ff.

[58] Vgl. nur *H. F. Zacher*, § 28: Das soziale Staatsziel, in: Isensee/Kirchhof (Hrsg.), Handbuch des Staatsrechts für die Bundesrepublik Deutschland Bd. 2, 2004, 659ff., 674ff.

[59] Vgl. *D. Grimm*, Der Wandel der Staatsaufgaben und die Krise des Rechtsstaats, in *ders.*, Die Zukunft der Verfassung, 1991, 159ff.; vgl. auch *Stolleis* (Öffentliches Recht in Deutschland), 176ff.

[60] *W. Weber*, Der deutsche Bürger und sein Staat, in: *ders.*, Spannungen und Kräfte im westdeutschen Verfassungssystem, 1970, 329ff., 340.

Zentralität einer abstrakten Staatsperson beziehungsweise eines autonomen Rechtssubjekts, das allen anderen Rechtssubjekten übergeordnet ist, tritt im Wohlfahrtsstaat ein Beziehungsgefüge von häufig wechselnden Subjekten, treten gesellschaftliche Gruppen und Organisationen, die Ansprüche und Forderungen an den Staat adressieren und das Verhältnis von Staat und Gesellschaft grundlegend verändern: Die einst vertikal imaginierte Beziehung zwischen Staat und Bürger, das ursprüngliche Abhängigkeitsverhältnis des Untertanen gegenüber der öffentlichen Gewalt, wird in horizontale *Kommunikations*beziehungen zwischen einer Mehrzahl von Rechtssubjekten verwandelt, von denen der Staat nur noch ein Subjekt unter vielen ist. Die neue Lage zeigt sich besonders im Phänomen des kooperativen Staates: Der kooperative Staat verhandelt und paktiert mit Privaten, trifft Abreden und Absprachen, schließt Verwaltungsverträge statt Verwaltungsakte zu erlassen und treibt dadurch die Kräfte der Selbstorganisation der Wirtschaft und anderer Ordnungen jenseits des Staates voran.[61] Der Übergang zum Wohlfahrtsstaat verändert daher auch das soziale Substrat des Staates: Die Bürgergesellschaft, die im Verfassungsstaat als nationale (egalitäre) Gemeinschaft auftritt, wird im Wohlfahrtsstaat durch den Organisationsmenschen ergänzt und überlagert. Die Individuen sind als Staatsbürger nicht mehr nur Mitglieder der Allgemeinheit der Nation, sondern zugleich Arbeiter und Angestellte in Unternehmen oder Mitglieder von politischen Parteien oder anderer partikularer Weltanschauungsgemeinschaften oder werden durch gleichgelagerte Interessen von sonstigen Organisationen wie etwa Verbraucherschutzverbänden gruppiert. Die unterschiedlichen Loyalitäten, die daraus hervorgehen, können schnell in Widerspruch miteinander geraten, wie etwa der in der Vergangenheit teilweise äußerst scharf ausgetragene Konflikt zwischen Nationalismus und Sozialismus gezeigt hat.[62]

Dass Massenkultur und Industrialisierung den Übergang vom Verfassungsstaat zum Wohlfahrtsstaat an- **249**
treiben, ist heute weitgehend unstrittig. In der Soziologie hat beispielsweise Niklas Luhmann verschiedentlich auf die „zunehmende politische Relevanz von formalen Organisationen" und den damit verknüpften Wandel vom „liberalen Verfassungsstaat zum Wohlfahrtsstaat" aufmerksam gemacht.[63] Der moderne Staat wandelt sich dadurch auch zu einem umfassend planenden Staat, der, wie etwa in Brasilien, selbst Hauptstädte auf dem Reißbrett entwirft und damit tief in die selbst geknüpften Netzwerke sozialer Beziehungen interveniert.[64] Zwar hat seit den späten 1970er Jahren eine gegenläufige Bewegung eingesetzt, in der viele Staatsaufgaben – von der Post über den Rundfunk und die Kommunen bis hin zum Justizvollzug – privatisiert oder teilprivatisiert worden sind.[65] Der privatisierende Staat wird häufig auch als „neoliberaler" Staat bezeichnet und mit der Regierung von Margaret Thatcher (1979–1990) in Großbritannien und der Präsidentschaft Ronald Reagans (1981–1989) in den Vereinigten Staaten in Verbindung gebracht. In der Geschichte der Gouvernementalität Michel Foucaults wird daraus sogar eine umfassende (globale) Bewegung des (amerikanischen) „Neoliberalismus".[66] Schaut man genauer hin, hat die Privatisierung von Staatsaufgaben aber keine generelle Reduktion öffentlicher Leistungen und Rechtsformen ausgelöst. Es geht weniger um einen generellen Bedeutungsverlust oder gar einen Niedergang des Staates, sondern eher um ver-

61 Vgl. *E.-H. Ritter,* Das Recht als Steuerungsmedium im kooperativen Staat, in: Grimm (Hrsg.), Wachsende Staatsaufgaben – sinkende Steuerungsfähigkeit des Rechts, 1990, 69ff.; und *A.-B. Kaiser,* Die „Entdeckung" der Kooperation von Staat und Gesellschaft in der Wissenschaft des Öffentlichen Rechts seit den 1960er Jahren, Rg 17 (2010), 127ff.

62 Vgl. dazu zeitgenössisch *H. Heller,* Sozialismus und Nation (1925), in: *ders.,* Gesammelte Schriften, Bd. 1, 1992.

63 Vgl. nur *Luhmann* (Politik der Gesellschaft), 425 (im Original kursiv), 422 (Zitat).

64 Vgl. *Scott* (Seeing like a State), 87ff.

65 Vgl. nur *A. Voßkuhle,* Neue Verwaltungsrechtswissenschaft, in: Hoffmann-Riem/Schmidt-Aßmann/ders. (Hrsg.), Grundlagen des Verwaltungsrechts, Bd. 1, 2012, § 1 Rn. 58ff.

66 Vgl. *Foucault* (Die Geburt der Biopolitik), 300ff.

änderte oder neue Staatsaufgaben wie neue Rechtsformen, die heute etwa unter dem Stichwort des „Gewährleistungsstaates“ diskutiert werden.[67]

## 2. Der Ausbau der Leistungsverwaltung

250 Die öffentliche Verwaltung entstand in Deutschland zunächst in den Territorialstaaten und ging beispielsweise in Preußen aus dem Ausbau der aus dem dreißigjährigen Krieg stammenden Kriegskommissariate zu kollegialen Behörden, den Kriegskammern, hervor. Die Kriegskammern unterstanden erstmals unmittelbar der fürstlichen Gewalt, ohne länger von den örtlichen (ständischen) Machtverhältnissen abhängig zu sein. Eine moderne regelgebundene, unpersönliche, aktenmäßige, von Berufsbeamten und einer klaren Behördenstruktur getragene Verwaltung entwickelte sich aber kaum vor dem 19. Jahrhundert und wesentlich erst nach der militärischen Niederlage gegen Napoleon in Jena und Auerstedt (1807). Erst im bürgerlichen Rechtsstaat begann die öffentliche Verwaltung auch jenseits des militärischen Bereichs ihr Netz von sozialgestaltenden (und disziplinierenden) Maßnahmen auszudehnen. Die Einführung der staatlichen Schulpflicht seit dem späten 18. Jahrhundert ist dafür ein gutes Beispiel. Die Schulpflicht, die in Preußen maßgeblich seit dem Generallandschulreglement von 1763 verbindlich wurde, macht den Einsatz enormer sachlicher und finanzieller Mittel notwendig, wie etwa den Bau und Unterhalt öffentlicher Schulgebäude, die Einstellung von genügend Lehrpersonal, die Entwicklung von Unterrichtsprogrammen und Curricula in eigens dafür einzurichtenden Kulturministerien oder die Schaffung einer ministeriellen Aufsicht über die Schulen in der Form einer umfassenden Schulverwaltung. In Frankreich gab es bereits vor dem ersten Weltkrieg mehr als 120.000 Lehrer, die mehr als ein Viertel der gesamten Beamtenschaft ausmachten.[68] In Deutschland sind heute ca. 750.000 Lehrer an allgemeinbildenden Schulen beschäftigt.

251 Das Wachstum der staatlichen Verwaltung zieht naturgemäß höhere Staatsausgaben und Steuern nach sich. Der Wohlfahrtsstaat verwandelt den modernen Staat daher zugleich in einen Steuerstaat mit einer umfangreichen Finanzgewalt, der riesige Geldmengen einzieht, umverteilt und verbraucht.[69] Betrug die gesetzliche Einkommenssteuer in Preußen ab 1891 maximal 4% für Einkommen ab 100.000 Mark, sind heute Spitzensteuersätze zwischen 45% und mehr üblich, die zusätzlich durch hohe Verbrauchsteuern wie etwa die Mehrwertsteuer flankiert werden. Umgekehrt betragen allein die Ausgaben für den deutschen Sozialstaat heute mehr als 1 Billion Euro jährlich.

252 Mit dem quantitativen Wachstum der öffentlichen Verwaltung geht ein Prozess der Differenzierung ihrer rechtlichen Organisations- und Handlungsformen einher. Dieser Prozess wird besonders durch den Ausbau der Leistungsverwaltung seit dem frühen 20. Jahrhundert ausgelöst.[70] Ist die rechtsstaatliche Verwaltung wesentlich Ordnungsgarant, die etwa durch die strikte Selbstbindung der Verwaltung an das Gesetz oder die Schaffung von rechtsförmigen Haltepunkten staatlichen Handelns in Form des Verwaltungsaktes auf den Schutz der Prozesse gesellschaftlicher Selbstorganisation aus-

[67] Vgl. nur *W. Hoffmann-Riem,* Innovation und Recht – Recht und Innovation, 2016, 20ff.; *C. Franzius,* Gewährleistung im Recht, 2009, 24ff.; *Schuppert* (Staatswissenschaft), 289ff., 441ff.

[68] Vgl. *P. Rosanvallon,* Demokratische Legitimität, 2010, 55.

[69] Ausführlicher *Schuppert* (Staatswissenschaft), 679ff.

[70] Vgl. *H. Schulze-Fielitz,* Grundmodi der Aufgabenwahrnehmung, in: Hoffmann-Riem/Schmidt-Aßmann/Voßkuhle (Hrsg.), 2012, § 12 Rn. 14ff., 39ff.; ausführlich *F. Meinel,* Der Jurist in der industriellen Gesellschaft, 2011, S. 154ff.

gerichtet ist, wird die Verwaltung jetzt – mit der fortschreitenden Industrialisierung und Urbanisierung im Wohlfahrtsstaat – zum Leistungsträger: Formen der unternehmensartigen Bereitstellung von Gütern und Leistungen besonders in Gestalt der örtlichen kommunalen Daseinsvorsorge, der Errichtung von städtischen Wasserwerken, Straßenbaumeistereien oder Energieversorgungsunternehmen, ergänzen die rechtsstaatliche Verwaltung um neue kommunalrechtliche Institutionen wie etwa das öffentliche Unternehmen, das seinerseits wiederum als rechtsfähige Anstalt des öffentlichen Rechts oder in Formen des Privatrechts ausgestaltet sein kann. Die Differenzierung der Verwaltungsformen schlägt sich auch in neuartigen halbstaatlichen Organisationen nieder, denen der Wohlfahrtsstaat weitreichende funktionale Selbstverwaltungsrechte einräumt und deren Mitglieder häufig Angestellte im öffentlichen Dienst sind, aber nicht mehr, wie ursprünglich in der rechtsstaatlichen Verwaltung, Beamte auf Lebenszeit. Die Universitätskliniken mit ihren Abteilungen und Betten zur Privatliquidation oder der öffentlich-rechtliche Rundfunk mit astronomischen Gehältern für Nachrichtensprecher sind nur zwei Beispiele für die weitreichenden Selbstverwaltungsrechte und den daraus hervorgehenden Formenreichtum. Diese wachsende innere Komplexität der staatlichen Verwaltung wird in der französischen Staats- und Verwaltungslehre teilweise schon vor dem Ersten Weltkrieg durch die Einsicht begleitet, dass der Staat nicht mehr als eine souveräne Gewalt herrsche, sondern aus einem „Zusammenwirken organisierter öffentlicher Dienste“ hervorgehe.[71]

Im Einzelnen muss man an dieser Stelle stark differenzieren. Die Idee einer einheitlichen (monokrati- 253
schen) Staatsverwaltung wird hauptsächlich in Frankreich realisiert, wo der traditionelle Pluralismus der Verwaltungsspitzen schon während der französischen Revolution beseitigt wurde. An die Stelle des wirren Mosaiks der Verwaltung im alten Frankreich sind seitdem das sich in Fachministerien teilende Staatsministerium sowie eine vertikal gegliederte Hierarchie von Verwaltungsbezirken, Kommunen, Departments und Regionen getreten. Demgegenüber verfügte England zwar schon früh über eine zentrale (königliche) Verwaltungs- und Gerichtsorganisation und konnte seit dem 17. Jahrhundert im *King in parliament* eine Institution der Machtbalance zwischen Krone, Aristokratie und Bürgertum schaffen. Die Verwaltung blieb jedoch lange eine Verwaltung von Ehrenbeamten (Honoratiorenverwaltung) und damit an regionale Besonderheiten gebunden; noch heute ruhen die zentralen staatlichen Verwaltungsbehörden Großbritanniens auf einer mächtigen lokalen und regionalen Selbstverwaltung. Auch die Vereinigten Staaten kennen keinen zentralen einheitlichen Verwaltungsaufbau. Neben der Präsidialverwaltung und den Bundesbehörden gibt es seit dem New Deal eine Fülle von Regulierungsagenturen wie etwa die *Federal Communications Commission,* die ihre Aufgaben weitgehend autonom erledigen.[72] Deutschland verfügt ebenfalls über keine typisch monokratische Verwaltung mit einer festen einheitlichen, nach rechtsförmigen Kompetenzen gegliederten Amtshierarchie, wie Max Weber sie als rein bürokratische Verwaltung beschreibt.[73] Eher im Gegenteil ist die deutsche Verwaltung seit jeher stark dezentral aufgebaut, wozu nicht nur die Gliederung des Gesamtstaates in Bund und Länder beiträgt, sondern vor allem die für die deutsche Verwaltung charakteristische Dualität von Staatsverwaltung und Selbstverwaltung, wie sie sich besonders (aber nicht nur) in der kommunalen Selbstverwaltung niederschlägt.[74]

Die bunte Collage der Organisationsformen der Leistungsverwaltung verändert auch 254
die rechtlichen Handlungsformen des modernen Staates. Es entstehen nicht zuletzt neue Schichten des Verwaltungsrechts.[75] Diese Bewegung verdichtet sich seit den

[71] Vgl. *Rosanvallon* (Demokratische Legitimität), 52.
[72] Ausführlicher *O. Lepsius,* § 1 Regulierungsrecht in den USA, in: Fehling/Ruffert (Hrsg.), Regulierungsrecht, 2010, S. 3ff.
[73] *Weber* (Wirtschaft und Gesellschaft), 124ff., 128; *Seibel* (Verwaltung verstehen), 50, 51.
[74] Das betont *Seibel,* ebd., 71, 173ff.
[75] Vgl. *Grimm* (Der Wandel der Staatsaufgaben), 172.

1960er Jahren zunächst in einem starken Wachstum des Planungsrechts wie etwa der Straßen- oder Bauleitplanung. Seit den 1970er Jahren wird dann deutlicher, dass das Recht des Wohlfahrtsstaates vor allem über Zwecke und strategische Zielsetzungen konturiert wird (Finalprogramme), im Unterschied zum Verwaltungsrecht des liberalen Rechtsstaates, das über Grenzbegriffe wie Schaden oder Gefahr organisiert ist (Konditionalprogramme). Mit Hilfe von Zweckformulierungen und Finalprogrammen zielt das Verwaltungsrecht des Wohlfahrtsstaates in der Regel auf die Regulierung von Organisationen. Diese Strategie ist nicht per se problematisch und kann nicht pauschal als Eintrübung der Klarheit und Verlässlichkeit der verwaltungsrechtlichen Formen wohlfahrtsstaatlichen Handelns interpretiert werden. Das gilt jedenfalls für die Fälle, in denen die Verknüpfung der Finalprogramme mit den von der Massenkultur bereitgestellten Orientierungsleistungen gelingt und die Organisationsbezüge in den neuen Rechtsformen adäquat zur Geltung gebracht werden. Auch die Allgemeinheit und Bestimmtheit des Gesetzes im liberalen Verwaltungsrecht ruhte ursprünglich auf den Orientierungsleistungen der instituierten Kultur des bürgerlichen Individualismus und dessen allgemein akzeptierten Regeln und Konventionen, nicht aber in einer davon abgelösten normativen Erwartungssicherheit, die allein das staatliche Gesetz gestiftet hätte.

255 An dieser Stelle ist eine Bemerkung zum Verwaltungsrecht des liberalen Rechtsstaates in Deutschland angebracht. Auch wenn erst der Wohlfahrtsstaat und die Leistungsverwaltung zu einer stärkeren Differenzierung der Organisations- und Handlungsformen der öffentlichen Verwaltung führen, so ist die weit verbreitete Ansicht, dass im Mittelpunkt des Verwaltungsrechts des liberalen Rechtsstaates der Verwaltungsakt gestanden hätte, wie er heute als Einzelverfügung in § 35 des Verwaltungsverfahrensgesetzes normiert und legal definiert ist, doch eine verkürzte, wenn nicht falsche Sicht. Das liberale Verwaltungsrecht des 19. Jahrhunderts hatte jedenfalls keine Eingriffsverwaltung in dem Sinn im Auge, mit dem Verwaltungsakt eine hoheitliche Handlungsform zum Erlass von Steuerbescheiden, Polizeiverfügungen oder Bauerlaubnissen schaffen zu wollen. Eine solche Sichtweise wäre nichts weiter als ein *seeing like a state.* Dem liberalen Verwaltungsrecht ging es nicht um hoheitliches Handeln durch Befehle statt durch Verträge, sondern um den Schutz von Prozessen gesellschaftlicher Selbstorganisation durch die *Form* des Rechts.[76]

256 Um den Schutz von Prozessen gesellschaftlicher Selbstorganisation durch die *Form* des Rechts zu gewährleisten, schuf beispielsweise Otto Mayer im ersten Band seines *Deutschen Verwaltungsrechts* von 1895 ein vielfach geflochtenes Band von unpersönlichen Abhängigkeiten. Dieses richtete Mayer gegen das, was er die schrankenlos gewordene Staatsgewalt des fürstlichen Absolutismus nannte. Zu diesem vielfach geflochtenen Band gehörte zuallererst die Bindung des Staatswillens an die Herrschaft des Gesetzes, an seine Festigkeit und Zuverlässigkeit. Das bedeutete für Mayer die Überwindung des Polizeistaates der Vergangenheit und die Durchsetzung des Rechtsstaates unter der Obhut selbständiger Gerichte.[77] Rechtsstaatlichkeit und Herrschaft des Gesetzes und nicht der Verwaltungsakt als solcher waren für Mayer das zentrale Thema des Verwaltungsrechts. Dies auch deshalb, weil erst die unpersönliche Herrschaft des Gesetzes es überhaupt ermöglichte, den Verwaltungsakt förmlich auszugestalten und unter das Gesetz zu stellen.[78] „Im Gegensatz zur vorausgehenden Entwicklungsstufe hat unser Rechtsstaat nicht bloß die flutende Masse der Verwaltungstätigkeit eingedämmt durch das Gesetz, sondern er läßt auch noch mitten drin fort und fort feste Punkte auftauchen, welche dem Einzelnen Halt gewähren und ihn darüber sicherstellen, wohin es geht. Die Rechtseinrichtung, die das bewirkt, ist der Verwaltungsakt".[79]

[76] Dazu näher *T. Vesting,* Nachbarwissenschaftlich informierte und reflektierte Verwaltungsrechtswissenschaft – „Verkehrsregeln" und „Verkehrsströme" in: Hoffmann-Riem/Schmidt-Aßmann (Hrsg.), Methoden der Verwaltungsrechtswissenschaft, 2004, 253ff.

[77] *O. Mayer,* Deutsches Verwaltungsrecht (1924), 1969, 74.

[78] *Mayer,* ebd., 97.

[79] *Mayer,* ebd., 92, 93.

### 3. Kooperation mit Parteien und Verbänden

Während politische Parteien im Verfassungsstaat des späten 18. Jahrhunderts kaum eine Rolle spielten, öffnet sich der Wohlfahrtsstaat auch in dem Sinn für eine Welt aus Bezügen, als er für verschiedene politische Weltanschauungen wie Liberalismus, Nationalismus, Konservatismus oder Sozialismus und ihre politischen Organisationen empfänglich wird. Der Wohlfahrtsstaat akzeptiert ein Selbstbild, in dem Meinungen und Interessen entlang von Themenblöcken aggregiert werden und in dem sich politische Parteien und soziale Verbände als Sprecher bestimmter Weltanschauungen oder Interessen gegenüber der Allgemeinheit der staatlichen Willensbildung Gehör verschaffen und ihre Interesse etwa in den parlamentarischen Gesetzgebungsprozess einbringen. Im Grundgesetz der Bundesrepublik Deutschland ist die Mitwirkung der politischen Parteien an der politischen Willensbildung sogar im Verfassungstext verankert (Art. 21 Abs. 1). Über diese formale Anerkennung hinaus fördert der Staat heute die Beteiligung politischer Parteien an der staatlichen Willensbildung, indem er diese als spezielle Organisationen demokratischer Einflussnahme gesetzlich anerkennt und ihre gesellschaftliche Existenz durch allgemeine Steuermittel (mit-)finanziert.[80] Schon lange haben sich die Parteien von freien gesellschaftlichen Zusammenschlüssen politischer Gesinnungsverwandter zu festen Mitgliederorganisationen und Quasi-Staatsorganen verwandelt. Der Wohlfahrtsstaat ist daher typischerweise auch ein „kooperativer Parteienstaat".[81] 257

Der kooperative Parteienstaat hat den gesamten demokratischen Prozess weit über Wahlen und die dazugehörige Wahlvorbereitung hinaus verändert. Zwar findet man in der staatsrechtlichen Literatur – in mehr oder minder direktem Anschluss an Jean-Jacques Rousseau – noch heute Konzeptionen demokratischer Legitimation, in denen das Volk nicht nur herrscht, sondern auch regiert, und in denen die politischen Parteien so gut wie keine Rolle spielen: Parteien erscheinen etwa bei Ernst-Wolfgang Böckenförde als ein Medium demokratischer Gleichheit, die „allererst der demokratischen Legitimation von der Gesamtheit der Bürger her bedürfen."[82] Das aber geht an dem Bedeutungszuwachs der politischen Parteien im Wohlfahrtsstaat vorbei. Dieser schlägt sich heute in einem über Fraktionen geordneten parlamentarischen Betrieb ebenso nieder wie im öffentlich-rechtlichen Rundfunk, in dem die politischen Parteien bis heute einen großen Einfluss auf die Personalpolitik der Sendeanstalten haben. Die Parteien sind außerdem eine aus dem öffentlichen Dienst nicht mehr wegzudenkende Realität. Zwar bleibt ihr Einfluss auf die Besetzung von Ämtern aufgrund besonderer sachlicher Anforderungen an das Personal im öffentlichen Dienst begrenzt, aber sogar die staatlichen Gerichte, deren Unabhängigkeit in Art. 97 des Grundgesetzes verfassungsrechtlich in besonderer Weise geschützt wird, werden vom Parteienbetrieb erfasst: Die Führungspositionen in Gerichten werden heute durch gruppenpluralistisch strukturierte Richterwahlausschüsse vergeben. 258

---

[80] Vgl. nur *M. Morlok,* Politische Parteien, in: Vesting/Korioth (Hrsg.), Der Eigenwert des Verfassungsrechts, 2011, 333ff.

[81] Vgl. *Grimm* (Ursprung und Wandel der Verfassung), 11ff., 47ff.

[82] So etwa *Böckenförde* (Demokratie als Verfassungsprinzip), 289ff., 315; kritisch *Kersten* (Schwarmdemokratie), 149ff.

259 Lässt sich schon die Funktion der Parteien im Wohlfahrtsstaat derart beschreiben, dass diese das in der Gesellschaft zerstreute Wissen aufnehmen und bündeln,[83] gilt dies umso mehr für soziale Verbände: Verbände aggregieren Erfahrungswissen in Form von gruppen- und organisationsbezogenem Wissen, um es an den Staat zu adressieren, etwa in Form von technischem Wissen zur Regulierung der zulässigen Emissionswerte in der Autoindustrie. Der Einbau von sozialen Verbänden in den Staat und die Leistungen, die Verbände durch die Kommunikation von gruppenförmigem Wissen für wohlfahrtsstaatliches Handeln und Entscheiden erbringen, ist in einer sich entwickelnden Industriegesellschaft unumgänglich. Die Komplexität der Staatsaufgaben verlangt den Ausbau kooperativer Beziehungen mit gesellschaftlichen Verbänden, weil der Staat beispielsweise das zur Überwachung von großtechnischen Anlagen notwendige Wissen nicht besitzt und nicht anders als durch Kooperation mit Privaten erzeugen kann. Konventionen, Standards und technisches Wissen müssen von der staatlichen Verwaltung rezipiert werden, wenn diese gesetzesförmig und effektiv handeln können soll. Das führt umgekehrt gesehen dazu, dass der Staat auf der Ebene der Gesetzgebung und der Verwaltung (und ein Stück weit auch auf der Eben der Gerichte) von verschiedenen Arenen professioneller Expertise abhängig wird, mit der Folge, dass die einst als abstrakt und autonom gedachte Einheit des Staates eher die Form eines *web of government* annimmt,[84] eines Regierungs- und Verwaltungsnetzwerks, das mit Hilfe der Kooperation mit Parteien und Verbänden ein größeres Repertoire an staatlichen Handlungsmöglichkeiten eröffnet.

### 4. Zur Bedeutung kollektiver Freiheitsrechte

260 Weil die Lebenswelt des Organisationsmenschen durch seine multiplen Zugehörigkeiten zu Gruppen und Organisationen und die damit verknüpften Statusverhältnisse – als Angestellter, Arbeitnehmer, Mieter, Verbraucher, Sozialhilfeempfänger etc. – bestimmt wird, verändern sich die subjektiven Rechte. Diese werden jetzt um vom Staat zu gewährleistende Leistungsrechte erweitert, etwa durch die Ergänzung von typisch bürgerlichen Rechten, wie der Eigentumsfreiheit, oder durch typisch sozialistische Rechte, wie des Rechts auf Arbeit, das in Deutschland bislang allerdings nur ein einziges Mal, nämlich in Art. 163 der Weimarer Reichsverfassung von 1919, verankert wurde. Noch entscheidender für die Veränderung des subjektiven Rechts ist jedoch der Auftritt kollektiver Freiheitsrechte. An die Stelle einer ausschließlichen Verknüpfung der gesellschaftlichen Freiheitsrechte mit dem Bürger als Individuum tritt jetzt eine Erweiterung seiner Trägerschaft durch Gruppen und Organisationen. So schließen etwa die Gewerkschaften und die Vertreter der Unternehmerschaft erstmals im Vorfeld der Gründung der Weimarer Republik völlig unabhängig von staatlicher Einflussnahme eine Reihe von korporatistischen Arrangements zwischen Kapital und Arbeit, die zur Stabilisierung des Übergangs vom monarchischen zum demokratischen Staat beitragen.[85] Die Weimarer Reichsverfassung reagiert auf diesen Bedeutungszuwachs autonomen gesellschaftlichen Handelns, indem sie individuelle und kollektive Grundrechte unterscheidet und zum Beispiel die Versammlungsfreiheit

[83] Das betont *S. Augsberg,* Gesellschaftlicher Wandel und Demokratie, in: Heinig/Terhechte (Hrsg.), Postnationale Demokratie, Postdemokratie, Neoetatismus, 2013, 27 ff., 42 ff.
[84] So der Titel eines 1947 von *R. M. MacIver* publizierten Buches.
[85] Vgl. näher *H.-U. Wehler,* Deutsche Gesellschaftsgeschichte, 1914–1949 (Bd. 4), 2008, 116, 221.

(Art. 123) und die Vereinsfreiheit (Art. 124) als Rechte des Gemeinschaftslebens schützt. Sie normiert außerdem eine umfassende Ordnungs- und Gerechtigkeitsvorstellung für das Wirtschaftsleben, zu der etwa die Gewährleistung der Vereinigungsfreiheit zur Wahrung und Förderung der Arbeits- und Wirtschaftsbedingungen gehört (Koalitionsfreiheit, Art. 159) sowie Elemente einer auf der Gleichberechtigung von Arbeitern, Angestellten und Unternehmern beruhenden Unternehmensverfassung (Art. 165).[86]

Die Formel vom Bedeutungszuwachs kollektiver Freiheitsrechte bedarf einer Klarstellung. **261** Es ist richtig, wenn gesagt wird, dass das subjektive Recht ursprünglich ausschließlich als individuelles Freiheitsrecht verstanden wurde. Das darf aber nicht so interpretiert werden, als ginge es dabei um das Bewusstsein eines Einzelmenschen und um dessen Raum zur Selbstentfaltung. Die liberalen Freiheitsrechte haben nichts mit einer Freiheit zu tun, deren Anfangs- und Endpunkt die Selbstentfaltung von isoliert zu denkenden Individuen wäre. Im Gegenteil dienen die liberalen Freiheitsrechte dem Aufbau und der Abstützung von transindividuellen Prozessen gesellschaftlicher Selbstorganisation jenseits des Politischen und der Zentralität eines Staatssubjekts. Wenn etwa das Grundgesetz in Art. 5 Abs. 1 die Meinungsfreiheit schützt, hat der Verfassungstext die Institution einer freien Öffentlichkeit im Blick, in der die Stimme des Einzelnen von anderen gehört werden können muss, weil sein Recht auf freie Meinungsäußerung ansonsten wirkungslos bliebe; der Schutz der freien Meinungsbildung als Institution wirkt dann seinerseits auf das Individuum zurück, weil erst eine intakte Öffentlichkeit dem Individuum ermöglicht, sich angemessen zu informieren. Das bürgerliche Freiheitsrecht basiert also gerade auf der Unterstellung eines unauflöslichen Zusammenhangs zwischen einer gelingenden Subjektbildung des Menschen auf der einen Seite und der Erzeugung von objektivierten kulturellen Bedeutungsgeweben auf der anderen Seite. Es ist deshalb eine sehr einseitige Akzentuierung einer grundsätzlich richtigen Beobachtung, wenn gesagt wird, dass die „Verfasstheit gesellschaftlicher Teilbereiche“ im liberalen Konstitutionalismus zwar in gewisser Weise thematisiert, aber nur „als das Resultat individueller Freiheitsausübung gesehen“ werde.[87] In Wahrheit dienen gesellschaftliche Freiheitsrechte seit jeher dem Schutz des bürgerlichen Lebens und der Vielfalt seiner Lebensordnungen und Sinnregionen – und dieser kollektive Effekt der individuellen Freiheit ist bereits Autoren wie Adam Smith nicht entgangen.

Man muss also genauer zwischen der Funktion gesellschaftlicher Freiheitsrechte und **262** ihren möglichen Trägern unterscheiden. Die Funktion des subjektiven Rechts wird im aufsteigenden Verfassungsstaat des späten 18. Jahrhunderts keinesfalls darin gesehen, eine staatlich verliehene Rechtsmacht im privaten Interesse in Bewegung zu setzen, wie im späten 19. Jahrhundert etwa bei Georg Jellinek.[88] Noch weniger hat das subjektive Recht ursprünglich mit der Verleihung von Klagerechten vor staatlichen Gerichten zu tun. Viel grundsätzlicher geht es im modernen Naturrecht und später,

[86] Zu den juristischen Konsequenzen zeitgenössisch *F. Neumann,* Über die Voraussetzungen und den Rechtsbegriff einer Wirtschaftsverfassung (1931), in: *ders.,* Wirtschaft, Staat, Demokratie, 1978, 76–102.

[87] *Teubner* (Verfassungsfragmente), 39.

[88] Vgl. *Jellinek* (System der subjektiven öffentlichen Rechte), 79 (dort als Fähigkeit bestimmt „Normen des öffentlichen Rechts in seinem Interesse in Bewegung zu setzen“); vgl. auch ebd., 127 (im Kontext von Verwaltung).

im liberalen Grundrechtsdenken, um den Aufbau komplexer gesellschaftlicher Ordnung aus Prozessen der spontanen Selbstorganisation von und zwischen Individuen. Der Wohlfahrtsstaat verändert nicht diese Funktion der gesellschaftlichen Freiheitsrechte, er erweitert aber ihre möglichen Träger. Es entwickelt sich ein neues Grundrechtsverständnis, welches die individuellen Freiheitsrechte durch staatliche Leistungsrechte und kollektive Freiheitsrechte ergänzt. Letzteres hängt vor allem damit zusammen, dass der Wandel von der „individualistischen Bürgergesellschaft" zur „industriellen Massengesellschaft" Rechtssubjekte hervorbringt, die „in großem Umfang nicht mehr private Bürger, sondern Gruppen, Verbände und große Unternehmen" und deren Funktionäre sind.[89] Der Rechtshistoriker Franz Wieacker spricht in seiner *Privatrechtsgeschichte der Neuzeit* (1967) ganz ähnlich von einem Wandel zu einem Pluralismus, der nicht mehr wie der Wirtschaftsliberalismus durch „einzelne Wirtschaftssubjekte" geprägt werde, sondern durch „kollektive Interessenvertretungen" wie Gewerkschaften und Arbeitgeberverbände.[90] Auch Gunter Teubner folgt diesen Analysen, wenn er den neuen wohlfahrtsstaatlichen Aggregatzustand als gesellschaftlichen Korporatismus oder manchmal auch als „Nachkriegs-Korporatismus" bezeichnet.[91]

263 Das Aufkommen von kollektiven Freiheitsrechten trägt also entschieden zur Öffnung des Staates für eine Welt aus Bezügen bei. Es erweitert die Prozesse der staatlichen Rechtsbildung in der Massenkultur um kollektive Formen der gesellschaftlichen Selbstorganisation. Das lässt sich auch im Feld der öffentlichen Kommunikation und der Medien beobachten. So wird etwa das Urheberrecht, das anfänglich ausschließlich um das individuelle Recht des Autors und seine Schöpferkraft kreiste, mit dem Aufkommen der Photographie, des Radios, der Schallplatte und des Tonfilms in hohem Maße von seiner Verwaltung durch große Verwertungsgesellschaften abhängig. Die Montage und Produktion von Filmen ist, um ein weiteres Beispiel zu nennen, von vornherein an Kollektive, große Studios oder andere Formen des Gemeinschaftshandelns gebunden. Die daran gebundenen Freiheitsrechte können deshalb nur kooperativ und organisationsförmig ausgeübt werden.[92] Eine organisationsförmige Ausübung von Freiheitsrechten bestimmt schließlich auch die europäische Idee des öffentlich-rechtlichen Rundfunks. Der Radiokörper wird dabei von vornherein als treuhänderischer Körper konzipiert. In England ist die Gründung der *British Broadcasting Corporation* (BBC) Ausdruck dieser Idee: Die BBC wird aus der Einheit von Regierung und Verwaltung ausgegliedert und über ein Honoratiorengremium, das *Board of Governors* (jetzt *BBC Trust*), beaufsichtigt, dessen Mitglieder direkt durch den jeweiligen Premierminister ernannt werden. In Deutschland entscheidet man sich nach den Erfahrungen der Gleichschaltung des Weimarer Unterhaltungsrundfunks während des NS-Regimes für eine vergleichbare Lösung, eine staatsfreie gruppenpluralistische Anstaltsstruktur. Hier wird die Rundfunkfreiheit in die Hand der „bedeutsamen gesellschaftlichen Gruppen" gelegt,[93] das heißt in die Hand eines Gruppenpluralismus, der in einer öffentlich-rechtlichen Organisationsform auf den gesellschaftlichen Korporatismus zurückverweist.

[89] *L. Raiser,* Vertragsfreiheit heute, 1958, 3, hier zitiert nach *Damler* (Konzern und Moderne), 144.
[90] *F. Wieacker,* Privatrechtsgeschichte der Neuzeit, 1996, 546.
[91] *Teubner* (Transnationale Wirtschaftsverfassung), 733 ff., 749.
[92] Dazu mehr bei *F. Steinhauer,* Das Grundrecht der Kunstfreiheit, in: Vesting/Korioth/Augsberg (Hrsg.), Grundrechte als Phänomene kollektiver Ordnung, 2014, 247 ff.
[93] BVerfGE, 12, 205, 261, 262.

## III. Die Diskussion in der Staats- und Verfassungslehre

### 1. Der umkämpfte Pluralismus

Die Massenkultur bringt eine neuartige Welt aus Bezügen hervor: das Nebeneinander 264
einer Mehrheit von selbständigen Weltprinzipien, eine gesteigerte Vielfalt von Weltanschauungen und Werten. Dem Menschen begegnet diese Kulturentwicklung nicht zuletzt in Gestalt der anwachsenden Schwierigkeit, die alltägliche Realität seiner lebensweltlichen Erfahrungen auf das zu beziehen, was in den verschiedenen Sinnregionen der modernen Gesellschaft – der Wissenschaft, der Kunst, der Technik, der Wirtschaft, der Politik, der Bildung oder der Religion – realisiert wird.[94] Die Einheit der Welt scheint im späten 19. Jahrhundert zu zerfallen, und nur vor diesem Hintergrund sind auch die Reflexionen von Staatstheorie und Staatslehre angemessen zu erfassen, die sich auf den Übergang vom Verfassungsstaat zum Wohlfahrtsstaat beziehen: Es sind der politische Zusammenbruch der Monarchie in ganz Europa und das Bewusstsein einer grundlegenden kulturellen Erschütterung auf allen Ebenen, die Staatstheorie und Staatslehre helfen, allmählich ein Gespür dafür zu entwickeln, was ein Schriftsteller wie Hugo von Hofmannstal um 1900 das ‚neue Fundament des Gleitenden' nennt. Auf dieser Grundlage kann die Staatstheorie auch ein neues Leitbild des Staates entwerfen: Auf die kulturellen Differenzen und den Bedeutungszuwachs der Gruppen und Organisationen, der großen Unternehmen und Konzerne, der Arbeiterbewegung, der Gewerkschaften, der politischen Parteien, der sozialen Verbände, der Kirchen und so weiter, antworten Staatstheorie und Staatslehre mit einer pluralistischen Ordnungsvorstellung. Darin werden die Einheit des Staates und des staatlichen Rechts nicht mehr einfach vorausgesetzt, vielmehr geht Staat und Recht erst aus einem unaufhörlichen Prozess der Einheitsbildung hervor.

Phänomene, die man nachträglich als pluralistisch beschreiben kann, hat es vermut- 265
lich schon immer gegeben. Zumindest lassen sich solche bis weit in die historische Vergangenheit zurückverfolgen. Man könnte beispielsweise darauf verweisen, dass ein innerer Pluralismus bereits die Auslegungspraxis des spätantiken jüdischen Rechts bestimmte oder dass die alte europäische Ständekultur bis zur Französischen Revolution generell durch eine Mehrheit von Rechtswelten geprägt war.[95] Der Aufstieg des Begriffs „Pluralismus" erfolgt aber kaum vor dem 20. Jahrhundert. In der Philosophie nimmt er insbesondere bei dem amerikanischen Pragmatisten William James eine zentrale Rolle ein: In *A Pluralistic Universe* (1909) wird die monistische Einheit des Universums in ein pluralistisches Universum aufgelöst, das der amerikanische Poet und Philosoph Benjamin P. Blood nur wenig später zum Pluriversum umschreibt.[96] Über William James, der das pluralistische Universum mit einer föderalen Republik vergleicht (im Unterschied zu einem Weltreich oder Königreich), gelangt die Philosophie des Pluralismus in die englische politische Theorie, wo sie von Autoren wie Harold J. Laski, George D. H. Cole und Ernest Barker aufgenommen wird. Laski etwa betont in seinen *Studies in the Problem of Sovereignty* (1919), dass die Wirklichkeit des Staates

[94] Die Formulierung ist angelehnt an *H. Blumenberg,* Wirklichkeiten in den wir leben (1981), 2012, 3.
[95] Vgl. *R. Seinecke,* Das Recht des Rechtspluralismus, 2015, 51, 52.
[96] In seinem Buch *Pluriverse: An Essay in the Philosophy of Pluralism* [London 1925]; vgl. dazu *W. Kerber,* Pluralismus, in: Ritter/Gründer (Hrsg.), Historisches Wörterbuch der Philosophie, Bd. 7, 1989, 988 ff., 989.

nicht die einer einheitlichen souveränen Gewalt sei, sondern einer sozialen Gruppe, die neben anderen sozialen Gruppen stehe und mit diesen Gruppen um die Loyalität von Menschen konkurriere, die stets gleichzeitig mehreren Gruppen und damit einer Pluralität von Loyalitäten verpflichtet seien.[97] Ernest Barker variiert diesen Gedanken dahingehend, dass man den Staat „nicht so sehr als einen Zusammenschluß von Individuen in ihrem gemeinschaftlichen Leben" betrachten solle, sondern „als einen Zusammenschluß von Individuen, welche bereits in verschiedenen Gruppen zu einem weitergehenden und umfassenderen Zweck vereinigt sind."[98] Damit wird die Vorstellung der Nation als einer Vereinigung aus Individuen, die die Kultur des bürgerlichen Individualismus und den frühen Nationalstaat bestimmte, aufgegeben und durch diejenige einer Vereinigung aus Gruppen ergänzt und ersetzt.

**266** In Deutschland werden die Ideen des angelsächsischen Pluralismus einem breiteren Publikum in der Weimarer Republik bekannt. Das ist in erster Linie das Verdienst Carl Schmitts (1888–1985), der die pluralistische Theorie in den späten 1920er Jahren in mehreren Publikationen einer pointierten und scharfen Kritik unterzieht.[99] Die pluralistische Auffassung, so Schmitt in *Staatsethik und pluralistischer Staat* (1930), entspreche dem empirisch wirklichen Zustand, wie man ihn heute in den meisten industriellen Staaten finden und beobachten könne. „Der Staat erscheint tatsächlich in weitem Maße von den verschiedenen sozialen Gruppen abhängig, bald als ein Opfer, bald als Ergebnis ihrer Abmachungen, ein Kompromißobjekt sozialer und wirtschaftlicher Machtgruppen, ein Agglomerat heterogener Faktoren, Parteien, Interessenverbände, Konzerne, Gewerkschaften, Kirchen usw., die sich untereinander verständigen. Im Kompromiß der sozialen Mächte ist der Staat geschwächt und relativiert, ja überhaupt problematisch geworden, weil schwer zu erkennen ist, was ihm noch an selbständiger Bedeutung zukommt."[100] Wenn Schmitt die pluralistische Theorie auch als modern und aktuell charakterisiert, eignet er sich ihre Einsichten doch keineswegs an. Vielmehr hält Schmitt die pluralistischen Sozialtheorien für unklar und in sich widersprüchlich. Pluralistisch ist für Schmitt nur das Gefüge der demokratischen Nationalstaaten und ihrer auf nationaler Grundlage staatlich gesinnten Völker,[101] nicht aber der Staat als solcher. Dementsprechend verkenne die angelsächsische Pluralismustheorie, dass die Auflösung der staatlichen Einheit in Wahrheit einen für jeden Staatsbürger unerträglichen Zustand schaffe, die tiefe Erschütterung jeglicher Staatsethik: Habe die Staatsethik ursprünglich – etwa bei Kant – die Unterwerfung des Staates unter ethische Normen bedeutet, erhalte diese heute einen gänzlich neuen Inhalt, „nämlich die Pflicht zum Staat".[102] Daraus ergebe sich zugleich eine neue Aufgabe, „die Arbeit an der bewußten Herbeiführung jener Einheit, die Pflicht daran mitzuwirken, daß ein Stück konkreter und realer Ordnung sich realisiert und die Situation wieder normal wird".[103]

[97] Dazu aus jüngerer Zeit *L. Viellechner,* Transnationalisierung des Rechts, 2013, 236; *Seinecke* (Das Recht des Rechtspluralismus), 56; *Meder* (Doppelte Körper im Recht), 192.

[98] So *Ernest Barker,* Political Theory in England from Herbert Spencer to the Present Day (1915), hier zitiert nach *F. Neumann,* Behemoth [1942], 1984, 33.

[99] Kritisch auch *H. Heller,* Die Souveränität (1927), 1992, 50, 79.

[100] *C. Schmitt,* Staatsethik und pluralistischer Staat [1930], in: *ders.,* Positionen und Begriffe im Kampf mit Weimar-Genf-Versailles 1923–1939 (1940), 1988, 133ff., 135, 136.

[101] *Schmitt,* ebd., 142.

[102] *Schmitt,* ebd., 145.

[103] *Schmitt,* ebd.

In der nur wenig später publizierten Schrift *Der Hüter der Verfassung* (1931) kleidet Schmitt seine Pluralismuskritik in eine umfassende Analyse des Verfassungszustands der Weimarer Republik. Unter dem Begriff „Polykratie" geht er auf die vielen rechtlich autonomen Träger der Leistungsverwaltung ein, insbesondere soweit es sich dabei um gegenüber dem Staat verselbständigte öffentliche Unternehmen handelt. Schmitt thematisiert ferner – unter dem Begriff „Föderalismus" – das Neben- und Miteinander mehrerer Staaten innerhalb einer bundesstaatlichen Organisation. Aber auch in dieser Analyse der jüngsten Entwicklungserscheinungen der staatsrechtlichen Verhältnisse in Deutschland steht erneut der Begriff des „Pluralismus" im Vordergrund, verstanden als Summe der organisierten sozialen Machtkomplexe „die sich als solche der staatlichen Willensbildung bemächtigen."[104] Dazu gehören besonders die für Schmitt nun klar verfassungswidrigen Methoden des pluralistischen Parteienstaates, denen nur noch der Reichspräsident, aber keine andere Institution des Weimarer Staates, weder das Berufsbeamtentum, die Reichsbank oder die Reichsbahn noch der Reichsrat Einhalt gebieten könne; denn allein im Reichspräsidenten sei noch eine Instanz zu finden, die auf das Engste mit der „Vorstellung des *Ganzen* der politischen *Einheit* verknüpft ist."[105] Auch wenn diese Interpretation der Bedeutung der demokratisch-pluralistischen Verkehrsformen dem Parlamentarismus der Weimarer Reichsverfassung kaum gerecht wird, artikuliert Schmitt hier wie in *Staatsethik und pluralistischer Staat* doch wohl eher ein Interesse an der Fortexistenz und Stabilität des Weimarer Staates als an dessen Zerstörung.[106] In systematischer Hinsicht kann es aber nicht zweifelhaft sein, dass Schmitt nicht die im Wohlfahrtsstaat neu angelegten Möglichkeiten zur Steigerung gesellschaftlicher Selbstorganisation gedanklich ausloten will, sondern nach einer Lösung sucht, in der die staatliche Autorität zentral von oben kommt, jenseits der kollektiv-rechtlichen Komponenten der gesellschaftlichen Freiheitsrechte und jenseits der Verkehrsformen der Massenkultur und ihrer Pluralität von Loyalitäten. 267

Schmitts antipluralistische Staatsauffassung hinterlässt noch in der Staatstheorie und Staatslehre der (frühen) Bundesrepublik tiefe Spuren. Sie grundiert etwa Werner Webers Analysen zum Bonner Grundgesetz, die bereits in den frühen 1950er Jahren einsetzen und in denen Weber den Auftritt von politischen Parteien und sozialen Verbänden in Legislative, Exekutive und Justiz als „Einbruch politischer Stände in die Demokratie" deutet.[107] Schmitt liefert ferner das Schema, mit dessen Hilfe Ernst Forsthoff im *Staat der Industriegesellschaft* (1970) die Entwicklung zum Wohlfahrtsstaat mit einer Schwächung von Staatlichkeit gleichsetzen kann: als Aushöhlung und Entkernung der „machtpolitischen Realität" des souveränen Staates im Zuge seiner nach der Novemberrevolution von 1918 eingeleiteten „weltanschaulich-politischen Zerklüftung" und einem dadurch eingeleiteten Abbau aller auf souveräne Eigenständigkeit des Staates hindeutenden Strukturen.[108] Ja, noch Ernst-Wolfgang Böckenfördes Vorstellung demokratischer Legitimation, die auch Eingang in die Rechtsprechung des deutschen Bundesverfassungsgerichts gefunden hat,[109] ist tief durch Schmitt geprägt. Böckenfördes Demokratie kennt wie Schmitts Staat keine sozialen Gruppen, sondern ausschließlich Individuen, die Staatsangehörigen, weil nur diese „mit dem politischen Leben und Schicksal des Staates, den sie bilden und tragen, wesentlich verknüpft" sind.[110] 268

---

104 *C. Schmitt,* Der Hüter der Verfassung [1931], 1969, 71.

105 *Schmitt,* ebd., 157 (Hervorhebung im Original).

106 Vgl. die Einschätzung bei *Breuer* (Carl Schmitt im Kontext), 125; und *Meder* (Doppelte Körper im Recht), 195.

107 *Weber* (Spannungen und Kräfte im westdeutschen Verfassungssystem), 36ff.

108 Vgl. nur *Forsthoff* (Der Staat der Industriegesellschaft), 14, 17, 165; ausführlicher *Meinel* (Der Jurist in der industriellen Gesellschaft), 440ff.

109 Dazu kritisch *Kersten* (Schwarmdemokratie), 2017, 146ff.

110 *Böckenförde* (Demokratie als Verfassungsprinzip), 289ff., 311, 312.

### 2. Integration bei Rudolf Smend

269 Es hat sicher nicht zur Stabilisierung der Weimarer Republik beigetragen, dass das angelsächsische pluralistische Gesellschaftsdenken in der Weimarer Staatslehre ohne positive Resonanz geblieben ist. Zwar verfügte die Weimarer Republik nicht zuletzt in Hugo Preuß, auf den der Text der Reichsverfassung wesentlich zurückging, über einen Politiker und Staatsrechtler, der auf der Grundlage der Genossenschaftslehre Otto v. Gierkes zu ähnlichen Einsichten wie der angelsächsische Pluralismus gelangte: So wie der Pluralismus den Staat von der Vielzahl gesellschaftlicher Gruppierungen und Rechtsordnungen her denkt, steht bei Preuß der Gedanke einer genossenschaftlichen Organisation von unten nach oben, von „der Gemeinschaft der Genossen, der Bürger, aufsteigend von den engeren zu den weiteren Verbänden" im Zentrum.[111] Insofern ist es naheliegend, in Hugo Preuß heute einen Vordenker einer pluralistischen Verfassungstheorie zu sehen.[112] Aber selbst wenn man in Rechnung stellt, dass die angelsächsische politische Theorie in gewisser Weise eine Tradition fortsetzt, zu der auch das pluralistische Erbe der Historischen Rechtsschule Savignys und die Genossenschaftslehre Otto v. Gierkes gehören,[113] wird die in der deutschen Staatslehre bis in das 20. Jahrhundert hinein vorherrschende Vorstellung vom Staat als Einheit weder durch eine unmittelbare noch durch eine mittelbare Rezeption des angelsächsischen Pluralismus herausgefordert oder überwunden.

270 Die Entwicklung eines neuen Sinnbildes des Staates läuft vielmehr über eine Selbsterneuerung der Staatslehre selbst. Den Grundstein für diese Selbsterneuerung legt die Integrationslehre, die Rudolf Smend (1882–1975) in der Spätphase der Weimarer Republik entwirft.[114] Bestand für einen staatsrechtlichen Autor wie Paul Laband noch im späten 19. Jahrhundert kein Zweifel, dass die Beziehung zwischen Individuum und Staat als Beziehung zwischen zwei an sich stabilen Personen konstruiert werden konnte, werden gerade diese Beziehung und ihre beiden Pole in *Verfassung und Verfassungsrecht* (1928) zu demjenigen Problem, auf das Smend das von ihm so genannte „Sinnprinzip der Integration" ansetzt.[115] Der Begriff der „Integration" stammt von dem englischen Soziologen Herbert Spencer (1820–1903), bei dem Integration die Antwort auf den Prozess zunehmender Differenzierung der Gesellschaft im Zuge ihrer Evolution ist. Smend übernimmt diese Bedeutung und überträgt sie auf die Einheit des Staates, die nun ebenso wenig länger vorausgesetzt werden kann wie die feste Bindung des Individuums an diesen. Mit dem Aufstieg der Massenkultur und der mit ihr einhergehenden Erschütterung aller tradierten Autoritäten werden Staatstheorie und Staatslehre vielmehr dazu gezwungen, die Einheit des Staates neu zu denken. Und rückte für einen Schriftsteller wie Hugo von Hofmannsthal das Gleitende schon um 1900 an die Stelle des Festen, fordert auch Smend in den späten 1920er Jahren, den Staat nicht länger als etwas Stabiles zu denken, sondern als fließend und dynamisch, als steter Erneuerung und Weiterführung bedürftig. „Wie in jeder Gruppe, so besteht

[111] Vgl. nur *Viellechner* (Transnationalisierung des Rechts), 234, 235.

[112] Dazu etwa *A. Voßkuhle,* Hugo Preuß als Vordenker einer Verfassungstheorie des Pluralismus, in: Kocka/Stock (Hrsg.), Hugo Preuss: Vordenker der Pluralismustheorie, 2011, 251 ff.

[113] Dazu *Meder* (Doppelte Körper im Recht), 164 ff., 195.

[114] Vgl. zum historischen Kontext und zu den Wirkungen Smends *S. Korioth,* Rudolf Smend (1882–1975), in: Grundmann u. a. (Hrsg.), Festschrift 200 Jahre Juristische Fakultät der Humboldt-Universität zu Berlin, 2010, 583 ff.

[115] *Smend* (Verfassung und Verfassungsrecht), 119 ff., 120.

ganz besonders im Staat ein erheblicher, ja der grundlegende Teil seiner Lebensvorgänge in dieser stetigen Selbsterneuerung, dem fortwährenden Neuerfassen und Zusammenfassen seiner Angehörigen."[116]

Verfassung
und
Verfassungsrecht

Von

Dr. Rudolf Smend
o. Professor des öffentlichen Rechts
an der Universität Berlin

München und Leipzig / 1928
Verlag von Duncker & Humblot

*Abb. 18 Titelblatt von Rudolf Smends „Verfassung und Verfassungsrecht" aus dem Jahre 1928*

Wie soll man sich einen solchen Staat vorstellen? Die Integrationslehre geht von phäno- 271
menologischen Prämissen aus. Zwar spricht Smend statt von Phänomenologie auch häufig von geisteswissenschaftlicher Methode und bezieht sich dabei meist auf die Kultur- und Sozialphilosophie Theodor Litts. In der Sache folgt die Integrationslehre aber wesentlichen Einsichten, die in der Philosophie des frühen 20. Jahrhunderts mit dem Namen Edmund Husserl (1859–1935) verbunden sind. So wie es Husserls Phänomenologie um eine Strukturwissenschaft des Bewusstseins im Sinne einer die Gegebenheiten der Lebenswelt einschließenden Philosophie des Geistes geht,[117] sucht auch Smend in der staatstheoretischen Grundlegung der Integrationslehre die „phänomenologische Struktur des Ich" jenseits einer reinen Bewusstseinsanalyse zu erhellen.[118] Der Strukturbegriff läuft deshalb auf eine phänomenologische Erfassung sozialer Gesamttatbestände hinaus, in der die harte Gegenüberstellung von Ich und sozialer Welt, von Individualismus und Kollektivismus, überwunden werden soll. Das Ich gibt es also nicht als ein an sich Seiendes, Objektivierbares, „sondern nur, sofern es geistig lebt, sich äußert, versteht, an der geistigen Welt Anteil hat, d. h. auch in irgendwelchem allgemeinsten Sinne Gemeinschaftsmitglied, intentional auf andere bezogen ist."[119] Das gilt sowohl für den

[116] *Smend,* ebd., 135, 138.
[117] Vgl. *F. Fellmann,* Phänomenologie zur Einführung, 2006, 24ff., 28.
[118] *Smend* (Verfassung und Verfassungsrecht), 125.
[119] *Smend,* ebd.

einzelnen Menschen wie auch für das Gemeinschaftsleben: Auch letzteres sei nur das Einheitsgefüge der Sinnerlebnisse der Individuen und beide seien Momente einer dialektischen Zusammenordnung. „Jede Wissenschaft vom geistigen Leben hat hier ihr Apriori, und zwar nicht ein transzendentales, sondern eins der immanenten Struktur ihres Gegenstandes, das, auf dem besonderen Wege phänomenologischer Abstraktion gewonnen, hier vorausgesetzt werden soll.“[120]

272 Akzeptiert man diese Voraussetzungen, können Staat und Verfassung nicht länger als in sich ruhend vorgestellt werden. Der Staat ist wie das Individuum ein Teilgebiet der geistigen Wirklichkeit, Teil eines dialektischen Gefüges, das ständig im Werden, ständige Schöpfung ist. Der Staat ist eine sich selbst gestaltende, stets im Fluss befindliche und weder vom Individuum noch von der Gemeinschaft ableitbare phänomenologische Struktur, die einen Erlebniszusammenhang schafft, in die die Einzelnen als Staatsbürger einbezogen sind. Der Staat, so das Credo Smends, existiere nur in einem Prozess beständiger Erneuerung und dauernden Neuerlebtwerdens, er lebe, wie Smend im Anschluss an den französischen Schriftsteller und Religionswissenschaftler Ernest Renan an zentraler Stelle formuliert, von einem Plebiszit, das sich jeden Tag wiederhole. „Staats- und Staatsrechtslehre haben es zu tun mit dem Staat als einem Teil der geistigen Wirklichkeit. Geistige Kollektivgebilde sind als Teile der Wirklichkeit nicht statisch daseiende Substanzen, sondern die Sinneinheit reellen geistigen Lebens, geistiger Akte. Ihre Wirklichkeit ist die einer funktionellen Aktualisierung, Reproduzierung, genauer einer dauernden geistigen Bewältigung und Weiterbildung … nur in diesem Prozeß werden sie in jedem Augenblicke von neuem wirklich … So ist insbesondere der Staat nicht ein ruhendes Ganzes, das einzelne Lebensäußerungen, Gesetze, diplomatische Akte, Urteile, Verwaltungshandlungen von sich ausgehen läßt. Sondern er ist überhaupt nur vorhanden in diesen einzelnen Lebensäußerungen, sofern sie Betätigungen eines geistigen Gesamtzusammenhangs sind, und in den noch wichtigeren Erneuerungen und Fortbildungen, die lediglich diesen Zusammenhang selbst zum Gegenstande haben … Es ist dieser Kernvorgang staatlichen Lebens …, für den ich … die Bezeichnung Integration vorgeschlagen habe.“[121]

273 Ist staatliche Integration in der angelsächsischen Pluralismustheorie primär eine Aufgabe der gesellschaftlichen Gruppen und einer Vielheit von Rechtsordnungen, ist sie für Smend die Aufgabe des Staates und seines Rechts als Gesamterlebnis. Damit schafft Smend ein Integrationskonzept, in dessen Zentrum zweifellos der Staat als solcher steht: Integration bedeute, alle gesellschaftlichen Sphären staatlich zu durchdringen, um „alle vitalen Kräfte des Volkskörpers für das Staatsganze zu gewinnen.“[122] Smend geht es nicht um die Stabilisierung von horizontalen und dezentralen Prozessen wechselseitiger Selbst- und Fremdbeobachtung jenseits der Zentralität eines übergeordneten Staatssubjektes und eines von ihm abhängigen Rechts, sondern gerade um die Selbstreproduktion des Staates. Darin ist zweifellos eine unproduktive Fixierung auf den Staat angelegt, gleichwohl besteht der große theoretische Fortschritt der Integrationslehre darin, die Abhängigkeit des Staates von Subjekten zu akzeptieren, die ihm vorausliegen und zu denen Smend auch ausdrücklich Gruppen wie etwa das Mi-

[120] *Smend,* ebd., 126.

[121] *Smend,* ebd., 136. Smends Integrationslehre kommt damit Luhmanns autopoetischem System nahe, allerdings im Rahmen einer Staatstheorie, nicht einer Gesellschaftstheorie, und ohne wie Luhmann scharf zwischen sozialen und psychischen Systemen, Gesellschaft und Individuum, zu unterscheiden.

[122] *Smend,* ebd., 206 Fn. 3.

litär zählt.[123] Anders gesagt: Auf den Aufstieg einer Welt aus Bezügen, die auf Gleitendem ruht, antwortet Smend mit einer dynamischen Form und einem synthetisch-objektivierenden Denken, mit der Idee einer beständigen Selbsterneuerung des Staates und einer fließenden Rechts- und Verfassungsfortbildung, die die sozialen Kräfte immer erst für sich gewinnen muss. Dazu fächert Smend unter anderem den Integrationsbegriff weiter in die Dimensionen der persönlichen, funktionellen und sachlichen Integration auf und rückt in all diesen Dimensionen die Bedingungen und Möglichkeiten der Bindung der Individuen und Gruppen an den Staat in den Vordergrund. So spricht Smend beispielsweise im Kontext der sachlichen Integration von notwendigerweise integrierenden Symbolisierungen,[124] worunter er Fahnen, Wappen, Staatshäupter, politische Zeremonien und nationale Feste zählt, gemeinsame Kriegserlebnisse oder eine Heimatlandschaft wie den Rhein – eine Vorstellung, die im Übrigen nicht sehr weit von Hofmannthals Zeremonie des Ganzen entfernt ist.

Bis heute ist umstritten, ob die Integrationslehre in den unruhigen 1920er Jahren einen Beitrag zur Stärkung der republikanischen und parlamentarischen Institutionen der Weimarer Reichsverfassung leisten wollte oder eher auf eine antiliberale autoritäre Lösung zielte. Für letzteres spricht, dass Rudolf Smend – ähnlich wie Carl Schmitt – die eigentümliche Integrationsleistung des italienischen Faschismus bewunderte. Der Faschismus, so Smend, habe die Notwendigkeit allseitiger Integration mit großer Klarheit erkannt und in besonderer Weise verstanden, durch symbolisierende Ereignisse wie Mussolinis Marsch auf Rom den Bruch mit dem bürgerlichen Staat und die Inaugurierung ganz neuer staatlicher Inhalte immer wieder zu unterstreichen; und damit den revolutionären Charakter des neuen Regimes, die Begründung einer spezifisch faschistischen Legitimität, mit Meisterschaft umgesetzt.[125] Smend legte sich nicht näher fest, was vom neuen faschistischen Mythos und seiner Legitimität zu halten sei – und ob das „formale Spiel des Parlamentsstaats" des 19. Jahrhunderts damit ebenso erledigt war wie das demokratische Zeitalter der „plebiszitären Lebensformen des Massenstaats".[126] Daraus wird man aber kaum eine Sympathie Smends für den Nationalsozialismus ableiten können. Dazu kreiste die Integrationslehre viel zu sehr um die Erhaltung einer unpersönlichen Staatlichkeit und damit um ein Projekt, das den Intentionen des Nationalsozialismus, der Sicherung fester Befehlsstrukturen auf der Grundlage außerordentlicher persönlicher Führungsqualitäten, doch entschieden widersprochen haben dürfte. 274

### 3. Politische Einheitsbildung: Heller/Hesse

Das Grundproblem des Staates besteht für Hermann Heller „in der Vereinheitlichung des Willens einer aus vielen bestehenden Gebietsgesellschaft."[127] Für den Prozess der Bildung staatlicher Einheit aus gesellschaftlicher Vielheit verwendet Heller bereits während der Weimarer Republik Begriffe wie „innerstaatliche" oder „bewußte Einheitsbildung".[128] Heller ist wie Smend an einer kulturwissenschaftlichen Staatstheorie interessiert, die die Verengungen des Rechtspositivismus überwindet. In seiner *Staatslehre* (1934) nimmt dieses Interesse die Form einer Organisationslehre des Staates an. Die methodologische Grundlegung dieses Unternehmens, das Heller auch als „wirklichkeitswissenschaftliche Staatslehre" bezeichnet,[129] wird der Sache meist nicht ge- 275

[123] Vgl. nur *Smend,* ebd., 149.
[124] *Smend,* ebd., 170.
[125] *Smend,* ebd., 163 Fn. 10, 175.
[126] *Smend,* ebd., 172.
[127] *H. Heller,* Rechtsstaat oder Diktatur [1930], in: *ders.,* Gesammelte Schriften Bd. 2, 1992, 443 ff., 458.
[128] Z. B. *H. Heller,* Politische Demokratie und soziale Homogenität [1928], in: *ders.,* Gesammelte Schriften Bd. 3, 1992, 421 ff., 425; *ders.* (Staatslehre), 182.
[129] *Heller,* ebd., 138; ausführlicher *T. Vesting,* Staatslehre als Wirklichkeitswissenschaft, Der Staat 31 (1992), 161 ff.

recht. Heller geht aber zutreffend davon aus, dass der Ort der staatlichen Wirklichkeit von der konkret-historischen Wirklichkeit der Gesellschaft her erschlossen werden müsse.[130] Es bleibt wiederum unklar, was die gesellschaftliche Wirklichkeit im frühen 20. Jahrhundert im Einzelnen ausmacht; Heller setzt aber immerhin einen gewissen Schwerpunkt auf die Analyse des ökonomisch-technischen Feldes und die starken Interessengegensätze innerhalb dieses Kultursystems, das Heller auch als „Klassengesellschaft" bezeichnet.[131] Die moderne Kultur sei eine von starken Gegensätzen und Unterschieden: „durch ökonomische und geistige, konfessionelle, dynastische und alle möglichen anderen Gegensätze wird eine große Mannigfaltigkeit von politischen Gegnerschaften erzeugt."[132]

276 Dass eine große Mannigfaltigkeit von politischen Gegnerschaften zur Bedingung der staatlichen Einheit wird, bedeutet für Heller vor allem, dass die Einheit des Staates und des staatlichen Rechts durch eine bewusste Einheitsbildung hervorgebracht werden müssen. Bewusste Einheitsbildung ist stets das Produkt von Organisationen, nicht aber kann diese in einem homogenen Substrat, dem als Einheit gedachten Volk, der Nation, vorausgesetzt werden. Nur Organisationen bringen kollektive Wirkungseinheiten hervor und sind damit zugleich die Bedingung für „kollektive Entscheidungs- und Aktionsfähigkeit".[133] Der Staat ist also nichts anderes als eine organisierte „Entscheidungs- und Wirkungseinheit",[134] aber zugleich die einzige Handlungseinheit, die das gebietsgesellschaftliche Zusammenwirken selbstständig aktivieren und organisieren kann. Deshalb ist der Staat auch allen anderen Organisationen überlegen, er ist eine souveräne Entscheidungs- und Wirkungseinheit, die ihrem Willen nicht zuletzt durch das staatliche Recht zu effektiver Wirksamkeit verhelfen kann. „*Genus proximum* des Staates ist somit die Organisation, das zur Einheit der Entscheidung und Wirkung planmäßig organisierte Handlungsgefüge. *Differentia specifica* allen anderen Organisationen gegenüber ist seine Eigenschaft der souveränen Gebietsherrschaft. Durch die Souveränität und Gebietsbezogenheit der Staatsgewalt empfangen alle Elemente der Staatsorganisation ihren spezifischen Charakter. Souverän kann der Staat nur sein, weil er seiner Ordnung gegenüber allen anderen gesellschaftlichen Ordnungen eine besondere Geltung verschaffen, d. h. weil er die Menschen, welche ihn durch ihre Akte verwirklichen, in ganz anderer Weise zu ergreifen vermag als die sonstigen Organisationen."[135]

277 Je mehr der Wohlfahrtsstaat sich nach dem Ende des Zweiten Weltkrieges in den westlichen Ländern stabilisiert, desto stärker wird die Massenkultur auch in der neu gegründeten Bundesrepublik zu einer weitgehend akzeptierten Voraussetzung staatstheoretischen Denkens. Die im Weimarer Staatsdenken noch weit verbreiteten Vorbehalte gegen Massendemokratie und Parlamentarismus verschwinden und weichen unter dem Einfluss der westlichen Besatzungsmächte dem Leitbild der liberalen Demokratie.[136] Damit setzt sich auch in der deutschen Staatslehre nach und nach die Einsicht durch, dass Gruppen und Organisationen legitime Eigenrechte an den Staat

130 *Heller* (Staatslehre), 195, 206 (Zitat).
131 *Heller*, ebd., 208.
132 *Heller*, ebd., 265.
133 *Heller*, ebd., 182.
134 *Heller*, ebd., 111, 348.
135 *Heller*, ebd., 348.
136 Dazu mehr bei *Stolleis* (Öffentliches Recht in Deutschland), 138ff., 162.

adressieren und die Staatstheorie sich für ein neuartiges Denken in Differenz- und Prozessbegriffen öffnen muss. Staatlichkeit, so formuliert der Politikwissenschaftler Ernst Fraenkel diese Einsicht 1964, könne nur unter aktiver Mitwirkung der autonomen sozialen Gruppen zustande kommen.[137] Die vorausgesetzte Einheit weicht jetzt einer dynamischen Form, in der die Einheit des Staates und des staatlichen Rechts immer erst durch pluralistische Interessenvermittlung hergestellt werden muss.[138] Und obwohl die Integrationslehre in der Gestalt, die Smend ihr in der Weimarer Republik gegeben hatte, nicht wirklich auf ein pluralistisches Ordnungsmodell hinauslief, wird sie in der frühen Bundesrepublik doch so umgeschrieben, dass sie zum Zentrum einer Bewegung der Transformation des Staatsbegriffs innerhalb der Staatstheorie und Staatslehre wird, die von der Einheit des Staates zur fortwährenden politischen Einheitsbildung führt.[139]

278 Der Autor, der diese Wende am entschiedensten und mit der größten intellektuellen Kraft vorantreibt, ist Konrad Hesse. In seinen *Grundzügen des Verfassungsrechts der Bundesrepublik Deutschland,* die 1966 zum ersten Mal erscheinen und mehr als zwanzig Auflagen erleben, greift Hesse die von Smend entwickelte Vorstellung der Verfassung als rechtlicher Ordnung des Prozesses der staatlichen Integration auf und verknüpft sie mit Hellers Idee staatlicher Einheitsbildung als einem bewussten, planmäßigen und organisierten Zusammenwirken gesellschaftlicher Kräfte. Und Hesse ist es auch, der den Begriff der „politischen Einheitsbildung" popularisiert. Das heutige Staatsverständnis, dem die Geschichtlichkeit seines Gegenstandes bewusst geworden sei, führt Hesse aus, sei der Rückgriff auf Vorstellungen vom Staat als einer jenseits realer geschichtlicher Kräfte stehenden, vorgegebenen, wesenhaft-zuständlichen Einheit verwehrt. Die industrielle Entwicklung und die dadurch ausgelösten Veränderungen wie die starke Bevölkerungsvermehrung, die Spezialisierung und Arbeitsteilung ließen es nicht mehr zu, das Problem der politischen Einheitsbildung zu übergehen und Staat und Verfassung von ihrem soziologischen Substrat zu isolieren. Der Staat könne also nicht mehr als etwas Vorfindliches vorausgesetzt werden, sondern gewinne Wirklichkeit nur, „sofern es gelingt, die in der Wirklichkeit menschlichen Lebens bestehende Vielheit der Interessen, Bestrebungen und Verhaltensweisen zu einheitlichem Handeln und Wirken zu verbinden, politische Einheit zu bilden. Dieses Einswerden der Vielheit ist niemals endgültig abgeschlossen, so daß es ohne weiteres als gegeben vorausgesetzt werden könnte, sondern ein ständiger Prozeß und darum stets auch aufgegeben."[140]

279 So wie das Universum im Pragmatismus von William James *still in the making* ist,[141] werden der Staat und das staatliche Recht in der Staatstheorie und Staatslehre des 20. Jahrhunderts zu Phänomenen, deren Einheit niemals fertig ist. Es erscheint auch heute noch richtig, die Staatslehre für die mit der Massenkultur und der Industrialisierung einhergehenden Veränderungen zu öffnen. Autoren wie Heller und Hesse haben den Akzent außerdem zu Recht auf die zentrale Rolle von Gruppen und Organisationen für die Bildung staatlicher Einheit und staatlichen Rechts gelegt, auf die massenkulturelle Logik der Gruppierung und den Organisationsmenschen. Das wird heute auch als Aufstiegs eines neuartigen Ordnungsmodells beschrieben. „Das Ordnungsmodell der ‚Gesellschaft der Individuen', das auch Organisationen als Sonderfall des Individuums behandelt hat (z. B. Gesellschaftsrecht als Recht der ‚juristischen Person')", heißt es

137 Vgl. *Viellechner* (Transnationalisierung des Rechts), 237.

138 Vgl. *H. Dreier,* Hierarchische Verwaltung im demokratischen Staat, 1991, 32.

139 Näheres dazu bei *F. Günther,* Denken vom Staat her, 2004, 234 ff.

140 *Hesse* (Grundzüge des Verfassungsrechts), Rn. 6.

141 Vgl. *Kerber* (Pluralismus), 988 ff., 989.

bei Karl-Heinz Ladeur, „ist durch das Recht der ‚Gesellschaft der Organisationen' einem Remodellierungsprozess unterworfen worden. Dieser Prozess vollzieht sich über einen längeren Zeitraum mit der Herausbildung von großen Unternehmen der Massenproduktion, von Verbänden, die gemeinsame Interessen an den Staat adressieren und systematisch gesellschaftliche Konventionen reformulieren (Standards, AGB). Sie entwickeln neue Institutionen der Risikobewältigung (private und öffentliche Versicherungen), staatliches Regulierungsrecht, das auf die Fragmentierung der gesellschaftlichen Wissensgenerierung reagiert, die großen technischen Systeme (Elektrizität, Verkehr, Telefon etc.) und schließlich eine besondere ‚Sphäre des Öffentlichen', die den Wandel des Staates zum Sozialstaat als ‚gesellschaftlichem Staat' zur Geltung bringt."[142]

280 Der Wohlfahrtsstaat, der die staatlichen Leistungen umfassend erweitert und dabei eine Fülle neuer (materialisierter) Rechtsstrukturen schafft, bleibt auch für die Gegenwart von Bedeutung. Auch in der neuen Netzwerkkultur verschwinden der Wohlfahrtsstaat und seine Rechtsformen nicht. Staat und Recht verändern sich aber und werden sich weiter verändern. Zwar können diese Veränderungen erst auf der Grundlage des Paradigmas des Wohlfahrtsstaates genauer beschrieben werden, damit wird aber zugleich eine Grenze der Staatslehre des Wohlfahrtsstaates und ihrer Leitbilder der Integration und der politischen Einheitsbildung sichtbar: Smend, Heller und Hesse bleiben einer heute nicht mehr produktiven Staatsfixierung verpflichtet.

281 Ihr Denken überschätzt die Bedeutung der formalisierten politischen Institutionen und geht besonders an den Prozessen der Selbstorganisation der vielfältigen Ordnungen und Sinnregionen der modernen Kultur und Gesellschaft vorbei, wie sie sich bereits im Wohlfahrtsstaat äußern, zum Beispiel im Bedeutungszuwachs von privat-öffentlichen Kooperationen und nicht zuletzt in der Ausübung von gesellschaftlichen Freiheitsrechten durch gesellschaftliche Gruppen, private Unternehmen und halbstaatliche Organisationen. Dazu gehört schon im Wohlfahrtsstaat die Institutionalisierung von Freiheitsrechten auf transnationaler Ebene, die, wie etwa die europäische Kapitalverkehrsfreiheit (Art. 63 Abs. 1 AEUV) zeigt, sogar für Drittstaaten (EU-Ausländer) gilt und die ebenfalls private Unternehmen in Anspruch nehmen können. Diesem Ausbau der gesellschaftlichen Selbstorganisation korrespondiert die Erfahrung, dass selbst ein so großes Land wie Deutschland heute – zumindest für eine gewisse Zeit – auch ohne Regierung funktioniert und monatelange Koalitionsverhandlungen das Alltagsleben nicht wirklich berühren. Wie immer man an diesem Punkt aber auch die Akzente setzen mag, es kann gegenwärtig jedenfalls keine Rede mehr davon sein, dass der Staat den Menschen als Organisation „in ganz anderer Weise zu ergreifen vermag als die sonstigen Organisationen."[143]

[142] *Ladeur* (Recht – Wissen – Kultur), 76, 77.
[143] *Heller* (Staatslehre), 348.

# § 6 Ordnungsbildung in Fragmenten: Der Netzwerkstaat

## I. Die Kultur der Netzwerkkultur

### 1. Fragmentierung

Ein Fragment ist typischerweise ein Bruchstück, beispielsweise ein Knochenstück, 282
eine Tonscherbe oder ein Fetzen Pergament, das keinem Ganzen zugeordnet werden kann und dessen Sinn sich nicht, jedenfalls nicht vollständig, erschließen lässt. In Kunst und Literatur versteht man unter Fragment auch einen Torso, einen Entwurf oder eine Skizze, etwa den Überrest einer antiken Statue, ein unvollständiges Bild oder eine unvollendete Sinfonie. Wir wollen diesen Sprachgebrauch dahingehend generalisieren, dass wir von „Fragmentierung" dann sprechen, wenn die Beziehung zwischen der Ebene der Einheit und Allgemeinheit auf der einen Seite und der Ebene der Differenz und Besonderheit auf der einen Seite von Brüchen und Spaltungen, von einer Splitterdynamik erfasst wird. Von einem Prozess der „Fragmentierung" wäre in kultureller Hinsicht dann auszugehen, wenn die Einheit und Allgemeinheit der Kultur als eines Gewebes von Bedeutungen, die in Form von allgemeingütigen Symbolen auftreten, zwar weiterhin als Anfangsbedingung der modernen Kultur unterstellt werden muss, die moderne Kultur sich in der Netzwerkkultur aber über ihre pluralen Erscheinungsformen hinaus weiter vervielfältigt und ausdifferenziert. Mehr noch: Die Differenzen und Besonderheiten entfalten eine Eigendynamik und Eigenlogik, der man keine vorausgesetzte Allgemeinheit mehr überordnen kann.[1] Auch das gruppenpluralistische Modell einer Mehrheit von Subjekten, die sich in einem Prozess der Integration koordinieren und so laufend eine synthetische Allgemeinheit aktualisieren, wird gesprengt. Fragmentierung wäre dann der Gegenbegriff zu Pluralisierung.

Während die Massenkultur noch von einem Bestand an überlappenden Gemeinsam- 283
keiten ausgehen konnte, der es zuließ, der Logik der Gruppierung immer wieder eine Logik der Integration entgegenzusetzen, sind es genau diese verbindenden Momente, die kulturellen Gemeinsamkeiten – gemeinsames Wissen, gemeinsame Werte, gemeinsame Regeln etc. –, die durch die neue Netzwerkkultur mehr denn je in Frage gestellt werden. An die Stelle verbindender Synthesen treten lockere, vorübergehende (zufällige) Konfigurationen von Fragmenten der Kultur (und des Wissens), die jenseits territorialer Grenzen weitreichende Konsequenzen haben. Das lässt sich exemplarisch an der Geschichte des Computers beschreiben. Die Geschichte des Computers ist stark verästeltet und reicht weit zurück: Zu ihr gehören große technische Durchbrüche wie etwa Konrad Zuses Konstruktion des ersten programmkontrollierten Computers (1941) oder das bahnbrechende Konzept des Von-Neumann-Computers, den der Mathematiker John von Neumann 1946 entwickelt hat, wonach ein Computer aus fünf Funktionseinheiten, aus Steuerwerk, Rechnerwerk, Speicher, Eingabewerk und Ausgabewerk besteht.[2] Zur Geschichte des Computers gehört ferner die Geschichte der Evolution der Mikroelektronik, die Erfindung integrierter Schaltkreise in den 1950er Jahren und die immer weiter voranschreitende Miniaturisierung der Mikro-

1 Ähnlich *Reckwitz* (Die Gesellschaft der Singularitäten), 11 („die soziale Logik des Allgemeinen verliert ihre Vorherrschaft an die soziale Logik des Besonderen").

2 Vgl. *K. Mainzer*, Computerphilosophie zur Einführung, 2003, 32.

prozessoren, die heute einige Milliarden Transistoren enthalten können. Außerdem setzt der Computer bestimmte theoretische und informationstechnologische Grundlagen voraus, für die Alan M. Turings Schrift *On Computable Numbers* (1936) und Claude E. Shannons *Symbolic Analysis of Relay and Switching Circuits* (1937) als entscheidend angesehen werden. Diese Arbeiten wären wiederum ohne gewisse mathematisch-logische Voraussetzungen nicht möglich gewesen, zu denen nicht zuletzt die mathematische Grundlagendiskussion des frühen 20. Jahrhunderts gezählt werden muss, die mit David Hilberts Versuch einer vollständigen Axiomatisierung der Arithmetik und Kurt Gödels Beweis der Unvollständigkeit der Arithmetik verbunden ist. Von hier aus lässt sich der Computer wiederum in eine Entwicklungsgeschichte der Idee der Formalisierung hineinstellen und sogar bis zu Leibniz Konzeption einer formalen *scientia generalis,* der Idee einer Universalwissenschaft, zurückverfolgen.[3]

284 In einer Perspektive, die die abendländische Geschichte der Zeichenpraktiken mit machtpolitischen Aspekten verknüpft, kann man die Anfänge der Geschichte des Computers auch als Geschichte des Digitalen und diese als eine Geburt aus dem Geist einer „Deterritorialisierung des Analytischen“ beschreiben.[4] Das Digitale erscheint dann als eine Kultur des Mathematischen, die auf das Rechnen mit indisch-arabischen Ziffern zurückzuführen ist, das seit dem 10. Jahrhundert die griechisch-römische Tradition des Rechenbrettrechnens in Europa verdrängt.[5] Daraus gehen verschiedene schriftliche Rechenpraktiken hervor, wie sie beispielsweise im 14. Jahrhundert die Kommunalverwaltungen in Florenz, Genua und Venedig erobern und in den Kaufmannsbüros die Einführung der Tabellen der doppelten Buchführung ermöglichen.[6] Mathematische und diagrammatische Zeichenpraktiken bilden überdies die Grundlage für die Entstehung von großen Bürokratien und auf Kolonialismus beruhenden Weltreichen, in denen die Könige nicht mehr dauernd umherreisen, sondern zu Sekretären werden. Spanien zu Zeiten Philipp II., dem papierenen König *(el rey papelero),* wäre dafür ein Beispiel.[7]

285 Diese äußerst knappe Rekonstruktion einiger materieller und intellektueller Voraussetzungen des Computers zeigt, dass sich weder dessen Erfindung noch dessen Geschichte auf einen Ursprungspunkt oder eine Synthese aus einer Mehrzahl von Bewegungen zurückführen lässt. Vielmehr handelt es sich beim Computer um eine Technologie, die aus unterschiedlichsten und zunächst unverbundenen Erfindungen und Praktiken hervorgegangen ist, um ein Produkt aus verschiedenen Fragmenten der westlichen Kultur und ihrer Symbolsysteme: Eine von keinem Zentrum überschaubare, hochgradig verästelte Reihe von Anfangsbedingungen führt über eine Verkettung von Erkenntnisfortschritten in den unterschiedlichsten Feldern im 20. Jahrhundert zu entscheidenden technisch-praktischen Durchbrüchen und zur Entwicklung algorithmischer Verfahren, auf denen heute nicht nur Personal Computer, sondern auch Computernetzwerke wie das Internet, Smartphones, soziale Medien und Suchmaschinen beruhen. Diese Dynamik entwickelt sich ohne eine von vornherein in sie eingelassene Teleologie oder Zwecksetzung, so dass man die Geschichte des Digitalen und des Computers auch kaum als Ausdruck eines neuartigen „Machtdispositivs“ interpretieren kann.[8] Auch der Staat hat dieses Dispositiv nicht geschaffen, und doch sind der Staat, die Verwaltung, die Institutionen des Öffentlichen, die Prozesse demokratischer Willensbildung oder das Parteiensystem gegenwärtig von der Netzwerkkultur und

[3] Vgl. *S. Krämer,* Symbolische Maschinen, 1988, 100ff.
[4] Vgl. *B. Siegert,* Passage des Digitalen, 2003, 19.
[5] Vgl. *Krämer* (Symbolische Maschinen), 54.
[6] Vgl. *Siegert* (Passage des Digitalen), 41f.
[7] Vgl. *Siegert,* ebd., 66ff.; vgl. auch allg. *C. Vismann,* Akten, 2000.
[8] So aber *Siegert* (Passage des Digitalen), 415, 417, 19.

ihrer Splitterdynamik betroffen, wie etwa das Verwaltungsrecht zeigt, in dem sich ein „Dschungel von Sonderdogmatiken auf verschiedenen Regulierungsebenen und -feldern" herausgebildet hat.[9] Ähnliches gilt für den Gesundheitssektor und das medizinische Wissen, die unter dem Druck neuer Formen computerbasierter Wissensgenerierung instabil werden und ihre Einheit verlieren.[10] Selbst in den auf den ersten Blick nicht nahliegenden Kontexten von Schule und Universitäten, Ehe und Familie oder im Rahmen der Medienverfassung lassen sich ähnliche Fragmentierungserscheinungen beobachten.[11]

Die moderne Kultur macht bereits im ausgehenden 19. Jahrhundert Erfahrungen mit einer steigenden intellektuellen und materiellen Komplexität, die die Welt in ihrer Gesamtheit undurchschaubar werden lässt. 286
Die deutsche Soziologie des frühen 20. Jahrhunderts – Autoren wie Georg Simmel und Max Weber – beschreiben diesen Komplexitätszuwachs als Differenzierungsprozess, als Herausbildung einer Konfiguration von heterogenen und eigengesetzlichen Lebensordnungen und Sinnregionen. Weber verweist in seiner berühmten Vorbemerkung zum ersten Band der *Gesammelten Aufsätze zur Religionssoziologie* (1920) etwa auf so unterschiedliche Phänomene und Einrichtungen der modernen Kultur wie rationale Wissenschaft, rationale Rechtslehre, mathematische Naturwissenschaft und Laboratorien, auf rational harmonische Musik, die rationale Verwendung der Linearperspektive in der Malerei, auf ein periodisches Presse- und Zeitschriftenwesen, auf Fachbeamtentum und rationale Bürokratie, auf rationale Kapitalrechnung und rationale Buchführung – und spricht von diesen Fällen als Eigenarten des „spezifisch gearteten ‚Rationalismus' der okzidentalen Kultur."[12] Das Spezialwissen, das mit all diesen Fällen verbunden sei, und das Stadium der Spezialisierung, in die die Wissenschaft eingetreten sei, könnten zwar noch vergleichend erforscht, aber von keinem Forscher oder Wissenschaftler mehr beherrscht werden. In *Wissenschaft als Beruf* (1919) bringt Weber diesen Prozess der fortwährenden Anreicherung der Kultur mit Gedanken, Wissen und Problemen als Erfahrung einer Entfremdung des Geistes von sich selbst zum Ausdruck. Die Rationalisierung durch Wissenschaft und Technik bedeute praktisch den Verlust der Kenntnis der eigenen Lebensbedingungen. „Wer von uns auf der Straßenbahn fährt, hat – wenn er nicht Fachphysiker ist – keine Ahnung, wie sie das macht, sich in Bewegung zu setzen."[13]

Weber ist mit dieser Auffassung keineswegs allein geblieben. Angesichts des Niedergangs des Ideals humanistischer Bildung hat der amerikanische Literaturkritiker Lionel Trilling ungefähr fünfzig Jahre nach 287
Max Weber von einer Wunde für das intellektuelle Selbstwertgefühl des modernen Menschen gesprochen. Habe das humanistische Bildungsideal noch zu Zeiten Thomas Jeffersons ganz selbstverständlich sowohl Naturwissenschaften und Mathematik wie Literatur und Geschichte umfasst, hätten die gegenwärtigen Lehrpläne und Pflichtfächer das Ziel eines Gesamtverständnisses der Wissenschaft in ihrem aktuellen Entwicklungsstand aufgegeben. Damit provozierten sie eine ständige Demütigung für den Menschen, den sich noch das humanistische Bürgertum als allseitig gebildet vorgestellt hätte. „Dieser die meisten von uns betreffende Ausschluß aus eben der Denkweise, die gewöhnlich als die charakteristische Leistung der Moderne bezeichnet wird, muß zwangsläufig als Wunde empfunden werden, die unserem intellektuellen Selbstwertgefühl geschlagen wird. In bezug auf diese Demütigung wahren wir stillschweigendes Einverständnis, aber können wir daran zweifeln, daß sie Konsequenzen hat, daß sie ein bezeichnendes Element von Ungewißheit und Entfremdung ins Leben des Geistes einführt, das bei jeder Würdigung der gegenwärtigen Geschicke des Geistes in Betracht gezogen werden muss?"[14]

---

[9] *Stolleis* (Öffentliches Rechts in Deutschland), 182.

[10] Vgl. *F. Hase,* Sozialrecht und die Integration gesellschaftlichen Wissens, in: Masuch/Spellbrink/Becker/Leibfried (Hrsg.), Grundlagen und Herausforderungen des Sozialstaats, 2014, 423ff.; und *K.-H. Ladeur,* Wissenserzeugung im Sozialrecht und der Aufstieg von „Big Data", in: Buchner/ders. (Hrsg.), Wissenserzeugung und -verarbeitung im Gesundheits- und Sozialrecht, 2016, 89ff.

[11] Dazu erste Überlegungen bei *Vesting* (Die Medien des Rechts IV), 165ff.

[12] *M. Weber,* Vorbemerkung, in: *ders.,* Gesammelte Aufsätze zur Religionssoziologie I (1920), 1986, 11.

[13] Vgl. *Weber* (Wissenschaft als Beruf), 582ff., 593.

[14] *L. Trilling,* The Last Decade, New York/London 1979, 100ff. 108 („This exclusion of the most of us from the mode of thought which is habitually said to be the characteristic achievement of the modern age is bound to be experienced as a wound given to our intellectual self-esteem. About this humiliation we all agree to be silent, but can we doubt that it has its consequences, that it introduces into the life of

288 Ganz ähnlich wie Simmel oder Weber beschreibt Niklas Luhmann die moderne Gesellschaft unter dem Begriff der „Differenzierung“ beziehungsweise charakterisiert diese als durch einen Primat der „funktionalen Differenzierung“ determiniert.[15] Die alte Ordnung der Dinge, die Luhmann auch als „alteuropäische Tradition“ beschreibt, als eine von „griechisch-römisch-christlichem Gedankengut“ geprägte Kultur,[16] habe die Gesellschaft als Rangordnung repräsentiert. Darüber sei die moderne Gesellschaft durch die gesellschaftliche Ausdifferenzierung von Funktionssystemen für Wirtschaft, Recht, Politik, Wissenschaft, Kunst, Religion usw. hinweggegangen. Seit dem Spätmittelalter hätten verschiedene Entwicklungen wie beispielsweise die Autonomisierung der Wissenschaft als Folge des Buchdrucks oder die seit dem 17. Jahrhundert zunehmende Kreditabhängigkeit der Wirtschaft die Umstellung auf funktionale Differenzierung begünstigt. Diese Gesamtentwicklung erreiche im späten 18. Jahrhundert einen Zustand, in dem der Adel die Kontrolle über die Funktionssysteme verliere, die das Heft mehr und mehr an sich reißen würden.[17]

289 Funktionale Differenzierung bedeutet so gesehen die Übernahme jeweils einer Funktion für die Gesamtgesellschaft durch ein bestimmtes System, eine hochgetriebene Spezialisierung für die Bereitstellung einer spezifischen Leistung, wie etwa die Bereitstellung erwartungsstabilisierender normativer Strukturen durch ein darauf spezialisiertes Rechtssystem. Dies ziehe in der Praxis wiederum hochspezialisiertes Wissen des jeweiligen Systems nach sich, im Fall des Rechtssystems rechtsspezifische Begrifflichkeiten, Abstraktionen, Fallvergleiche, juristische Regeln und juristisch relevante Unterscheidungen.[18] Funktionale Differenzierung heißt dann: Fragmentierung der Gesellschaft in verschiedene Sinnwelten. Das bedeutet zugleich das Ende der Möglichkeit, die Gegenwartsgesellschaft über *eine* referenzfähige Einheit, *einen* Abschlussgedanken oder *eine* Metaerzählung beschreiben zu können. In *Beobachtungen der Moderne* (1992) fasst Luhmann diese Einsicht in der abstrakten Überlegung zusammen, dass es kein Problem der Referenz gebe, das unabhängig von der für jedes Funktionssystem kennzeichnenden Trennung von Selbstreferenz und Fremdreferenz lösbar wäre. Mit anderen Worten: „Es gibt keine gemeinsame (richtige, objektentsprechende) Einstellung zu einer vorgegebenen Welt.“[19]

290 Niemand wird bestreiten wollen, dass Autoren wie Weber oder Luhmann mit ihrer Annahme einer Differenzierung der Lebensordnungen und Sinnregionen ein zentrales Merkmal der modernen Kultur und Gesellschaft getroffen haben. Man würde insbesondere dem Werk Niklas Luhmanns nicht gerecht (das uns zeitlich näher steht als dasjenige Webers), wenn man es angesichts des Aufstiegs einer neuartigen Netzwerkkultur einfach ad acta legen würde. Aber Luhmann, der 1998 in Oerlinghausen bei Bielefeld gestorben ist, hat diese Entwicklung nur noch in ihren Anfängen wahrnehmen können,[20] und es ist sehr fraglich, ob der Übergang von der Massen- zur Netzwerkkultur sich im Rahmen der Theorie der funktionalen Differenzierung wirklich produktiv beschreiben lässt.[21] Dirk Baecker, ein Schüler Luhmanns, setzt vielleicht vielversprechender an, wenn er den Blickwinkel einer Geschichte der Medienepochen in die Systemtheorie einführt und drei Epochen unterscheidet, die „Schriftkultur der Gesellschaft (‚Antike‘)“, die „Buchdruckkultur der Gesellschaft (‚Moderne‘) und ... die Computerkultur der Gesellschaft“; letztere nennt Baecker – im Anschluss an einen Begriff des Ökonomen und Managementtheoretikers Peter Drucker (1909–2005) – auch die „nächste Gesellschaft“.[22] An anderer Stelle heißt es: „Die ‚nächste‘ Gesellschaft ist sicherlich nicht die postmoderne Gesellschaft, die Luhmann als reines Intellektuellenphänomen beschreibt, in dem sich noch keinerlei Rechenschaft von der Reichweite der Computer findet. Sondern sie steht im Zeichen von Wechselwirkung (positiv/negativ), von Instantaneität (Globalität), Datenverarbeitung durch Rechner (Komplexität) und Plattformen (Vernetzung), deren Konsequenzen gegenwärtig nach wie vor kaum absehbar sind.“[23]

---

mind a significant element of dubiety and alienation which must be taken into account in any estimate that is made of the present fortunes of mind?“); vgl. auch *Ladeur* (Recht – Wissen – Kultur), 52.

15 Vgl. *Luhmann* (Die Gesellschaft der Gesellschaft), 595 ff., 707 ff.

16 *Luhmann,* ebd., 893.

17 *Luhmann,* ebd., 738.

18 *N. Luhmann,* Beobachtungen der Moderne, 1992, 35.

19 *Luhmann,* ebd., 28.

20 Vgl. *Luhmann* (Die Gesellschaft der Gesellschaft), 117, 302 ff., 304, 529 ff.

21 Vgl. auch (ohne grundlegende Zweifel) *M. Lehmann,* Das Altwerden der funktionalen Differenzierung, Soziale Systeme 20/2 (2015), 308 ff.

22 *D. Baecker,* Studien zur nächsten Gesellschaft, 2007, 32.

23 *D. Baecker,* Ist Niklas Luhmanns Die Gesellschaft der Gesellschaft 20 Jahre nach ihrem Erscheinen veraltet?, 2017 – www.catjects.wordpress.com.

Wie immer man über das Altwerden der Systemtheorie insgesamt urteilen mag,[24] Luhmanns Theorie der funktionalen Differenzierung mangelt es daran, dass sie für die Kultur keinen systematischen Ort hat. Kultur wird in *Soziale Systeme* (1984) auf eine Art Vorrat möglicher Themen für die gesellschaftliche Kommunikation verdünnt; in *Die Gesellschaft der Gesellschaft* (1997) wird die Möglichkeit der Bestimmung eines sozialen Gedächtnisses als Leistung von Kultur qualifiziert.[25] Beide Bestimmungen sind eher unbefriedigend (die ältere noch mehr als die jüngere). Die westliche Kultur ist immer auch ein Medium der Ermöglichung von Durchlässigkeit zwischen verschiedenen Lebensordnungen und Sinnregionen gewesen, wie etwa auch die Geschichte der Entstehung des Computers zeigt, die sich systemtheoretisch nur mit Mühen und unter Zuhilfenahme von Zusatzkonstruktionen erklären lässt. Diese Durchlässigkeit zwischen verschiedenen Lebensordnungen und Sinnregionen erweist jede Systemgrenze zugleich als Kontaktzone,[26] und die aus diesen Kontaktzonen hervorgehenden spill-over-Effekte sind auch für den modernen Staat und die liberale Demokratie konstitutiv. In der Netzwerkkultur verdichten sich diese Kontaktzonen mehr als je zuvor, die Online-Kommunikation unterläuft die Ordnung der Funktionssysteme, und diese Überlegungen legen es insgesamt nahe, Luhmanns Vorstellung der Autonomie der gesellschaftlichen Teilsysteme zu relativieren. „Mithilfe der ‚diskursiven Felder' in der westlichen Kultur, die einerseits Materialitätsströme, andererseits aber auch ‚Ideenströme', Praktiken des Wissens, in den Lebensformen der Gesellschaft prozessieren, kommt es sehr wohl zu Resonanzen über die Grenzen der Teilsysteme hinweg, die von erheblicher formgebender Bedeutung sind. Man könnte es geradezu als das Charakteristikum der westlichen Kultur betrachten, dass die einzelnen Teilsysteme über die Kultur so resonanzfähig sind, dass es ständig zu produktiven Proliferationen von Impulsen aus einem Teilsystem in die anderen kommt."[27] 291

## 2. Postindustrielle Gesellschaft und Ökonomie

Wurde die moderne Gesellschaft seit dem späten 19. Jahrhundert von einem zweiten Industrialisierungsschub erfasst, in dessen Zentrum die Massenproduktion in großen Unternehmen stand, wächst seit den 1950er Jahren die Bedeutung der ökonomischen Relevanz der Kultur selbst, insbesondere in Form von Information und Wissen. Das hat verschiedene Gründe. Mit der Ausweitung der Massenproduktion von Autos, Häusern, Möbeln, Kleidung und anderen Alltagsgegenständen geht zum Beispiel die Notwendigkeit ihrer Vermarktung einher, was unter anderem zum Aufstieg der Werbeindustrie führte, die eingeführte Produkte und Neuheiten möglichst schlagkräftig zu vermarkten sucht. Daneben entwickeln sich vielfältige Formen von neuartigen Dienstleistungen wie beispielsweise Fluggesellschaften oder ein breit aufgestelltes Versicherungswesen, in dem es nicht mehr nur – wie seit dem späten 19. Jahrhundert – um den (in öffentlich-rechtlichen Formen garantierten) Schutz vor Arbeitslosigkeit, Unfällen, Krankheit und Alter geht, sondern das sich nun auch (in privatrechtlichen Formen) auf Autos, Häuser, besondere Wertgegenstände oder das Leben der Einzelnen erstreckt. Überhaupt gewinnen Bürotätigkeiten gegenüber (schwerer) körperlicher Arbeit an Fließbändern oder in Bergwerken an Gewicht. Neben der Arbeiterkultur entsteht eine Angestelltenkultur, die den Blaumann durch den Anzug mit weißem Hemd und Krawatte ersetzt. Der *organization man* ist typischerweise der Mann im grauen Flanellanzug. 292

Vor dem Hintergrund dieser Veränderungen spricht der französische Soziologe Alain Touraine schon 1969 von der Entstehung einer neuen Gesellschaft, die er auch als „post- 293

[24] Wie die Überlegungen von *E. Esposito,* Artificial Communication, ZfS 46 (2017), 249 ff., zeigen, mag die allgemeine Kommunikationstheorie Luhmanns in gewisser Weise weiter anschlussfähig sein.

[25] *N. Luhmann,* Soziale Systeme, 1987, 224; *ders.,* (Die Gesellschaft der Gesellschaft), 576 ff., 586, 587.

[26] Vgl. dazu allg. *A. Koschorke,* Wahrheit und Erfindung, 2012, 120, 385 („In beiden Richtungen sind Grenzen zugleich Übergänge, denn wo eine Grenze gezogen wird, muss eine Verbindung sein oder gewesen sein; insofern stehen Systeme zu ihrer Umwelt in einem *transitiven* Verhältnis.").

[27] *Ladeur* (Der Anfang des westlichen Rechts), 144.

industriell" bezeichnet.[28] Nur ein paar Jahre später schlägt Daniel Bell mit einem Buch unter dem Titel *The Coming of Post-Industrial Society* (1973) in dieselbe Kerbe. Bell betont besonders die Dimension des Wissens, worunter er primär wissenschaftliches Wissen versteht, neue Urteile aus Forschung und Wissenschaft oder neue Darstellungen älterer Ansichten in Lehrbüchern und Unterricht.[29] „Das Konzept der ‚nachindustriellen Gesellschaft' betont die zentrale Stellung des theoretischen Wissens als Achse, um die sich die neuen Technologien, das Wirtschaftswachstum und die Schichtung der Gesellschaft organisieren."[30] Zwei Eigenschaften sind für Bells postindustrielle Gesellschaft typisch: Zum einen werden Dienstleistungen gegenüber Gütern und Angestellte gegenüber Arbeitern dominant, und zum anderen ist sie durch einen umfassenden technologischen Wandel geprägt, der durch wissenschaftliches Wissen hervorgebracht wird und Produkte wie etwa Autos oder Flugzeuge immer komplexer werden lässt.

**294** In diesem Zusammenhang erkennt Bell schon sehr früh, dass dem Computer und den Fortschritten in der Mikroelektronik in der neuen Wissensgesellschaft eine ähnlich zentrale Rolle zuwachsen wird wie der Massenproduktion in der zweiten industriellen Revolution. Digitale Computer, für Bell das Werkzeug einer neuartigen „intellektuellen Technologie",[31] würden etwa die Datengrundlagen für die Vorhersage wirtschaftlicher Prozesse verbessern und den Umgang mit „organisierter Komplexität" zu bewältigen helfen;[32] außerdem würden sie die Automatisierung von Werkzeugmaschinen vorantreiben und damit den Anteil der unmittelbar in der Produktion tätigen Bevölkerung zugunsten des Dienstleistungssektors reduzieren.[33] Die prognostische Kraft dieser Analysen ist durchaus bemerkenswert, allerdings muss man sogleich hinzufügen, dass Bells Blick auf die postindustrielle Gesellschaft von einer nahezu ungebrochenen Überzeugung der Planbarkeit sozialer und technologischer Entwicklungen durch wissenschaftliches Wissen geprägt war. Gerade die Entwicklung der Computertechnologie und der rasche Aufstieg der Computernetzwerke seit den 1990er Jahren demonstrieren aber, dass sich die moderne, auf Wachstum angelegte Gesellschaft in evolutionären (sich selbst verstärkenden) Prozessen verändert, die kein Zentrum (und kein Ziel) haben. Zu dessen Kräften zählt auch das implizite Wissen, das unbewusst in praktischen Kontexten angeeignet und horizontal zwischen Personen – etwa zwischen Programmierern – weitergegeben wird.[34] Diese sich selbst verstärkenden Dynamiken aber entziehen sich zu einem gehörigen Teil bewussten Interventionen wie etwa wirtschaftlichen, politischen oder staatlichen Strategien. Der noch um das Jahr 2000 völlig unvorhersehbare Erfolg von Google ist nur *ein* Beleg für diese These.

---

[28] *A. Touraine,* Die postindustrielle Gesellschaft, 1972, 7 („Vor unseren Augen entstehen Gesellschaften eines neuen Typs. Man wird sie postindustrielle Gesellschaften nennen, wenn man die Entfernung kennzeichnen möchte, die sie von den Industriegesellschaften trennen, die ihnen vorausgegangen sind … Man wird sie technokratische Gesellschaften nennen, wenn man ihnen den Namen der Macht geben möchte, der sie beherrscht. Man wird sie programmierte Gesellschaften nennen, wenn man versucht, sie zunächst durch die Natur ihrer Produktionsweise und ihrer Wirtschaftsorganisation zu definieren.").

[29] *D. Bell,* Die nachindustrielle Gesellschaft, 1985, 180.

[30] *Bell,* ebd., 112, 113.

[31] *Bell,* ebd., 46.

[32] *Bell,* ebd., 39, 40, 44.

[33] *Bell,* ebd., 141.

[34] Vgl. allg. *Mokyr* (A Culture of Growth), 47, 48; zum Bedeutungszuwachs des praktischen Wissens näher *K.-H. Ladeur* (Recht – Wissen – Kultur), insb. 75 ff., 88 ff.

Die Netzwerkkultur und die postindustrielle Gesellschaft, in der die Ökonomie sich selbst in eine Art Kultur- und Kreativökonomie verwandelt und das Produktionswissen zwischen Unternehmen fragmentiert wird, zeigen, dass der Staat heute mehr denn je von einer Dynamik der Selbstproduktion der Kultur und der Selbstorganisation der Gesellschaft ausgehen muss, die durch kein politisches Zentrum und Gesetz gesteuert werden kann. Die jetzt sichtbar werdende Auflösung der Einheit und Allgemeinheit der objektiven Kultur ermöglicht aber zugleich die Formulierung eines neuen Modells staatlicher Ordnungsbildung. Das neue Ordnungsmodell, das in der Netzwerkkultur für Orientierung sorgen könnte, wäre nicht das eines einheitsstiftenden souveränen Subjekts oder das einer Mehrzahl von organisierten Subjekten, die sich in einem Integrationsprozess unaufhörlich auf die Herstellung politischer Einheit zubewegen und in dessen Mitte sich der Staat befindet. Stattdessen würde dieses Modell mit dem Gedanken einsetzen, dass der Staat Erfahrungen aus den fragmentierten Ordnungen der Netzwerkkultur aufnimmt und versucht, daraus neue Ordnungsmuster abzulesen. Dieses Ordnungsmodell wollen wir mit dem „Netzwerkstaat" verbinden.[35] 295

Der Netzwerkstaat muss die Fähigkeit der postindustriellen Gesellschaft zur Selbstorganisation anerkennen. Das staatliche Recht muss also künftig in der weiten Perspektive der sich selbstproduzierenden Kultur beobachtet werden, die ihre eigenen Regeln und Standards erzeugt, nicht aber dürfen Staatstheorie und Staatslehre ihre Perspektive auf den staatlichen Willen zur Setzung von Recht einengen.[36] Das staatliche Handeln geht dann von Beziehungs- und Kommunikationsnetzwerken zwischen Menschen und Dingen aus und öffnet sich für wandelnde horizontale Verkettungen, um seine Rechtspraxis darauf reflexiv einzustellen. Der Netzwerkstaat würde deshalb auf der Seite der Rechtssubjekte nicht nur (und auch nicht in erster Linie) mit politischen Subjekten rechnen, mit Parteien, Verbänden, sozialen Bewegungen, Wählern etc., sondern auch mit Subjekten des *private ordering,* mit Unternehmen, Produktionsnetzwerken, Vertragsverbünden etc. Auch dem vom Staat im engeren Sinn unterschiedene Raum des Öffentlichen, Schulen, Universitäten, Medien etc. muss der Netzwerkstaat erhöhte Aufmerksamkeit schenken und diese Arenen durch adäquate Rechtsformen in ihrer Fähigkeit zur Selbstorganisation schützen. Dies würde die vielen Ordnungen der Netzwerkkultur zu den Formen machen, zu denen der Netzwerkstaat in ein jeweils darauf abgestimmtes Entsprechungs- und Abstützungsverhältnis tritt. 296 Schuppert aaO (208)

Gegenwärtig sind selbstlernende Algorithmen der vielleicht stärkste Motor der Netzwerkkultur und der Dynamik ihrer postindustriellen Ökonomie. Weder soziale Medien (wie Facebook), Suchmaschinen (wie Google), noch Streaming-Dienste (wie YouTube) noch der Aktienhandel an den großen Börsen der Welt sind ohne Algorithmen denkbar. Für die algorithmische Feinauflösung der Welt sind nicht nur die Verarbeitung großer Datenmassen und die hohe Genauigkeit der Datenaufbereitung kennzeichnend. Vielmehr erschließen Algorithmen ständig neue Korrelationen durch 297

[35] Den Begriff „Netzwerkstaat" *(network state)* verwendet *M. Castells,* End of Millennium, Oxford 2000, 339, 363, im Kontext einer Analyse der Europäischen Union als *network state.* In *M. Castells*, Communication Power, Oxford 2009, 38ff., wird *network state* zur Beschreibung des Verhältnisses von Nationalstaat und Globalisierung benutzt. Eine Generalisierung des Begriffs „Staat der Netzwerke" und seine Respezifikation für die jüngste historische Schicht (auch) des Nationalstaates findet sich bei *K.-H. Ladeur,* Der Staat der „Gesellschaft der Netzwerke", 2013, 333ff.

[36] Vgl. *Ladeur* (Recht – Wissen – Kultur), 14.

unvorhergesehene Verknüpfungsmöglichkeiten.[37] So hat beispielsweise AlphaGo, ein selbstlernendes Google-Programm, das Brettspiel Go dadurch verändert, dass es 2016 einen der besten Spieler, Lee Sedol, durch einen Zug geschlagen hat, der zuvor unter allen Profispielern für völlig aussichtlos gehalten wurde. Diese Entwicklung und ihre Unvorhersehbarkeiten stellen das staatliche Handeln vor große Herausforderungen. So muss das Privatrecht schon seit längerem auf neue Formen des *electronic contracting* im digitalen Geschäftsverkehr reagieren, auf wirtschaftliche Transaktionen, die vollständig von elektronischen Softwareagenten durchgeführt werden.[38] Für das öffentliche Recht wirft die Kommunikation durch und mit Algorithmen ebenfalls neue Fragen auf. So sieht sich etwa das Börsenrecht vor die Aufgabe gestellt, seine Geltungskraft auch gegenüber weitgehend automatisierten (computerisierten) Handelsvorgängen aufrechtzuerhalten. Das schließt die den Börsen erwachsende Konkurrenz durch außerbörsliche elektronische Handelssysteme ein. Ähnliche Herausforderungen stellen sich im Bereich der Geldregulierung durch elektronische Währungen wie Bitcoin. Ein weiteres Beispiel wäre das Datenschutzrecht, das sich auf die neuartigen *smart technologies* und ihre netzwerkartigen Rechtssubjekte im Rahmen eines erst noch zu schaffenden Vorsorgekonzepts einstellen müsste.[39]

**298** Mit dem Bedeutungszuwachs algorithmenbasierten Wissens und Handelns geht auch die Notwendigkeit einher, das staatliche Recht für die neuen computer- und netzwerkbasierten Architekturen selbst zu öffnen. Dazu müssen die technischen Architekturen und ihre verschiedenen materiellen und intellektuellen Schichten gewissermaßen in das staatliche Recht hineingenommen werden. Das herkömmliche Substrat des Rechts, die menschliche Kommunikation, wird um neue Formen der Kommunikation mit Computern ergänzt,[40] und das muss mit einer Erweiterung der Rechtsform um eine Dimension gehen, die Mireille Hildebrandt „legal protection by design" nennt.[41] Das geht weit über das herkömmliche Verständnis einer staatlichen Regulierung von Technologien hinaus. Die Notwendigkeit eines sehr grundsätzlichen Umdenkens in vielen Handlungsfeldern findet ihren Grund wiederum darin, dass Computer von Menschen nicht nur wie ein Werkzeug benutzt werden, sondern sich mit Hilfe von Algorithmen in unterschiedlichsten praktischen Zusammenhängen in eine *data-driven agency* verwandeln und damit zu Quasi-Subjekten werden, mit denen Menschen interagieren. Das geht so weit, dass Algorithmen und *smart technologies* unser Handeln antizipieren oder eine Handlung selbst ausführen, bevor wir uns überhaupt des Wunsches dieser Handlung bewusst werden. Hier verschwimmt der Unterschied von Mensch und Maschine: Die Idee der individuellen Freiheit, die Handlung, der Willensakt und so weiter, wird durch elektronische Agenten vorweggenommen oder ersetzt. Wenn künftig aber immer mehr Handlungen durch symbolische Maschinen und Computer ausgeführt werden, man denke etwa an das autonome Fahren oder an den Einsatz von selbstlernenden Algorithmen in rechtlichen (Entscheidungs-)Zu-

[37] Nach der viel diskutierten Formel von *C. Anderson,* The End of Theory, Wired Magazine 23. June 2008, ersetzen Korrelationen Ursachen („correlation supersedes causation").

[38] Dazu *G. Teubner,* Elektronische Agenten und große Menschenaffen, in: Becchi/Graber (Hrsg.), Interdisziplinäre Wege in der juristischen Grundlagenforschung, Zürich 2007, 1ff., 8ff.

[39] Vgl. *M. Hildebrandt,* Smart Technologies and the End(s) of Law, Cheltenham (U.K.) 2016, 186ff., 219ff. („data protection by design"); *Ladeur* (Recht – Wissen – Kultur), 86, 110f.

[40] Den Akzent auf künstliche Kommunikation statt auf künstliche Intelligenz setzt *E. Esposito* (Artificial Communication), 249ff., 252ff.

[41] *Hildebrandt* (Smart Technologies), 214ff.

sammenhängen,[42] stellen sich auch neuartige Fragen nach der rechtlichen Persönlichkeit und Verantwortlichkeit der elektronischen Quasi-Subjekte.[43]

### 3. Die personale Wende des Individualismus

Das Subjekt hat in der liberalen Gesellschaft immer in einem Entsprechungsverhältnis 299
zur objektiven Kultur gestanden. Das gilt in besonderer Weise für das bürgerliche Subjekt, das seine Individualität auf der Grundlage eines breiten Beckens an kulturellen Gemeinsamkeiten zwischen allen Bürgern ausgebildet hat. Das bürgerliche Subjekt wird in einer nationalstaatlichen Hochkultur sozialisiert. Dieser Verweisungszusammenhang schließt individuelle Abweichungen von allseits anerkannten Verhaltensmaßstäben ein, nicht aber die Infragestellung bürgerlicher Maßstäbe als solche. Kein englischer Gentleman würde die Notwendigkeit von Höflichkeit im Umgang mit anderen in Frage stellen. Bereits in der Massenkultur verschieben sich die Parameter zwischen beiden Polen dieser Beziehung insofern, als sie sich pluralisieren: Der Angestellte bewegt sich in anderen Lebensordnungen und Sinnregionen als der Bürger, und beide Kulturen unterscheiden sich wiederum stark von derjenigen der Arbeiter. Diese Form der Differenzierung von Lebenswelten kann man in einer literaturwissenschaftlichen Sprache – in Anlehnung an Formulierungen von Erich Auerbach – als Zurücktreten von „objektiven Tatbeständen" zugunsten von Spiegelungen der Wirklichkeit im Bewusstsein mehrerer Personen und verschiedener Gestalten beschreiben.[44] Es geht also jetzt nicht mehr nur um die Bewusstseinseindrücke *eines* Subjekts zur Wirklichkeit der Welt, sondern um „viele, häufig wechselnde(n) Subjekte",[45] mit der Folge, dass die vielen Subjekte jetzt jeweils eine eigene Wirklichkeit mit „Absicht auf Annäherung an echte objektive Wirklichkeit" ins Spiel bringen.[46] Das Subjekt büßt anders gesagt seine Fähigkeit ein, als übergeordnete führende Instanz eine objektive Wirklichkeit zu erzeugen. An die Stelle „einpersonig subjektiver" Darstellung tritt eine „vielpersonig auf Synthese gerichtete Bewußtseinsdarstellung".[47]

Eine damit vergleichbare Bewegung kann man in der Staatslehre und im Staatsrecht 300
des späten 19. und frühen 20. Jahrhunderts – im Übergang vom Kaiserreich zur Weimarer Republik – beobachten. Paul Laband behandelt das Deutsche Reich in seinem *Staatsrecht des Deutschen Reiches* (1876) als ein „Rechtssubject", als rechts- und willensfähige juristische *Person.*[48] Das bedeutet nicht nur, für den Staat eine formale Stelle in der Rechtsordnung zu schaffen, an die Rechte und Pflichten gebunden werden können und die es dem Staat ermöglichen, selbst als Akteur aufzutreten. Vielmehr geht es in dieser Konstruktion auch darum, für das personale Substrat des gerade in Versailles gegründeten Reiches eine juristische Form zu schaffen, durch die die Identität der Bürger im Spiegel der Personalität des Deutschen Reiches stabilisiert und damit umgekehrt auch das Deutsche Reich selbst stabilisiert werden kann. Die Personalität des

[42] *M. Hildebrandt,* Law as computation in the era of artificial legal intelligence, ssrn.com.

[43] Vgl. *Teubner* (Elektronische Agenten und große Menschenaffen), 22 (mit dem Vorschlag, darauf mit einer Fragmentierung der Rechtssubjektivität, mit partiellen hochspezialisierten Rechtsfähigkeiten, zu antworten).

[44] *Auerbach* (Mimesis), 496.

[45] *Auerbach,* ebd., 498.

[46] *Auerbach,* ebd.

[47] *Auerbach,* ebd., 499.

[48] *P. Laband,* Das Staatsrecht des Deutschen Reiches Bd. I (1876), 1964, 56, 57.

Staates fungiert so zugleich als Garant der Objektivität der Form der Rechtssubjektivität.[49] Diese Lage ändert sich im Übergang zur Massenkultur und zum Wohlfahrtsstaat insofern, als sich die potentiellen Rechtssubjekte mit dem Aufstieg der Gruppen und Organisationen vervielfältigen und der Weimarer Staat sich in eine vielpersonige Konfiguration verwandelt, die als Republik jetzt auf Parteien als Sprachrohre einer durch starke kulturelle und soziale Differenzen geprägten Bevölkerung angewiesen ist. Bestand für einen Autor wie Laband kein Zweifel, dass die Beziehung zwischen Staat und Individuum als Rechtsbeziehung zwischen zwei an sich stabilen Personen konstruiert werden konnte, werden sowohl diese Beziehung wie ihre beiden Pole für Rudolf Smend in den 1920er Jahren zu demjenigen Problem, auf das er das von ihm so genannte „Sinnprinzip der Integration" ansetzt.[50] Hinter diesem Sinnprinzip steht der Gedanke, dass die Einheit und Allgemeinheit des Staates im Wohlfahrtsstaat nicht mehr einfach vorausgesetzt werden kann, sondern diese Beziehung dynamisch und synthetisch, als „stetige Selbsterneuerung", als „fortwährendes Neuerfassen und Zusammenfassen", als immerwährende Prozesshaftigkeit, gedacht werden muss.[51]

**301** Wenngleich die Bande zwischen Rechtssubjektivität und objektiver Rechtskultur in der Massenkultur und im Wohlfahrtsstaat gelockert werden, bleibt das Subjekt doch – neben seiner Bindung an einen Nationalstaat – Mitglied von Gruppen und Organisationen. Diese transzendieren die Ebene der Besonderheit und Individualität immer schon in Richtung einer höheren Allgemeinheit und Ordnung, an die das Recht des Wohlfahrstaates etwa durch die Anerkennung von Kollektivrechten anknüpfen kann. Demgegenüber wird die Netzwerkkultur durch ein Individuum geprägt, in dem der zwischen dem Subjekt und der objektiven Kultur traditionellerweise eingelassene Verweisungszusammenhang instabiler wird, ja sich in lose Bindungen und Momentaufnahmen aufzulösen scheint. Das hängt, was das Individuum betrifft, mit einer Transformation zusammen, die der französische Soziologe Alain Ehrenberg als „personale Wende des Individualismus" beschreibt.[52] Das Subjektive, die Affekte, die Emotionen, die Gefühle, das psychische Leben, das Leiden, die im bürgerlichen Leben und noch in der Massenkultur eher negativ besetzt waren, rücken nun in den Vordergrund und werden gegen die Institutionen und das Finden einer gemeinsamen Wirklichkeit ins Spiel gebracht. In einer vergleichbaren Weise spricht Andreas Reckwitz von einer „Gesellschaft der Singularitäten".[53] Diese bringt einen Persönlichkeitstypus hervor, in dem das „komplizierte Streben nach Einzigartigkeit und Außergewöhnlichkeit" nicht mehr nur ein subjektiver Wunsch ist, sondern eine „paradoxe gesellschaftliche Erwartung".[54] Damit gehen sehr viel instabilere Formen der Gemeinschaftsbildung einher. Neuartige Formen „emergenter Kollektivität", Bewegungen und Schwärme, koordinieren sich nicht zuletzt mit Hilfe der sozialen Medien, „ohne dass diese fluide Selbstkoordination sich organisatorisch zu einer kollektiven Person verfestigen würde."[55]

[49] Vgl. *K.-H. Ladeur,* „Finding our text …", in: Augsberg/Lenski (Hrsg.), Die Innenwelt der Außenwelt der Innenwelt des Rechts, 2012, 173 ff., 182 (fast wörtlich übernommen).

[50] *Smend* (Verfassung und Verfassungsrecht), 119 ff., 120.

[51] *Smend,* ebd., 135, 138.

[52] *A. Ehrenberg,* Das Unbehagen in der Gesellschaft, 2011, 15 ff.

[53] *Reckwitz* (Die Gesellschaft der Singularitäten), 9.

[54] *Reckwitz,* ebd.

[55] *Kersten* (Schwarmdemokratie), 79.

Diese Entwicklung legt es nahe, über neue Formen der Rechtssubjektivität nachzudenken und dabei die transsubjektive Dimension der subjektiven Rechte in einer Weise in den Vordergrund zu rücken, wie sie auch schon bei Autoren der schottischen Aufklärung im Vordergrund stand. Tatsächlich entwickelt sich das Verfassungsrecht gegenwärtig aber eher in die entgegengesetzte Richtung. Das Begehren der Individuen nach einem persönlichen Leben, nach Authentizität statt nach Aufrichtigkeit, spielt eine immer größere Rolle, wie sich insbesondere in der Erfindung immer neuer Persönlichkeitsrechte zeigt. Diese Entwicklung habe ich an anderer Stelle als „neuen Rechtsindividualismus" beschrieben.[56] Der neue Rechtsindividualismus kennt nur noch eines: Eine Selbstbestimmung ohne Nomos, eine Autonomie, von der nur das *autos,* das Selbst, bleibt, während die Notwendigkeit der Erhaltung einer objektiven Kultur und unpersönlichen Ordnung als mit der persönlichen Freiheit unvereinbar angesehen werden. Bis in die Rechtsprechung höchster Gerichte hinein wird heute ein Kult der Differenz gepflegt, der an die Stelle der Suche nach einer gemeinsamen Wirklichkeit eine verirrte Vorstellung von „selbstbestimmter Autonomie" setzt. Galt der bürgerlichen Kultur einst objektiv und richtig, was allgemeingültig und notwendig war, gilt jetzt eine frei flottierende Selbstverhaftetheit des Individuums als das Höchste. Das macht die Weiterentwicklung der Form der Rechtssubjektivität zu einer großen Herausforderung.[57] 302

In einer theoretisch-rechtsphilosophischen Gestalt tritt der neue Rechtsindividualismus auch in Christoph Menkes *Kritik der Rechte* (2015) auf. Im Zentrum dieses Buches stehen eine Kritik der bürgerlichen Figur des subjektiven Rechts sowie deren Überwindung durch ein neues „Recht der Gegenrechte".[58] Symptomatisch daran ist, dass das subjektive Recht ausschließlich individualbezogen gedacht wird, als Wille, der auf ein handelndes Individuum zurückführt. Menke spricht an zentraler Stelle von einer Ermächtigung des „Eigenwillens" des Subjekts: „Das ist der Sinn, in dem die bürgerliche Form der Rechte ‚subjektiv' ist: daß hier der Wille zählt, nicht weil er das sittlich Gute oder das natürlich Vernünftige will, sondern weil es der eigene Wille des Subjekts ist."[59] Gunther Teubner hat in diesem Zusammenhang kritisch bemerkt, dass der Wille der subjektiven Rechte schon in einfachen Sozialbeziehungen immer ein sozialisierter Wille sei.[60] Diese Kritik ist völlig zutreffend, geht aber letztlich an Menkes subjektivem Recht vorbei. Denn tatsächlich beschreibt Menke nicht die Figur des bürgerlichen subjektiven Rechts und schon gar nicht das Konzept der Rechte *(rights)* der angelsächsisch-liberalen Tradition. Das liberale Individuum hat sich immer in einem Kosmos relativ homogener Werte und Regeln bewegt und wurde nicht nur in der Schottischen Aufklärung als „socially turned self" gedacht.[61] Zum bürgerlichen Individualismus gehörte von Anfang an (und gehört noch heute), dass wir uns selbst in anderen sehen und andere in uns selbst.[62] Dieses Weltverhältnis, in dem das Individuum das Andere der Kultur und deren allgemeinen Sinnfestlegungen in seine Wahrnehmungen einbezieht, ist auch für das bürgerliche subjektive Recht konstitutiv,[63] wohingegen Menke doch eher das auf sich selbst zurückgeworfene, auf *seinen* Eigenwillen, auf *seine* Authentizität po- 303

[56] Vgl. *Vesting* (Die Medien des Rechts IV), 151 ff.

[57] Weiterführende Überlegungen dazu bei *Teubner* (Zum transsubjektiven Potential); *Schuppert* (The World of Rules), 150 ff.; und die Beiträge in Vesting/Korioth/Augsberg (Hrsg.), Grundrechte als Phänomene kollektiver Ordnung, 2014.

[58] *Menke* (Kritik der Rechte), 175, 381 ff.

[59] *Menke,* ebd., 197.

[60] *Teubner* (Zum transsubjektiven Potential), Manuskript 3.1.; zur Kritik an Menke vgl. auch *Ladeur* (Recht – Wissen – Kultur), 48, 68 ff., 70 („Der reale ‚Eigenwille' wird durch die Aneignung der Erfahrung der anderen möglich – und nur durch sie.").

[61] *Knott* (Sensibility and the American Revolution), 12; vgl. auch *Hunt* (Inventing Human Rights), 35 ff.

[62] *Siedentop* (Inventing the Individual), 363.

[63] Vgl. *Ladeur* (Recht – Wissen – Kultur), 48 („Der Einzelne muss sich selbst und andere allgemein als Adressat von Rechten und Pflichten wahrnehmen ... sonst kann die rechtliche Bindungsfähigkeit auch innerhalb des Rechtssystems nicht operationalisiert werden.").

chende Rechtssubjekt des neuen personalen Individualismus abbildet. Dazu passt auch, dass das Recht der Gegenrechte im Sinnlichen lokalisiert wird, in einer vorbegrifflichen Affektion, die auf die Empfindungen des Einzelnen referiert.

## II. Bedingungen der Rechtsbildung in der Netzwerkkultur

### 1. Verfassungsstaat, Wohlfahrtsstaat, Netzwerkstaat: Ein Dreischichtenmodell

304 In dieser Staatstheorie wird mit einem Modell gearbeitet, in dem der Verfassungsstaat, der Wohlfahrtsstaat und der Netzwerkstaat als drei Typen des modernen Staates unterschieden werden. Wenn dabei von „Typus" die Rede ist, so ist damit eine modellhafte, leitbildhafte Beschreibung gemeint,[64] die Erfassung spezifischer Merkmale, die für den jeweiligen Typus, das jeweilige Modell, charakteristisch sind, ohne dass damit die Annahme einer erschöpfenden Beschreibung verbunden wäre. Die Unerreichbarkeit der jeweiligen Totalität der operativen Wirklichkeit dieser Typen hängt mit der Eigenart der Staatstheorie als Kulturwissenschaft zusammen. Staatstheorie und Staatslehre sind Produkte menschlichen Schaffens und Machens, Kunstprodukte, *ars humana;* sie sind Teil des fundamentalen Prozesses der Ordnung der Realität durch sprachliche Artefakte, die im Medium der Schrift erfolgt und heute unter anderem auf Notebooks und gedruckte Bücher angewiesen ist. Die Staats*theorie* muss also notwendigerweise mit einem Netzwerk von sprachgebundenen Begriffen, Namen, Metaphern, Leitbildern und Fiktionen arbeiten, um ihren Wirklichkeitsraum – den modernen Staat und die liberale Demokratie – kartographieren und für Leser *und* Autor vorstellbar machen zu können. Es wird also beispielsweise nicht behauptet, dass der Wohlfahrtsstaat, wie er in dieser Staatstheorie beschrieben wird, dem Wohlfahrtsstaat in seiner operativen Wirklichkeit und Praxis entspricht. Es wird aber unterstellt (und diese Unterstellung kann von anderen Autoren bestritten werden), dass die entscheidenden Gesichtspunkte des Wohlfahrtsstaates in diesem Typus abgebildet sind, soweit diese Gesichtspunkte die Anfänge des Wohlfahrtsstaates geprägt haben und bis heute seine Wirklichkeit bestimmen.

305 Ein ähnliches Verfahren verwendet Max Weber, wenn er in *Wirtschaft und Gesellschaft* (1922) von den drei reinen Typen legitimer Herrschaft spricht und rationale, traditionale und charismatische Herrschaft unterscheidet.[65] Wie Weber erläutert, pflege keiner dieser reinen Typen – Weber spricht auch von „Idealtypen" – historisch wirklich „rein" vorzukommen. Dies dürfe die begriffliche Fixierung in möglichst reiner Ausprägung aber nicht behindern. Damit ist ein äußerst anspruchsvolles methodologisches Programm verbunden: Der Idealtypus sei ein, wie Weber an anderer Stelle erläutert, „Gedankenbild, welches nicht die historische Wirklichkeit oder gar die ‚eigentliche' Wirklichkeit ist, welches noch viel weniger dazu da ist, als Schema zu dienen, in welches die Wirklichkeit als Exemplar eingeordnet werden sollte, sondern welches die Bedeutung eines reinen idealen Grenzbegriffes hat, an welchem die Wirklichkeit zur Verdeutlichung bestimmter bedeutsamer Bestandteile ihres empirischen Gehaltes gemessen, mit dem sie verglichen wird."[66] Das darf man nicht im Sinne eines reinen Nominalismus deuten. Zwar lehne Weber, wie der Soziologe und Ideenhistoriker Stefan Breuer, einer der besten Kenner Webers schreibt, die Vorstellung einer Entsprechung von Begriff und Sache ab und beharre auf der vollständigen Subjektivität des Begriffs. Idealtypen seien Kunstprodukte, bloße analytische Mittel zur Erforschung einer heterogenen und letztlich un-

[64] Zur Verwendung von Leitbildern im Recht vgl. *J. Braun,* Leitbilder im Recht, 2015.

[65] Vgl. *Weber* (Wirtschaft und Gesellschaft), 124; zur Herrschaftssoziologie Webers vgl. *Breuer* (Max Webers tragische Soziologie), 63 ff.

[66] *M. Weber,* Die „Objektivität" sozialwissenschaftlicher und sozialpolitischer Erkenntnisse (1904), in: Gesammelte Aufsätze zur Wissenschaftslehre (1922), 1985, 194; vgl. auch 243, 244.

durchschaubaren Wirklichkeit. Trotzdem seien sie nicht einfach willkürlich, sondern auf historische Korrespondenzen, Vergleichung und Annäherung angelegt und würden damit eine historisch-kulturelle Wirklichkeit, einen „objektiven Geist" im Sinne Hegels oder Simmels, voraussetzen; sonst sei gar keine Bewegung zwischen Subjekt und Objekt und damit auch keine Erkenntnis möglich.[67] In unserer Terminologie: Weil der Mensch immer schon in die objektive Kultur verstrickt ist, weil er in Bedeutungsgeweben lebt, die ihm einen Richtungssinn geben, kann es keine als *idealtypisch* qualifizierte Kulturerscheinung geben, die nicht Ausdruck einer objektiven Ordnung und Wirklichkeit wäre. Das schließt ein, dass der Fluss der Wirklichkeit, der materiellen und intellektuellen Praktiken, stets komplexer und reichhaltiger als die Sprache und die wissenschaftlichen Begriffe selbst ist.

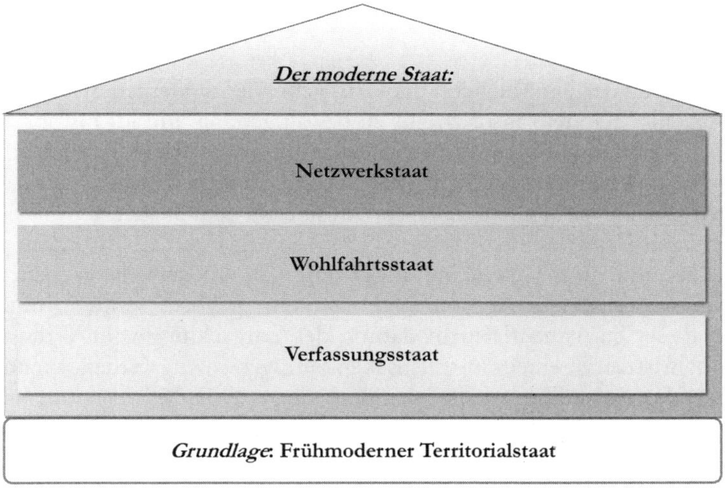


*Abb. 19 Das Drei-Schichten-Modell des modernen Staates*

Das hier verwendete Dreischichtenmodell hat eine historische und eine systematische **306**
Dimension. Historische Dimension heißt, dass wir von einer bestimmten historischen Reihenfolge der drei Typen ausgehen: Während sich die Konturen des liberalen Rechts- und Verfassungsstaates bereits im späten 18. Jahrhundert abzuzeichnen beginnen (und dieser wiederum auf den Errungenschaften des frühmodernen Territorialstaates aufbauen kann), entsteht der Wohlfahrtsstaat nicht vor dem späten 19. Jahrhundert, wohingegen der Netzwerkstaat ein Phänomen unserer Gegenwart ist. Dessen Entstehungsprozess lässt sich vielleicht bis in die 1970er Jahre zurückverfolgen, seine volle Ausprägung dürfte der Netzwerkstaat aber noch nicht erreicht haben. Obwohl mit dieser Ausgangskonfiguration eine andere historische Reihenfolge als die eben festgelegte ausgeschlossen wird, handelt es sich doch keineswegs um ein historisches Modell im Sinne einer Folge von einander ablösenden zeitlichen Stadien. Das Modell ist vielmehr systematisch-historisch zu verstehen: Der Netzwerkstaat tritt in einer bestimmten Phase der Geschichte des modernen Staates neben den Wohlfahrtsstaat und den Verfassungsstaat und ergänzt deren Institutionen um neue und/oder modifiziert diese, nicht aber löst der Netzwerkstaat den Wohlfahrtsstaat ab, so wenig wie der Wohlfahrtsstaat den Verfassungsstaat zum Verschwinden gebracht hätte. So sind beispielsweise im Wohlfahrtsstaat nicht mehr nur wie im liberalen Verfassungsstaat Bürger und ihre selbstgewählten Beziehungs- und Kommunikationsnetzwerke

[67] *Breuer* (Max Webers tragische Soziologie), 356, 357.

Träger von Freiheitsrechten oder Grundrechten, sondern auch formale Organisationen und Gruppen, wie es das Grundgesetz ausdrücklich anerkennt (Art. 19 Abs. 2 GG). Damit verschwindet das individuelle Freiheitsrecht nicht, es verliert jedoch seinen Ausschließlichkeitsanspruch. Die systematische Dimension unseres Dreischichtenmodells besteht also darin, dass sich die jeweiligen historischen Schichten des modernen Staates miteinander verbinden und so seine strukturelle Komplexität steigern. Der Netzwerkstaat ist einerseits das Ordnungsmodell für die neue Netzwerkkultur und ihre postindustrielle Ökonomie, aber er sorgt andererseits auch für eine Erscheinungsform des modernen Staates, in dem drei historische Schichten gleichzeitig gegeben sind.

307 Die Beschreibung der Umbrüche in der Geschichte des modernen Staates war in den vorangegangenen Kapiteln insofern gut zu bewältigen, als wir auf historische Erfahrungen zurückgreifen konnten, die sich nicht nur in der wissenschaftlichen Literatur wiederfinden, sondern sich auch im Alltagsleben verankert haben. Denn das Verfahren, das wir bislang verfolgt haben, entspricht in etwa demjenigen, das Alexis de Tocqueville in *De la Démocratie en Amérique* (1835) auf die Gesellschaftsordnung der Angloamerikaner und ihre Geschichte angewandt hat: Tocqueville hat ganz auf die Entwicklungslinien abgehoben, denen die Zukunft gehören sollte.[68] Infolgedessen geht es in dieser Staatstheorie nicht darum, der Entwicklung vom Verfassungsstaat zum Wohlfahrtsstaat in einem historistischen Sinn gerecht zu werden, sondern einige für die Staatstheorie und Staatslehre zentrale Anfänge zu identifizieren, die noch heute von Bedeutung sind. Niemand oder jedenfalls nur wenige würden beispielsweise bestreiten, dass politische Parteien ein wesentliches und neuartiges Merkmal des Wohlfahrtsstaates sind, die in liberalen Verfassungen ursprünglich nicht vorkommen, wie gerade die Mutter aller liberalen Verfassungen, die US-amerikanische Verfassung zeigt. Demgegenüber ist die angemessene Beschreibung des Netzwerkstaates eine sehr viel größere Herausforderung. Hier gilt das weiter oben dargestellte Paradigma der Experimentalkultur in besonderer Weise: Die Staatstheorie kann nur experimentell und tastend, als bewegliches Forschungsfeld im Sinne Hans-Jörg Rheinbergers versuchen, die neue Netzwerkkultur zu beschreiben und die möglichen Konsequenzen, die sich daraus für den Staat ergeben, in diesem Rahmen abzutasten. Nur dann wird sie Ergebnisse vorlegen können, die unser gegenwärtiges Wissen übersteigen.

## 2. Fragmentierung der Öffentlichkeit

308 Der Wohlfahrtsstaat ist in dieser Staatstheorie als Antwort auf eine zunehmende Pluralisierung der modernen Kultur beschrieben worden, als Reaktion auf die Heraufkunft einer Welt aus Relationen, wie sie mit der Massenkultur und der Industriegesellschaft seit dem späten 19. Jahrhundert verbunden gewesen ist. Der Begriff „Pluralisierung" zielt dabei einerseits auf die Krise des bürgerlichen Bewusstseins im Zuge der Vervielfältigung von Weltbezügen in Form der Herausbildung unterschiedlichster und nicht miteinander vereinbarer Weltanschauungen wie etwa Konservatismus, Sozialismus und Liberalismus. Andererseits geht es um den damit zusammenhängenden Bedeutungszuwachs von Gruppen und Organisationen, wie er sich beispielsweise in der Wirtschaft in der Bildung von Großunternehmen und in der Politik in einem Bedeu-

[68] Vgl. *Schramm* (Fünf Wegscheiden der Weltgeschichte), 229 Fn. 13.

tungszuwachs von politischen Parteien und Verbänden niedergeschlagen hat, von denen der Wohlfahrtsstaat auf vielfältige Weise abhängig geworden ist und sich dadurch (teilweise) in einen kooperativen Staat verwandelt hat. Demgegenüber scheint die neue Netzwerkkultur durch einen Verlust institutioneller Bündelung geprägt zu sein.[69] Sie treibt den Prozess der Pluralisierung der Kultur soweit voran, dass ein Umschlag von Quantität in Qualität erfolgt: Die Pluralität der Weltbezüge steigert sich zu einer Fragmentierung von sozialen Milieus, die sich in ihrer Themenbreite stark beschränken, nicht länger einander zugewandt sind oder sich wechselseitig voneinander abschotten.

Der Massenkultur entsprach bis in die jüngste Vergangenheit eine gruppenpluralisti- 309
sche Öffentlichkeit. Deren Institutionen haben sich wie die Massenkultur erst im Wohlfahrtsstaat und paradigmatisch erst nach dem Zweiten Weltkrieg herausgebildet. In der Bundesrepublik Deutschland hat diese Form der Öffentlichkeit, insbesondere soweit es um Prozesse politischer Willensbildung und staatlichen Entscheidens geht, auch eine verfassungsrechtliche Abstützung erfahren.[70] Idealtypisch gesehen ist das gruppenpluralistische Modell des Wohlfahrtsstaates davon ausgegangen, dass der öffentliche Raum primär durch Themen und Beiträge gesellschaftlicher Gruppen und Organisationen, durch Parteien und Verbände wie Gewerkschaften, Kirchen, Printmedien und Fernsehstationen, gefüllt wird. Damit ist immer die Annahme verbunden gewesen, dass alle relevanten gesellschaftlichen Gruppen in den Medien zu Wort kommen und gehört werden können:[71] Die Gruppen sorgen für eine Vorstrukturierung der öffentlichen Meinungsbildung, indem sie bestimmte Themen auf die Agenda setzen, die von den Medien aufgegriffen werden. Dabei ist auch vorausgesetzt worden, dass die verschiedenen öffentlichen Foren nicht nur füreinander durchlässig sind, sondern dass sich die Willensbildung von den gesellschaftlichen Gruppen zum Staat vollzieht – und nicht umgekehrt. Die Regierung plant beispielsweise ein Steuerpaket, das die Mittelschichten noch stärker belastet. Daraufhin bildet sich ein massiver Widerspruch in der Öffentlichkeit, der von der größten Oppositionspartei und den ihr nahestehenden Verbänden aufgegriffen wird und in den wichtigsten Zeitungen und Fernsehsendern des Landes zur Sprache kommt. Das wiederum zwingt die Regierung dazu, ihr Vorhaben noch einmal zu überdenken.

Man kann dieses Modell auch genauer – mit Karl-Heinz Ladeur – als ein System dreier konzentrischer 310
Kreise beschreiben.[72] Der äußere Kreis besteht aus Themen und Beiträgen einer Vielzahl von in der Gesellschaft zerstreuten und nicht miteinander koordinierten Öffentlichkeiten, in der Nachbarschaft, der Schule, am Arbeitsplatz, in Cafés usw., in die sich auch einzelne Bürger einbringen können. Einen zweiten Kreis bildet die Kommunikation der Gruppen, die Parteien- und Verbandskommunikation, die von den Medien aufgenommen und in einer Zeitung oder einem Fernsehprogramm abgebildet wird. Im Zentrum der drei Kreise ist die politische Willensbildung innerhalb der staatlichen Organe angesiedelt, allen voran die politische Willensbildung und Entscheidungstätigkeit in Parlament und Regierung. Ladeur schreibt: „Das Bundesverfassungsgericht hat früher seiner Rechtsprechung zur Meinungs- und Medienfreiheit ein Modell ‚konzentrischer Kreise' zugrunde gelegt, in dessen Mitte das staatliche Entscheidungssystem stand,

[69] Vgl. *K. F. Gärditz,* Der digitalisierte Raum des Netzes als emergente Ordnung und die repräsentativ-demokratische Herrschaftsform, Der Staat 54 (2015), 113, 130 (mit Verweis auf Udo di Fabio).

[70] Dazu näher *T. Vesting,* Wahlen als Medienereignis, in: Faas/Molthagen/Mörschel (Hrsg.), Demokratie und Demoskopie, 2017, 25, 26ff.; *U. Volkmann,* Verfassungsrecht zwischen normativem Anspruch und politischer Wirklichkeit, 2008, 57ff., 69.

[71] Zu dieser Voraussetzung freier öffentlicher Auseinandersetzung *Asad* (Ordnungen des Säkularen), 226.

[72] Vgl. *Ladeur* (Verfassungsrechtliche Fragen regierungsamtlicher Öffentlichkeitsarbeit), 1ff., 3.

das vom System der politischen Parteien und den öffentlichkeitsbezogenen Verbänden umgeben wird … Den nächsten Ring bilden die klassischen Medien, denen vor allem die Funktion zugeschrieben wird, die informationelle Vorstrukturierung von politisch-gesellschaftlichen Optionen zu leisten, die von den Parteien zu entscheidungsfähigen Alternativen verarbeitet werden. Den äußeren Ring bilden die privaten Vereine, sonstige Verbände, Unternehmen, Familien, Märkte etc. Das Mediensystem und die plurale Öffentlichkeit bilden eine Art Scharnier zwischen Staat und Gesellschaft.“[73]

**311** Seit dem Aufstieg der Computernetzwerke und des Internets, des Smartphones und neuer Dienste wie Facebook (2004), YouTube (2005), Twitter (2006) und WhatsApp (2009) ist die gruppenpluralistische Öffentlichkeit unter Druck geraten. Mit dem digitalisierten Raum des Netzes hat sich eine „emergente Ordnung“ gebildet, die durch Prozesse „spontane[r] Ordnungsbildung“ jenseits „formaler Institutionalisierung“ bestimmt ist.[74] Typisch für die neue Netzwerkkultur scheinen neuartige Tendenzen der Schwarmbildung, der schnell wechselnden Stimmungen und Meinungen in sozialen Netzwerken zu sein.[75] Während die klassischen Medien sich wechselseitig beobachtet und aufeinander Bezug genommen haben, geht der Bedeutungszuwachs der sozialen Medien mit dem Rückzug eines Teils der Öffentlichkeit in Foren aus Gleichgesinnten einher, einem Rückzug in *echo chambers.* Hier kommt es zu einer bedenklichen thematischen Selbstbeschränkung, die eine wechselseitige Wahrnehmung der Weltbilder und Weltanschauungen verschiedener kultureller Milieus und sozialer Lebensformen kaum zulässt. „Diskurse zerfasern und disaggregieren.“[76] Weil die digitalen Medien weitaus weniger formalisiert, weitaus weniger institutionalisiert und in weitaus geringem Maße gesetzlich strukturiert sind als die klassischen Medien des gruppenpluralistischen Staates, sind auch die neuartigen Phänomene des *shit-storms* und der *fake news* möglich geworden. Diese neuartige Situation wirkt inzwischen auch auf die institutionalisierte Öffentlichkeit wie etwa den öffentlich-rechtlichen Rundfunk zurück. Dessen Programminhalte werden jetzt ebenfalls stärker durch fragmentarische Wahrnehmungen und einen Rhythmus der Ereignisse geprägt, in dem ein kurzfristiges Themenmonopol, ein Ereignis, ein Skandal den nächsten ablöst.[77]

**312** Diese Entwicklung hat in jüngerer Zeit in Deutschland immer wieder zu einer Lösung der Berichterstattung des öffentlich-rechtlichen Rundfunks von den faktisch existierenden Wahrnehmungen gesellschaftlicher Gruppen geführt. An deren Stelle und der gebotenen Sachlichkeit treten ein die Fakten moralisierender Tonfall und eine Gestik, die den Fernsehzuschauer für beliebige Missstände in der Welt verantwortlich macht.[78] Das war zum Beispiel während der Flüchtlingskrise 2015/16 der Fall, in der – jedenfalls zu Beginn der Krise – Kritiker der Willkommenskultur entweder gar nicht zu Wort kamen oder ihre Position als „populistisch“ diskreditiert wurde. Auch auf den Brexit haben die öffentlich-rechtlichen Medien in einem moralisierenden Tonfall reagiert: Nur die Alten und die Weniger-Gebildeten hätten (zu Unrecht) für den Austritt Großbritanniens aus der Europäischen Union gestimmt, nur sie seien dem „Populismus“ von Boris Johnson und anderen erlegen, wohingegen die Jungen und Besser-Gebildeten in ihrer ganz großen Mehrheit (zu Recht) gegen den Brexit votiert hätten. Das ist nicht nur eine parteiische Sprache gegen eine demokratische Mehrheit, sondern auch eine nicht zu rechtfertigende Anmaßung von Wissen: Die politische Klugheit wird ganz selbstverständlich der Seite der *young urban professionals* zugeschlagen, anstatt

[73] *K.-H. Ladeur,* Die Medienfreiheit im Netzwerk der Netzwerke, in: Knaller/Pichler (Hrsg.), Recht im medialen Feld, PhiIN Beiheft 12/2017, 4.

[74] Vgl. *Gärditz* (Der digitalisierte Raum), 113–139; mit Binnenzitaten von Udo di Fabio.

[75] Vgl. *Kersten* (Schwarmdemokratie), 20ff., 127ff.; *Han* (Im Schwarm).

[76] *Gärditz* (Der digitalisierte Raum), 129.

[77] Vgl. *J.-C. Kaufmann,* Wenn ICH ein anderer ist, 2010, 173ff.; *Ezrahi* (Imagined Democracies), 306.

[78] Vgl. *K.-H. Ladeur,* Das System der Meinungen, Medienkorrespondenz 7 (2017), 3ff.; vgl. auch für ähnliche Entwicklungen bei CNN *A. R. Hochschild,* Strangers in Their Own Land, New York 2016, 128.

den Brexit kontrovers zu diskutieren. Steigert der Brexit nicht den praktischen Alternativenreichtum zur Europäischen Union? Trägt er nicht zu einem Wettbewerb der Institutionen bei, der für die liberale Demokratie langfristig von großer Bedeutung ist? Und könnte der Brexit so gesehen nicht auch eine gute demokratische Entscheidung gewesen sein?

### 3. Desaggregation des herkömmlichen Parteiensystems

So wie die großen Verlagshäuser und Rundfunkanstalten in der neuen Netzwerkkultur 313 ihre Vormachtstellung einbüßen, kämpfen die politischen Parteien und Verbände mit Inklusionsverlusten.[79] Das herkömmliche Parteiensystem mit zwei Volksparteien, wie es nach 1945 viele westliche Demokratien geprägt hat, ist einem Erosionsprozess ausgesetzt. In Deutschland konnten die beiden Volksparteien, CDU und SPD, in den 1960er und 1970er Jahren zwischen 80–90% aller Wählerstimmen auf sich vereinigen. Bei der letzten Bundestagswahl 2017 sind es noch knapp über 50% gewesen.[80] Die Veränderung wird noch deutlicher, wenn man in Rechnung stellt, dass CDU und SPD fast vier Jahrzehnte das politische Geschehen in der Bundesrepublik auf der Grundlage eines sozialdemokratischen Konsenses bestimmt haben, was die Besetzung von Ämtern in Regierung und Verwaltung einschließlich der Gemeinden, Gerichte oder öffentlich-rechtlichen Körperschaften mitumfasste; ein Einfluss, der bis heute kaum nachgelassen hat, dem aber jetzt eine schwindende Mitglieder- und Wählerbasis gegenübersteht.

Nicht anders sieht es in Frankreich oder Italien aus. In Frankreich errang Charles de 314 Gaulle bei den ersten direkten Präsidentschaftswahlen im Jahr 1965 bereits im ersten Wahlgang knapp 45% und Republikaner und Sozialisten zusammen ca. 90% aller Stimmen, während Emmanuel Macron bei der Präsidentschaftswahl 2017 im ersten Wahlgang gerade 24% der Stimmen bekam und die Kandidaten der etablierten Parteien zusammen kaum mehr als 50%. Die italienischen Staatspräsidenten waren – bis auf zwei Ausnahmen – von 1946–1992 entweder Mitglieder der *Democrazia Christiana* (DC) oder der *Partito Socialista Italiana* (PSI); ebenso waren die italienischen Ministerpräsidenten bis 1993 mit einer Ausnahme ausschließlich und, mit einigen Unterbrechungen, noch bis zum Jahr 2001 im Wesentlichen Mitglieder dieser beiden Parteien. Erst eine Korruptionsaffäre im Jahr 1992 *(Mani pulite)* hat das alte Zweiparteiensystem und die Vorherrschaft der katholischen *Democrazia Christiana* in Italien beendet. Mit diesem Bedeutungsverlust und Niedergang der Volksparteien geht eine starke Zersplitterung der Parteienlandschaft einher: Der Deutsche Bundestag umfasst gegenwärtig 6 Parteien, die italienische Abgeordnetenkammer *(Camera dei Deputati)* 7 Parteien und in der brasilianischen Abgeordnetenkammer *(Camera dos Desputados)* sind sogar mehr als 25 Parteien vertreten.

Der quantitativen Veränderung der Parteienlandschaft korrespondiert eine qualitative 315 Veränderung des Verhältnisses der politischen Parteien zur Gesellschaft. Die Bindungen zwischen beiden Seiten lockern sich oder lösen sich auf. Auf der Seite der Parteien hat dies eine Entkoppelung von den kulturellen Milieus und sozialen Lebensformen der Wähler zur Folge. Das zeigt sich einerseits in einem deutlichen Mitgliederverlust der Volksparteien, einem Verlust, der in Deutschland vor allem die SPD erfasst hat:

---

[79] Vgl. *Kersten* (Schwarmdemokratie), 131.

[80] Genauere Zahlen bei *W. Merkel,* Der Niedergang der Volksparteien, FAZ Nr. 246, 23. Oktober 2017, S. 6; und *A. Schäfer,* Kultur statt Ökonomie, ebd.

Hatte die SPD zwischen 1970 und 1980 etwa 1,7 Millionen Mitglieder, sind es heute noch gut die Hälfte.[81] Damit korrespondiert andererseits eine weitgehende Vollprofessionalisierung des Politikbetriebes, in dem Akademiker, höhere Beamte, Rechtsanwälte oder (Gymnasial-)Lehrer stark überrepräsentiert, wohingegen Arbeiter, Handwerker und einfache Angestellte stark unterrepräsentiert sind. Auf der Seite der Bürger entspricht dem eine stärkere Entkopplung ihrer kulturellen Milieus und sozialen Lebensformen von parteigebunden Weltanschauungen und Parteiideologien. Eine Folge dieser Entwicklung ist wiederum eine größere Unruhe innerhalb des Parteiensystems: Die Parteien wandeln sich von langlebigen starren Organisationen zu flexiblen „Bewegungen" oder „Protestbewegungen", die schlagartig auftauchen und sich um einen mehr oder weniger charismatischen Politstar herum gruppieren. Dafür steht in Italien die *MoVimento 5 Stelle* des Komikers Beppo Grillo, in Frankreich die Bewegung *La République en Marche* des Präsidenten Emmanuel Macron oder in Österreich der Umbau der ÖVP zu einer auf die Person von Sebastian Kurz zugeschnittenen Wählerbewegung.[82]

316 Eine andere Variante der Veränderung des Parteiensystems kann in einem Bedeutungsverlust der innerparteilichen Karrieremuster und Hierarchien für die Auslese von Spitzenpolitikern gesehen werden. Schon die klassischen Massenmedien ermöglichten Spitzenpolitikern eine größere Unabhängigkeit von ihren Parteiapparaten, die inzwischen weiter zugenommen hat. Entweder spalten sich „Bewegungen" von den etablierten Parteien ab, wie es Silvio Berlusconi in Italien schon 1994 mit der *Forza Italia* vorgemacht hat. Oder der Aufstieg der neuen Politstars vollzieht sich auf der Grundlage eines weiterhin stabilen Parteiensystems, aber jenseits der Kontrolle der Parteiführungen. Dafür steht die Wahl Donald Trumps zum US-amerikanischen Präsidenten. Trump hat zunächst seine republikanischen Konkurrenten und dann die demokratische Gegnerin Hillary Clinton geschlagen. Dazu hat auch beigetragen, dass Clinton ihren Wahlkampf zu sehr auf Minderheiten zugeschnitten, sich im Spiegelsaal einer Identitätspolitik verirrt und ein gemeinsames Projekt für alle Amerikaner vergessen hat.[83] Wie das Beispiel ihres innerparteilichen Konkurrenten Bernie Sanders zeigt, musste aber auch die Demokratische Partei mit dem neuen Protestphänomen kämpfen: Sanders hat als Mitglied der Demokratischen Partei in erster Linie Wahlkampf gegen das „Establishment" seiner eigenen Partei gemacht.

317 Der französische Soziologe Didier Eribon hat die Auflösung klassischer Parteienmilieus am Beispiel der kommunistischen Partei Frankreichs in seinem Buch *Rückkehr nach Reims* (2009) plastisch beschrieben: An die Stelle einer allumfassenden Weltanschauung, eines Ordnungsprinzips, das die Sprache, die Familie, das Geschlechterverhältnis, den Wohnort, die Stadtplanung, die Kontakte in der Nachbarschaft und das

[81] Zahlen bei *Schäfer*, ebd., (der auf Untersuchungen des Berliner Politikwissenschaftlers Oskar Niedermayer hinweist). Andere Statistiken weisen eine Höchstzahl von ungefähr 1 Mio. SPD-Mitglieder auf. Während der Formung der neuen großen Koalition im Winter 2018 war in den Medien von weniger als einer halben Million Mitgliedern die Rede.

[82] Vgl. dazu allgemein und mit mehr Beispielen aus aller Welt *A. Ogien/S. Laugier*, Das Prinzip Demokratie, 2017; für Deutschland vgl. auch *Merkel* (Der Niedergang der Volksparteien).

[83] Vgl. *M. Lilla*, Identitätspolitik ist keine Politik, NZZ-Online vom 16.11.2016 (unter anderem mit der Bemerkung, dass die in Schulen und in der Presse gepflegte Fixierung auf die Diversität eine Generation von Linksliberalen und Progressiven hervorgebracht habe, „die in narzisstischer Blindheit gegenüber den Lebensrealitäten außerhalb ihrer eigenen Gruppe verharren und keinerlei Verpflichtung fühlen, sich auf Landsleute einzulassen, die anders denken und leben als sie"; vgl. auch allg. *Hochschild* (Strangers in Their Own Land).

Sexualverhalten einschloss, ist eine nahezu grenzenlose soziale Mobilität des Einzelnen getreten, die das Leben in eine ständige Arbeit am eigenen Selbst verwandelt und dieses für viel mehr Optionen als je zuvor öffnet. „Ich erfand mir meine eigene Bildung – und eine Person und Persönlichkeit gleich mit."[84] Mit dem neuen persönlichen Leben – bei Eribon das eines homosexuellen Intellektuellen, der Reims verlässt, um in Paris sein Lebensglück zu finden[85] – geht zugleich die Stabilität des kulturellen Nährbodens der Parteien verloren. Die Wählerbindungen lassen nach. Erst vor diesem Hintergrund wird auch der Erfolg rechter Parteien wie des Front National (Marine Le Pen) verständlich, der heute nicht zuletzt von denjenigen gewählt wird, die früher zu den Stammwählern der kommunistischen Partei gehörten.[86] Auch der rasche Aufstieg von Emmanuel Macrons Bewegung *La République en Marche* ist nur vor diesem Hintergrund erklärbar: Macron hat dem Links-/Rechts-Schema, dem Wechsel zwischen sozialistischen und konservativen (gaullistischen) Präsidenten und Parteigruppierungen, wie er die Fünfte Republik lange Zeit geprägt hat, die Formel „weder rechts noch links" entgegengestellt und das etablierte Parteiensystem damit in kürzester Zeit zur vollständigen Implosion gebracht.[87]

Bei den letzten Präsidentschaftswahlen in den Vereinigten Staaten von Amerika (2016) ist zwar nicht das **318**
Zweiparteiensystem zusammengebrochen. Zum ersten Mal in der Geschichte der Vereinigten Staaten haben aber auf beiden Seiten des Systems, bei den Republikanern wie Demokraten, Kandidaten um das Amt des Präsidenten gekämpft, die nicht mehr als Repräsentanten, sondern als Gegner des „Establishment" ihrer jeweiligen Parteien auftraten. Die amerikanische Historikern Jill Lepore hat in diesem Zusammenhang in einem Essay, *The Party Crashers,* im amerikanischen Kulturmagazin *The New Yorker* (2016) mit großen Recht darauf hingewiesen, dass der Aufstieg des neuen Populismus nicht von den neuen digitalen Medien getrennt werden kann. Der Ursprung des neuen Populismus läge dann primär auf der Ebene des Mediums, nicht der Botschaften. Jedenfalls zeigt Lepore auf überzeugende Weise, wie eng die Entstehung des amerikanischen Zweiparteiensystems seit dem späten 18. Jahrhundert zuerst mit der Druckpresse und der Distribution von Zeitungen verbunden war, um über die Verbreitung von Tageszeitungen seit Mitte des 19. Jahrhunderts im frühen 20. Jahrhundert von Radiostationen wie NBC und CBS und Wochenschauen in Kinosälen, später von Fox News und MSNBC abhängig zu werden. Dieses System verliert nicht zufällig in dem Moment an Stabilität und Kraft, indem die Bedeutung der traditionellen Massenmedien als Knoten der Bündelung unterschiedlicher Weltanschauungen abnimmt und neue Medien – Facebook, Twitter, WhatsApp, YouTube usw. – neuartige Formen des Aufschaukelns von Stimmungen und Meinungen in digitalen Foren ermöglichen, in der jeder Teilnehmer und Berichterstatter in Personalunion ist. Das logische Ende dieser Bewegung ist die Single-Partei. „Es ist unwahrscheinlich, aber nicht unmöglich, dass die beschleunigenden und atomisierenden Kräfte der letzten Kommunikationsrevolution das Ende des bisherigen Parteiensystems und den Beginn neuer, instabiler politischer Institutionen herbeiführen werden. Mit unseren Smartphones in der Hand und unseren Augen auf den Bildschirmen ist jeder von uns ein Reporter, unredigiert und unklug, chattend, snappend, tweetend und postend, klatschend und tratschend. Wird jeder von uns an einem bestimmten Punkt eine Ein-Personen-Partei?"[88]

---

[84] *D. Eribon,* Rückkehr nach Reims, 2016, 168.

[85] *Eribon,* ebd., 183.

[86] *Eribon,* ebd., 117 ff.

[87] Vgl. *W. Matz,* „Pfeift nicht!", Merkur 71 (2017), 20 ff.

[88] *J. Lepore,* The Party Crashers, The New Yorker, February 2016 („It's unlikely, but not impossible, that the accelerating and atomizing forces of this latest communications revolution will bring about the end of the party system and the beginning of a new and wobblier political institution. With our phones in our hands and our eyes on our phones, each of us is a reporter, unedited and ill-judged, chatting, snapping, tweeting, and posting, yikking and yakking. At some point, does each of us become a party of one?").

*Abb. 20 Alle starren auf ihre Smartphones, Seoul 2010*

319 Der Netzwerkstaat wird künftig mit vielleicht noch größeren Instabilitäten im Parteiensystem rechnen müssen. Entgegen mancher Visionen direkter (elektronischer) Demokratie wird er jedoch kaum auf Parteien verzichten können. Das ist nicht nur im Sinne eines rein normativen Statements gemeint, das sich allein auf die Erwartungen des Grundgesetzes als Verfassungstext und die dort fixierte Notwendigkeit der Beteiligung politischer Parteien an der staatlichen Willensbildung (Art. 20 Abs. 2) stützt. Vielmehr ist es auch und gerade praktisch gesehen nicht vorstellbar, wie die neue Kultur des Netzwerkstaates, deren Komplexität gegenüber der Massenkultur des Wohlfahrtsstaates weiter zugenommen hat (und in Zukunft noch weiter zunehmen wird), ohne Parteien gegensätzliche Interessen aufeinander abstimmen und demokratische Meinungsbildungsprozesse organisieren könnte. Ein Teil der Lösung dürfte daher in einer Selbstveränderung der politischen Parteien liegen, die sich stärker als Knoten eines Netzwerks politisch interessierter Bürger verstehen und gegenüber Nichtmitgliedern durchlässiger werden müssten. Damit meine ich vor allem eine Offenheit gegenüber Wirtschaftsmanagern, Repräsentanten freier Berufe, die in diesen auch Erfahrungen gesammelt haben, Mittelständlern, Handwerkern, Spitzenbeamten usw., nicht aber eine Offenheit gegenüber solchen Bürgern, die sich in sozialen Bewegungen, Nichtregierungsorganisationen oder sonstigen Fragmenten der sogenannten „Zivilgesellschaft", dem Trainingslager für spätere Parteikarrieren, engagieren.

320 Die Krise der Parteien ist vermutlich vor allem eine Krise der Vollprofessionalisierung der Parteipolitik und eines Personals, das von seiner Jugend bis zum hohen Alter keine anderen Erfahrungen sammelt als in Parteien, ihrem Vorfeld und in (staatlichen) Äm-

tern. Denn unumstritten dürfte sein, dass ein wachsender Anteil der Parlamentsabgeordneten Akademiker sind, die nach dem Studium zuerst für eine Partei, eine politische Stiftung oder einen Abgeordneten arbeiten, „um anschließend selbst in den Bundestag zu kommen.“[89] Dieser Abkoppelung der Parteimilieus von der politisch nicht aktiven Bevölkerung könnte vielleicht auch durch den Einbau einzelner direkt-demokratischer Elemente in das repräsentative System entgegengewirkt werden, aber das ist keineswegs sicher.

## III. Die Diskussion in der Staatswissenschaft und Staatstheorie

### 1. Schupperts Governance

321 Das im letzten Abschnitt eingeführte Dreischichtenmodell des modernen Staates (Verfassungsstaat, Wohlfahrtsstaat und Netzwerkstaat) wird bei Gunnar Folke Schuppert eher allgemeiner in der Vorstellung einer ständigen Veränderung des modernen Staates abgebildet und auf die Formel vom „Staat als Prozess“ gebracht.[90] Die Annahme des Wandels von Staatlichkeit dient nicht zuletzt der Flexibilisierung der Staatstheorie oder Staatswissenschaft selbst: Die Staatswissenschaft (der Ausdruck, den Schuppert bevorzugt) soll sich nicht auf einen Staatstyp fixieren und diesen zum alleinigen Maßstab machen. Dabei hat Schuppert besonderes den souveränen frühneuzeitlichen Staat im Blick, den „Westphalian State“ (der Politikwissenschaft),[91] der es aufgrund der ihm zugeschriebenen Rundumsouveränität in besonderer Weise nahelege, Erzählungen vom Niedergang des Staates oder andere Formate einer Abschiedsliteratur vom Staat zu provozieren, die Schuppert zu Recht als nicht weiterführend erachtet.[92] Statt dessen rückt Schuppert den Staat in eine funktionalistische Perspektive, in der den Begriffen „Steuerung“ und „Governance“ eine zentrale Funktion zuwächst: Weil für den modernen Staat eine enge Kopplung von Macht und rationalem (Juristen-)Recht konstitutiv sei, wird Steuerung insbesondere in einem Kontext der „Steuerung durch Recht“ eingeführt, und das heißt genauer: der Steuerung durch staatliches Recht.[93] Demgegenüber ist das Konzept der Governance breiter angelegt. Es zielt auf „Regelungsstrukturen“[94], und damit sind nicht mehr nur solche des Staates gemeint.[95]

322 Schupperts Formel einer Steuerung durch Recht kann als Reaktion auf die Zunahme von Steuerungsgesetzen interpretiert werden, die bereits mit dem Aufstieg des Wohlfahrtsstaates einhergehen. Die staatliche Rechtsform wird nicht länger auf abstrakte Schadens- oder Gefahrengrenzen in allgemeinen Gesetzen begrenzt, unterhalb derer die Rechtssubjekte ihre Absichten und Interessen frei verfolgen und entfalten können; wie etwa in der allgemeinen Handlungsfreiheit, der Freiheit alles tun zu dürfen, was einem anderen nicht schadet, in Art. 4 der Erklärung der Menschen- und Bürgerrechte

89 *Schäfer* (Kultur statt Ökonomie).
90 Vgl. insb. *Schuppert* (Staat als Prozess), 11.
91 *Schuppert* (Verflochtene Staatlichkeit), 16.
92 Vgl. *Schuppert* (Staatswissenschaft), 20 ff., 920; *ders.* (Verflochtene Staatlichkeit), 16, 17.
93 Vgl. nur *Schuppert* (Staatswissenschaft), 90, 91, 126 ff., 588 ff.
94 Vgl. *Schuppert* (The World of Rules), 19, 48, 49; *ders.*, Governance und Rechtsetzung, 2011, 101; vgl. auch *Franzius* (Gewährleistung im Recht), 188 ff.
95 Vgl. *Schuppert* (The World of Rules), 45 ff. (Governance als staatsrelativierendes Konzept); *ders.* (Governance und Rechtsetzung), insb. 200 ff.

vom 21. August 1789 oder in der rechtsstaatlichen polizeirechtlichen Abwehr von Gefahren oder Störungen für die öffentliche Sicherheit und Ordnung. Vielmehr verfolgt das Recht jetzt bestimmte Zwecke und Aufgaben, zum Beispiel den Zweck der nachhaltigen städtebaulichen Entwicklung im staatlichen Bauplanungsrecht oder des Vorbeugens vor schädlichen Umwelteinwirkungen im staatlichen Immissionsschutzrecht. Niklas Luhmann hatte in diesem Zusammenhang schon früh und einflussreich von „Zweckprogrammen" im Unterschied zu „Konditionalprogrammen" gesprochen,[96] die Zweckprogramme aber noch in *Das Recht der Gesellschaft* (1993) zu „unechten" Rechtsnormen erklärt und das Rechtssystem ausschließlich auf Konditionalprogramme festlegen wollen.[97] Demgegenüber geht Schuppert in zutreffender Weise davon aus, dass eine verstärkte Nutzung von „Final- und Aufgabenprogrammen" die auf allgemeinen Gesetzen beruhenden Entscheidungsprogramme des liberalen Rechtsstaates ergänzt und abgelöst habe.[98] Schuppert spricht an dieser Stelle auch von einer „Ermöglichungs- und Bereitstellungsfunktion" des Rechts des Gewährleistungsstaates.[99] Die Verwaltung des Gewährleistungsstaates sei „durch rechtliche Zielvorgaben zunehmend final programmiert und durch rechtliche Abwägungsvorgaben zunehmend zu Optimierungsentscheidungen aufgerufen."[100]

323 Mit dem Bild des „Gewährleistungsstaates" ist bereits eine Verknüpfung zu neueren Metamorphosen der Staatlichkeit jenseits des Wohlfahrtstaates hergestellt,[101] also zu dem Phänomenbereich von Staatlichkeit, der hier als Netzwerkstaat bezeichnet wird. Schupperts Gewährleistungsstaat fächert nicht nur seine Regulierungstypen weiter auf und schafft etwa Anwendungsfelder für eine staatlich regulierte Selbstregulierung im Umwelt-, Wirtschafts- oder Rundfunkrecht.[102] Der Gewährleistungsstaat ist außerdem ein Staat, der auf Regierungs-, Gesetzgebungs- und Verwaltungsebene in vielfältige Kooperationsbeziehungen mit halbstaatlichen oder privaten Akteuren tritt. Diese Entwicklungen sowie vergleichbare Erscheinungen auf supra- und transnationaler Ebene werden in jüngerer Zeit auch mit dem Begriff der „Governance" abgedeckt.[103] Unter „Governance" versteht Schuppert ein staatsrelativierendes, kein den Staat ausblendendes Konzept und schließt sich Renate Mayntz an, die Governance definiert als „Gesamt aller nebeneinander bestehenden Formen der kollektiven Regelung gesellschaftlicher Sachverhalte: von der institutionalisierten zivilgesellschaftlichen Selbstreglung über verschiedene Formen des Zusammenwirkens staatlicher und privater Akteure bis hin zu hoheitlichem Handeln staatlicher Akteure".[104] Damit soll einerseits die Veränderung der organisatorischen und institutionellen Strukturen des modernen Staates erfasst werden, insbesondere der Bedeutungszuwachs von horizon-

[96] Vgl. nur *N. Luhmann,* Funktionale Methode und juristische Entscheidung, in: *ders.,* Ausdifferenzierung des Rechts, 1981, 273ff., 275ff.
[97] *Luhmann* (Das Recht der Gesellschaft), 200.
[98] *Schuppert* (Staatswissenschaft), 443; vgl. auch *Hoffmann-Riem* (Innovation und Recht), 84ff.; *ders.,* Die Klugheit der Entscheidung ruht in ihrer Herstellung, in: *ders.,* Offene Rechtswissenschaft, 2010, 95ff.
[99] *Schuppert* (Staatswissenschaft), 441, 443 (Zitat).
[100] *Schuppert* (Staatswissenschaft), 443.
[101] Vgl. *Hoffmann-Riem* (Recht und Innovation), 20ff.; *Ladeur* (Recht – Wissen – Kultur), 35ff.
[102] *Schuppert* (Staatswissenschaft), 447; vgl. auch *W. Hoffmann-Riem,* Öffentliches Recht und Privatrecht als wechselseitige Auffangordnungen, 2010, 871ff., 904, 905.
[103] Vgl. *Schuppert* (The World of Rules), 19, 48, 49; *ders.* (Governance und Rechtsetzung), 101.
[104] *R. Mayntz,* Governance Theorie als fortentwickelte Steuerungstheorie?, in: Schuppert (Hrsg.), Governance-Forschung, 2005, 15.

talen Beziehungen zwischen staatlichen und privaten Rechtssubjekten, in denen die Interaktionen durch ihren Verhandlungscharakter (und nicht etwa einseitig durch staatliche Befehle) bestimmt werden.[105] Andererseits geht es wiederum um die Veränderungen von Rechtsstrukturen. Gegen die Engführung des Rechtsbegriffs auf staatliches positives Recht – in unserer Terminologie: auf konstituierte Ordnungen – verweist Schuppert auf eine Pluralität normativer Ordnungen mit einer Vielfalt von Normproduzenten, und damit – in unserer Terminologie – auch auf instituierte Ordnungen. Zu diesen instituierten Ordnungen gehören auf theoretischer Ebene etwa Thomas Duves „Felder von Normativität"[106] und auf praktischer Ebene etwa technische Standards oder die *codes of conduct* weltweit agierender Unternehmen.[107]

Schupperts Begriff der Steuerung schließt das staatliche Verwaltungshandeln ein. Auf dieser Ebene integriert dieser Begriff etwa normative Vorgaben für die Verwaltung und ihre Amtsträger, das Personal, für die Verwaltungsorganisation und ihre Verfahren oder das Haushaltsrecht der Verwaltung und die Haushaltskontrolle.[108] Diese Steuerungsperspektive hat auch die verwaltungsrechtliche Diskussion seit den späten 1990er Jahren beeinflusst und über eine Reihe von Konferenzen und Publikationen über die Reform des allgemeinen Verwaltungsrechts unter anderem zum Programm einer neuen Verwaltungsrechtswissenschaft geführt. Dieser geht es vor allem um die Abkehr von einer „anwendungsbezogenen Interpretationswissenschaft hin zu einer rechtsetzungsorientierten Handlungs- und Entscheidungswissenschaft,"[109] die unmittelbar an die steuerungstheoretische Perspektive anknüpft, aber auch durchaus nicht unbestritten ist. 324

## 2. Die Bedeutung des Wissens bei Ladeur

Es ist eine Doppelbewegung – das Recht ist ein Teil der Kultur, das als *Rechts*kultur die (westliche) Kultur selbst entscheidend prägt –, um die die rechts- und wissenstheoretischen Überlegungen von Karl-Heinz Ladeur kreisen.[110] Mit Kultur verbindet sich bei Ladeur allerdings nicht so sehr ein System normativer Sinnfestlegungen, sondern vor allem der Gedanke an ein kognitives Repertoire von Denk- und Handlungsmöglichkeiten, „auf das das Recht angewiesen ist und zu dem es seinerseits durch Figuren der Normativität Beiträge leistet."[111] Mit der Rede von Recht *als* Kultur – „law as culture"[112] –, mit der Ladeur eine von Lawrence Rosen geprägte Formel aufgreift, soll vor allem die Mitwirkung der staatlichen Rechtskultur am Verhältnis der Individuen zur Welt thematisiert werden.[113] Was das genauer heißen soll, macht Ladeur immer wieder am Begriff der Rechtssubjektivität klar. Um als Rechtssubjekt handeln zu können, bedarf es nicht nur der formalen juristischen Konstruktion einer von der natürlichen Person geschiedenen Rechtsperson, die als Träger von Rechten und Pflichten 325

[105] *Schuppert* (The World of Rules), 29, 146; vgl. *ders.* (Governance und Rechtsetzung), 101 ff.; vgl. auch *B. Zabel,* Rechtsgewährleistung, 2012, 155 ff.

[106] *Schuppert* (The World of Rules), 140; *T. Duve,* Internationalisierung und Transnationalisierung der Rechtswissenschaft – aus deutscher Perspektive, 2013, S. 10.

[107] *Schuppert* (Governance und Rechtsetzung), 200 ff.

[108] *Schuppert* (Staatswissenschaft), 126 ff.

[109] *Voßkuhle* (Neue Verwaltungsrechtswissenschaft), § 1 Rn. 15.

[110] Vgl. auch *T. Vesting/I. Augsberg,* „Das Recht der Netzwerkgesellschaft", 2013, in: dies. (Hrsg.), Karl-Heinz Ladeur, Das Recht der Netzwerkgesellschaft, 1 ff.; vgl. auch die Beiträge in I. Augsberg u. a. (Hrsg.), Denken in Netzwerken, 2009.

[111] *Ladeur* (Der Anfang des westlichen Rechts), Vorwort.

[112] *Ladeur* (Recht – Wissen – Kultur), 55.

[113] *Ladeur,* ebd., 55, 43 („Konstitution einer Wirklichkeit"); vgl. auch *Rosen* (Law as Culture), 93 („The legal creation of facts thus summarizes and stimulates our sense of reality"); vgl. auch *Augsberg* (Informationsverwaltungsrecht), 46 ff. (für die staatliche Verwaltung).

auftritt, sondern einer ganzen Reihe kultureller Leistungen, die keineswegs selbstverständlich sind, wie zum Beispiel der Herauslösung des Individuums aus den unmittelbaren Bindungen lokaler Ordnungen. Denn erst diese Abstraktion des Selbst, seine Lösung von seinen unmittelbaren Kommunikations- und Beziehungsnetzwerken, macht es möglich, rechtliche Bindungsfähigkeit als Bindungsfähigkeit zwischen Fremden zu erzeugen und etwa in Verträgen praktisch umzusetzen. Das ist wiederum mit der Notwendigkeit verbunden, „ein strukturiertes Kausalitätskontinuum beobachten zu können – und zwar sowohl im Hinblick auf Personen, die sich rational, nach Regeln und Mustern handelnd, beobachten lassen, als auch im Hinblick auf die Natur und deren Selbstreproduktion nach beobachtbaren Kausalitätsmustern."[114] Derartige kulturelle Leistungen und Voraussetzungen bezeichnet Ladeur auch als „kognitive Infrastruktur" des Rechts.[115]

326 So wie der moderne Staat in dieser Staatstheorie als Dreischichtenmodell vorgestellt wird, das sich aus dem liberalen Rechts- und Verfassungsstaat, dem Wohlfahrtsstaat und dem Netzwerkstaat zusammensetzt, unterscheidet Ladeur in *Recht – Wissen – Kultur* (2016) die „Gesellschaft der Individuen", die „Gesellschaft der Organisationen" und die „Gesellschaft der Netzwerke" als Formen moderner und postmoderner Sozialität.[116] Jedem dieser Gesellschaftmodelle wird außerdem ein Staatsbild zugeordnet, der Gesellschaft der Individuen der „klassische Rechtsstaat"[117], der Gesellschaft der Organisationen der „Sozialstaat"[118] und der Netzwerkgesellschaft der „Staat der ‚Gesellschaft der Netzwerke'".[119] Entscheidend für Ladeurs Denken ist dabei, dass der gesellschaftliche Wandel primär als Wandel der Wissenssysteme beschrieben wird, die das staatliche Recht jeweils an eine bestimmte kognitive Infrastruktur binden. Danach gründet der liberale Rechts- und Verfassungsstaat auf einer kognitiven Infrastruktur und Wirklichkeitsbeschreibung, die durch das „distribuierte Erfahrungswissen der Gesellschaft der Individuen" geprägt wird,[120] durch eine zwischen den Individuen zerstreute, aber geteilte gemeinsame Erfahrung. Der Sozialstaat ist gegenüber dieser Form des spontanen Erfahrungsaustauschs mit einem Aufstieg formaler Organisationen als gesellschaftlicher Akteure konfrontiert. Dadurch verändert sich die kognitive Infrastruktur des Rechts: Die großen Organisationen erzeugen systematisch neues technologisches oder mathematisch-statistisches Spezialwissen wie statistische Gruppenwahrscheinlichkeiten, wodurch die Wissensordnung dynamisiert und von einem organisierten Wissen abhängig wird, das für den Staat in der Regel nur in Form der Kooperation mit privaten Akteuren zugänglich ist.[121]

327 Auf dieser Folie wird dann die neueste Rechtsschicht, das Recht des Staates der Gesellschaft der Netzwerke bestimmt. Die Netzwerkkultur steigert die Reflexivität des Wissens und der Wissensregeln ein weiteres Mal. Ihre Hauptmerkmale werden unter an-

114 *Ladeur* (Recht – Wissen – Kultur), 49; vgl. auch 64 („das Erleben gesellschaftlicher Erfahrungen als rational geordnet und konsistent").

115 *Ladeur,* ebd., 49.

116 Vgl. *Ladeur,* ebd., 75ff., 120.

117 Vgl. *Ladeur,* ebd., 23.

118 Vgl. *Ladeur,* ebd., 57.

119 Vgl. *K.-H. Ladeur,* Der Staat der Gesellschaft der Netzwerke, in: Vesting/Augsberg (Hrsg.), Karl-Heinz Ladeur: Das Recht der Netzwerkgesellschaft, 2013, 353ff.

120 *Ladeur* (Recht – Wissen – Kultur), 77.

121 *Ladeur,* ebd., 77.

derem in einer Tendenz der weiteren Fragmentierung des Spezialwissens, einer veränderten Bewertung der Rolle des Nichtwissens und einer laufenden Grenzüberschreitung durch „heterarchische Verknüpfungen" gesehen.[122] Zu den laufenden Grenzüberschreitungen zählt Ladeur etwa das Durchlässigwerden der Grenze zwischen Markt und Organisation oder die Auflösung der Grenze zwischen patentfähigen Innovationen und allgemein zirkulierenden Ideen und Sprachformen. Die kognitive Infrastruktur der Netzwerkgesellschaft wird immer mehr durch „das experimentelle Entwerfen neuer Optionsräume jenseits bekannter Entwicklungspfade" geprägt,[123] die Emergenz des Unwahrscheinlichen und Unvorhersehbaren wird gleichsam zur Normalität. Es entstehen in ihren Konsequenzen und Risiken unüberschaubare Hochtechnologien wie Gentechnologie, Nanotechnologie, Informationstechnologie oder Finanzprodukte, die das Verhältnis der kognitiven und normativen Komponenten im Recht mobilisieren und neuartige hybride Formen einer *pragmatic governance* provozieren. „Das neue Wissen der Netzwerkgesellschaft bildet sich auf der Grundlage einer verflüssigten ‚Wirklichkeit', es kann dementsprechend auch nicht über Organisationen mit stabilen Grenzen prozessiert werden. Stattdessen entwickeln sich grenzüberschreitende hybride Wissensformen, die ihre Abhängigkeit von epistemischen, grenzüberschreitenden Gemeinschaften nicht verleugnen können."[124] Das könne für den Staat nur bedeuten, der neuen hochdynamischen Realität mit ihren offenen Möglichkeitsräumen in Echtzeit, in teilnehmender Beobachtung und ex post durch Monitoring entgegenzutreten. Der Staat müsse „durch eine ‚recycling culture', die Experimente verfolgt, prozedurales Wissen" generieren und „seinerseits für seine Projekte eine ‚nodale' und multipolare Architektur mit unterschiedlichen ‚Gravitationszentren'" bereithalten.[125]

### 3. Das Recht als (Produkt der) Kultur

Schupperts neuer Staatswissenschaft mangelt es in der Perspektive dieser Staatstheorie 328
an einer weiterführenden Reflexion über die konstitutive Rolle der Kultur für das Recht, und zwar auf objektiver wie subjektiver Ebene. Recht ist kein bloß irgendwie in eine Kultur eingebettetes Phänomen, „sondern es ist Kultur selbst, die Recht produziert."[126] Zwar gehen neuere Überlegungen Schupperts mit einer stärkeren Öffnung für Prozesse der Selbstproduktion (der Kultur) und der Selbstorganisation (der Gesellschaft) einher, aber auch diese folgen einem zu einfachen und gewissermaßen statischen Verständnis von Rechtssubjektivität. Der Staat und alle anderen mit ihm kommunizierenden Rechtssubjekte werden letztlich als Black Boxes behandelt: Der Staat ist ein Subjekt, das traditionellerweise in der Form des Gesetzes reguliert und dabei heute von anderen privaten und transnationalen Subjekten, die ebenfalls Regeln setzen, in seinem Steuerungsanspruch herausgefordert und in seinem Steuerungsvermögen begrenzt wird. Das führt noch in Schupperts jüngster Publikation *The World of Rules* (2016) zu der Vorstellung, dass der moderne Staat zunächst ein Rechtsetzungsmonopol besessen und es jetzt an neue aufsteigende Subjekte und Mächte – vor allem auf transnationaler Ebene – verloren hätte. Selbst wenn dieser Eindruck richtig wäre,

[122] *Ladeur,* ebd., 89.
[123] *Ladeur,* ebd., 92.
[124] *Ladeur,* ebd., 93.
[125] *Ladeur,* ebd., 95.
[126] *Duve* (Internationalisierung und Transnationalisierung), 11.

kommt es doch darauf an, das Bewusstsein dafür zu schärfen, dass das konstituierte Recht der Nationalstaaten von Anfang an auf dem Recht vorgeordnete instituierte Ordnungen angewiesen gewesen war, die zeitlich gesehen nicht aufeinander folgen, sondern sich ineinanderschieben. Das konstituierte Recht war immer schon mit kulturellen Vorleistungen aus den unterschiedlichsten Nischen der Gesellschaft (und nicht nur des Staates und des Juristenrechts) durchsetzt und vermittelt.

329 Trotz dieser kritischen Bemerkung, tut die Staatstheorie gut daran, Schupperts Analysen zu neuartigen Formen der Governance in künftige Diskussionen aufzunehmen. Schupperts Governance-Theorie kann mit vielen Erkenntnisfortschritten und einem großen Fundus an Detailanalysen aufwarten. Dasselbe gilt für die rechts- und wissenstheoretischen Analysen Ladeurs: Es gibt gegenwärtig wohl kein Denken, das sich so stark auf die neuen Bedingungen der Netzwerkkultur einlassen würde wie dasjenige Ladeurs. Davon hat auch diese Staatstheorie immer wieder profitiert. Eine gewisse Differenz zu Ladeurs wissenstheoretischer Perspektive dürfte allerdings darin liegen, dass die Doppelbewegung, um die Ladeurs Denken kreist – das Recht ist ein Teil der Kultur, das als *Rechts*kultur die (westliche) Kultur selbst entscheidend prägt – bei ihm mal in die eine, mal in die andere Richtung aufgelöst wird. Das ist auf den ersten Blick einleuchtend: Einerseits muss die Selbstproduktion der kognitiven Infrastrukturen der Gesellschaft vorausgesetzt werden, andererseits leistet das staatliche Recht einen eigenständigen Beitrag zu dieser Infrastruktur, indem es zum Beispiel durch die Gewährleistung subjektiver Rechte (als Vertragsrechte, Immaterialgüterrechte, Grundrechte, Klagerechte etc.) die Selbstwahrnehmung der Individuen als verantwortlicher Personen stabilisiert. Auf den zweiten Blick entsteht dadurch aber eine Ambiguität in der gesamten Theorieanlage: Diese oszilliert zwischen der Vorstellung eines westlichen Rechts, dessen Herausbildung seit dem Römischen Reich von einer Gruppe von Menschen bestimmt werde, „die als ‚Juristen' gerade die Autonomie des Rechts zu ihrer Profession machen",[127] und der Vorstellung der Evolution von kognitiven Infrastrukturen im Rahmen von gesellschaftlichen Wissensordnungen, die die Form des Rechts immer schon übersteigen.

330 Demgegenüber setzt diese Staatstheorie etwas anders an. Sie geht davon aus, dass der Mensch ein Lebewesen ist, das in Bedeutungsgewebe verstrickt ist, die er selbst gesponnen hat und die hier – im Anschluss an Clifford Geertz – als Kultur bezeichnet werden.[128] Kultur tritt in symbolischen, das heißt in zeichenhaften, bildhaften oder sprachlichen Formen auf. Diese sind historisch und sozial festgelegt und ermöglichen den Menschen, ihr Wissen vom Leben und ihre Einstellungen zum Leben mitteilen, erhalten und weiterentwickeln zu können. Mit Ernst Cassirer könnte man auch sagen: Der Mensch lebt in einem symbolischen und nicht mehr in einem natürlichen Universum. „Sprache, Mythos, Kunst und Religion sind Teile dieses Universums. Sie sind die bunten Fäden, die das Symbolnetz weben, das verknotete Gewebe menschlicher Erfahrung."[129] Wenn man den Kulturbegriff in dieser Weise anlegt, muss man Ladeur

[127] *Ladeur* (Recht – Wissen – Kultur), 49.

[128] *Geertz* (The Interpretation of Cultures), 9 („Believing, with Max Weber, that man is an animal suspended in webs of significance he himself has spun, I take culture to be those webs"); und 89 (culture „denotes an historically transmitted pattern of meanings embodied in symbols, a system of inherited conceptions expressed in symbolic forms by means of which men communicate, perpetuate, and develop their knowledge about and attitudes toward life").

[129] *Cassirer* (Was ist der Mensch), 39.

zweifellos darin zustimmen, dass Kultur nicht auf normative Bedeutungsfestlegungen reduziert werden darf. Zur Kultur gehören auch identitätsstiftende und weltaufschließende Dimensionen, und auch das Recht verkörpert eine bestimmte Art und Weise, das Reale zu imaginieren,[130] also die Weltbezüge der Individuen (mit) zu bestimmen. Das gilt in besonderer Weise für das Recht des Netzwerkstaates: Dieses wird in einem symbolischen Universum errichtet, in dem Entwicklungen immer weniger geplant und vorhergesehen werden können, sondern eine verflüssigte und fragmentierte Wirklichkeit vom Staat fordert, sich fortlaufend an wechselnde Umstände und überraschende Lagen und Situationen anzupassen.[131] Diese Erfahrung legt es indes nahe, das Recht (des Netzwerkstaates) mehr als eine relationale denn als eine autonome Größe zu denken. Das Changieren zwischen einem Verständnis, in dem das Recht eine eigene Kultur erzeugt, eine *Rechts*kultur, und der Vorstellung eines Rechts, das ein Produkt der Kultur ist, eine Rechts*kultur*, muss dann stärker zu Gunsten der zuletzt genannten Variante aufgelöst werden – zugunsten einer Bewegung, die mehr von der Kultur zum Recht verläuft und weniger vom Recht zur Kultur.

[130] *C. Geertz,* Local Knowledge: Fact and Law in Comparative Perspective, in: *ders.,* Local Knowledge, New York 1983, 167ff., 173, 184; vgl. auch *Ladeur* (Recht – Wissen – Kultur), 56.

[131] *Ladeur,* ebd., 95 (das „old game" bestand im Versuch, eine Entwicklung zu planen oder vorauszusehen – und für den Staat, zu „steuern" –, das neue „Spiel" heißt: „surfing fluid reality … and adjust to morphing conditions").

## § 7 Ausblick: Die bleibende Bedeutung des Staates in der Globalisierung

### I. Weltgesellschaft oder Globalisierung des Nationalismus?

331 Die Bewegung einer weltweiten Verflechtung von Kulturen und Gesellschaften, die heute allgemein als „Globalisierung" bezeichnet wird, gehört von Anbeginn zur Geschichte des modernen Staates. Der frühmoderne Territorialstaat entsteht gleichzeitig mit der Eroberung der Weltmeere und der Entdeckung Amerikas durch portugiesische und spanische Seefahrer. Diese Landnahmen des 15. und 16. Jahrhunderts, dem der europäische Kolonialismus folgt, werden nicht zuletzt durch eine neuartige Vermessung und Kartographierung der Welt möglich.[1] Im 18. Jahrhundert erleichtert das Medium des Buchdrucks die Lösung der Verkehrswege vom staatlichen Territorium, bevor im Wohlfahrtsstaat weltweite Funkverkehrsnetze, eine internationale öffentliche Meinung oder die Einrichtung interkontinentaler Flugverbindungen ganz neuartige grenzüberschreitende Interaktionsmöglichkeiten eröffnen und das kulturelle Zusammenrücken der Menschheit beschleunigen.[2] Der Aufstieg der Netzwerkkultur seit den späten 1960er Jahren bedeutet dann einen weiteren Einschnitt: Der gesamte Erdball und Teile des Weltraums werden jetzt mit einem Netz von digitalen Kommunikationskanälen überzogen, die den freien Fluss und den freien Zugang von Informationen und Wissen über alle raumzeitlichen Grenzen hinweg ermöglichen. Damit werden die Grundlagen für eine neuartige Weltkultur geschaffen, die die gesamte Menschheit zu ergreifen und ihr Bewusstsein zu verändern scheint. Das Smartphone ist vielleicht das mächtigste technische Symbol dieser Weltkultur: Dank einer global standardisierten Ikonographie und Wischtechnik erzeugt es überall auf der Welt ein vergleichbares Verhaltensmuster: Menschen, die konzentriert mit ihrem Smartphone interagieren und alles andere um sich herum gar nicht mehr wahrzunehmen scheinen.

332 Aus der Erfahrung, dass es so gut wie keine territorialen Grenzen mehr für die Verbreitung von Wissen und Intelligenz in Computernetzwerken gibt, bezieht die Vorstellung einer globalen Ausweitung der modernen westlichen Kultur und Gesellschaft ihre Plausibilität. Bereits in den 1970er Jahren beklagt Niklas Luhmann, dass die Soziologie noch immer mit der Vorstellung einer Mehrheit menschlicher Gesellschaften arbeite, während das Phänomen eines faktisch vereinheitlichten Welthorizonts, getragen von einem universell verbreiteten wissenschaftlichen Wissen und den Errungenschaften der westlichen Technologie, inzwischen in eine Phase irreversibler Konsolidierung eingetreten sei.[3] Die Soziologie denke noch zu stark in den alten Kategorien einer ethisch-politischen Gesellschaft, in Kategorien des Nationalstaates, in dem normative Erwartungen und Ordnungen wie Recht und Politik Risikoträger der gesellschaftlichen Evolution gewesen seien. Demgegenüber zeige sich heute, „daß im Bereich weltweit orientierter Interaktionen, also im Bereich dessen, was sich als Weltgesellschaft konstituiert hat, der kognitive Erwartungsstil zu dominieren scheint."[4] An dieser Vorstellung, dass ein Erwartungsstil lernender Anpassung in einer

---

[1] Vgl. *Siegert* (Passage des Digitalen), 68, 69.
[2] *N. Luhmann,* Die Weltgesellschaft, ARSP 1971, 1 ff., 13.
[3] *Luhmann,* ebd., 5, 8 f.
[4] *Luhmann,* ebd., 13.

global verflochtenen Welt die Oberhand gewinnen und die Bedeutung des Nationalstaates abnehmen werde, hat Luhmann Zeit seines Lebens festgehalten. Noch *Die Gesellschaft der Gesellschaft* (1997) weist die Unterscheidung von Nationen als obsolet zurück: Der Nationsbegriff, der im 18. Jahrhundert aus regionalen Kulturvergleichen und aus Verlegenheiten der Französischen Revolution hervorgegangen sei, stifte heute mehr Schaden als Nutzen. Die Vorstellung einer nationalen Identität, mit der ein Einzelner sich identifizieren könne, habe seine Plausibilität verloren. Die Nation gehöre zu einem Bündel „transitorischer Semantiken, die eine Übergangszeit faszinierten konnten, ohne zu verraten, auf welches Gesellschaftssystem sie bezogen waren.“[5]

Der Einteilung der Welt in Nationen setzt Luhmann das Prinzip der funktionalen Differenzierung der Gesellschaft entgegen. Diesem Theorem zufolge fungieren Staatsgrenzen nicht länger als Sinngrenzen, als Schranke zwischen unterschiedlichen Nationen, Kulturen und Sprachen. Vielmehr sind es umgekehrt die funktional differenzierten Ordnungen und Sinnregionen der Weltgesellschaft, ihre globalen Teilsysteme wie Wissenschaft und Technik, die die regionalen politischen Ordnungen der Nationalstaaten heute überlagern. Der Nationalstaat wird deshalb in der Theoriearchitektur Luhmanns auf eine nur noch formale Rolle begrenzt: Der Staat sagt weiterhin *l'état, c'est moi,* der Staat bin ich. Doch sagt er dies nicht mehr, um seine einzigartige herausgehobene Stellung und die Unerreichbarkeit seiner Macht und Würde auf einem Territorium mit genau abgesteckten Grenzen zu beglaubigen. Der Gebrauch des Wortes Staat dient nunmehr dazu, die regionalen politischen Systeme weiterhin bezeichnen und identifizieren zu können. Der eigentliche Sinn des Nationalstaates in der Gegenwart besteht für Luhmann also darin, unentbehrlich im Hinblick auf die kollektive Kommunikationsfähigkeit auf der Bühne der Weltpolitik zu sein. „Wie immer der Zugriff der Regionalstaaten auf die Verhältnisse in ihrer Region gelingen oder mißlingen wird, wie immer die einzelnen Regionen sich in dieser Hinsicht unterscheiden und wie immer die Wirksamkeit der Staaten durch die weltweite Operationsweise anderer Funktionssysteme (vor allem der Wirtschaft, aber auch der Massenmedien) behindert oder gefördert werden mag: für die Weltpolitik unerläßlich ist die kollektive Kommunikationsfähigkeit der Staaten.“[6] 333

Andere Autoren gehen noch weiter. Verkündeten Carl Schmitt oder Ernst Forsthoff schon in den 1960er Jahren das Ende der Epoche der Staatlichkeit, hat sich seit den 1980er Jahren eine umfangreiche Abschiedsliteratur zum Staat etabliert, die mit Titeln wie *The End of the Nation State* (Kenichi Ohmae – 1995) oder *The Rise and Decline of the State* (Martin van Creveld – 1999) in das gleiche Horn bläst, für das Ende des Staates aber nun die Globalisierung und nicht mehr – wie noch Schmitt und Forsthoff – die interne Aushöhlung des Staates durch die Kräfte des Pluralismus verantwortlich macht.[7] Die Schwäche dieser Diskussion hat der englische Ideenhistoriker Quentin Skinner jüngst in dem übertriebenen Eifer lokalisiert, mit dem hier der Tod des Staates proklamiert werde.[8] Das ist eine durchaus treffende Beobachtung. Selbst wenn man akzeptiert, dass der Nationalstaat viele traditionelle Attribute der Souveränität in der globalen Netzwerkkultur einbüßt (in Europa haben viele Staaten sogar ihre Wäh- 334

[5] *Luhmann* (Die Gesellschaft der Gesellschaft), 1055.
[6] *Luhmann* (Die Politik der Gesellschaft), 226, vgl. auch 196.
[7] Weitere Hinweise bei *A. Anter/W. Bleek*, Staatskonzepte, 2013, 9ff.
[8] *Skinner* (Die drei Körper des Staates), 85.

rungssouveränität an die Europäische Union übertragen), ist doch offensichtlich, dass die Unterscheidung der Welt in Nationen nicht hinter uns liegt. Die neuere Abschiedsliteratur zum Staat geht ähnlich wie Luhmanns Theorie der Weltgesellschaft daran vorbei, dass der Nationalismus, der zunächst eine rein westliche Errungenschaft war (und aus dessen individualistischer Variante der liberale Verfassungsstaat ursprünglich hervorgegangen ist), nicht untergegangen ist, sondern sich inzwischen auf die ganze Welt und vor allem auch auf Länder wie China oder Indien ausgedehnt hat. Die Übertragung des Nationalismus auf diese kolossalen Kulturen und die Transformation dieser Länder zu nationalen Superstaaten ist jedenfalls eine der wichtigsten politischen Entwicklungen der letzten Jahrzehnte.[9]

335 Der Philosoph Joachim Ritter hat die partielle Auflösung der alten Trennung von Okzident und Orient bereits in *Europäisierung als europäisches Problem,* einem Aufsatz aus den 1950er Jahren, thematisiert. Eine auf Wissenschaft und Technik und liberalen Werten gründende westliche Kultur, so schreibt Ritter, greife jetzt weit über Europa hinaus und habe alle anderen Völker dieser Welt, insbesondere Asien, aus ihren bodenständigen Lebensformen gelöst, ohne sie zugleich umfassend auf die Werte des europäischen Erbes verpflichten zu können. Dadurch werde das europäische Abendland in einen weltweiten Kulturkampf hineingezogen, von dem nicht gewiss sei, wer daraus als Sieger hervorgehen werde.[10] Für Liah Greenfeld ist diese Frage inzwischen entschieden. „Dem Nationalismus, also der Erfindung eines kleinen, westlichen europäischen Staates ist es zu verdanken, dass zuerst Westeuropa und dann deren Ableger in Nordamerika, die Vereinigten Staaten, zum Zentrum der Welt wurden, das niemand mißachten konnte und das einen indischen Historiker zu der Bemerkung veranlasst hat, dass im Jahr 1500 die Geschichte des Europäischen Zeitalters begann. Von diesem Zentrum verbreitete sich das Nationalbewusstsein – eine Vision der Realität, die im 16. Jahrhundert in England aufkam – langsam über den ganzen Planeten und verbreitete dadurch den westlichen Einfluss. Dieser Einfluss war nie größer als heute, wurde der Nationalismus doch zu einem wahrhaft globalen Phänomen. Es ist ironisch, dass diese Reichweite, das Eindringen des Nationalbewusstseins in die großen östlichen Zivilisationen, das Ende des Europäischen Zeitalters und den Beginn einer neuen asiatischen historischen Ära einläutet."[11]

336 Es erscheint ungewiss, ob die Souveränität der Nationalstaaten bleibt oder wir bereits in ein Zeitalter der Post-Souveränität eintreten sind. Ungewiss erscheint auch, ob die heute einflussreichen Nationalstaaten der westlichen Welt wie die Vereinigten Staaten von Amerika, Großbritannien, Frankreich, Italien oder Deutschland auch in Zukunft wichtige Akteure auf der internationalen Bühne bleiben werden oder ob irgendwann Russland, China und Indien diese Rolle übernehmen und die westlichen Staaten einschließlich der Europäischen Union marginalisieren werden. Zu was immer die Globalisierung aber auch führen wird, zu einer Weltgesellschaft (wie Luhmann und andere glauben) oder zur Globalisierung des Nationalismus (wie Liah Greenfeld meint), mit Blick auf die Evolution des staatlichen Rechts muss man heute – entgegen Luhmann – feststellen, dass die Globalisierung den normativen Erwartungsstil und das

[9] *Greenfeld* (Advanced Introduction), 136, 137; vgl. auch die in eine ähnliche Richtung weisenden Überlegungen bei *Descombes* (Die Rätsel der Identität), 198 ff.

[10] Vgl. nur *Ritter* (Europäisierung als europäisches Problem), 321 ff.

[11] Vgl. *Greenfeld* (Advanced Introduction to Nationalism), 2016, 128 ff., 136: „It was owing to nationalism, a creation of a small Western European country, that first Western Europe and then also its outposts in North America, the United States became the center of the world, whom no one around could disregard, leading an Indian historian to posit that in 1500 the European Age began in history. From this center national consciousness – the vision of reality which emerged in sixteenth-century England – slowly spread all over the planet, carrying Western influence with it. Never has this influence reached further than today, when nationalism became a truly global phenomenon. It is ironic that this reach, the penetration of national consciousness into the great Eastern civilizations, spells the end of the European Age and announces the beginning of a new, Asian, historical era." (Übersetzung T. V.).

westliche Recht bislang weder abgeschwächt noch marginalisiert oder sogar beseitigt hat.[12] Auch wenn sich die Raumbindungen der Kulturen und Gesellschaften durch die Kommunikation in Computernetzwerken weiter als je zuvor gelockert haben, kommt auch die digitalisierte Weltkultur nicht ohne staatliches Recht aus, denn noch immer wird über die Fruchtbarkeit und Haltbarkeit von rechtlichen Normen und Entscheidungen gestritten. Die Globalisierung führt also nicht zur Abschwächung des Rechts (und offenbart es damit als eine Art europäische Anomalie), vielmehr wird das westliche Recht innerhalb eines größeren normativen Feldes, der globalen Rechtsordnung, weiter existieren.[13] An den Rechtsbildungsprozessen innerhalb dieser globalen Rechtsordnung wird der Nationalstaat auch in Zukunft beteiligt sein, auch wenn sich die globale Rechtsordnung gegenüber dem staatlichen Recht verselbständigt hat und die Souveränität der Nationalstaaten für das globale Recht durchlässig geworden ist.

## II. Staatliches Recht in der globalen Rechtsordnung

### 1. Ausgangspunkte und Prinzipien des Völkerrechts

Schon im Kontext der Entstehung des liberalen Verfassungsstaates taucht die Vorstel- 337
lung auf, dass es zwischen Nationen einen freien Handel geben können muss. Darin ist der freie Handel mit gedruckten Romanen eingeschlossen, und dieser Austausch von Kulturgütern steht in einem unmittelbaren historischen Zusammenhang mit der Entstehung von Nationalkulturen: Einerseits machen die jungen europäischen Nationalstaaten Autoren wie Shakespeare, Richardson, Rousseau oder Goethe zu nationalen Klassikern und zu Symbolen kollektiver Identität, andererseits ermöglicht der Literaturbetrieb Übersetzungen und den Druck und Verkauf von Büchern in Nachbarländer oder weiter entfernte Regionen, so dass bereits in der zweiten Hälfte des 18. Jahrhunderts ein reger geistiger Austausch zwischen verschiedenen Nationalkulturen eingerichtet wird.[14] Zur gleichen Zeit formulieren Autoren wie David Hume und Adam Smith die Idee, dass der freie Handel zwischen Staaten durch die Errichtung eines zivilen Konsortiums von Nationen geschützt werden soll.[15] Aus diesem Kontext geht im 19. Jahrhundert das Völkerrecht als allgemeines „Verkehrsrecht" hervor.[16] Als allgemeines Verkehrsrecht hat das Völkerrecht ursprünglich allein solche Beziehungen zwischen souveränen Nationalstaaten zum Gegenstand, die auf der Grundlage von Verträgen zwischen ihnen geregelt werden. Dagegen hat das klassische Völkerrecht nur in Ausnahmen und engen Grenzen ein über den Willen der Staaten hinausgehen-

[12] Dass Luhmann die bleibende Bedeutung des staatlichen Rechts in der globalen Ordnung falsch einschätzt, hängt nicht zuletzt mit einem theoretischen Manko der Unterscheidung von kognitiven und normativen Erwartungen zusammen. Eine angemessene Analyse der globalen Ordnung dürfte nicht einfach kognitive (lernfähige) gegen normative (enttäuschungsfeste) Erwartungen ausspielen, sondern müsste zunächst die kulturellen Veränderungen, die mit dem Übergang von der Massenkultur zur Netzwerkkultur einhergehen, genauer beschreiben und darin eine genauere Analyse der Veränderungen des Wissens einschließen.

[13] So die Einschätzung etwa bei *Viellechner* (Transnationalisierung des Rechts), 159.

[14] *A. Assmann* (Einführung in die Kulturwissenschaft), 76; *F. Moretti,* Atlas of the European Novel, London 2011, 11 ff.; *Anderson* (Imagined Communities), 37 ff.

[15] Vgl. *I. Hont* (Jealousy of Trade), 5 ff.; vgl. auch *Mokyr* (The Enlightened Economy), 75.

[16] *A. W. Heffter,* Das europäische Völkerrecht der Gegenwart auf den bisherigen Grundlagen, 1882, 3.

des Völkergewohnheitsrecht oder allgemeine, von allen zivilisierten Nationen geteilte Rechtsgrundsätze anerkannt. Dieses Verständnis des Völkerrechts hat noch im Grundgesetz seine Spuren hinterlassen, wenn es die allgemeinen Regeln des Völkerrechts – und eben nur diese – in einer eigenständigen Vorschrift als Bestandteil des Bundesrechts anerkennt (Art. 25).

338 Mit dem im deutschen und skandinavischen Sprachraum eingebürgerten Begriff „*Völker*recht" ist dieses Recht im Prinzip irreführend bezeichnet. Es geht im Völkerrecht nicht *primär* um ein rechtliches Gemeingut aller Völker, wie ursprünglich im römischen *ius gentium.* Im Mittelpunkt steht vielmehr noch heute ein zwischen Nationalstaaten durch völkerrechtliche Verträge vereinbartes Recht, das prinzipiell auch nur zwischen Staaten, nicht aber unmittelbar gegenüber Dritten wie etwa einzelnen staatlichen Organen, Staatsangehörigen oder privaten Unternehmen Rechte und Pflichten begründen kann. Deshalb wird allgemein auch von einem staatsbezogenen Charakter des Völkerrechts gesprochen. Wählt man das Französische, könnte man sagen, dass das Völkerrecht nicht ein *droits des gens,* ein Recht der Völker, zum Inhalt hat, sondern ein *droit entre les gens,* ein Recht *zwischen* den Völkern – auf der Grundlage ihrer Gleichrangigkeit. Es handelt sich also genauer um ein zwischen Nationen geltendes *Koordinations*recht.[17] All das wird durch den Begriff *international law,* den Jeremy Bentham im späten 18. Jahrhundert geprägt hat, sehr viel treffender als mit dem Begriff des Völkerrechts zum Ausdruck gebracht.[18] Dieser Sprachgebrauch – internationales Recht – hat sich zur Bezeichnung des Völkerrechts heute nicht nur in Großbritannien und Nordamerika, sondern auch in den romanischen Ländern durchgesetzt.[19]

339 Einen abgesonderten und eingekapselten Nationalstaat hat es auch in der Vergangenheit nicht gegeben. Der moderne Staat ist kein Staat der Tradition, des Althergebrachten, sondern von Anfang an Teil der kulturellen Evolution des Westens und damit einer Kultur, die durch die ständige Erneuerung des Wissens geprägt ist. Schon als liberaler Verfassungsstaat hat der moderne Staat etwa durch die Gewährleistung gesellschaftlicher Freiheitsrechte grenzüberschreitende Verkehrsströme aller Art anerkannt und zugelassen. Zumindest geht eine allzu schematische Entgegensetzung von einem „offenen Staat der Gegenwart" und einem „geschlossenem Nationalstaat der Vergangenheit" an dieser seit jeher existierenden Durchlässigkeit des modernen Staates für Neuerungen vorbei.[20] Es geht gegenwärtig vielleicht weniger um den Bedeutungszuwachs eines „offenen Staates" als um eine stärkere transstaatliche Verflechtung des Staates, eine „verflochtene Staatlichkeit".[21] Und dies genau in dem Sinn, dass sich die Sphären zwischen einer genuin staatlichen Rechtsordnung auf der einen Seite und einer im Entstehen begriffenen globalen Rechtsordnung auf der anderen Seite nicht mehr so scharf voneinander trennen lassen wie beispielsweise noch im späten 19. Jahrhundert das Verhältnis der Sphären von staatlicher Souveränität und Völkerrecht. Dass dies eine Erscheinung der jüngsten Vergangenheit ist, kann man auch daran erkennen, dass noch das Grundgesetz an eine strikte Unterscheidung der Rechtssphären von Völkerrecht einerseits und staatlichem Recht andererseits anknüpft: Hoheitsrechte müssen durch Gesetz auf zwischenstaatliche Einrichtungen übertragen werden (Art. 24 Abs. 1), wie auch umgekehrt völkerrechtliche Verträge in Form eines Bundesgesetzes ratifiziert werden müssen, um in innerstaatliches Recht transformiert werden zu können (Art. 59 Abs. 2).

[17] Vgl. *E. Kaufmann,* Das Wesen des Völkerrechts und die clausula rebus sic stantibus (1911), 128ff.

[18] Vgl. *J. Bentham,* An Introduction to the Principles of Morals and Legislation (1789/London 1823), Preface.

[19] Vgl. zum Abschnitt auch *Viellechner* (Transnationalisierung des Rechts), 43, 44 m.w.N.

[20] Diese Unterscheidung z.B. bei *R. Wahl,* Internationalisierung des Staates, in: *ders.,* Verfassungsstaat, Europäisierung, Internationalisierung, 2003, 17ff., 52.

[21] *U. Di Fabio,* Der Verfassungsstaat in der Weltgesellschaft, 2001, 62ff.; *Schuppert* (Verflochtene Staatlichkeit).

## 2. Der eigenständige Charakter des globalen Rechts

Eine Zunahme der Bedeutung des globalen Rechts und seine sich intensivierende Ein- 340
wirkung auf den ursprünglich rein innerstaatlichen Rechtsraum lassen sich zum Beispiel im Rahmen des herkömmlichen Völkerrechts beobachten. Mit der Gründung der Vereinten Nationen im Jahr 1945, der *United Nations* (UN), ist nur wenige Monate nach dem Ende des Zweiten Weltkrieges zum ersten Mal in der Geschichte eine universelle internationale Organisation geschaffen worden, der im Unterschied zum kurz nach dem Ende des Ersten Weltkrieges gegründeten Völkerbund fast alle Staaten dieser Welt als Mitglieder angehören. Die Vereinten Nationen haben nach ihrer Charta primär die Aufgabe der Wahrung des Weltfriedens und der internationalen Sicherheit und bilden mit ihren Organen wie Vollversammlung, Sicherheitsrat und Internationalem Gerichtshof zugleich die institutionelle (organisatorische) Grundlage für den internationalen Menschenrechtsschutz. Dieser findet seine normative Grundlage in der Deklaration der Menschenrechtscharta der Vereinten Nationen, der Allgemeinen Erklärung der Menschenrechte vom 10. Dezember 1948. Die Ausgangspunkte und Prinzipien des traditionellen internationalen Rechts bleiben dabei auf den ersten Blick in Takt: Die Vereinten Nationen beruhen auf einem multilateralen völkerrechtlichen Vertrag, der die Aufgaben und Ziele dieser internationalen Organisation ebenso festlegt und wie die Anzahl ihrer Organe und deren Kompetenzen. Ein zweiter Blick zeigt aber, dass das Recht der Vereinten Nationen sich teilweise von seinen vertraglichen Vorgaben und dem herkömmlichen Verständnis des Völkerrechts als zwischenstaatlichem Koordinationsrecht gelöst und einen eigenständigen Charakter angenommen hat.

*Abb. 21 Die Hauptorgane der Vereinten Nationen in der Übersicht*

341 So hat sich zum Beispiel der nur 15 Mitglieder zählende Sicherheitsrat der Vereinten Nationen, ursprünglich als reines Exekutivorgan eingerichtet, in der jüngeren Vergangenheit immer wieder quasi-legislative Befugnisse angemaßt oder Gerichte wie etwa internationale Strafgerichtshöfe eingesetzt, die verbindliche Entscheidungen auch gegenüber Individuen getroffen haben.[22] Über die Vorstellung eines dispositiven (abdingbaren) Völkervertragsrechts ist außerdem die Entwicklung des internationalen Menschenrechtsschutzes hinausgegangen, der inzwischen auch als *humanitäres* Völkerrecht bezeichnet wird. Auf der Grundlage der Konkretisierung der Allgemeinen Erklärung der Menschenrechte, die zunächst als rechtlich unverbindliche Beschlussfassung der UN-Vollversammlung galt, haben nationale und internationale Gerichte allgemein verbindliche Mindeststandards des humanitären Völkerrechts entwickelt: Bestimmte Typen von Menschenrechts*verletzungen* entfalten heute unmittelbare und zwingende Wirkung gegenüber allen Menschen und nicht nur gegenüber Staaten. So ist heute unter anderem das Folterverbot als zwingende Norm des Völkerrechts *(jus cogens)* anerkannt, das nach einer Entscheidung des Internationalen Strafgerichtshof für Jugoslawien sogar kollidierendes innerstaatliches Recht de-legitimiert.[23] War das Gesetzgebungsrecht seit Bodin das zentrale Merkmal staatlicher Souveränität und wurden die subjektiven Rechte ursprünglich allein durch den liberalen Nationalstaat geschützt, werden Gesetze und Rechtsentscheidungen jetzt vermehrt durch nichtstaatliche Organisationen hervorgebracht sowie bestimmte Verbote und Tabus zum Schutzgegenstand universaler Menschenrechte. Das gegenüber den Staaten verselbständigte Völkerrecht bindet dabei auch unmittelbar solche Personen, die nach herkömmlichem Verständnis nur ihrer eigenen, nationalen staatlichen Gewalt unterworfen sind.

### 3. Die Fragmentierung der globalen Rechtsordnung

342 Die partielle Durchbrechung des staatlichen Gesetzgebungsmonopols und der Aufstieg des humanitären Völkerrechts sind in der Literatur auch als Übergang vom Völkerrecht als „Koordinationsrecht" zum Völkerrecht als „Kooperationsrecht" beschrieben worden.[24] Es wird in der völkerrechtlichen Literatur auch von einer Ablösung des Rechts der Staatengesellschaft durch das Recht einer „Verfassung der internationalen Gemeinschaft" gesprochen.[25] Mit beiden Formeln geht eine nur noch schwer überschaubare Diskussion über die Konstitutionalisierung des Völkerrechts und der Weltgemeinschaft einher.[26] Darauf kann in diesem Ausblick nicht ausführlicher eingegan-

[22] Vgl. *Viellechner* (Transnationalisierung des Rechts), 82 m.w.N.

[23] Vgl. die Entscheidung des *International Tribunal for the Former Yugoslavia* (ICTY), Trials Chamber, Prosecutorv. Furundzija, Urteil v. 10.12.1998, abgedr. in: ILM 38 (1999), 317; kritisch zu den Konsequenzen *S. Kadelbach/T. Kleinlein,* Überstaatliches Verfassungsrecht, Archiv des Völkerrechts 44 (2006), 235ff.

[24] *R. Wolfrum,* Entwicklung des Völkerrechts von einem Koordinations- zu einem Kooperationsrecht, in: Müller-Graff/Roth (Hrsg.), Recht und Rechtswissenschaft, 2000, 421ff.

[25] *C. Tomuschat,* Die Internationale Gemeinschaft, Archiv des Völkerrechts 33 (1995), 1ff., 7.

[26] Vgl. nur *A. Peters,* Are we Moving towards Constitutionalization of World Community?, in: Cassese (Hrsg.), Realizing Utopia, Oxford 2012, 118ff. (Konstitutionalisierung als dynamisches Projekt); *B. Fassbender,* «We the people of the United Nations», in: Walker/Loughlin (Hrsg.), The Paradox of Constitutionalism, Oxford 2007, 269ff., 281ff.; kritisch *K.-H. Ladeur,* Ein Recht der Netzwerke für die Weltgesellschaft oder Konstitutionalisierung der Völkergemeinschaft?, Archiv des Völkerecht 49/3 (2011), 246ff.

gen werden. Es soll aber die These vertreten werden, dass nicht die Konstitutionalisierung der globalen Rechtsordnung als solche, sondern ihre Fragmentierung, die Emergenz von speziellen und relativ autonomen Regeln oder Regelkomplexen, rechtlichen Institutionen und eigenständigen rechtlichen Praktiken das entscheidende Merkmal der neueren Entwicklung des globalen Rechts ist.[27] Für diese Fragmentierung globaler Teilrechtsordnungen ist nicht zuletzt eine geradezu inflationäre Entwicklung der Bildung von Teilorganisationen innerhalb der Vereinten Nationen verantwortlich wie etwa der Weltbank, des Internationalen Währungsfonds (IMF), der Internationalen Arbeitsorganisation (ILO), der Weltgesundheitsorganisation (WHO) oder der Weltorganisation für geistiges Eigentum (WIPO). Daneben treiben eine Reihe von eigenständigen, nicht unmittelbar den Vereinten Nationen angehörige internationale Organisationen, wie z. B. die Welthandelsorganisation (WTO), die Fragmentierung der globalen Rechtsordnung voran.

Wie alle internationalen Organisationen beruht auch die Welthandelsorganisation auf 343
völkerrechtlichen Verträgen. Zwar ist das Betätigungsfeld der Welthandelsorganisation die Koordination der globalen Handels- und Wirtschaftspolitik ihrer Mitglieder. Sie kann ihr Eigengewicht gegenüber den Mitgliedsstaaten jedoch durch ein obligatorisches Streitbeilegungsverfahren geltend machen, das die Aufgabe der Produktion von rechtlichen Entscheidungen in Konflikten zwischen den Mitgliedsstaaten übernimmt. Dieses zweistufige Verfahren, das auf eine weitgehende Verrechtlichung der Welthandelsordnung hinausläuft, wird häufig auch als Zentrum einer Weltwirtschaftsverfassung angesehen, die angereichert durch andere Materien wie etwa die Menschenrechte auch innerstaatlich und nicht nur zwischen den Staaten wirken soll.[28] Auch die Weltorganisation für geistiges Eigentum (WIPO) verfügt über ein Streitbeilegungsverfahren, das *Arbitration and Mediation Center* (AMC). Auch hier zeigt sich eine Verwischung der Grenzen von staatlicher und globaler Rechtsordnung, wenn die Weltorganisation für geistiges Eigentum in ihren Entscheidungen häufiger auf nationale Grundrechtstraditionen Bezug nimmt, insbesondere auf den Ersten Zusatzartikel zur Verfassung der Vereinigten Staaten von Amerika. Das Recht der Meinungsfreiheit wird in solchen Verfahren als ein (begrenztes) Recht der Kritik und der Kommentierung des Verhaltens von Unternehmen akzeptiert und fungiert dann etwa in den *CompanyNameSucks*-Fällen als Grenze der Marken- und Urheberrechte von bekannten Wirtschaftsunternehmen. Inzwischen wird diese Rechtsprechung sogar als autonome Rechtsgrundlage der globalen Internetkommunikation qualifiziert, womit eine weitere Teilrechtsordnung des globalen Rechts zu entstehen scheint.[29]

Das staatliche Recht ist heute außerdem mit ausgreifenden Normbildungen in einem 344
transnationalen Feld konfrontiert. Der Begriff ist durch Philip C. Jessups Publikation *Transnational Law* (1956) bekannt geworden. Eine neuere Arbeit verbindet den Begriff des transnationalen Rechts mit der Vorstellung einer autonomen Rechtsform jen-

[27] Vgl. nur ILC (finalized by *Martti Koskenniemi,* Fragmentation of International Law: Difficulties Arising from the Diversification and Expansion of International Law, Bericht der Studiengruppe vom 13. April 2006, UN Doc A/CN. 4/L.682, § 8; *Kadelbach/Kleinlein* (Überstaatliches Verfassungsrecht), 235 ff., 243; und *Wahl* (Internationalisierung des Staates), 36 (der von funktionaler Dezentralisation spricht).

[28] Vgl. nur *J.P. Trachtman,* The Constitutions of the WTO, European Journal of International Law 17 (2006), 623 ff.; kritisch *Kadelbach/Kleinlein* (Überstaatliches Verfassungsrecht), 239, 240.

[29] Vgl. nur WIPO AMC, No. D 2000–0190 – Bridgestone Firestone, Inc. Et al. v. Jack Myers; dazu detailliert *Viellechner* (Transnationalisierung des Rechts), 257 ff.

seits des staatlichen Rechts und des herkömmlichen Völkerrechts, die ihre Legitimität aber nur im Zusammenwirken mit den staatlichen Rechtsordnungen gewinnen kann: Transnationales Recht zielt im Kern auf grenzüberschreitende (nicht notwendigerweise globale) Sachverhalte. Es regelt die Beziehungen zwischen Rechtssubjekten wie auch Gegenstände von allgemeinem Interesse, beschränkt sich auf bestimmte Sachbereiche, wird überwiegend durch nichtstaatliche Akteure in Vertragsform gesetzt und gewinnt seine Unabhängigkeit durch die Einsetzung eigener Streitentscheidungsmechanismen.[30] Es geht hier also primär um das Recht des *private ordering* und sekundär auch um hybride Arrangements von privaten und öffentlich-rechtlichen Rechtskomponenten, um das Internetrecht und die Domainvergabe, das globale Sportrecht, das Handelsrecht, soweit es auf Verträgen beruht, das Investitionsschutzrecht und jene Materien der *global governance,* die nicht von internationalen Organisationen oder der Europäischen Union abgeleitet werden. Damit wird erneut der Bedeutungszuwachs der globalen Rechtsordnung sichtbar, die sich vom staatlichen Recht absondert, um zugleich von ihm abhängig zu bleiben. Diese Verflechtung wird im Fall des transnationalen Rechts allerdings nicht durch eine Verknüpfung mit dem nationalen Parlamentsrecht hergestellt, also dem herkömmlichen Verfahren demokratischer Gesetzgebung, sondern mit einem neuen Verständnis der Horizontalwirkung von Grundrechten als Grund und Grenze transnationaler Rechtsbildung.[31]

345 Gunther Teubner hat aus solchen und anderen Diagnosen noch weiter reichende Konsequenzen gezogen: Weil die Sinngrenzen zwischen sozialen, ökonomischen und kulturellen Sphären immer weniger mit Staatsgrenzen identisch seien, erlebten wir gegenwärtig nicht nur den Übergang zu einer neuartigen transnationalen Rechtsbildung jenseits des Nationalstaates und des herkömmlichen Völkerrechts, sondern auch eine neuartige Form der Verfassungsbildung, den Aufstieg originärer Verfassungsautorität, die unabhängig von der Autorität der Staatsverfassungen ist. „In der Globalisierung fungieren Staatsgrenzen nicht mehr als Sinngrenzen zwischen sozialen, ökonomischen und kulturellen Sphären. Nun driften die Prozesse globaler Selbstkonstituierung und die nationalstaatliche Konstitutionalisierung endgültig auseinander."[32] Die Konstitutionalisierung macht danach nicht im Völkerrecht halt, sondern erfasst auch das transnationale Recht, wie etwa die Schiedspraxis zur Vergabe von Domain-Namen im Internet, innerhalb derer sich in einem Prozess der Selbstkonstitutionalisierung globale Verfassungen entwickeln, die mit den Verfassungen der Nationalstaaten vergleichbar sind. „Im Zuge der Globalisierung sind neue transnationale Verfassungssubjekte entstanden, die sich durch weitgehende Entstaatlichung, durch einen hohen Grad der Fragmentierung, durch hohe Autonomie und durch die Konzentration auf funktionale Regime auszeichnen."[33]

346 Das Völkerrecht und seine Teilrechtsordnungen bilden heute zusammen mit dem transnationalen Recht und dem Recht der Nationalstaaten eine multipolare globale Rechtsordnung, ein nachbarschaftlich geknüpftes Netzwerk überlappender Rechtsordnungen.[34] So wie sich das Recht des Netzwerkstaates innerhalb nationalstaatlicher Grenzen auf eine Ordnungsbildung in Fragmenten beschränkt, ist auch die globale Rechtsordnung durch einen Mangel an Einheit charakterisiert. Wie die staatliche Rechtsordnung bringt auch die globale Rechtsordnung nur noch Inseln der Ordnung hervor, nur noch fragmentierte Regime, aber kein im strengen Sinn einheitliches

30 Vgl. *Viellechner,* ebd., 180f. (nahezu wörtliche Übernahme).
31 *Viellechner,* ebd., 217; *G. Teubner,* Transnationales Recht, JZ 2015, 506f.
32 Vgl. *Teubner* (Verfassungsfragmente), 74.
33 *Teubner,* ebd., 118.
34 Vgl. *A.-M. Slaughter/W. Burke-White,* The Future of International Law is Domestic, Harvard International Law Journal 47 (2006), 327ff. (sprechen von „government networks" und „overlapping jurisdiction").

Rechtssystem mit starren Hierarchien und Vorrangregeln, wie es im liberalen Verfassungsstaat in der Einheit und Objektivität der Rechtsordnung vorausgesetzt und noch im Wohlfahrtsstaat in einen Prozess der Einheitsbildung umgeschrieben werden konnte.

Diese Bewegung macht es notwendig, die Aufmerksamkeit der Theorie – der Staatstheorie, der Staatslehre, der Völkerrechtslehre, der Konzepte des transnationalen Rechts, der Theorien des gesellschaftlichen Konstitutionalismus usw. – künftig auf zwei Punkte zu konzentrieren: Erstens verlangt die Fragmentierung der globalen Rechtsordnung die Suche nach Kollisionsnormen zwischen den prinzipiell gleichrangigen Teilordnungen, um sie auf Möglichkeiten der Sicherung wechselseitigen Respekts abzutasten und ihnen Pflichten der Responsivität aufzuerlegen, zum Beispiel zwischen den konkurrierenden Zielsetzungen von wirtschaftlicher Rationalität und Umweltschutz innerhalb der Teilordnungen des Völkerrechts oder zwischen privatem transnationalem Recht und den Grundrechten der Nationalstaaten.[35] Zweitens kommt es darauf an, künftig Konzepte der rechtlichen Ordnungsbildung zu favorisieren und weiterzuentwickeln, die nicht mehr von einer vorab feststehenden Kohärenz von Normen in einem einheitlichen Rechtssystem ausgehen, sondern Ordnungsbildung als Prozess der Verknüpfung von durch in der Praxis sich bildenden normativen Mustern und Regeln beschreiben, zu deren (vorübergehender) Haltbarkeit und Stabilität auch die Rechtsentscheidungen internationaler Gerichte beitragen müssen. 347

## III. Der Nationalstaat und die Europäische Union

Die Europäische Union wird heute üblicherweise als *supra*nationale Organisation bezeichnet und gilt damit als eine vergleichsweise neue Form der Staatenverbindung.[36] Schon in den 1970er Jahren, noch lange vor dem Vertrag von Maastricht (1992), ist die Europäische Gemeinschaft mit dem Attribut der „Supranationalität" belegt worden.[37] Das war zu dieser Zeit alles andere als selbstverständlich, zumal die Europäische Gemeinschaft durch einen multilateralen Vertrag souveräner Staaten begründet worden ist, dessen völkerrechtliche Qualität ursprünglich niemand angezweifelt hat. Der Begriff der supranationalen Organisation bringt daher bis heute nicht nur eine rechtliche, sondern auch eine rhetorische Aufwertung gegenüber diesen ursprünglich völkerrechtlichen Grundlagen der Europäischen Gemeinschaft zum Ausdruck: Die Europäische Union wird als staatsähnliches Gebilde, als eine *ever closer union* qualifiziert. Im Europarecht ist diese Auffassung nicht erst seit der Währungsunion verbreitet, auch in den Organen der Europäischen Union, vor allem in der Kommission und dem Europäischen Gerichtshof, dominiert ein institutionelles Selbstverständnis, das die Europäische Union als eine neuartige Form der Hyperstaatlichkeit imaginiert: Europa wird hier zu einem Superstaat mit einem einheitlichen europäischen Rechtsraum, zu einer Rechtsgemeinschaft, die um eine europäische Staatlichkeit zentriert ist. Darauf läuft in besonderem Maße die Judikatur des Europäischen Gerichtshofs hinaus: 348

[35] Vgl. dazu etwa *Teubner* (Verfassungsfragmente), 225ff.; *Viellechner* (Das Recht der Weltgesellschaft), 285ff., 298 („Responsivität"), 299ff.; *Ladeur* (Recht – Wissen – Kultur), 138ff. (im Kontext des Verhältnisses von nationalem Recht und Europarecht).

[36] Vgl. nur *Schöbener/Knauff* (Allgemeine Staatslehre), 266, 267.

[37] Früh schon *H.-P. Ipsen,* Über Supranationalität, in: Ehmke (Hrsg.), FS Scheuner 1973, 211ff.

Dem Recht der Nationalstaaten wird ein auf Harmonisierungs- und Vorranganspruche gründendes europäisches Recht entgegensetzt, das unmittelbare Geltung und Anwendbarkeit in den Mitgliedsstaaten beansprucht. Dafür hat der Gerichtshof unter anderem dem völkerrechtlichen Prinzip des *effet utile* einen neuen Sinn gegeben, indem er das europäische Recht als solches von den Zielen der Verträge und der Sicherung ihrer größtmöglichen Wirksamkeit her interpretiert. Das hat der Abkopplung und Konstitutionalisierung der Verträge vom Willen der Mitgliedstaaten weiteren Auftrieb gegeben.[38]

349 In der Perspektive einer Integration durch Recht wird die Beziehung zwischen europäischem und nationalem Recht jedoch unzutreffend erfasst. Denn die Vorstellung, dass die Europäische Union auf völkerrechtlicher Grundlage basiere, ihrerseits aber nicht auf das völkerrechtliche Instrumentarium (der internationalen Organisation) beschränkt sei, weil die Union als supranationale Organisation Rechtsakte mit Direktwirkung erlassen könne,[39] suggeriert eine trügerische Einheit des europäischen Rechts und seiner Prinzipien. Denn soweit es nicht um das Recht der europäischen Eigenverwaltung geht, können die Harmonisierungs- und Vorranganspruche des Europarechts aufgrund fehlender eigener Rechtsimplementationsagenturen nur immer wieder an die Mitgliedsstaaten zurückgespielt werden. Hier aber treffen sie auf je spezifische „vorrechtliche Bindungskräfte“,[40] auf eine Mehrheit instituierter Rechtskulturen und auf tief verwurzelte Praktiken im Umgang mit staatlichem oder suprastaatlichem Recht. Die Unterschiede zwischen diesen instituierten Rechtskulturen und Praktiken der einzelnen Mitgliedsstaaten der Europäischen Union fallen nicht geringer aus als die Unterschiede ihrer wirtschaftlichen Leistungskraft und Kulturen.[41] Die Griechenland-Krise, die es ohne die immensen Ausgabensteigerungen für den öffentlichen Dienst in Griechenland selbst gar nicht gegeben hätte, ist nur ein Beispiel für einen Typus von Mitgliedsstaat innerhalb der Europäischen Union, dem es mehr darum geht, sich den Regeln des Europarechts zu entziehen als diese anzuerkennen.[42]

350 Anders als in der Abschiedsliteratur zum Staat ist das Zeitalter der Staatlichkeit in dieser Staatstheorie nicht für beendet erklärt worden. An die Stelle des Abschieds vom Staat ist hier die Annahme einer Evolution des Staates getreten: Mit der Gründung des frühmodernen europäischen Territorialstaates ist eine diskontinuierliche, durch tiefe Brüche und Einschnitte charakterisierte Bewegung der Transformation des modernen Staates freigesetzt worden, die über den liberalen Verfassungsstaat und den Wohlfahrtsstaat zum Netzwerkstaat zu einem modernen Staat führt, in dem drei verschiedene Rechtschichten gleichzeitig existieren, um miteinander unterschiedlichste Verbindungen einzugehen. Der Netzwerkstaat, die historisch jüngste Schicht, aber ist als ein Modell von Staatlichkeit beschrieben worden, das neue Ordnungsmuster der Rechtsbildung jenseits der traditionellen Einheitsvorstellungen hervorbringt. Damit

[38] Vgl. näher *D. Grimm,* Europa ja – aber welches, 2016, 104ff., 106; und *U. Volkmann,* Vom Ursprung und Ziel der Europäischen Union, in: Kirchhof/Kube/Schmidt (Hrsg.), Vom Ursprung und Ziel der Europäischen Union, 2017, 57ff., 73, 60ff.; anders *C. Möllers,* Krisenzurechnung und Legitimationsproblematik in der Europäischen Union, Leviathan 43 (2015), 339ff.

[39] *Schöbener/Knauff* (Allgemeine Staatslehre), 266, 267.

[40] *Grimm* (Europa ja – aber welches?), 8.

[41] Zu den Unterschieden der Wirtschaftskulturen vgl. nur *Schmidt* (Zurück zum Recht), 32ff.

[42] Zur ökonomischen Seite vgl. *L. P. Feld,* Die Euro-Krise, in: Kirchhof/Kube/Schmidt (Hrsg.), Vom Ursprung und Ziel der Europäischen Union, 2017, 155ff., 169ff.

ist nicht nur die auf Zentralität und Hierarchie angelegte Einheitsvorstellung des Verfassungsstaates gemeint, sondern auch die zum ersten Mal im Wohlfahrtsstaat sichtbar werdende Abschwächung und Auflösung dieser herkömmlichen Einheitsvorstellungen zugunsten eines Modells der staatlichen Einheitsbildung. Aber auch dieses Leitbild muss für den Netzwerkstaat nochmals nachkorrigiert werden. Wenn aber schon in den Mitgliedstaaten der Europäischen Union die herkömmliche Art staatlicher Einheit verlorengegangen ist, dann kann diese Einheit unmöglich dadurch wiederhergestellt werden, dass man die Dimensionen der Territorialität erweitert und das Konzept der Souveränität im erweiterten Raum der Europäischen Union neu zu beleben versucht. Es ist eine Illusion anzunehmen, dass sich die Europäische Union auch nur annäherungsweise in eine solche Richtung entwickeln könnte. Vielmehr wäre es angebracht anzuerkennen, dass es für das Projekt Europa kein Vorbild in der europäischen Geschichte gibt und dass für dieses Projekt neue funktionale Begrifflichkeiten jenseits solcher Vorstellungen wie Staatenverbindung, Staatenverbund oder Vereinigte Staaten von Europa gefunden werden müssen.[43] Bis ein solches Bild vorliegt, sollte die Beziehung des staatlichen Rechts und des Europarechts als nachbarschaftliches Netzwerk gedacht werden, als ein „europäisches Netzwerk überlappender Rechtsordnungen".[44]

[43] Vgl. auch *Stolleis* (Öffentliches Recht in Deutschland), 193, 194; vgl. auch *Waldenfels* (Sozialität und Alterität), 429ff.

[44] *Ladeur* (Recht – Wissen – Kultur), 148. Karsten Schneider spricht in seiner (z. Zt. noch nicht publizierten) Habilitationsschrift von einer „offenen Rechtsquellenarchitektur" in einer „Superverbundordnung", wobei auch Schneider die Besonderheit im Netzwerkcharakter verflochtener und autonomer Rechtsordnungen erblickt und unter anderem von einer „Architektur der verteilten Ordnung" spricht.

## Personenverzeichnis

## Quellenangaben

Abb. 1. Foto: Bernd von Jutrczenka, picture alliance/dpa.

Abb. 2. Georg Jellinek, Allgemeine Staatslehre, Titelblatt, 3. Auflage 1914; Foto: Internet Archive, San Fransisco (US, CA), abrufbar unter: https://archive.org/details/allgemeinestaats00jelliala (zuletzt nachgeprüft am 21.03.2018).

Abb. 3. Eigene Darstellung.

Abb. 4. Liah Greenfeld, Nationalism. Five Roads to Modernity, Titelblatt, 1992; Foto: Eigene Darstellung.

Abb. 5. Foto: Parhamr, Wikimedia Commons, abrufbar unter: https://commons.wikimedia.org/wiki/File:United_States_Declaration_of_Independence.jpg (zuletzt nachgeprüft am 21.03.2018).

Abb. 6. Wenceslaus Hollar, Westminster Abbey; Foto: Thomas Fisher Rare Book Library, University of Toronto (CA), abrufbar unter: https://hollar.library.utoronto.ca/islandora/object/hollar%3AHollar_k_0994 (zuletzt nachgeprüft am 21.03.2018).

Abb. 7. Eigene Darstellung.

Abb. 8. Gustave Doré, Dorés English Bible (Ex. 19, 25; 20, 1-17); Foto: Unbekannt, Wikimedia Commons, abrufbar unter: https://commons.wikimedia.org/wiki/File:039.Moses_Comes_Down_from_Mount_Sinai.jpg (zuletzt nachgeprüft am 21.03.2018).

Abb. 9. Charles-Louis de Montesquieu, De l'esprit des Loix, Titelblatt, 1748; Foto: Olnnu, Wikimedia Commons, abrufbar unter: https://commons.wikimedia.org/wiki/File:Esprit_Loix_1749.JPG (zuletzt nachgeprüft am 21.03.2018).

Abb. 10. Niccoló Machiavelli, Il Principe und La Vita di Castruccio Castracani da Lucca, Titelblatt, 1532; Foto: BNCF, Florenz (IT), abrufbar unter: http://www.internetculturale.it/jmms/iccuviewer/iccu.jsp?id=oai%3Abncf.firenze.sbn.it%3A21%3AFI0098%3ACadi_I%3ABA1E011276&mode=all&teca=Bncfv (zuletzt nachgeprüft am 21.03.2018).

Abb. 11. Io. Bodini Andegavensis De republica libri sex, Titelblatt, 1576; Foto: Internet Archive, San Francisco (US, CA), abrufbar unter: https://archive.org/stream/iobodiniandegave00bodi#page/n3/mode/1up (zuletzt nachgeprüft am 21.03.2018).

Abb. 12. Thomas Hobbes, Leviathan, Buchdeckel (Kupferstich von Abraham Bosse), 1651. Foto: Unbekannt, Wikimedia Commons, abrufbar unter: https://commons.wikimedia.org/wiki/File:Leviathan_by_Thomas_Hobbes.jpg (zuletzt nachgeprüft am 21.03.2018).

Abb. 13. Franco Moretti, The Bourgeois. Between History and Literature, Buchdeckel, 2014; Foto: Eigene Darstellung.

Abb. 14. Adam Smith, The Theory of moral sentiments; or, an essay towards an analysis of the principles by which men naturally judge concerning the conduct and character, first of their neighbours, and afterwards themselves: to which is added a dissertation on the origin of languages, Titelblatt, 1793; Foto: UB Johann Christian Senckenberg, Frankfurt am Main, abrufbar unter: http://sammlungen.ub.uni-frankfurt.de/urn/urn:nbn:de:hebis:30:2–273545 (zuletzt nachgeprüft am 21.03.2018).

Abb. 15. Emmanuel Joseph Sieyès, Quest-ce que le Tiers état?, Titelblatt, 1789; Foto: Gallica BNF (FR), abrufbar unter: http://gallica.bnf.fr/ark:/12148/bpt6k41687k (zuletzt nachgeprüft am 21.03.2018).

Abb. 16. Immanuel Kant, Critik der practischen Vernunft, Titelblatt, 1788; Foto: Deutsches Textarchiv, Bibliothek der Berlin-Brandenburgischen Akademie der Wissenschaften, abrufbar unter: http://www.deutschestextarchiv.de/book/show/kant_pvernunft_1788 (zuletzt nachgeprüft am 21.03.2018).

Abb. 17. Foto: National Photograph and Advertising Co. (Chicago, IL.), Early Office Museum Archives, abrufbar unter: http://www.earlyofficemuseum.com/Large_Office_by_Nat_Photographic__Advertising_Co_Chicago.jpg (zuletzt nachgeprüft am 21.03.2018).

Abb. 18. Rudolf Smend, Verfassung und Verfassungsrecht, Titelblatt, 1928; Foto: Unbekannt, Amazon, abrufbar unter: https://www.amazon.de/Verfassung-Verfassungsrecht-Rudolf-Smend/dp/B004OK8AHC (zuletzt nachgeprüft am 21.03.2018).

Abb. 19. Eigene Darstellung.

Abb. 20. Foto: Marc Smith, FlickR, lizensiert unter Creative Commons Attribution 2.0 Generic (URL: https://creativecommons.org/licenses/by/2.0), abrufbar unter: https://www.flickr.com/photos/marc_smith/5166351572 (zuletzt nachgeprüft am 21.03.2018).

Abb. 21. Foto Generalversammlung: Patrick Gruban, FlickR, lizensiert unter Creative Commons Attribution-Share Alike 2.0 Generic (URL: https://creativecommons.org/licenses/by-sa/2.0/deed.en), abrufbar unter: https://www.flickr.com/photos/19473388@N 00/336920038 (zuletzt nachgeprüft am 21.03.2018);
Foto Sicherheitsrat: Neptuul, Wikimedia Commos, lizensiert unter Creative Commons Attribution-Share Alike 3.0 Unported (URL: https://creativecommons.org/licenses/by-sa/3.0/deed.en), abrufbar unter: https://commons.wikimedia.org/wiki/File:UN-Sicherheitsrat_-_UN_Security_Council_-_New_York_City_-_2014_01_06.jpg (zuletzt nachgeprüft am 21.03.2018);
Foto IGH: Yeu Ninje, Wikimedia Commons, abrufbar unter: https://commons.wikimedia.org/wiki/File:International_Court_of_Justice.jpg (zuletzt nachgeprüft am 21.03.2018);
Foto Wirtschafts- und Sozialausschuss: Kjetil Ree, Wikimedia Commos, lizensiert unter Creative Commons Attribution-Share Alike 3.0 Unported (URL: https://creativecommons.org/licenses/by-sa/3.0/deed.en), abrufbar unter: https://commons.wikimedia.org/wiki/File:United_Nations_Economic_and_Social_Council.jpg (zuletzt nachgeprüft am 21.03.2018);
Foto Sekretariat: Neptuul, Wikimedia Commons, lizensiert unter Creative Commons Attribution-Share Alike 3.0 Unported (URL: https://creativecommons.org/licenses/by-sa/3.0/deed.en), abrufbar unter: https://commons.wikimedia.org/wiki/File:United_Nations_Headquarters_in_New_York_City,_view_from_Roosevelt_Island.jpg (zuletzt nachgeprüft am 21.03.2018);
Foto Treuhandkammer: MusikAnimal, Wikimedia Commons, lizensiert unter: Creative Commons Attribution-Share Alike 4.0 International (URL: https://creativecommons.org/licenses/by-sa/4.0/deed.en), abrufbar unter: https://commons.wikimedia.org/wiki/File:United_Nations_Trusteeship_Council_chamber_in_New_York_City_2.JPG (zuletzt nachgeprüft am 21.03.2018).

# Sachverzeichnis

Die Zahlen verweisen auf die Randnummern